著名税法专家、税务律师倾力打造
经典纳税实用技巧丛书

营业税改增值税后
中小企业最新税收政策与纳税实用技巧

翟继光 张晓冬 编著

立信会计出版社
LIXIN ACCOUNTING PUBLISHING HOUSE

图书在版编目（CIP）数据

营业税改增值税后中小企业最新税收政策与纳税实用技巧/翟继光，张晓冬编著．—上海：立信会计出版社，2018.1

ISBN 978-7-5429-5602-6

Ⅰ.①营… Ⅱ.①翟… ②张… Ⅲ.①中小企业—税收政策—中国 ②中小企业—纳税—中国 Ⅳ.①F812.42

中国版本图书馆 CIP 数据核字（2017）第 291201 号

责任编辑 何颖颖

营业税改增值税后中小企业最新税收政策与纳税实用技巧

出版发行	立信会计出版社		
地　　址	上海市中山西路 2230 号	邮政编码	200235
电　　话	（021）64411389	传　　真	（021）64411325
网　　址	www.lixinaph.com	电子邮箱	lxaph@sh163.net
网上书店	www.shlx.net	电　　话	（021）64411071
经　　销	各地新华书店		
印　　刷	北京鑫海金澳胶印有限公司		
开　　本	710 毫米 × 1000 毫米　1/16		
印　　张	27.5		
字　　数	495 千字		
版　　次	2018 年 1 月第 1 版		
印　　次	2018 年 1 月第 1 次		
书　　号	ISBN 978-7-5429-5602-6/F		
定　　价	68.00 元		

如有印订差错，请与本社联系调换

前 言
PREFACE

"人的一生有两件事是不可避免的,一是死亡,一是纳税。"这是在西方家喻户晓的一句名言。在现代国家,税收是和企业以及普通老百姓形影不离的东西。我们每个人既离不开税收,也逃避不了税收。之所以离不开税收,是因为我们所享受的一切公共物品都来自税收,没有税收,我们就很难看到警察和公路,也很难得到秩序和安全。之所以逃避不了税收,是因为我们取得的大部分所得、拥有的大部分财产都需要纳税,一个人只要吃饭穿衣、一家企业只要生产经营就逃避不了纳税的命运。正因为国家的税收来自普通老百姓和广大企业,正因为税收和普通老百姓以及广大企业关系密切,普通老百姓与企业才非常关注税收,关注国家在税收问题上的一举一动。当然,上述一切都是建立在现代民主宪政以及法治国家和税收国家基础之上的。

税收是文明的对价,税收的本质是政府所提供的公共物品的对价。税收奠定了人类进步的阶梯,税收帮助人类创造了辉煌的成就。在现代社会,国家的财政收入以税收为主,因此现代国家又被称为税收国家。2016年,我国完成税收收入130 354亿元,占全国财政收入的81.7%,人均纳税9 300元,我国已经成为典型的税收国家。

从事生产经营的纳税人离不开纳税就不用说了,单就我们普通老百姓而言,我们的吃(增值税、消费税)、穿(增值税、消费税)、住(土地增值税、房产税、契税、印花税)、用(增值税、消费税)、行(车辆购置税、车船税)都处处有税收的影子,可以说,税收已经深入到我们日常生活的各个角落,税收也逐渐成为中国人一生所不可避免的"两件事"之一。

为了帮助广大纳税人和税务从业者掌握基本的税收政策,学会基本的纳税方法和节税筹划方法,我们组织编写了"轻松学会纳税实用技巧丛书"。本套丛书以不具备税收知识或者仅具备初步税收知识的普通读者为对象,突出"轻松"和"实用"两大特色,让广大读者在轻松愉快的阅读中获得最实用的纳税知识和技巧。

本套丛书包括六本:《营业税改增值税后企业所得税政策解读与案例分析》

《营业税改增值税后税收优惠政策与疑难问题解答》《营业税改增值税后中小企业最新税收政策与纳税实用技巧》《高净值人士最新税收政策与纳税实用技巧》《企业纳税筹划实用技巧与典型案例分析》《税务律师办案实用技巧与典型案例分析》，纳税人在日常生活中可能遇到的各类纳税和节税问题都可以在上述论著中找到答案。

本书是该套丛书中的第三本，本书的目标读者是广大的中小企业管理人员和财务会计人员，本书以简洁明了的语言和典型的案例阐述了中小企业在纳税过程中可能遇到的主要问题及其解决方法。主要内容包括企业涉税活动与税务登记实务、个体工商户纳税实务、个人独资企业和合伙企业纳税实务、企业所得税纳税实务、企业所得税纳税筹划、增值税纳税实务与纳税筹划、营改增纳税实务与纳税筹划、消费税纳税实务与纳税筹划、土地税纳税实务与纳税筹划、车船税纳税实务与纳税筹划、房产税和印花税纳税实务与纳税筹划。

虽然作者进行了大量的调研，搜集了大量的资料，研读了大量的法律文件和相关论著，但书中仍难免有错误和疏漏之处，恳请广大读者和学界专家批评指正，以便再版时予以修正。

作者联系方式：北京市昌平区府学路27号中国政法大学民商经济法学院（邮编：102249），E-mail：jiguangq@cupl.edu.cn。

翟继光

2017年11月

目 录
CONTENTS

第一部分　企业涉税活动与税收征管实务

您知道企业在生产经营中需要缴纳哪些税吗？您知道企业作为纳税人享有哪些权利吗？您知道我国在税收征管方面有哪些具体制度吗？本部分将为您回答上述问题。

一、企业生产经营中所涉及的税种　　/1

二、企业税收征管实务　　/7

第二部分　个体工商户纳税实务

您知道个体工商户如何计算所得税吗？您知道个体工商户应纳税所得额如何计算吗？您知道个体工商户纳税的基本流程吗？本部分将为您回答上述问题。

一、个体工商户如何计算所得税　　/27

二、个体工商户应纳税所得额的计算　　/30

三、个体工商户纳税基本流程　　/37

第三部分　个人独资企业和合伙企业纳税实务

您知道个人独资企业和合伙企业应纳所得税额如何计算吗？您知道个人独资企业和合伙企业纳税的基本流程吗？本部分将为您回答上述问题。

一、个人独资企业和合伙企业应纳所得税额的计算　　/55

二、个人独资企业和合伙企业纳税基本流程　　/62

第四部分　企业所得税纳税实务

您知道那些企业需要缴纳企业所得税吗？您知道如何计算企业所得税吗？您知道企业所得税有哪些优惠政策吗？您知道企业所得税特别纳税调整的制度吗？您知道企业所得税如何申报和缴纳吗？本部分将为您回答上述问题。

一、企业所得税的纳税人和税率　　　／65

二、企业所得税应纳税额的计算　　　／74

三、企业所得税税收优惠政策　　　／99

四、企业所得税特别纳税调整　　　／111

五、企业所得税的申报与缴纳　　　／130

第五部分　企业所得税纳税筹划

您知道如何利用亏损结转和利润转移进行纳税筹划吗？您知道如何在企业成本列支中进行纳税筹划吗？您知道企业捐赠与股权投资中如何进行纳税筹划吗？您知道企业所得税征管中如何进行纳税筹划吗？本部分将为您回答上述问题。

一、利用亏损结转和利润转移进行纳税筹划　　／144

二、企业成本列支中的纳税筹划　　　／148

三、企业捐赠与股权投资中的纳税筹划　　　／157

四、企业所得税征管中的纳税筹划　　　／161

第六部分　增值税纳税实务与纳税筹划

您知道哪些主体需要缴纳增值税吗？您知道增值税是如何计算的吗？您知道增值税有哪些优惠政策吗？您知道增值税如何进行纳税筹划吗？本部分将为您回答上述问题。

一、增值税的纳税人和税率　　　／163

二、增值税应纳税额的计算　　　／171

三、增值税税收优惠政策与征管　　　／176

四、增值税纳税筹划　　　／188

第七部分　营改增纳税实务与纳税筹划

您知道营改增的纳税人有哪些吗？您知道营改增的征税对象有哪些吗？您知道营改增的税率是多少吗？您知道在营改增中如何计算应纳税额吗？您知道在营改增中如何进行纳税筹划吗？本部分将为您回答上述问题。

一、营改增的纳税人　　/202

二、营改增的征税对象　　/204

三、营改增的税率　　/220

四、营改增应纳税额的计算　　/223

五、营改增税收征管　　/261

六、营改增税收优惠　　/283

七、营改增纳税筹划　　/307

第八部分　消费税纳税实务与纳税筹划

您知道哪些主体需要缴纳消费税吗？您知道消费税是如何计算的吗？您知道消费税有哪些优惠政策吗？您知道消费税如何进行纳税筹划吗？本部分将为您回答上述问题。

一、消费税的纳税人和税率　　/320

二、消费税应纳税额的计算　　/335

三、消费税税收优惠政策与征管　　/341

四、消费税纳税筹划　　/345

第九部分　土地税纳税实务与纳税筹划

您知道土地增值税如何计算和缴纳吗？您知道土地增值税如何进行纳税筹划吗？您知道耕地占用税如何计算和缴纳吗？您知道城镇土地使用税如何计算和缴纳吗？本部分将为您回答上述问题。

一、土地增值税纳税实务　　/355

二、土地增值税纳税筹划　　/367

三、耕地占用税纳税实务　　/374

四、城镇土地使用税纳税实务　　/385

第十部分　车船税纳税实务与纳税筹划

您知道车辆购置税如何计算和缴纳吗？您知道车船税如何计算和缴纳吗？您知道车辆购置税如何进行纳税筹划吗？本部分将为您回答上述问题。

一、车辆购置税纳税实务　　/389

二、车船税纳税实务　　/396

三、车辆购置税纳税筹划　　/404

第十一部分　房产税、印花税和环保税纳税实务与纳税筹划

您知道房产税如何计算和缴纳吗？您知道印花税如何计算和缴纳吗？您知道房产税和印花税如何进行纳税筹划吗？您知道环境保护税如何计算和缴纳吗？本部分将为您回答上述问题。

一、房产税纳税实务　　/407

二、印花税纳税实务　　/415

三、房产税和印花税纳税筹划　　/421

四、环境保护税纳税实务　　/425

第一部分　企业涉税活动与税收征管实务

> 您知道企业在生产经营中需要缴纳哪些税吗？您知道企业作为纳税人享有哪些权利吗？您知道我国在税收征管方面有哪些具体制度吗？本部分将为您回答上述问题。

一、企业生产经营中所涉及的税种

 我国现行的税种有哪些？

根据征税对象的不同，我国现行的税种可以分为以下四类：所得税、商品税、财产税和行为税。其中，所得税包括个人所得税和企业所得税。商品税包括增值税、消费税、关税、烟叶税、城市维护建设税和教育费附加。财产税包括土地增值税、耕地占用税、城镇土地使用税、资源税、房产税、车船税、车辆购置税、船舶吨税和契税。行为税包括印花税和环境保护税。

 我国现行基本的税收法律法规有哪些？

1.《中华人民共和国个人所得税法》（1980年9月10日第五届全国人民代表大会第三次会议通过，1993年10月31日第八届全国人民代表大会常务委员会第四次会议修正，1999年8月30日第九届全国人民代表大会常务委员会第十一次会议第二次修正，2005年10月27日第十届全国人民代表大会常务委员会第十八次会议第三次修正，2007年6月29日第十届全国人民代表大会常务委员会第二十八次会议第四次修正，2007年12月29日第十届全国人民代表大会常务委员会第三十一次会议第五次修正，2011年6月30日第十一届全国人民代表大会常务委员会第二十一次会议第六次修正）

2.《中华人民共和国个人所得税法实施条例》（1994年1月28日国务院令第142号发布，2005年12月19日《国务院关于修改〈中华人民共和国个人所得税法实施条例〉的决定》第一次修订，2008年2月18日《国务院关于修改〈中华人民共和国个人所得税法实施条例〉的决定》第二次修订，2011年7月19日《国务院关于修改〈中华人民共和国个人所得税法实施条例〉的决定》第三次修订）

3.《中华人民共和国企业所得税法》（2007年3月16日第十届全国人民代表大会第五次会议通过，2017年2月24日第十二届全国人民代表大会常务委员会第二十六次会议第一次修正）

4.《中华人民共和国企业所得税法实施条例》（2007年11月28日国务院第197次常务会议通过）

5.《中华人民共和国增值税暂行条例》（1993年12月13日国务院颁布，2008年11月5日国务院第34次常务会议修订通过）

6.《中华人民共和国消费税暂行条例》（1993年12月13日国务院颁布，2008年11月5日国务院第34次常务会议修订通过）

7.《中华人民共和国进出口关税条例》（2003年11月23日国务院颁布，2011年1月8日《国务院关于废止和修改部分行政法规的决定》第一次修订，2013年12月7日《国务院关于修改部分行政法规的决定》第二次修订）

8.《中华人民共和国烟叶税暂行条例》（2006年4月28日国务院颁布，国务院令〔2006〕第464号）

9.《中华人民共和国城市维护建设税暂行条例》（1985年2月8日国务院颁布）

10.《征收教育费附加暂行规定》（1986年4月28日国务院颁布，2005年8月20日国务院修改，国务院令〔2005〕第448号）

11.《中华人民共和国土地增值税暂行条例》（1993年12月13日国务院颁布，国务院令〔1993〕第138号）

12.《中华人民共和国耕地占用税暂行条例》（1987年4月1日国务院颁布，2007年12月1日国务院修正，国务院令〔2007〕第511号）

13.《中华人民共和国城镇土地使用税暂行条例》（1988年9月27日国务院颁布，2006年12月31日国务院修订）

14.《中华人民共和国资源税暂行条例》（1993年12月25日国务院颁布，2011年9月30日《国务院关于修改〈中华人民共和国资源税暂行条例〉的决定》修订）

15.《中华人民共和国房产税暂行条例》（1986年9月15日国务院颁布，国发〔1986〕90号）

16.《中华人民共和国车船税法》（2011年2月25日第十一届全国人民代表大会常务委员会第十九次会议通过）

17.《中华人民共和国车船税法实施条例》（2011年11月23日国务院第

182次常务会议通过）

18.《中华人民共和国车辆购置税暂行条例》(2000年10月22日国务院颁布，国务院令〔2000〕第294号）

19.《中华人民共和国船舶吨税暂行条例》(2011年11月23日国务院第182次常务会议通过）

20.《中华人民共和国契税暂行条例》(1997年7月7日国务院颁布，国务院令〔1997〕第224号）

21.《中华人民共和国印花税暂行条例》(1988年8月6日国务院颁布，国务院令〔1988〕第11号）

22.《中华人民共和国环境保护税法》(2016年12月25日第十二届全国人民代表大会常务委员会第二十五次会议通过）

23.《中华人民共和国税收征收管理法》(1992年9月4日第七届全国人民代表大会常务委员会第二十七次会议通过，1995年2月28日第八届全国人民代表大会常务委员会第十二次会议第一次修正，2001年4月28日第九届全国人民代表大会常务委员会第二十一次会议第二次修订）

24.《中华人民共和国税收征收管理法实施细则》(2002年9月7日国务院令第362号公布，2012年11月9日国务院令第628号第一次修订，2013年7月18日《国务院关于废止和修改部分行政法规的决定》第二次修订）

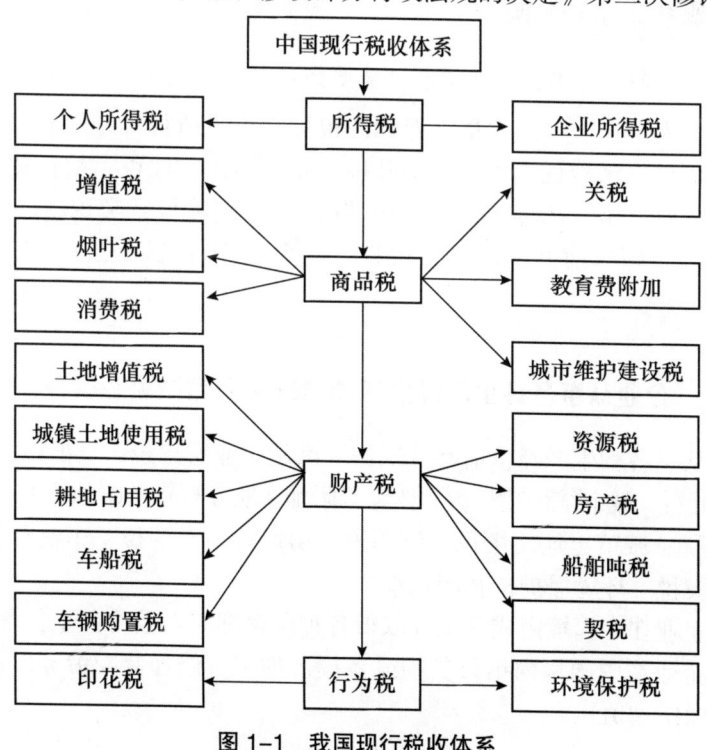

图1-1 我国现行税收体系

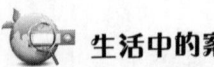 **生活中的案例**

例1-1 张先生每月领取5 000元工资,又继承遗产1 000 000元,请问张先生的上述两笔所得是否需要纳税?

答:中国开征了个人所得税,张先生取得5 000元工资应当缴纳个人所得税。中国目前尚未开征遗产税,张先生取得1 000 000元遗产不需要纳税。

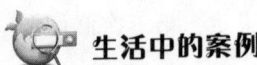 **生活中的案例**

例1-2 企业生产经营中有可能缴纳的税种有哪些?

答:企业有可能缴纳的税种包括企业所得税、增值税、消费税、关税、烟叶税、城市维护建设税、教育费附加、土地增值税、耕地占用税、城镇土地使用税、资源税、房产税、车船税、车辆购置税、船舶吨税、契税、环境保护税和印花税。我国目前开征的所有税种,除个人所得税以外,企业都有可能缴纳。此外,企业需要代扣代缴个人所得税。

生活中的案例

例1-3 个人工作、生活中有可能要缴纳的税种有哪些?

答:个人工作、生活中最常遇到的税种是个人所得税,除此以外,还可能遇到增值税、消费税、关税、烟叶税、城市维护建设税、教育费附加、土地增值税、房产税、车船税、车辆购置税、船舶吨税、契税、环境保护税和印花税。我国目前开征的所有税种,除企业所得税以外,个人都有可能缴纳。

企业从事各种生产经营活动分别需要缴纳哪些税种?

企业从事各种生产经营活动分别需要缴纳企业所得税、增值税、消费税、关税、烟叶税、城市维护建设税、教育费附加、地方教育费附加、土地增值税、耕地占用税、城镇土地使用税、资源税、房产税、车船税、车辆购置税、船舶吨税、契税、环境保护税和印花税。

(1)企业在中国境内或者境外取得各种所得都应当缴纳企业所得税。

(2)企业在中国境内销售货物或者提供加工、修理修配劳务以及进口货物都应当缴纳增值税。

（3）企业在中国境内销售服务、无形资产或者不动产都应当缴纳增值税（原营业税）。

（4）企业在中国境内生产、委托加工和进口应税消费品（包括烟、酒、高档化妆品、贵重首饰、鞭炮及焰火、成品油、摩托车、小汽车、高尔夫球及球具、高档手表、游艇、木制一次性筷子、实木地板、电池、涂料）应当缴纳消费税。

（5）企业进口货物、出口货物需要缴纳关税。

（6）企业在中国境内收购烟叶需要缴纳烟叶税。

（7）凡缴纳增值税、消费税的企业都应当缴纳城市维护建设税、教育费附加和地方教育费附加。

（8）在中国境内转让国有土地使用权、地上的建筑物及其附着物（即转让房地产）并取得收入的企业应当缴纳土地增值税。

（9）企业在中国境内占用耕地建房或者从事其他非农业建设，需要缴纳耕地占用税。

（10）在中国境内的城市、县城、建制镇、工矿区范围内使用土地的企业应当缴纳城镇土地使用税。

（11）企业在中国境内开采应税矿产品（包括原油、天然气、煤炭、其他非金属矿原矿、黑色金属矿原矿、有色金属矿原矿）或者生产盐应当缴纳资源税。

（12）企业在中国境内的城市、县城、建制镇和工矿区拥有房产应当缴纳房产税。

（13）在中国境内，企业如果是应税车辆、船舶的所有人或者管理人应当缴纳车船税。

（14）企业在中国境内购置应税车辆（包括汽车、摩托车、电车、挂车、农用运输车）应当缴纳车辆购置税。

（15）在中国境内转移土地、房屋权属，承受的企业应当缴纳契税。

（16）在中国境内书立、领受应税凭证（包括购销合同、加工承揽合同、建设工程承包合同、财产租赁合同、货物运输合同、仓储保管合同、借款合同、财产保险合同、技术合同或者具有合同性质的凭证、产权转移书据、营业账簿、权利、许可证照）的企业应当缴纳印花税。

（17）自中国境外港口进入境内港口的船舶，应当缴纳船舶吨税。

（18）在中国领域和中国管辖的其他海域，直接向环境排放应税污染物的企业、事业单位应当缴纳环境保护税。

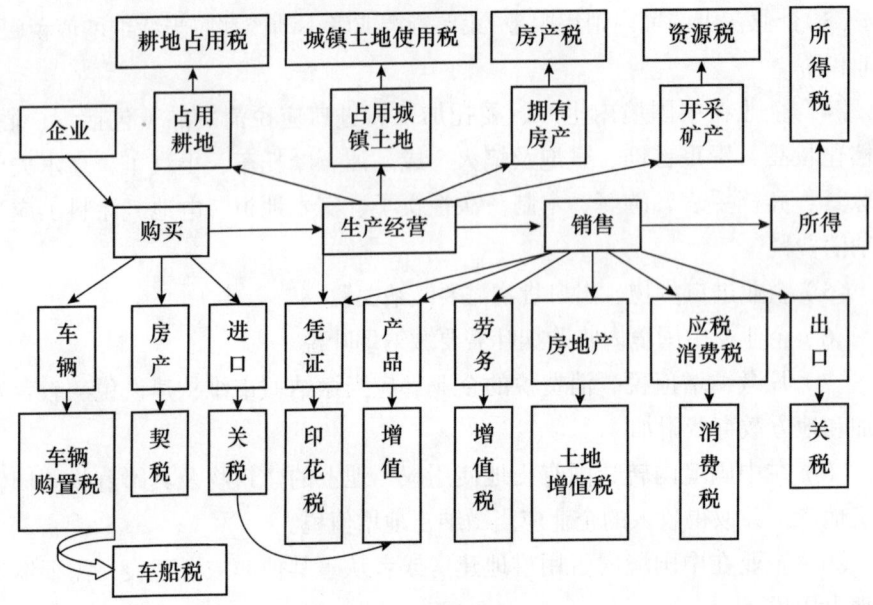

图1-2 企业缴纳的税种

 生活中的案例

例1-4 北京宝力房地产有限公司是一家专门从事房地产开发和销售的公司,请问该公司有可能缴纳的税种主要有哪些?

答: 作为房地产开发和销售公司,由于一定要进行房产销售的行为,因此,一定要缴纳增值税和土地增值税。缴纳增值税的纳税人必须同时缴纳城市维护建设税、教育费附加和地方教育费附加。由于在销售中会涉及相关合同的签订,因此,该公司一定要缴纳印花税。由于房地产的开发占用了城镇土地,因此,该公司一定要缴纳城镇土地使用税。如果该公司有所得,应当缴纳企业所得税。如果该公司出租或自用房产,需要缴纳房产税。如果该公司购买了车辆,应当缴纳车辆购置税,在使用过程中,还应当缴纳车船税。如果该公司进口了商品,应当缴纳关税和增值税,进口特定商品还需要缴纳消费税。

 生活中的案例

例1-5 上海健胃啤酒厂是专门从事啤酒生产销售的公司,请问该公司有可能缴纳的税种主要有哪些?

答: 作为企业,只要有所得,就要缴纳企业所得税。由于该公司从事商品的生产和销售活动,应当缴纳增值税。缴纳增值税的纳税人必须同时缴纳城市维护建设税、教育费附加和地方教育费附加。由于该企业生产的产品属于应税消费品，因此应当缴纳消费税。由于该企业在生产经营中不可避免要签订合同以及设置账簿，因此应当缴纳印花税。由于该企业在生产经营中不可避免要拥有房产，因此应当缴纳房产税。如果该企业进口原材料，则应当缴纳关税和增值税，进口特定商品还需要缴纳消费税。如果该企业购置了房产，则应当缴纳契税。如果该企业购置了车辆，则应当缴纳车辆购置税和车船税。

二、企业税收征管实务

 企业纳税人享有哪些权利？

2009年国家税务总局发布的《关于纳税人权利与义务的公告》将纳税人权利概括为如下14种：

（1）知情权。纳税人有权向征税机关了解国家税收法律、行政法规的规定以及与纳税程序有关的情况，包括：现行税收法律、行政法规和税收政策规定；办理税收事项的时间、方式、步骤以及需要提交的资料；应纳税额核定及其他税务行政处理决定的法律依据、事实依据和计算方法；与征税机关在纳税、处罚和采取强制执行措施时发生争议或纠纷时，纳税人可以采取的法律救济途径及需要满足的条件。

（2）保密权。纳税人有权要求征税机关为自己的情况保密。征税机关应当依法为纳税人的商业秘密和个人隐私保密，主要包括纳税人的技术信息、经营信息和纳税人、主要投资人以及经营者不愿公开的个人事项。上述事项，如无法律、行政法规明确规定或者纳税人的许可，征税机关不能对其他部门、社会公众和其他个人提供。但根据法律规定，税收违法行为信息不属于保密范围。

（3）税收监督权。纳税人对征税机关违反税收法律、行政法规的行为，如税务人员索贿受贿、徇私舞弊、玩忽职守，不征或者少征应征税款，滥用职权多征税款或者故意刁难等，可以进行检举和控告。纳税人对其他纳税人的税收违法行为也有权进行检举。

（4）纳税申报方式选择权。纳税人可以直接到办税服务厅办理纳税申报或者报送代扣代缴、代收代缴税款报告表，也可以按照规定采取邮寄、数据电文或者其他方式办理上述申报、报送事项。但采取邮寄或数据电文方式办理上述申报、报送事项的，需经纳税人的主管税务机关批准。纳税人如采取邮寄方式办理纳税申报，应当使用统一的纳税申报专用信封，并以邮政部门收据作为申报凭据。邮寄申报以寄出的邮戳日期为实际申报日期。数据电文方式是指征税机关确定的电话语音、电子数据交换和网络传输等电子方式。纳税人如采用电子方式办理纳税申报，应当按照征税机关规定的期限和要求保存有关资料，并定期书面报送给征税机关。

（5）申请延期申报权。纳税人如不能按期办理纳税申报或者报送代扣代缴、代收代缴税款报告表，应当在规定的期限内向征税机关提出书面延期申请，经核准，可在核准的期限内办理。经核准延期办理申报、报送事项的，应当在税法规定的纳税期内按照上期实际缴纳的税额或者征税机关核定的税额预缴税款，并在核准的延期内办理税款结算。

（6）申请延期缴纳税款权。纳税人因有特殊困难，不能按期缴纳税款的，经省、自治区、直辖市国家税务局、地方税务局批准，可以延期缴纳税款，但是最长不得超过3个月。纳税人满足以下任何一个条件，均可以申请延期缴纳税款：一是因不可抗力，导致纳税人发生较大损失，正常生产经营活动受到较大影响的；二是当期货币资金在扣除应付职工工资、社会保险费后，不足以缴纳税款的。

（7）申请退还多缴税款权。对纳税人超过应纳税额缴纳的税款，征税机关发现后，将在自发现之日起10日内办理退还手续；如纳税人在自结算缴纳税款之日起3年内发现，可以向征税机关要求退还多缴的税款并加算银行同期存款利息。征税机关将在自接到纳税人退还申请之日起30日内查实并办理退还手续。

（8）依法享受税收优惠权。纳税人可以依照法律、行政法规的规定书面申请减税、免税。减税、免税的申请须经法律、行政法规规定的审查批准机关审批。减税、免税期满，应当自期满次日起恢复纳税。减税、免税条件发生变化的，应当在自发生变化之日起15日内向征税机关报告；不再符合减税、免税条件的，应当依法履行纳税义务。如纳税人享受的税收优惠需要备案的，应当依法及时办理事前或事后备案。

（9）委托税务代理权。纳税人有权将以下事项委托税务代理人代为办理：办理、变更或者注销税务登记，除增值税专用发票外的发票领购手续，纳税申报或扣缴税款报告，税款缴纳和申请退税，制作涉税文书，审查纳税情况，建账建制，办理财务、税务咨询，申请税务行政复议，提起税务行政诉讼以及国家税务总局规定的其他业务。

（10）陈述与申辩权。纳税人对征税机关作出的决定，享有陈述权、申辩权。如果纳税人有充分的证据证明自己的行为合法，征税机关就不得对纳税人实施行政处罚；即使纳税人的陈述或申辩不充分合理，征税机关也应当向纳税人解释实施行政处罚的原因。征税机关不能因纳税人的申辩而加重处罚。

（11）对征税机关检查时未出示税务检查证和税务检查通知书的人员的拒绝检查权。征税机关派出的人员进行税务检查时，应当向纳税人出示税务检查证和税务检查通知书；对未出示税务检查证和税务检查通知书的，纳税人有权拒绝检查。

（12）税收法律救济权。纳税人、纳税担保人同征税机关在纳税上发生争议时，必须先依照征税机关的纳税决定缴纳或者解缴税款及滞纳金或者提供相应的担保，然后可以依法申请行政复议；对行政复议决定不服的，可以依法向人民法院起诉。如纳税人对征税机关的处罚决定、强制执行措施或者税收保全措施不服，可以依法申请行政复议，也可以依法向人民法院起诉。当征税机关的职务违法行为对纳税人和其他税务当事人的合法权益造成侵害时，纳税人和其他税务当事人可以要求税务行政赔偿，主要包括：纳税人在限期内已缴纳税款，征税机关未立即解除税收保全措施，使纳税人的合法权益遭受损失的；征税机关滥用职权违法采取税收保全措施、强制执行措施或者采取税收保全措施、强制执行措施不当，使纳税人或者纳税担保人的合法权益遭受损失的。

（13）依法要求听证的权利。对纳税人作出规定金额以上罚款的行政处罚之前，征税机关应当向纳税人送达《税务行政处罚事项告知书》，告知纳税人已经查明的违法事实、证据、行政处罚的法律依据和拟将给予的行政处罚。对此，纳税人有权要求举行听证。征税机关须应纳税人的要求组织听证。如纳税人认为征税机关指定的听证主持人与本案有直接利害关系，纳税人有权申请主持人回避。对应当进行听证的案件，征税机关不组织听证，行政处罚决定不能成立。但纳税人放弃听证权利或者被正当取消听证权利的除外。

（14）索取有关税收凭证的权利。征税机关征收税款时，必须给纳税人开具完税凭证。扣缴义务人代扣、代收税款时，纳税人要求扣缴义务人开具代扣、代收税款凭证时，扣缴义务人应当开具。征税机关扣押商品、货物或者其他财产时，必须开付收据；查封商品、货物或者其他财产时，必须开付清单。

 企业纳税人承担哪些义务？

2009年国家税务总局发布的《关于纳税人权利与义务的公告》将纳税人义务概括为如下10种：

（1）依法进行税务登记的义务。纳税人应当在自领取营业执照之日起30日内，持有关证件，向税务机关申报办理税务登记。税务登记主要包括领取营业执照后的设立登记，税务登记内容发生变化后的变更登记，依法申请停业、复业登记，依法终止纳税义务的注销登记等。在各类税务登记管理中，纳税人应该根据税务机关的规定分别提交相关资料,及时办理。同时,纳税人应当按照税务机关的规定使用税务登记证件。税务登记证件不得转借、涂改、损毁、买卖或者伪造。

(2)依法设置账簿,保管账簿和有关资料,以及依法开具、使用、取得和保管发票的义务。纳税人应当按照有关法律、行政法规和国务院财政、税务主管部门的规定设置账簿,根据合法、有效的凭证记账,进行核算;从事生产、经营的,必须按照国务院财政、税务主管部门规定的保管期限保管账簿、记账凭证、完税凭证及其他有关资料;账簿、记账凭证、完税凭证及其他有关资料不得伪造、变造或者擅自损毁。此外,纳税人在购销商品、提供或者接受经营服务以及从事其他经营活动时,应当依法开具、使用、取得和保管发票。

(3)财务会计制度和会计核算软件备案的义务。纳税人的财务、会计制度或者财务、会计处理办法和会计核算软件,应当报送税务机关备案。纳税人的财务、会计制度或者财务、会计处理办法与国务院或者国务院财政、税务主管部门有关税收的规定抵触的,应依照国务院或者国务院财政、税务主管部门有关税收的规定计算应纳税款、代扣代缴和代收代缴税款。

(4)按照规定安装、使用税控装置的义务。国家根据税收征收管理的需要,积极推广使用税控装置。纳税人应当按照规定安装、使用税控装置,不得损毁或者擅自改动税控装置。如纳税人未按规定安装、使用税控装置,或者损毁或者擅自改动税控装置,税务机关将责令纳税人限期改正,并可根据情节轻重处以规定数额内的罚款。

(5)按时、如实申报的义务。纳税人必须依照法律、行政法规规定或者税务机关依照法律、行政法规的规定确定的申报期限、申报内容如实办理纳税申报,报送纳税申报表、财务会计报表以及税务机关根据实际需要要求纳税人报送的其他纳税资料。作为扣缴义务人,纳税人必须依照法律、行政法规规定或者税务机关依照法律、行政法规的规定确定的申报期限、申报内容如实报送代扣代缴、代收代缴税款报告表以及税务机关根据实际需要要求纳税人报送的其他有关资料。纳税人即使在纳税期内没有应纳税款,也应当按照规定办理纳税申报。享受减税、免税待遇的,在减税、免税期间应当按照规定办理纳税申报。

(6)按时缴纳税款的义务。纳税人应当按照法律、行政法规规定或者税务机关依照法律、行政法规的规定确定的期限,缴纳或者解缴税款。未按照规定期限缴纳税款或者未按照规定期限解缴税款的,税务机关除责令限期缴纳外,从滞纳税款之日起,按日加收滞纳税款万分之五的滞纳金。

(7)代扣、代收税款的义务。如纳税人按照法律、行政法规规定负有代扣代缴、代收代缴税款义务,必须依照法律、行政法规的规定履行代扣、代收税款的义务。扣缴义务人依法履行代扣、代收税款义务时，纳税人不得拒绝。纳税人拒绝的，扣缴义务人应当及时报告税务机关处理。

（8）接受依法检查的义务。纳税人有接受税务机关依法进行税务检查的义务，应主动配合税务机关按法定程序进行的税务检查，如实地向税务机关反映自己的生产经营情况和执行财务制度的情况，并按有关规定提供报表和资料，不得隐瞒和弄虚作假，不能阻挠、刁难税务机关的检查和监督。

（9）及时提供信息的义务。纳税人除通过税务登记和纳税申报向税务机关提供与纳税有关的信息外，还应及时提供其他信息。如纳税人有歇业、经营情况变化、遭受各种灾害等特殊情况的，应及时向税务机关说明，以便税务机关依法妥善处理。

（10）报告其他涉税信息的义务。为了保障国家税收能够及时、足额征收入库，税收法律还规定了纳税人有义务向税务机关报告如下涉税信息：①纳税人有义务就纳税人与关联企业之间的业务往来，向当地税务机关提供有关的价格、费用标准等资料。纳税人有欠税情形而以财产设定抵押、质押的，应当向抵押权人、质权人说明纳税人的欠税情况。②企业合并、分立的报告义务。纳税人有合并、分立情形的，应当向税务机关报告，并依法缴清税款。合并时未缴清税款的，应当由合并后的纳税人继续履行未履行的纳税义务；分立时未缴清税款的，分立后的纳税人对未履行的纳税义务应当承担连带责任。③报告全部账号的义务。如纳税人从事生产、经营，应当按照国家有关规定，持税务登记证件，在银行或者其他金融机构开立基本存款账户和其他存款账户，并在自开立基本存款账户或者其他存款账户之日起15日内，向纳税人的主管税务机关书面报告全部账号；账号发生变化的，应当在自变化之日起15日内，向纳税人的主管税务机关书面报告。④处分大额财产报告的义务。如纳税人的欠缴税款数额在5万元以上，纳税人在处分不动产或者大额资产之前，应当向税务机关报告。

 税务机关应履行哪些义务？

税务机关应履行以下义务：

（1）纳税咨询义务。税务机关应当广泛宣传税收法律、行政法规，普及纳税知识，无偿地为纳税人提供纳税咨询服务。

（2）提高素质义务。税务机关应当加强队伍建设，提高税务人员的政治业务素质。国家税务总局应当制定税务人员行为准则和服务规范。

（3）公正执法义务。税务机关、税务人员必须秉公执法，忠于职守，清正廉洁，礼貌待人，文明服务，尊重和保护纳税人、扣缴义务人的权利，依法接受监督。

(4)依法征管义务。税务人员不得索贿受贿,徇私舞弊,玩忽职守,不征或者少征应征税款;不得滥用职权多征税款或者故意刁难纳税人和扣缴义务人。

(5)监督检查义务。各级税务机关应当建立、健全内部制约和监督管理制度。上级税务机关应当对下级税务机关的执法活动依法进行监督。各级税务机关应当对其工作人员执行法律、行政法规和廉洁自律准则的情况进行监督检查。上级税务机关发现下级税务机关的税收违法行为,应当及时予以纠正;下级税务机关应当按照上级税务机关的决定及时改正。下级税务机关发现上级税务机关的税收违法行为,应当向上级税务机关或者有关部门报告。

(6)分工制约义务。税务机关负责征收、管理、稽查、行政复议的人员的职责应当明确,并相互分离、相互制约。

(7)利害回避义务。征收税款和查处税收违法案件时,与纳税人、扣缴义务人或者税收违法案件有利害关系的税务人员,应当回避。在核定应纳税额,调整税收定额,进行税务检查,实施税务行政处罚,办理税务行政复议时,与纳税人、扣缴义务人或者其法定代表人、直接责任人有下列关系之一的税务人员,应当回避:①夫妻关系;②直系血亲关系;③三代以内旁系血亲关系;④近姻亲关系;⑤可能影响公正执法的其他利害关系。

(8)税收奖励义务。任何单位和个人都有权检举违反税收法律、行政法规的行为。收到检举的机关和负责查处的机关应当为检举人保密。税务机关应当按照规定,根据检举人的贡献大小给予相应的奖励,奖励所需资金列入税务部门年度预算,单项核定。奖励资金具体使用办法以及奖励标准,由国家税务总局会同财政部制定。

 我国的税务机关是如何设置的?

我国的税务机关分为国家税务局系统和地方税务局系统。

国家税务局系统从中央到地方分设四级:国家税务总局、省级国家税务局、地市级国家税务局和县级国家税务局。各级国家税务局都设置了稽查局,隶属于各级国家税务局。另外,各级国家税务局还可以根据实际需要设置下属分局和税务所。国家税务总局统一领导各级国家税务局,上级国家税务局领导下级国家税务局。

地方税务局按行政区划设置,包括省、自治区、直辖市地方税务局;地区、地级市、自治州、盟地方税务局,县、县级市、旗地方税务局。各级地方税务局还可以根据工作需要设置征收分局、稽查局和税务所。省以下地方税务局实行上级机关和同级政府双重领导,以上级税务机关的垂直领导为主的管理体制,即地区(市)县(市)地方税务局的机构设置、干部管理、人员编制和经费均由所在省（自治区、直辖市）地方税务局垂直管理。国家税务总局对省、自治区、直辖市地方税务局的领导，主要体现在税收政策、业务的指导和协调以及对国家统一的税收制度、政策的监督和组织经验交流等方面。

 我国在账簿管理方面有哪些制度？

纳税人、扣缴义务人按照有关法律、行政法规和国务院财政、税务主管部门的规定设置账簿，根据合法、有效的凭证记账，进行核算。从事生产、经营的纳税人应当在自领取营业执照或者发生纳税义务之日起15日内，按照国家有关规定设置账簿。账簿，是指总账、明细账、日记账以及其他辅助性账簿。总账、日记账应当采用订本式。

生产、经营规模小又确无建账能力的纳税人，可以聘请经批准从事会计代理记账业务的专业机构或者经税务机关认可的财会人员代为建账和办理账务；聘请上述机构或者人员有实际困难的，经县以上税务机关批准，可以按照税务机关的规定，建立收支凭证粘贴簿、进货销货登记簿或者使用税控装置。

扣缴义务人应当在自税收法律、行政法规规定的扣缴义务发生之日起10日内，按照所代扣、代收的税种，分别设置代扣代缴、代收代缴税款账簿。纳税人、扣缴义务人会计制度健全，能够通过计算机正确、完整计算其收入和所得或者代扣代缴、代收代缴税款情况的，其计算机输出的完整的书面会计记录，可视同会计账簿。纳税人、扣缴义务人会计制度不健全，不能通过计算机正确、完整计算其收入和所得或者代扣代缴、代收代缴税款情况的，应当建立总账及与纳税或者代扣代缴、代收代缴税款有关的其他账簿。账簿、会计凭证和报表，应当使用中文。民族自治地方可以同时使用当地通用的一种民族文字。外商投资企业和外国企业可以同时使用一种外国文字。

从事生产、经营的纳税人的财务、会计制度或者财务、会计处理办法和会计核算软件，应当报送税务机关备案。

从事生产、经营的纳税人应当在自领取税务登记证件之日起15日内，将其财务、会计制度或者财务、会计处理办法报送主管税务机关备案。

纳税人、扣缴义务人的财务、会计制度或者财务、会计处理办法与国务院或者国务院财政、税务主管部门有关税收的规定抵触的，应依照国务院或者国务院财政、税务主管部门有关税收的规定计算应纳税款、代扣代缴和代收代缴税款。

纳税人使用计算机记账的，应当在使用前将会计电算化系统的会计核算软件、使用说明书及有关资料报送主管税务机关备案。

纳税人建立的会计电算化系统应当符合国家有关规定，并能正确、完整核算其收入或者所得。

从事生产、经营的纳税人、扣缴义务人必须按照国务院财政、税务主管部门规定的保管期限保管账簿、记账凭证、完税凭证及其他有关资料。账簿、记账凭证、完税凭证及其他有关资料不得伪造、变造或者擅自损毁。账簿、记账凭证、报表、完税凭证、发票、出口凭证以及其他有关涉税资料应当合法、真实、完整。

账簿、记账凭证、报表、完税凭证、发票、出口凭证以及其他有关涉税资料应当保存10年，但是法律、行政法规另有规定的除外。

 我国在纳税申报管理方面有哪些制度？

纳税人必须依照法律、行政法规规定或者税务机关依照法律、行政法规的规定确定的申报期限、申报内容如实办理纳税申报，报送纳税申报表、财务会计报表以及税务机关根据实际需要要求纳税人报送的其他纳税资料。

扣缴义务人必须依照法律、行政法规规定或者税务机关依照法律、行政法规的规定确定的申报期限、申报内容如实报送代扣代缴、代收代缴税款报告表以及税务机关根据实际需要要求扣缴义务人报送的其他有关资料。

纳税人在纳税期内没有应纳税款的，也应当按照规定办理纳税申报。纳税人享受减税、免税待遇的，在减税、免税期间应当按照规定办理纳税申报。

纳税人、扣缴义务人可以直接到税务机关办理纳税申报或者报送代扣代缴、代收代缴税款报告表，也可以按照规定采取邮寄、数据电文或者其他方式办理上述申报、报送事项。

税务机关应当建立、健全纳税人自行申报纳税制度。经税务机关批准，纳税人、扣缴义务人可以采取邮寄、数据电文方式办理纳税申报或者报送代扣代缴、代收代缴税款报告表。数据电文方式是指税务机关确定的电话语音、电子数据交换和网络传输等电子方式。

纳税人采取邮寄方式办理纳税申报的，应当使用统一的纳税申报专用信封，并以邮政部门收据作为申报凭据。邮寄申报以寄出的邮戳日期为实际申报日期。

纳税人采取电子方式办理纳税申报的，应当按照税务机关规定的期限和要求保存有关资料，并定期书面报送主管税务机关。

实行定期定额缴纳税款的纳税人，可以实行简易申报、简并征期等申报纳税方式。

纳税人、扣缴义务人的纳税申报或者代扣代缴、代收代缴税款报告表的主要内容包括：税种，税目，应纳税项目或者应代扣代缴、代收代缴税款项目、计税依据、扣除项目及标准、适用税率或者单位税额、应退税项目及税额、应减免税项目及税额、应纳税额或者应代扣代缴、代收代缴税额、税款所属期限、延期缴纳税款、欠税、滞纳金等。

纳税人办理纳税申报时，应当如实填写纳税申报表，并根据不同的情况相应报送下列有关证件、资料：①财务会计报表及其说明材料；②与纳税有关的合同、协议书及凭证；③税控装置的电子报税资料；④外出经营活动税收管理证明和异地完税凭证；⑤境内或者境外公证机构出具的有关证明文件；⑥税务机关规定应当报送的其他有关证件、资料。扣缴义务人办理代扣代缴、代收代缴税款报告时，应当如实填写代扣代缴、代收代缴税款报告表，并报送代扣代缴、代收代缴税款的合法凭证以及税务机关规定的其他有关证件、资料。

纳税人、扣缴义务人不能按期办理纳税申报或者报送代扣代缴、代收代缴税款报告表的，经税务机关核准，可以延期申报。经核准延期办理上述规定的申报、报送事项的，应当在纳税期内按照上期实际缴纳的税额或者税务机关核定的税额预缴税款，并在核准的延期内办理税款结算。

纳税人、扣缴义务人因不可抗力，不能按期办理纳税申报或者报送代扣代缴、代收代缴税款报告表的，可以延期办理；但是，应当在不可抗力情形消除后立即向税务机关报告。税务机关应当查明事实，予以核准。

 我国在税款征收方面有哪些制度？

第一，纳税人未按期缴税应当承担的法律后果如下：

（1）纳税人未按照规定期限缴纳税款的，扣缴义务人未按照规定期限解缴税款的，税务机关除责令限期缴纳外，从滞纳税款之日起，按日加收滞纳税款万分之五的滞纳金。

（2）加收滞纳金的起止时间，为法律、行政法规规定或者税务机关依照法律、行政法规的规定确定的税款缴纳期限届满次日起至纳税人、扣缴义务人实际缴纳或者解缴税款之日止。

第二，纳税人办理延期缴税的制度如下：

（1）纳税人、扣缴义务人按照法律、行政法规规定或者税务机关依照法律、行政法规的规定确定的期限缴纳或者解缴税款。纳税人因有特殊困难，不能按期缴纳税款的，经省、自治区、直辖市国家税务局，地方税务局批准，可以延期缴纳税款，但是不得超过3个月。

（2）纳税人有下列情形之一的，属于特殊困难：①因不可抗力，导致纳税人发生较大损失，正常生产经营活动受到较大影响的；②当期货币资金在扣除应付职工工资、社会保险费后，不足以缴纳税款的。

（3）纳税人需要延期缴纳税款的，应当在缴纳税款期限届满前提出申请，并报送下列材料：申请延期缴纳税款报告，当期货币资金余额情况及所有银行存款账户的对账单，资产负债表，应付职工工资和社会保险费等税务机关要求提供的支出预算。税务机关应当自收到申请延期缴纳税款报告之日起20日内作出批准或者不予批准的决定；不予批准的，从缴纳税款期限届满之日起加收滞纳金。

第三，纳税人申请减免税的制度如下：

（1）纳税人可以依照法律、行政法规的规定书面申请减税、免税。减税、免税的申请须经法律、行政法规规定的减税、免税审查批准机关审批。地方各级人民政府、各级人民政府主管部门、单位和个人违反法律、行政法规规定擅自作出的减税、免税决定无效，税务机关不得执行，并应向上级税务机关报告。

（2）法律、行政法规规定或者法定的审批机关批准减税、免税的纳税人，应当持有关文件到主管税务机关办理减税、免税手续。减税、免税期满，应当自期满次日起恢复纳税。享受减税、免税优惠的纳税人，减税、免税条件发生变化的，应当在自发生变化之日起15日内向税务机关报告；不再符合减税、免税条件的，应当依法履行纳税义务；未依法纳税的，税务机关应当予以追缴。

第四，税务机关可以采取的税收保全措施如下：

（1）对未按照规定办理税务登记的从事生产、经营的纳税人以及临时从事经营的纳税人，由税务机关核定其应纳税额，责令缴纳；不缴纳的，税务机关可以扣押其价值相当于应纳税款的商品、货物。扣押后缴纳应纳税款的，税务机关必须立即解除扣押，并归还所扣押的商品、货物；扣押后仍不缴纳应纳税款的，经县以上税务局（分局）局长批准，依法拍卖或者变卖所扣押的商品、货物，以拍卖或者变卖所得抵缴税款。未按照规定办理税务登记从事生产、经营的纳税人，包括到外县（市）从事生产、经营而未向营业地税务机关报验登记的纳税人。

（2）税务机关有根据认为从事生产、经营的纳税人有逃避纳税义务行为的，可以在规定的纳税期之前，责令限期缴纳应纳税款；在限期内发现纳税人有明显的转移、隐匿其应纳税的商品、货物以及其他财产或者应纳税的收入的迹象的，税务机关可以责成纳税人提供纳税担保。担保，包括经税务机关认可的纳税保证人为纳税人提供的纳税保证，以及纳税人或者第三人以其未设置或者未全部设置担保物权的财产提供的担保。纳税保证人，是指在中国境内具有纳税担保能力的自然人、法人或者其他经济组织。法律、行政法规规定的没有担保资格的单位和个人,不得作为纳税担保人。纳税担保人同意为纳税人提供纳税担保的,应当填写纳税担保书,写明担保对象、担保范围、担保期限和担保责任以及其他有关事项。担保书须经纳税人、纳税担保人签字盖章并经税务机关同意,方为有效。纳税人或者第三人以其财产提供纳税担保的,应当填写财产清单,并写明财产价值以及其他有关事项。纳税担保财产清单须经纳税人、第三人签字盖章并经税务机关确认,方为有效。

(3)如果纳税人不能提供纳税担保,经县以上税务局(分局)局长批准,税务机关可以采取下列税收保全措施:①书面通知纳税人开户银行或者其他金融机构冻结纳税人的金额相当于应纳税款的存款;②扣押、查封纳税人的价值相当于应纳税款的商品、货物或者其他财产。税务机关依法扣押纳税人商品、货物的,纳税人应当在自扣押之日起15日内缴纳税款。对扣押的鲜活、易腐烂变质或者易失效的商品、货物,税务机关根据被扣押物品的保质期,可以缩短上述规定的扣押期限。税务机关执行扣押、查封商品、货物或者其他财产时,应当由两名以上税务人员执行,并通知被执行人。被执行人是自然人的,应当通知被执行人本人或者其成年家属到场;被执行人是法人或者其他组织的,应当通知其法定代表人或者主要负责人到场;拒不到场的,不影响执行。税务机关扣押、查封价值相当于应纳税款的商品、货物或者其他财产时,参照同类商品的市场价、出厂价或者评估价估算。税务机关按照上述方法确定应扣押、查封的商品、货物或者其他财产的价值时,还应当包括滞纳金和拍卖、变卖所发生的费用。对价值超过应纳税额且不可分割的商品、货物或者其他财产,税务机关在纳税人、扣缴义务人或者纳税担保人无其他可供强制执行的财产的情况下,可以整体扣押、查封、拍卖。税务机关实施扣押、查封时,对有产权证件的动产或者不动产,可以责令当事人将产权证件交税务机关保管,同时可以向有关机关发出协助执行通知书,有关机关在扣押、查封期间不再办理该动产或者不动产的过户手续。对查封的商品、货物或者其他财产,税务机关可以指令被执行人负责保管,保管责任由被执行人承担。被查封的财产继续使用不会减少其价值的,税务机关可以允许被执行人继续使用;因被执行人保管或者使用的过错造成的损失,由被执行人承担。

(4)纳税人在上述规定的限期内缴纳税款的,税务机关必须立即解除税收保全措施;限期期满仍未缴纳税款的,经县以上税务局(分局)局长批准,税务机关可以书面通知纳税人开户银行或者其他金融机构从其冻结的存款中扣缴税款,或者依法拍卖或者变卖所扣押、查封的商品、货物或者其他财产,以拍卖或者变卖所得抵缴税款。其他财产,包括纳税人的房地产、现金、有价证券等不动产和动产。其他金融机构,是指信托投资公司、信用合作社、邮政储蓄机构以及经中国人民银行、中国证券监督管理委员会等批准设立的其他金融机构。存款,包括独资企业投资人、合伙企业合伙人、个体工商户的储蓄存款以及股东资金账户中的资金等。

(5)个人及其所扶养家属维持生活必需的住房和用品,不在税收保全措施的范围之内。机动车辆、金银饰品、古玩字画、豪华住宅或者一处以外的住房不属于个人及其所扶养家属维持生活必需的住房和用品。税务机关对单价 5 000 元以下的其他生活用品,不采取税收保全措施和强制执行措施。个人所扶养家属,是指与纳税人共同居住生活的配偶、直系亲属以及无生活来源并由纳税人扶养的其他亲属。

(6)纳税人在税务机关采取税收保全措施后,按照税务机关规定的期限缴纳税款的,税务机关应当在自收到税款或者银行转回的完税凭证之日起 1 日内解除税收保全。纳税人在限期内已缴纳税款,税务机关未立即解除税收保全措施,使纳税人的合法利益遭受损失的,税务机关应当承担赔偿责任。采取税收保全措施的权力,不得由法定的税务机关以外的单位和个人行使。

第五,税务机关可以采取的税收强制执行措施如下:

(1)从事生产、经营的纳税人、扣缴义务人未按照规定的期限缴纳或者解缴税款,纳税担保人未按照规定的期限缴纳所担保的税款,由税务机关责令限期缴纳。从事生产、经营的纳税人、扣缴义务人未按照规定的期限缴纳或者解缴税款的,纳税担保人未按照规定的期限缴纳所担保的税款的,由税务机关发出限期缴纳税款通知书,责令缴纳或者解缴税款的期限不得超过 15 日。

(2)逾期仍未缴纳的,经县以上税务局(分局)局长批准,税务机关可以采取下列强制执行措施:①书面通知其开户银行或者其他金融机构从其存款中扣缴税款;②扣押、查封、依法拍卖或者变卖其价值相当于应纳税款的商品、货物或者其他财产,以拍卖或者变卖所得抵缴税款。税务机关采取强制执行措施时,对上述所列纳税人、扣缴义务人、纳税担保人未缴纳的滞纳金同时强制执行。个人及其所扶养家属维持生活必需的住房和用品,不在强制执行措施的范围之内。采取税收强制执行措施的权力,不得由法定的税务机关以外的单位和个人行使。

(3)税务机关将扣押、查封的商品、货物或者其他财产变价抵缴税款时,应当交由依法成立的拍卖机构拍卖;无法委托拍卖或者不适于拍卖的,可以交由当地商业企业代为销售,也可以责令纳税人限期处理;无法委托商业企业销售,纳税人也无法处理的,可以由税务机关变价处理,具体办法由国家税务总局规定。国家禁止自由买卖的商品,应当交由有关单位按照国家规定的价格收购。拍卖或者变卖所得抵缴税款、滞纳金、罚款以及拍卖、变卖等费用后,剩余部分应当在 3 日内退还被执行人。

(4)税务机关采取税收保全措施和强制执行措施必须依照法定权限和法

定程序，不得查封、扣押纳税人个人及其所扶养家属维持生活必需的住房和用品。

（5）税务机关滥用职权违法采取税收保全措施、强制执行措施，或者采取税收保全措施、强制执行措施不当，使纳税人、扣缴义务人或者纳税担保人的合法权益遭受损失的，应当依法承担赔偿责任。损失，是指因税务机关的责任，使纳税人、扣缴义务人或者纳税担保人的合法利益遭受的直接损失。

第六，税收优先权制度的内容如下：

（1）税务机关征收税款，税收优先于无担保债权，法律另有规定的除外；纳税人欠缴的税款发生在纳税人以其财产设定抵押、质押或者纳税人的财产被留置之前的，税收应当先于抵押权、质权、留置权执行。

（2）纳税人欠缴税款，同时又被行政机关决定处以罚款、没收违法所得的，税收优先于罚款、没收违法所得。

（3）税务机关应当对纳税人欠缴税款的情况定期予以公告。县级以上各级税务机关应当将纳税人的欠税情况，在办税场所或者广播、电视、报纸、期刊、网络等新闻媒体上定期公告。

（4）纳税人有欠税情形而以其财产设定抵押、质押的，应当向抵押权人、质权人说明其欠税情况。抵押权人、质权人可以请求税务机关提供有关的欠税情况。

第七，税务机关对纳税人核定征税的制度如下：

（1）纳税人有下列情形之一的，税务机关有权核定其应纳税额：①依照法律、行政法规的规定可以不设置账簿的；②依照法律、行政法规的规定应当设置但未设置账簿的；③擅自销毁账簿或者拒不提供纳税资料的；④虽设置账簿，但账目混乱或者成本资料、收入凭证、费用凭证残缺不全，难以查账的；⑤发生纳税义务，未按照规定的期限办理纳税申报，经税务机关责令限期申报，逾期仍不申报的；⑥纳税人申报的计税依据明显偏低，又无正当理由的。税务机关核定应纳税额的具体程序和方法由国务院税务主管部门规定。

（2）税务机关有权采用下列任何一种方法核定其应纳税额：①参照当地同类行业或者类似行业中经营规模和收入水平相近的纳税人的税负水平核定；②按照营业收入或者成本加合理的费用和利润的方法核定；③按照耗用的原材料、燃料、动力等推算或者测算核定；④按照其他合理方法核定。采用上述所列一种方法不足以正确核定应纳税额时，可以同时采用两种以上的方法核定。纳税人对税务机关采取上述规定的方法核定的应纳税额有异议的，应当提供相关证据，税务机关经认定后，调整应纳税额。

第八，纳税人申请退税制度如下：

（1）纳税人超过应纳税额缴纳的税款，税务机关发现后应当立即退还；纳税人在自结算缴纳税款之日起3年内发现的，可以向税务机关要求退还多缴的税款并加算银行同期存款利息，税务机关及时查实后应当立即退还；涉及从国库中退库的，依照法律、行政法规有关国库管理的规定退还。加算银行同期存款利息的多缴税款退税，不包括依法预缴税款形成的结算退税、出口退税和各种减免退税。退税利息按照税务机关办理退税手续当天中国人民银行规定的活期存款利率计算。

（2）税务机关发现纳税人多缴税款的，应当在自发现之日起10日内办理退还手续；纳税人发现多缴税款，要求退还的，税务机关应当在自接到纳税人退还申请之日起30日内查实并办理退还手续。

（3）当纳税人既有应退税款又有欠缴税款的，税务机关可以将应退税款和利息先抵扣欠缴税款；抵扣后有余额的，退还纳税人。

第九，纳税人补税制度如下：

（1）因税务机关的责任，致使纳税人、扣缴义务人未缴或者少缴税款的，税务机关在三年内可以要求纳税人、扣缴义务人补缴税款，但是不得加收滞纳金。所称税务机关的责任，是指税务机关适用税收法律、行政法规不当或者执法行为违法。

（2）因纳税人、扣缴义务人计算错误等失误，未缴或者少缴税款的，税务机关在三年内可以追征税款、滞纳金；有特殊情况的，追征期可以延长到五年。纳税人、扣缴义务人计算错误等失误，是指非主观故意的计算公式运用错误以及明显的笔误。特殊情况，是指纳税人或者扣缴义务人因计算错误等失误，未缴或者少缴、未扣或者少扣、未收或者少收税款，累计数额在10万元以上的。补缴和追征税款、滞纳金的期限，自纳税人、扣缴义务人应缴未缴或者少缴税款之日起计算。

（3）对偷税、抗税、骗税的，税务机关追征其未缴或者少缴的税款、滞纳金或者所骗取的税款，不受上述规定期限的限制。

 我国在税务检查和文书送达方面有哪些制度？

第一，税务检查制度如下：

（1）税务机关有权进行下列税务检查：①检查纳税人的账簿、记账凭证、报表和有关资料，检查扣缴义务人代扣代缴、代收代缴税款账簿、记账凭证和有关资料；税务机关行使上述职权时，可以在纳税人、扣缴义务人的业务场所进行；必要时，经县以上税务局（分局）局长批准，可以将纳税人、扣缴义务人以前会计年度的账簿、记账凭证、报表和其他有关资料调回税务机关检查，但是税务机关必须向纳税人、扣缴义务人开付清单，并在3个月内完整退还；有特殊情况的，经设区的市、自治州以上税务局局长批准，税务机关可以将纳税人、扣缴义务人当年的账簿、记账凭证、报表和其他有关资料调回检查，但是税务机关必须在30日内退还；②到纳税人的生产、经营场所和货物存放地检查纳税人应纳税的商品、货物或者其他财产，检查扣缴义务人与代扣代缴、代收代缴税款有关的经营情况；③责成纳税人、扣缴义务人提供与纳税或者代扣代缴、代收代缴税款有关的文件、证明材料和有关资料；④询问纳税人、扣缴义务人与代扣代缴、代收代缴税款有关的问题和情况；⑤到车站、码头、机场、邮政企业及其分支机构检查纳税人托运、邮寄应纳税商品、货物或者其他财产的有关单据、凭证和有关资料；⑥经县以上税务局（分局）局长批准，凭全国统一格式的检查存款账户许可证明，查询从事生产、经营的纳税人、扣缴义务人在银行或者其他金融机构的存款账户。税务机关在调查税收违法案件时，经设区的市、自治州以上税务局（分局）局长批准，可以查询案件涉嫌人员的储蓄存款。税务机关查询所获得的资料，不得用于税收以外的用途。税务机关行使上述职权时，应当指定专人负责，凭全国统一格式的检查存款账户许可证明进行，并有责任为被检查人保守秘密。检查存款账户许可证明，由国家税务总局制定。税务机关查询的内容，包括纳税人存款账户余额和资金往来情况。

（2）税务机关对从事生产、经营的纳税人以前纳税期的纳税情况依法进行税务检查时，发现纳税人有逃避纳税义务行为，并有明显的转移、隐匿其应纳税的商品、货物以及其他财产或者应纳税的收入的迹象的，可以按照《税收征收管理法》规定的批准权限采取税收保全措施或者强制执行措施。税务机关采取税收保全措施的期限一般不得超过6个月；重大案件需要延长的，应当报国家税务总局批准。

（3）纳税人、扣缴义务人必须接受税务机关依法进行的税务检查，如实反映情况，提供有关资料，不得拒绝、隐瞒。税务机关依法进行税务检查时，有权向有关单位和个人调查纳税人、扣缴义务人和其他当事人与纳税或者代扣代缴、代收代缴税款有关的情况，有关单位和个人有义务向税务机关如实提供有关资料及证明材料。

（4）税务机关调查税务违法案件时，对与案件有关的情况和资料，可以记录、录音、录像、照相和复制。税务机关派出的人员进行税务检查时，应当出示税务检查证和税务检查通知书，并有责任为被检查人保守秘密；未出示税务检查证和税务检查通知书的，被检查人有权拒绝检查。税务机关对集贸市场及集中经营业户进行检查时，可以使用统一的税务检查通知书。

第二，文书送达制度如下：

（1）税务文书的格式由国家税务总局制定。所称税务文书，包括：①税务事项通知书；②责令限期改正通知书；③税收保全措施决定书；④税收强制执行决定书；⑤税务检查通知书；⑥税务处理决定书；⑦税务行政处罚决定书；⑧行政复议决定书；⑨其他税务文书。

（2）税务机关送达税务文书，应当直接送交受送达人。受送达人是公民的，应当由本人直接签收；本人不在的，交其同住成年家属签收。受送达人是法人或者其他组织的，应当由法人的法定代表人、其他组织的主要负责人或者该法人、组织的财务负责人、负责收件的人签收。受送达人有代理人的，可以送交其代理人签收。

（3）送达税务文书应当有送达回证，并由受送达人或者其他签收人在送达回证上记明收到日期，签名或者盖章，即为送达。受送达人或者其他签收人拒绝签收税务文书的，送达人应当在送达回证上记明拒收理由和日期，并由送达人和见证人签名或者盖章；将税务文书留在受送达人处，即视为送达。

（4）直接送达税务文书有困难的，可以委托其他有关机关或者其他单位代为送达，或者邮寄送达。直接或者委托送达税务文书的，以签收人或者见证人在送达回证上的签收或者注明的收件日期为送达日期；邮寄送达的，以挂号函件回执上注明的收件日期为送达日期，并视为已送达。

（5）有下列情形之一的，税务机关可以公告送达税务文书，自公告之日起满30日，即视为送达：①同一送达事项的受送达人众多；②采用上述规定的其他送达方式无法送达。

 我国在税收法律责任和权利救济方面有哪些制度？

第一，税收法律责任制度如下：

（1）纳税人有下列行为之一的，由税务机关责令限期改正，可以处二千元以下的罚款；情节严重的，处二千元以上一万元以下的罚款：①未按照规定的期限申报办理税务登记，变更或者注销登记的；②未按照规定设置、保管账簿或者保管记账凭证和有关资料的；③未按照规定将财务、会计制度或者财务、会计处理办法和会计核算软件报送税务机关备查的；④未按照规定将其全部银行账号向税务机关报告的；⑤未按照规定安装、使用税控装置，或者损毁或者擅自改动税控装置的。

（2）纳税人不办理税务登记的，由税务机关责令限期改正；逾期不改正的，经税务机关提请，由工商行政管理机关吊销其营业执照。

（3）扣缴义务人未按照规定设置、保管代扣代缴、代收代缴税款账簿或者保管代扣代缴、代收代缴税款记账凭证及有关资料的，由税务机关责令限期改正，可以处二千元以下的罚款；情节严重的，处二千元以上五千元以下的罚款。

（4）纳税人未按照规定的期限办理纳税申报和报送纳税资料的，或者扣缴义务人未按照规定的期限向税务机关报送代扣代缴、代收代缴税款报告表和有关资料的，由税务机关责令限期改正，可以处二千元以下的罚款；情节严重的，可以处二千元以上一万元以下的罚款。

（5）纳税人、扣缴义务人编造虚假计税依据的，由税务机关责令限期改正，并处五万元以下的罚款。

（6）纳税人不进行纳税申报，不缴或者少缴应纳税款的，由税务机关追缴其不缴或者少缴的税款、滞纳金，并处不缴或者少缴的税款百分之五十以上五倍以下的罚款。

（7）纳税人伪造、变造、隐匿、擅自销毁账簿、记账凭证，或者在账簿上多列支出或者不列、少列收入，或者经税务机关通知申报而拒不申报或者进行虚假的纳税申报，不缴或者少缴应纳税款的，是偷税。对纳税人偷税的，由税务机关追缴其不缴或者少缴的税款、滞纳金，并处不缴或者少缴的税款百分之五十以上五倍以下的罚款；构成犯罪的，依法追究刑事责任。扣缴义务人采取上述所列手段，不缴或者少缴已扣、已收税款，由税务机关追缴其不缴或者少缴的税款、滞纳金，并处不缴或者少缴的税款百分之五十以上五倍以下的罚款；构成犯罪的，依法追究刑事责任。

（8）纳税人采取欺骗、隐瞒手段进行虚假纳税申报或者不申报，逃避缴纳税款数额较大并且占应纳税额百分之十以上的，处三年以下有期徒刑或者拘役，并处罚金；数额巨大并且占应纳税额百分之三十以上的，处三年以上七年以下有期徒刑，并处罚金。扣缴义务人采取上述所列手段，不缴或者少缴已扣、已收税款，数额较大的，依照上述的规定处罚。对多次实施前两款行为，未经处理的，按照累计数额计算。有上述行为，经税务机关依法下达追缴通知后，补缴应纳税款，缴纳滞纳金，已受行政处罚的，不予追究刑事责任；但是，五年内因逃避缴纳税款受过刑事处罚或者被税务机关给予二次以上行政处罚的除外。

（9）纳税人欠缴应纳税款，采取转移或者隐匿财产的手段，妨碍税务机关追缴欠缴的税款的，由税务机关追缴欠缴的税款、滞纳金，并处欠缴税款百分之五十以上五倍以下的罚款；构成犯罪的，依法追究刑事责任。纳税人欠缴应纳税款，采取转移或者隐匿财产的手段，致使税务机关无法追缴欠缴的税款，数额在一万元以上不满十万元的，处三年以下有期徒刑或者拘役，并处或者单处欠缴税款一倍以上五倍以下罚金；数额在十万元以上的，处三年以上七年以下有期徒刑，并处欠缴税款一倍以上五倍以下罚金。

（10）以假报出口或者其他欺骗手段，骗取国家出口退税款，由税务机关追缴其骗取的退税款，并处骗取税款一倍以上五倍以下的罚款；构成犯罪的，依法追究刑事责任。对骗取国家出口退税款的，税务机关可以在规定期间内停止为其办理出口退税。

（11）以假报出口或者其他欺骗手段，骗取国家出口退税款，数额较大的，处五年以下有期徒刑或者拘役，并处骗取税款一倍以上五倍以下罚金；数额巨大或者有其他严重情节的，处五年以上十年以下有期徒刑，并处骗取税款一倍以上五倍以下罚金；数额特别巨大或者有其他特别严重情节的，处十年以上有期徒刑或者无期徒刑，并处骗取税款一倍以上五倍以下罚金或者没收财产。

（12）伪造、擅自制造或者出售伪造、擅自制造的可以用于骗取出口退税、抵扣税款的其他发票的，处三年以下有期徒刑、拘役或者管制，并处二万元以上二十万元以下罚金；数量巨大的，处三年以上七年以下有期徒刑，并处五万元以上五十万元以下罚金；数量特别巨大的，处七年以上有期徒刑，并处五万元以上五十万元以下罚金或者没收财产。伪造、擅自制造或者出售伪造、擅自制造的上述规定以外的其他发票的，处二年以下有期徒刑、拘役或者管制，并处或者单处一万元以上五万元以下罚金；情节严重的，处二年以上七年以下有期徒刑，并处五万元以上五十万元以下罚金。

（13）以暴力、威胁方法拒不缴纳税款的，是抗税，除由税务机关追缴其拒缴的税款、滞纳金外，依法追究刑事责任。情节轻微，未构成犯罪的，由税务机关追缴其拒缴的税款、滞纳金，并处拒缴税款一倍以上五倍以下的罚款。

（14）扣缴义务人应扣未扣、应收而不收税款的，由税务机关向纳税人追缴税款，对扣缴义务人处应扣未扣、应收未收税款百分之五十以上三倍以下的罚款。

（15）虚开增值税专用发票或者虚开用于骗取出口退税、抵扣税款的其他发票的，处三年以下有期徒刑或者拘役，并处二万元以上二十万元以下罚金；虚开的税款数额较大或者有其他严重情节的，处三年以上十年以下有期徒刑，并处五万元以上五十万元以下罚金；虚开的税款数额巨大或者有其他特别严重情节的，处十年以上有期徒刑或者无期徒刑，并处五万元以上五十万元以下罚金或者没收财产。单位犯上述规定之罪的，对单位判处罚金，并对其直接负责的主管人员和其他直接责任人员，处三年以下有期徒刑或者拘役；虚开的税款数额较大或者有其他严重情节的，处三年以上十年以下有期徒刑；虚开的税款数额巨大或者有其他特别严重情节的，处十年以上有期徒刑或者无期徒刑。虚开增值税专用发票或者虚开用于骗取出口退税、抵扣税款的其他发票,是指有为他人虚开、为自己虚开、让他人为自己虚开、介绍他人虚开行为之一的。

(16) 非法出售增值税专用发票的,处三年以下有期徒刑、拘役或者管制,并处二万元以上二十万元以下罚金;数量较大的,处三年以上十年以下有期徒刑,并处五万元以上五十万元以下罚金;数量巨大的,处十年以上有期徒刑或者无期徒刑,并处五万元以上五十万元以下罚金或者没收财产。非法购买增值税专用发票或者购买伪造的增值税专用发票的,处五年以下有期徒刑或者拘役,并处或者单处二万元以上二十万元以下罚金。

(17) 伪造或者出售伪造的增值税专用发票的,处三年以下有期徒刑、拘役或者管制,并处二万元以上二十万元以下罚金;数量较大或者有其他严重情节的,处三年以上十年以下有期徒刑,并处五万元以上五十万元以下罚金;数量巨大或者有其他特别严重情节的,处十年以上有期徒刑或者无期徒刑,并处五万元以上五十万元以下罚金或者没收财产。单位犯上述规定之罪的,对单位判处罚金,并对其直接负责的主管人员和其他直接责任人员,处三年以下有期徒刑、拘役或者管制;数量较大或者有其他严重情节的,处三年以上十年以下有期徒刑;数量巨大或者有其他特别严重情节的,处十年以上有期徒刑或者无期徒刑。

(18) 明知是伪造的发票而持有,数量较大的,处二年以下有期徒刑、拘役或者管制,并处罚金;数量巨大的,处二年以上七年以下有期徒刑,并处罚金。单位犯上述规定之罪的,对单位判处罚金,并对其直接负责的主管人员和其他直接责任人员,依照上述规定处罚。

(19) 纳税人、扣缴义务人逃避、拒绝或者以其他方式阻挠税务机关检查的,由税务机关责令改正,可以处一万元以下的罚款;情节严重的,处一万元以上五万元以下的罚款。纳税人、扣缴义务人有下列情形之一的,依照上述规定处罚:①提供虚假资料,不如实反映情况,或者拒绝提供有关资料的;②拒绝或者阻止税务机关记录、录音、录像、照相和复制与案件有关的情况和资料的;③在检查期间,纳税人、扣缴义务人转移、隐匿、销毁有关资料的;④有不依法接受税务检查的其他情形的。

(20) 违反税收法律、行政法规应当给予行政处罚的行为,在五年内未被发现的,不再给予行政处罚。

第二,权利救济制度如下:

(1) 纳税人、扣缴义务人、纳税担保人同税务机关在纳税上发生争议时,必须先依照税务机关的纳税决定缴纳或者解缴税款及滞纳金或者提供相应的担保,然后可以依法申请行政复议;对行政复议决定不服的,可以依法向人民法院起诉。纳税争议,是指纳税人、扣缴义务人、纳税担保人对税务机关确定纳税主体、征税对象、征税范围、减税、免税及退税、适用税率、计税依据、纳税环节、纳税期限、纳税地点以及税款征收方式等具体行政行为有异议而发生的争议。

（2）当事人对税务机关的处罚决定、强制执行措施或者税收保全措施不服的，可以依法申请行政复议，也可以依法向人民法院起诉。

（3）当事人对税务机关的处罚决定逾期不申请行政复议也不向人民法院起诉、又不履行的，作出处罚决定的税务机关可以采取《税收征收管理法》规定的强制执行措施，或者申请人民法院强制执行。

第二部分　个体工商户纳税实务

> 您知道个体工商户如何计算所得税吗？您知道个体工商户应纳税所得额如何计算吗？您知道个体工商户纳税的基本流程吗？本部分将为您回答上述问题。

一、个体工商户如何计算所得税

 个体工商户如何计算个人所得税？

个体工商户包括：①依法取得个体工商户营业执照，从事生产经营的个体工商户；②经政府有关部门批准，从事办学、医疗、咨询等有偿服务活动的个人；③其他从事个体生产、经营的个人。

个体工商户的生产、经营所得，以每一纳税年度的收入总额，减除成本、费用以及损失后的余额，为应纳税所得额，适用5%至35%的超额累进税率。个体工商户以业主为个人所得税纳税义务人。

个体工商户的生产、经营所得，是指：

（1）个体工商户从事工业、手工业、建筑业、交通运输业、商业、饮食业、服务业、修理业以及其他行业生产、经营取得的所得；

（2）个人经政府有关部门批准，取得执照，从事办学、医疗、咨询以及其他有偿服务活动取得的所得；

（3）其他个人从事个体工商业生产、经营取得的所得；

（4）上述个体工商户和个人取得的与生产、经营有关的各项应纳税所得。

个人经政府有关部门批准并取得执照举办学习班、培训班的，其取得的办班收入属于"个体工商户的生产、经营所得"应税项目,应按《个人所得税法》规定计征个人所得税。

个人无须经政府有关部门批准并取得执照举办学习班、培训班的，其取得的办班收入属于"劳务报酬所得"应税项目，应按《个人所得税法》规定计征个人所得税。其中，办班者每次收入按以下方法确定：一次收取学费的，以一期取得的收入为一次；分次收取学费的，以每月取得的收入为一次。

个人经政府有关部门批准，取得执照，以门诊部、诊所、卫生所（室）、卫生院、医院等医疗机构形式从事疾病诊断、治疗及售药等服务活动，应当以该医疗机构取得的所得，作为个人的应纳税所得，按照"个体工商户的生产、经营所得"应税项目缴纳个人所得税。

个人未经政府有关部门批准，自行连续从事医疗服务活动，不管是否有经营场所，其取得与医疗服务活动相关的所得，按照"个体工商户的生产、经营所得"应税项目缴纳个人所得税。

对于由集体、合伙或个人出资的乡村卫生室（站），由医生承包经营的，经营成果归医生个人所有，承包人取得的所得，比照"对企事业单位的承包经营、承租经营所得"应税项目缴纳个人所得税。

乡村卫生室（站）的医务人员取得的所得，按照"工资、薪金所得"应税项目缴纳个人所得税。

受医疗机构临时聘请坐堂门诊及售药，由该医疗机构支付报酬，或收入与该医疗机构按比例分成的人员，其取得的所得，按照"劳务报酬所得"应税项目缴纳个人所得税，以一个月内取得的所得为一次，税款由该医疗机构代扣代缴。

经政府有关部门批准而取得许可证（执照）的个人，应当在领取执照后30日内向当地主管税务机关申报办理税务登记。未经政府有关部门批准而自行开业的个人，应当在开始医疗服务活动后30日内向当地主管税务机关申报办理税务登记。

个人因从事彩票代销业务而取得所得，应按照"个体工商户的生产、经营所得"项目计征个人所得税。

成本、费用，是指纳税义务人从事生产、经营所发生的各项直接支出和分配计入成本的间接费用以及销售费用、管理费用、财务费用。损失，是指纳税义务人在生产、经营过程中发生的各项营业外支出。从事生产、经营的纳税义务人未提供完整、准确的纳税资料，不能正确计算应纳税所得额的，由主管税务机关核定其应纳税所得额。

自 2011 年 9 月 1 日起，对个体工商户业主、个人独资企业和合伙企业自然人投资者的生产经营所得依法计征个人所得税时，个体工商户业主、个人独资企业和合伙企业自然人投资者本人的费用扣除标准统一确定为 42 000 元/年（3 500 元/月）。

个体工商户可以实行查账征收和核定征收两种征收方式。查账征收是由纳税人依法自行申报，经税务机关审核后填开纳税缴款书，再由纳税人自行到指定银行缴纳税款的一种征收方式。此种征收方式适用于财务会计制度健全，会计核算真实准确，且能够正确计算应纳税额、依法纳税的纳税人，目前应用最为普遍。核定征收，是指当不能以纳税人的账簿为基础计算其应纳税额时，由税务机关采用特定方法确定其应纳税收入或应纳税额，纳税人据以缴纳税款的一种征收方式。具体包括以下三种具体形式：

（1）查定征收：税务机关对纳税人的生产经营情况进行查实，进而核定其应纳税额的一种征收方式。这种征收方式适用于生产经营规模较小，财务会计制度不健全，账册不齐全的小型企业和个体工商户。

（2）查验征收：税务机关到纳税人的生产经营场所进行实地查验，进而确定其应纳税额的一种征收方式。这种征收方式适用于财务会计制度不健全，生产经营不固定的纳税人。

（3）定期定额征收：税务机关根据纳税人的生产经营情况，按期核定应纳税额并定期征收税款的一种征收方式。主要适用于难以查清其真实收入，账册不健全的个体工商户。

表 2-1 个人所得税税率表

（个体工商户的生产、经营所得和对企事业单位的承包经营、承租经营所得适用）

级数	全年应纳税所得额	税率（%）	速算扣除数
1	不超过 15 000 元的部分	5	0
2	超过 15 000 元至 30 000 元的部分	10	750
3	超过 30 000 元至 60 000 元的部分	20	3 750
4	超过 60 000 元至 100 000 元的部分	30	9 750
5	超过 10 0000 元的部分	35	14 750

（注：本表所称全年应纳税所得额是指依照《个人所得税法》第 6 条的规定，以每一纳税年度的收入总额，减除成本、费用以及损失后的余额。）

个体工商户计算所得税的法律政策依据有哪些？

1.《中华人民共和国个人所得税法》（1980 年 9 月 10 日第五届全国人民代表大会第三次会议通过，1993 年 10 月 31 日第八届全国人民代表大会常务委员会第四次会议修正，1999 年 8 月 30 日第九届全国人民代表大会常务委员会第十一次会议第二次修正，2005 年 10 月 27 日第十届全国人民代表大会常务委员会第十八次会议第三次修正，2007 年 6 月 29 日第十届全国人民代表大会常务委员会第二十八次会议第四次修正，2007 年 12 月 29 日第十届全国人民代表大会常务委员会第三十一次会议第五次修正，2011 年 6 月 30 日第十一届全国人民代表大会常务委员会第二十一次会议第六次修正）

2.《中华人民共和国个人所得税法实施条例》（1994 年 1 月 28 日国务院

令第142号发布,2005年12月19日《国务院关于修改〈中华人民共和国个人所得税法实施条例〉的决定》第一次修订,2008年2月18日《国务院关于修改〈中华人民共和国个人所得税法实施条例〉的决定》第二次修订,2011年7月19日《国务院关于修改〈中华人民共和国个人所得税法实施条例〉的决定》第三次修订)

3.《中华人民共和国税收征收管理法》(1992年9月4日第七届全国人民代表大会常务委员会第二十七次会议通过,1995年2月28日第八届全国人民代表大会常务委员会第十二次会议第一次修正,2001年4月28日第九届全国人民代表大会常务委员会第二十一次会议第二次修订)

4.《中华人民共和国税收征收管理法实施细则》(2002年9月7日国务院令第362号公布,2012年11月9日国务院令第628号第一次修订,2013年7月18日《国务院关于废止和修改部分行政法规的决定》第二次修订)

5.《个体工商户个人所得税计税办法》(国家税务总局令第35号)

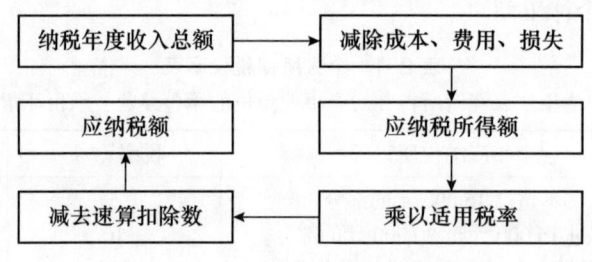

图2-1 个体工商户所得税的计算

 **生活中的案例**

例2-1 刘先生创办了一家服装店,性质为个体工商户。2017纳税年度,该服装店的收入总额为18万元,按照税法规定可以扣除的成本、费用、税金和损失为13万元。请计算该服装店应当缴纳多少个人所得税。

答:应纳税所得额:180 000-130 000=50 000(元)。应纳税额:50 000×20%-3 750=6 250(元)。该服装店2017纳税年度应当缴纳个人所得税6 250元。

二、个体工商户应纳税所得额的计算

 采取查账征收方式的个体工商户应纳税所得额如何计算?

个体工商户每一纳税年度的收入总额减除成本、费用以及损失后的余额为应纳税所得额，据此计算应纳个人所得税额。其计算公式为：

应纳税所得额＝收入总额－成本、费用及损失

1. 收入总额的计算

个体工商户的生产、经营所得，以每一纳税年度的收入总额，减除成本、费用、税金、损失、其他支出以及允许弥补的以前年度亏损后的余额，为应纳税所得额。

个体工商户应纳税所得额的计算，以权责发生制为原则，属于当期的收入和费用，不论款项是否收付，均作为当期的收入和费用；不属于当期的收入和费用，即使款项已经在当期收付，均不作为当期收入和费用。财政部、国家税务总局另有规定的除外。

个体工商户从事生产经营以及与生产经营有关的活动（以下简称生产经营）取得的货币形式和非货币形式的各项收入，为收入总额。包括：销售货物收入、提供劳务收入、转让财产收入、利息收入、租金收入、接受捐赠收入、其他收入。其他收入包括个体工商户资产溢余收入、逾期一年以上的未退包装物押金收入、确实无法偿付的应付款项、已作坏账损失处理后又收回的应收款项、债务重组收入、补贴收入、违约金收入、汇兑收益等。

2. 各项成本费用损失的扣除

成本是指个体工商户在生产经营活动中发生的销售成本、销货成本、业务支出以及其他耗费。

费用是指个体工商户在生产经营活动中发生的销售费用、管理费用和财务费用，已经计入成本的有关费用除外。

税金是指个体工商户在生产经营活动中发生的除个人所得税和允许抵扣的增值税以外的各项税金及其附加。

损失是指个体工商户在生产经营活动中发生的固定资产和存货的盘亏、毁损、报废损失，转让财产损失，坏账损失，自然灾害等不可抗力因素造成的损失以及其他损失。个体工商户发生的损失，减除责任人赔偿和保险赔款后的余额，参照财政部、国家税务总局有关企业资产损失税前扣除的规定扣除。个体工商户已经作为损失处理的资产，在以后纳税年度又全部收回或者部分收回时，应当计入收回当期的收入。

其他支出是指除成本、费用、税金、损失外，个体工商户在生产经营活动中发生的与生产经营活动有关的、合理的支出。

个体工商户发生的支出应当区分收益性支出和资本性支出。收益性支出在发生当期直接扣除；资本性支出应当分期扣除或者计入有关资产成本，不得在发生当期直接扣除。支出，是指与取得收入直接相关的支出。除税收法律法规另有规定外，个体工商户实际发生的成本、费用、税金、损失和其他

支出，不得重复扣除。

个体工商户纳税年度发生的亏损，准予向以后年度结转，用以后年度的生产经营所得弥补，但结转年限不得超过5年。亏损，是指个体工商户依照税法规定计算的应纳税所得额小于零的数额。

个体工商户使用或者销售存货，按照规定计算的存货成本，准予在计算应纳税所得额时扣除。

个体工商户转让资产，该项资产的净值，准予在计算应纳税所得额时扣除。

个体工商户研究开发新产品、新技术、新工艺所发生的开发费用，以及研究开发新产品、新技术而购置单台价值在10万元以下的测试仪器和试验性装置的购置费准予直接扣除；单台价值在10万元以上（含10万元）的测试仪器和试验性装置，按固定资产管理，不得在当期直接扣除。

友情提示

个体工商户生产经营活动中，应当分别核算生产经营费用和个人、家庭费用。对于生产经营与个人、家庭生活混用难以分清的费用，其40%视为与生产经营有关费用，准予扣除。

3. 不得扣除的支出

个体工商户下列支出不得扣除：①个人所得税税款；②税收滞纳金；③罚金、罚款和被没收财物的损失；④不符合扣除规定的捐赠支出；⑤赞助支出；⑥用于个人和家庭的支出；⑦与取得生产经营收入无关的其他支出；⑧国家税务总局规定不准扣除的支出。赞助支出，是指个体工商户发生的与生产经营活动无关的各种非广告性质支出。

个体工商户代其从业人员或者他人负担的税款，不得税前扣除。

4. 工资、保险费、劳动保护支出的扣除

个体工商户实际支付给从业人员的、合理的工资薪金支出，准予扣除。个体工商户业主的费用扣除标准，依照相关法律、法规和政策规定执行。个体工商户业主的工资薪金支出不得税前扣除。

个体工商户按照国务院有关主管部门或者省级人民政府规定的范围和标准为其业主和从业人员缴纳的基本养老保险费、基本医疗保险费、失业保险费、生育保险费、工伤保险费和住房公积金，准予扣除。个体工商户为从业人员缴纳的补充养老保险费、补充医疗保险费，分别在从业人员工资总额5%标准内的部分据实扣除；超过部分，不得扣除。个体工商户业主本人缴纳的补充养老保险费、补充医疗保险费，以当地（地级市）上年度社会平均工资的

3倍为计算基数，分别在不超过该计算基数5%标准内的部分据实扣除；超过部分，不得扣除。

除个体工商户依照国家有关规定为特殊工种从业人员支付的人身安全保险费和财政部、国家税务总局规定可以扣除的其他商业保险费外，个体工商户业主本人或者为从业人员支付的商业保险费，不得扣除。

个体工商户参加财产保险，按照规定缴纳的保险费，准予扣除。

个体工商户发生的合理的劳动保护支出，准予扣除。

5. 借款费用、利息、汇兑损失的扣除

个体工商户在生产经营活动中发生的合理的不需要资本化的借款费用，准予扣除。个体工商户为购置、建造固定资产、无形资产和经过12个月以上的建造才能达到预定可销售状态的存货发生借款的，在有关资产购置、建造期间发生的合理的借款费用，应当作为资本性支出计入有关资产的成本，并依照税法的规定扣除。

个体工商户在生产经营活动中发生的下列利息支出，准予扣除：①向金融企业借款的利息支出；②向非金融企业和个人借款的利息支出，不超过按照金融企业同期同类贷款利率计算的数额的部分。

个体工商户在货币交易中，以及纳税年度终了时将人民币以外的货币性资产、负债按照期末即期人民币汇率中间价折算为人民币时产生的汇兑损失，除已经计入有关资产成本部分外，准予扣除。

6. 工会经费、职工福利费、职工教育经费的扣除

个体工商户向当地工会组织拨缴的工会经费、实际发生的职工福利费支出、职工教育经费支出分别在工资薪金总额的2%、14%、2.5%的标准内据实扣除。工资薪金总额是指允许在当期税前扣除的工资薪金支出数额。职工教育经费的实际发生数额超出规定比例，当期不能扣除的数额，准予在以后纳税年度结转扣除。个体工商户业主本人向当地工会组织缴纳的工会经费、实际发生的职工福利费支出、职工教育经费支出，以当地（地级市）上年度社会平均工资的3倍为计算基数，在上述2%、14%、2.5%的比例内据实扣除。

7. 业务招待费、广告费和业务宣传费的扣除

个体工商户发生的与生产经营活动有关的业务招待费，按照实际发生额的60%扣除，但不得超过当年销售（营业）收入的5‰。业主自申请营业执照之日起至开始生产经营之日止所发生的业务招待费，按照实际发生额的60%计入个体工商户的开办费。

个体工商户每一纳税年度发生的与其生产经营活动直接相关的广告费和业务宣传费不超过当年销售（营业）收入15%的部分，可以据实扣除；超过部分，准予在以后纳税年度结转扣除。

8. 租赁费、摊位费、行政性收费、协会会费的扣除

个体工商户根据生产经营活动的需要租入固定资产支付的租赁费，按照以下方法扣除：①以经营租赁方式租入固定资产发生的租赁费支出，按照租赁期限均匀扣除；②以融资租赁方式租入固定资产发生的租赁费支出，按照规定构成融资租入固定资产价值的部分应当提取折旧费用，分期扣除。

 友情提示

> 个体工商户按照规定缴纳的摊位费、行政性收费、协会会费等，按实际发生数额扣除。

9. 开办费、捐赠支出的扣除

个体工商户自申请营业执照之日起至开始生产经营之日止所发生符合规定的费用，除为取得固定资产、无形资产的支出，以及应计入资产价值的汇兑损益、利息支出外，作为开办费，个体工商户可以选择在开始生产经营的当年一次性扣除，也可自生产经营月份起在不短于3年的期限内摊销扣除，但一经选定，不得改变。开始生产经营之日为个体工商户取得第一笔销售（营业）收入的日期。

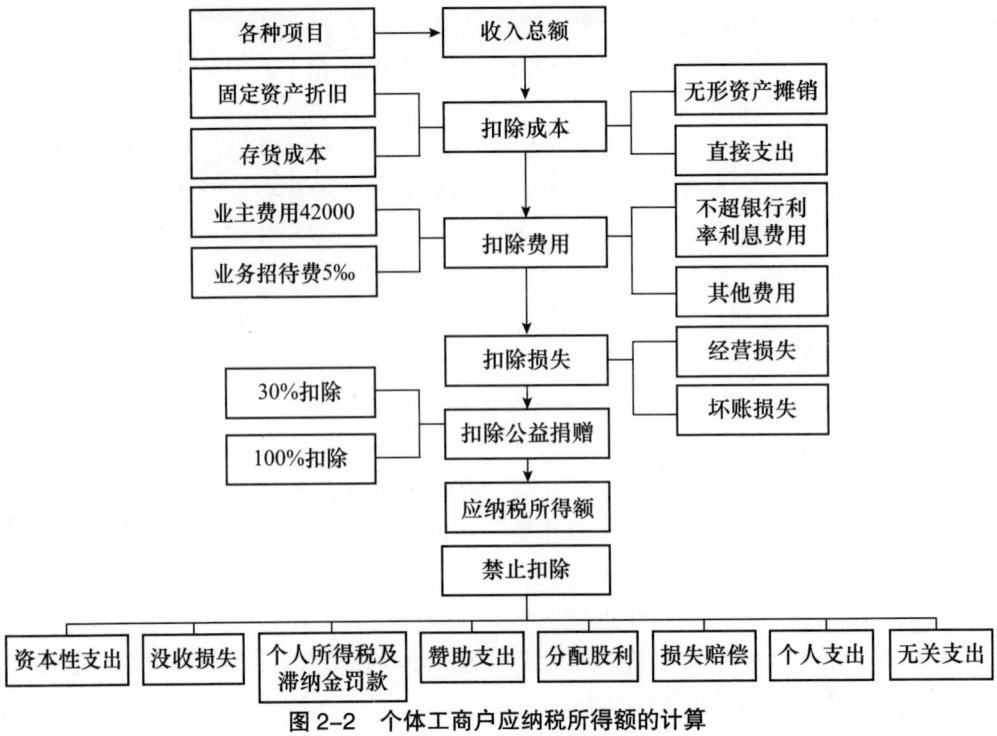

图2-2 个体工商户应纳税所得额的计算

个体工商户通过公益性社会团体或者县级以上人民政府及其部门,用于符合《中华人民共和国公益事业捐赠法》规定的公益事业的捐赠,捐赠额不超过其应纳税所得额30%的部分可以据实扣除。财政部、国家税务总局规定可以全额在税前扣除的捐赠支出项目,按有关规定执行。个体工商户直接对受益人的捐赠不得扣除。公益性社会团体的认定,按照财政部、国家税务总局、民政部有关规定执行。

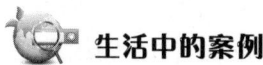 **生活中的案例**

例2-2 王先生开设一家个体工商户,采用查账征收的方式征收个人所得税。2017纳税年度,其账面总收入为123 000元,总支出为73 000元(包括成本51 000元、费用20 000元、损失2 000元)。税务机关经过查账发现,总支出中包括房产税、印花税等税款5 000元,包括税收滞纳金、罚款2 000元,王先生本人的工资42 000元,王先生家庭支出(孩子学费)5 000元(作为费用扣除),向该村小学赞助运动会1 000元。其中没有包括王先生自己的费用扣除,个体工商户业主的费用扣除标准为42 000元。根据上述查账结果,王先生2017纳税年度应纳税额为多少?

答:首先应当计算出2017年度王先生的应纳税所得额。应纳税所得额的计算方法是总收入减去成本、费用和损失。需要注意的是,这里的总收入、成本、费用和损失与会计上的收入、成本、费用和损失的范围不完全一致,有些成本、费用、损失不能扣除。有些会计上没有扣除的费用,税法规定予以扣除,所以,应纳税所得额必须是在企业或者个体工商户账簿上所记载的收入和成本、费用、损失的基础上予以一定调整的数额,不能直接根据企业或个体工商户账簿上记载的数额来计算。

王先生的个体工商户2017年度的总收入为123 000元,没有需要调整的项目,可以作为税法上规定的总收入。总支出为73 000元,但是,其中有需要调整的项目。第一,房产税、印花税等税款支出5 000元,本项支出可以扣除,不用调整;第二,税收滞纳金、罚款2 000元,该项支出不能扣除,应当在总支出中减去2 000元;第三,王先生本人的工资42 000元,该项支出也不能扣除;第四,王先生家庭支出(孩子学费)5 000元,该项支出也不能扣除;第五,向该村小学赞助运动会1 000元,该项支出也不能扣除。另外,总收入中可以扣除个体工商户业主的费用,该个体工商户没有扣除,应当增加扣除。根据上述分析,总支出应当调整为:73 000–2 000–42 000–5 000–1 000+42 000=65 000(元)。应纳税所得额为:123 000–65 000=58 000(元)。应纳税额为:58 000×20%–3 750=7 850(元)。

采取核定征收方式的个体工商户应纳税所得额如何计算？

个体工商户税收定期定额征收，是指税务机关依照法律、行政法规及规章的规定，对个体工商户在一定经营地点、一定经营时期、一定经营范围内的应纳税经营额（包括经营数量）或所得额（以下简称定额）进行核定，并以此为计税依据，确定其应纳税额的一种征收方式。

税务机关应当根据定期定额户的经营规模、经营区域、经营内容、行业特点、管理水平等因素核定定额，可以采用下列一种或多种的方法核定：

（1）按照耗用的原材料、燃料、动力等推算或者测算核定；

（2）按照成本加合理的费用和利润的方法核定；

（3）按照盘点库存情况推算或者测算核定；

（4）按照发票和相关凭据核定；

（5）按照银行经营账户资金往来情况测算核定；

（6）参照同类行业或类似行业中同规模、同区域纳税人的生产、经营情况核定；

（7）按照其他合理方法核定。

税务机关应当运用现代信息技术手段核定定额，增强核定工作的规范性和合理性。

税务机关核定定额程序包括：

（1）自行申报。定期定额户要按照税务机关规定的申报期限、申报内容向主管税务机关申报，填写有关申报文书。申报内容应包括经营行业、营业面积、雇佣人数和每月经营额、所得额以及税务机关需要的其他申报项目。本项所称经营额、所得额为预估数。

（2）核定定额。主管税务机关根据定期定额户自行申报情况，参考典型调查结果，采取上述核定方法核定定额，并计算应纳税额。

（3）定额公示。主管税务机关应当将核定定额的初步结果进行公示，公示期限为五个工作日。公示地点、范围、形式应当按照便于定期定额户及社会各界了解、监督的原则，由主管税务机关确定。

（4）上级核准。主管税务机关根据公示意见结果修改定额，并在将核定情况报经县以上税务机关审核批准后，填制《核定定额通知书》。

（5）下达定额。将《核定定额通知书》送达定期定额户执行。

（6）公布定额。主管税务机关将最终确定的定额和应纳税额情况在原公示范围内进行公布。

个体工商户核定征收所得税的法律政策依据有哪些？

1.《中华人民共和国个人所得税法实施条例》(1994年1月28日国务院令第142号发布，2005年12月19日《国务院关于修改〈中华人民共和国个人所得税法实施条例〉的决定》第一次修订，2008年2月18日《国务院关于修改〈中华人民共和国个人所得税法实施条例〉的决定》第二次修订，2011年7月19日《国务院关于修改〈中华人民共和国个人所得税法实施条例〉的决定》第三次修订) 第17条

2.《个体工商户税收定期定额征收管理办法》(国家税务总局2006年8月30日发布，国家税务总局令2006年第16号)

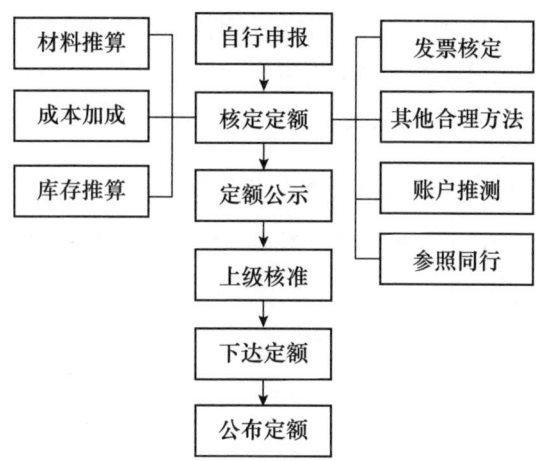

图2-3 个体工商户核定征收所得税

三、个体工商户纳税基本流程

 个体工商户纳税的基本流程是什么？

个体工商户纳税也应当按照确定纳税申报的期限、确定纳税申报的地点、确定纳税申报方式、填写和报送纳税申报表以及缴纳税款的方式进行。

（一）纳税申报的期限

个体工商户的生产、经营所得应纳的税款，按年计算，分月预缴，由纳税义务人在次月15日内预缴，年度终了后3个月内汇算清缴，多退少补。纳税人、扣缴义务人按照规定的期限办理纳税申报或者报送代扣代缴、代收代

缴税款报告表确有困难,需要延期的,应当在规定的期限内向税务机关提出书面延期申请,经税务机关核准,在核准的期限内办理。纳税人、扣缴义务人因不可抗力,不能按期办理纳税申报或者报送代扣代缴、代收代缴税款报告表的,可以延期办理;但是,应当在不可抗力情形消除后立即向税务机关报告。税务机关应当查明事实,予以核准。

(二)纳税申报的地点

个体工商户向实际经营所在地主管税务机关申报。纳税人不得随意变更纳税申报地点,因特殊情况变更纳税申报地点的,须报原主管税务机关备案。

(三)纳税申报方式

纳税申报主要有两种方式,一是自行纳税申报,即纳税人本人亲自进行纳税申报,二是委托代理人进行纳税申报。

(四)填写和报送纳税申报表

1.《个人所得税生产经营所得纳税申报表(A表)》的填写

表2-2 个人所得税生产经营所得纳税申报表(A表)

税款所属期:　年　月　日至　　年　月　日　金额单位:人民币元(列至角分)

投资者信息	姓　名		身份证件类型		身份证件号码	
	国籍(地区)				纳税人识别号	
被投资单位信息	名　称				纳税人识别号	
	类　型	□个体工商户　□承包、承租经营单位　□个人独资企业　□合伙企业				
	征收方式	□查账征收(据实预缴)　□查账征收(按上年应纳税所得额预缴) □核定应纳税所得额率征收　□核定应纳税所得额征收 □税务机关认可的其他方式				
行次	项　　　　目				金　　额	
1	一、收入总额					
2	二、成本费用					
3	三、利润总额					
4	四、弥补以前年度亏损					
5	五、合伙企业合伙人分配比例(%)					
6	六、投资者减除费用					
7	七、应纳税所得额率(%)					
8	八、应纳税所得额					

（续表）

行次	项目	金额
9	九、税率（%）	
10	十、速算扣除数	
11	十一、应纳税额（8×9-10）	
12	十二、减免税额（附报《个人所得税减免税事项报告表》）	
13	十三、已预缴税额	
14	十四、应补（退）税额（11-12-13）	

谨声明：此表是根据《中华人民共和国个人所得税法》及有关法律法规规定填写的，是真实的、完整的、可靠的。

纳税人签字：　　　　　年　月　日

感谢您对税收工作的支持！

代理申报机构（负责人）签章：	主管税务机关印章：
经办人： 经办人执业证件号码： 代理申报日期：　年　月　日	受理人： 受理日期：　年　月　日

本表适用于个体工商户、企事业单位承包承租经营者、个人独资企业投资者和合伙企业合伙人在中国境内取得"个体工商户的生产、经营所得"或"对企事业单位的承包经营、承租经营所得"的个人所得税月度（季度）纳税申报。合伙企业有两个或两个以上自然人合伙人的，应分别填报本表。

实行查账征收的个体工商户、个人独资企业、合伙企业，纳税人应在次月（季）15日内办理预缴纳税申报；企事业单位承包承租经营者如果在1年内按月或分次取得承包经营、承租经营所得，纳税人应在每月或每次取得所得后的15日内办理预缴纳税申报。实行核定征收的，纳税人应在次月（季）15日内办理纳税申报。纳税人不能按规定期限办理纳税申报的，应当按照《税收征收管理法》及其实施细则的规定办理延期申报。

下面对本表所要填写的主要栏目进行解释。

（1）税款所属期：填写纳税人自本年度开始生产经营之日起截至本月最后1日的时间。

（2）投资者信息栏填写个体工商户、企事业单位承包承租经营者、个人独资企业投资者和合伙企业合伙人的相关信息。①姓名：填写纳税人姓名。中国境内无住所个人，其姓名应当用中、外文同时填写。②身份证件类型：填写能识别纳税人唯一身份的有效证照名称。③身份证件号码：填写纳税人身份证件上的号码。④国籍（地区）：填写纳税人的国籍或者地区。⑤纳税人识别号：填写税务机关赋予的纳税人识别号。

（3）被投资单位信息栏：①名称：填写税务机关核发的被投资单位税务登记证载明的被投资单位全称。②纳税人识别号：填写税务机关核发的被投资单位税务登记证号码。③类型：纳税人根据自身情况在对应框内打"√"。④征收方式：根据税务机关核定的征收方式，在对应框内打"√"。采用税务机关认可的其他方式的，应在下划线上填写具体征收方式。

（4）第1行"收入总额"：填写本年度开始生产经营月份起截至本期从事生产经营以及与生产经营有关的活动取得的货币形式和非货币形式的各项收入总金额。包括：销售货物收入、提供劳务收入、转让财产收入、利息收入、租金收入、接受捐赠收入、其他收入。

（5）第2行"成本费用"：填写本年度开始生产经营月份起截至本期实际发生的成本、费用、税金、损失及其他支出的总额。

（6）第3行"利润总额"：填写本年度开始生产经营月份起截至本期的利润总额。

（7）第4行"弥补以前年度亏损"：填写可在税前弥补的以前年度尚未弥补的亏损额。

（8）第5行"合伙企业合伙人分配比例"：纳税人为合伙企业合伙人的，填写本栏；其他则不填。分配比例按照合伙协议约定的比例填写；合伙协议未约定或不明确的，按合伙人协商决定的比例填写；协商不成的，按合伙人实缴出资比例填写；无法确定出资比例的，按合伙人平均分配。

（9）第6行"投资者减除费用"：填写根据实际经营期限计算的可在税前扣除的投资者本人的生计减除费用。

（10）第7行"应纳税所得额率"：按核定应纳税所得额率方式纳税的纳税人，填写税务机关确定的核定征收应纳税所得额率。按其他方式纳税的纳税人不填本行。

（11）第8行"应纳税所得额"：根据表2-3对应的方式填写。

（12）第9行"税率"及第10行"速算扣除数"：按照税法第三条规定，根据第8行计算得出的数额进行查找填写。

（13）第11行"应纳税额"：根据相关行次计算填写。

（14）第12行"减免税额"：填写符合税法规定可以减免的税额。纳税人填写本行的,应同时附报《个人所得税减免税事项报告表》。

(15)第13行"已预缴税额":填写本年度在月(季)度申报中累计已预缴的个人所得税。

(16)第14行"应补(退)税额":根据相关行次计算填写。

表2-3 个人所得税生产经营所得税应纳税所得额的填报方式

项 目		合伙企业合伙人	其 他
查账征收	据实预缴	第8行=(第3行-第4行)×第5行-第6行	第8行=第3行-第4行-第6行
	按上年应纳税所得额预缴	第8行=上年度的应纳税所得额÷12×月份数	第8行=上年度的应纳税所得额÷12×月份数
核定征收	核定应纳税所得额率征收(能准确核算收入总额的)	第8行=第1行×第7行×第5行	第8行=第1行×第7行
	核定应纳税所得额率征收(能准确核算成本费用的)	第8行=第2行÷(1-第7行)×第7行×第5行	第8行=第2行÷(1-第7行)×第7行
	核定应纳税所得额征收	直接填写应纳税所得额	直接填写应纳税所得额
税务机关认可的其他方式		直接填写应纳税所得额	直接填写应纳税所得额

2.《个人所得税生产经营所得纳税申报表(B表)》的填写

表2-4 个人所得税生产经营所得纳税申报表(B表)

税款所属期: 年 月 日至 年 月 日 金额单位:人民币元(列至角分)

投资者信息	姓 名		身份证件类型		身份证件号码	
	国籍(地区)				纳税人识别号	
被投资单位信息	名 称				纳税人识别号	
	类 型	□个体工商户 □承包、承租经营单位 □个人独资企业 □合伙企业				
行次	项 目					金 额
1	一、收入总额					
2	其中:国债利息收入					
3	二、成本费用(4+5+6+7+8+9+10)					
4	(一)营业成本					
5	(二)营业费用					
6	(三)管理费用					
7	(四)财务费用					
8	(五)税金					
9	(六)损失					

（续表）

行次	项目	金额
10	（七）其他支出	
11	三、利润总额（1-2-3）	
12	四、纳税调整增加额（13＋27）	
13	（一）超过规定标准的扣除项目金额（14＋15＋16＋17＋18＋19＋20＋21＋22＋23＋24＋25＋26）	
14	（1）职工福利费	
15	（2）职工教育经费	
16	（3）工会经费	
17	（4）利息支出	
18	（5）业务招待费	
19	（6）广告费和业务宣传费	
20	（7）教育和公益事业捐赠	
21	（8）住房公积金	
22	（9）社会保险费	
23	（10）折旧费用	
24	（11）无形资产摊销	
25	（12）资产损失	
26	（13）其他	
27	（二）不允许扣除的项目金额（28＋29＋30＋31＋32＋33＋34＋35＋36）	
28	（1）个人所得税税款	
29	（2）税收滞纳金	
30	（3）罚金、罚款和被没收财物的损失	
31	（4）不符合扣除规定的捐赠支出	
32	（5）赞助支出	
33	（6）用于个人和家庭的支出	
34	（7）与取得生产经营收入无关的其他支出	
35	（8）投资者工资薪金支出	
36	（9）国家税务总局规定不准扣除的支出	
37	五、纳税调整减少额	

（续表）

行次	项目	金额
38	六、纳税调整后所得（11＋12-37）	
39	七、弥补以前年度亏损	
40	八、合伙企业合伙人分配比例（%）	
41	九、允许扣除的其他费用	
42	十、投资者减除费用	
43	十一、应纳税所得额（38-39-41-42）或［(38-39)×40-41-42］	
44	十二、税率（%）	
45	十三、速算扣除数	
46	十四、应纳税额（43×44-45）	
47	十五、减免税额（附报《个人所得税减免税事项报告表》）	
48	十六、实际应纳税额（46-47）	
49	十七、已预缴税额	
50	十八、应补（退）税额（48-49）	
附列资料	年平均职工人数（人）	
	工资总额（元）	
	投资者人数（人）	

谨声明：此表是根据《中华人民共和国个人所得税法》及有关法律法规规定填写的，是真实的、完整的、可靠的。

纳税人签字：　　　年　月　日

感谢您对税收工作的支持！

代理申报机构（负责人）签章：	主管税务机关印章：
经办人：	受理人：
经办人执业证件号码：	
代理申报日期：　年　月　日	受理日期：　年　月　日

本表适用于个体工商户、企事业单位承包承租经营者、个人独资企业投资者和合伙企业合伙人在中国境内取得"个体工商户的生产、经营所得"或"对企事业单位的承包经营、承租经营所得"的个人所得税在2015年及以后纳税年

度的汇算清缴。合伙企业有两个或两个以上自然人合伙人的，应分别填报本表。

个体工商户、个人独资企业投资者、合伙企业合伙人应在年度终了后3个月内办理个人所得税年度纳税申报。企事业单位承包承租经营者应在年度终了后30日内办理个人所得税年度纳税申报；纳税人一年内分次取得承包、承租经营所得的，应在年度终了后3个月内办理汇算清缴。

下面对本表所要填写的主要栏目进行解释。

（1）税款所属期：填写纳税人取得生产经营所得所应纳个人所得税款的所属期间，应填写具体的起止年月日。

（2）投资者信息栏填写个体工商户、企事业单位承包承租经营者、个人独资企业投资者、合伙企业合伙人的相关信息。①姓名：填写纳税人姓名。中国境内无住所个人，其姓名应当用中、外文同时填写。②身份证件类型：填写能识别纳税人唯一身份的有效证照名称。③身份证件号码：填写纳税人身份证件上的号码。④国籍（地区）：填写纳税人的国籍或者地区。⑤纳税人识别号：填写税务机关赋予的纳税人识别号。

（3）被投资单位信息栏：①名称：填写税务机关核发的被投资单位税务登记证载明的被投资单位全称。②纳税人识别号：填写税务机关核发的被投资单位税务登记证号码。③类型：纳税人根据自身情况在对应框内打"√"。

（4）第1行"收入总额"：填写从事生产经营以及与生产经营有关的活动取得的货币形式和非货币形式的各项收入总金额。包括：销售货物收入、提供劳务收入、转让财产收入、利息收入、租金收入、接受捐赠收入、其他收入。

（5）第2行"国债利息收入"：填写已计入收入的因购买国债而取得的应予免税的利息。

（6）第3行"成本费用"：填写实际发生的成本、费用、税金、损失及其他支出的总额。

（7）第4行"营业成本"：填写在生产经营活动中发生的销售成本、销货成本、业务支出以及其他耗费。

（8）第5行"营业费用"：填写在销售商品和材料、提供劳务的过程中发生的各种费用。

（9）第6行"管理费用"：填写为组织和管理企业生产经营发生的管理费用。

（10）授权代理人：如果有授权代理人，应当填写授权代理人的地址、名称（或者姓名）并且由授权人（即纳税人本人）签字。

（10）第7行"财务费用"：填写为筹集生产经营所需资金等发生的筹资费用。

（11）第8行"税金"：填写在生产经营活动中发生的除个人所得税和允许抵扣的增值税以外的各项税金及其附加。

（12）第9行"损失"：填写生产经营活动中发生的固定资产和存货的盘亏、

毁损、报废损失，转让财产损失，坏账损失，自然灾害等不可抗力因素造成的损失以及其他损失。

（13）第10行"其他支出"：填写除成本、费用、税金、损失外，生产经营活动中发生的与之有关的、合理的支出。

（14）第11行"利润总额"：根据相关行次计算填写。

（15）第12行"纳税调整增加额"：根据相关行次计算填写。

（16）第13行"超过规定标准的扣除项目金额"：填写扣除的成本、费用和损失中，超过《个人所得税法》及其实施条例和相关税收法律法规规定的扣除标准应予调增的应纳税所得额。

（17）第27行"不允许扣除的项目金额"：填写按规定不允许扣除但已被投资单位扣除的各项成本、费用和损失中应予调增应纳税所得额的部分。

（18）第37行"纳税调整减少额"：填写已计入收入总额或未列入成本费用，但应在税前予以减除的项目金额。

（19）第38行"纳税调整后所得"：根据相关行次计算填写。

（20）第39行"弥补以前年度亏损"：填写可在税前弥补的以前年度尚未弥补的亏损额。

（21）第40行"合伙企业合伙人分配比例"：纳税人为合伙企业合伙人的，填写本栏；其他则不填。分配比例按照合伙协议约定的比例填写；合伙协议未约定或不明确的，按合伙人协商决定的比例填写；协商不成的，按合伙人实缴出资比例填写；无法确定出资比例的，按合伙人平均分配。

（22）第41行"允许扣除的其他费用"：填写按照法律法规规定可以税前扣除的其他费用。如：《国家税务总局关于律师事务所从业人员有关个人所得税问题的公告》（国家税务总局公告2012年第53号）第三条规定的事项。

（23）第42行"投资者减除费用"：填写根据实际经营期限计算的可在税前扣除的投资者本人的生计减除费用。

（24）第43行"应纳税所得额"：根据相关行次计算填写。①纳税人为非合伙企业合伙人的，第43行＝第38行－第39行－第41行－第42行；②纳税人为合伙企业合伙人的,第43行＝（第38行－第39行）×第40行－第41行－第42行。

（25）第44行"税率"及第45行"速算扣除数"：按照税法第三条规定，根据第43行计算得出的数额进行查找填写。

（26）第46行"应纳税额"：根据相关行次计算填写。

（27）第47行"减免税额"：填写符合税法规定可以减免的税额。纳税人填写本行的，应同时附报《个人所得税减免税事项报告表》。

（28）第48行"实际应纳税额"：根据相关行次计算填写。

(29)第49行"已预缴税额":填写本年度在月(季)度申报中累计已预缴的个人所得税。

(30)第50行"应补(退)税额":根据相关行次计算填写。

3.《个人所得税生产经营所得纳税申报表(C表)》的填写

表2-5 个人所得税生产经营所得纳税申报表(C表)

税款所属期: 年 月 日至 年 月 日　　金额单位:人民币元(列至角分)

投资者信息	姓名		身份证件类型		身份证件号码			
	国籍(地区)				纳税人识别号			
各被投资单位信息		被投资单位编号	被投资单位名称		被投资单位纳税人识别号		分配比例%	应纳税所得额
		1.汇缴地						
		2.其他						
		3.其他						
		4.其他						
		5.其他						
		6.其他						
		7.其他						
		8.其他						
行次	项目							金额
1	一、被投资单位应纳税所得额合计							
2	二、应调增的投资者减除费用							
3	三、调整后应纳税所得额(1+2)							
4	四、税率(%)							
5	五、速算扣除数							
6	六、应纳税额(3×4-5)							
7	七、本单位经营所得占各单位经营所得总额的比重(%)							
8	八、本单位应纳税额(6×7)							
9	九、减免税额(附报《个人所得税减免税事项报告表》)							
10	十、实际应纳税额							
11	十一、已缴税额							
12	十二、应补(退)税额(10-11)							

（续表）

谨声明：此表是根据《中华人民共和国个人所得税法》及有关法律法规规定填写的，是真实的、完整的、可靠的。 　　　　　　　　　　　　　　纳税人签字：　　　年　月　日	
感谢您对税收工作的支持！	
代理申报机构（负责人）签章： 经办人： 经办人执业证件号码： 代理申报日期：　年　月　日	主管税务机关印章： 受理人： 受理日期：　年　月　日

本表适用于个体工商户、企事业单位承包承租经营者、个人独资企业投资者和合伙企业合伙人在中国境内两处或者两处以上取得"个体工商户的生产、经营所得"或"对企事业单位的承包经营、承租经营所得"的，同项所得合并计算纳税的个人所得税年度汇总纳税申报。

申报期限为年度终了后3个月内。纳税人不能按规定期限报送本表时，应当按照《税收征收管理法》及其实施细则的规定办理延期申报。

有关项目填报说明如下：

（1）税款所属期：填写纳税人取得生产经营所得所应纳个人所得税款的所属期间，应填写具体的起止年月日。

（2）投资者信息栏填写个体工商户、企事业单位承包承租经营者、个人独资企业投资者和合伙企业合伙人的相关信息。①姓名：填写纳税人姓名。中国境内无住所个人，其姓名应当用中、外文同时填写。②身份证件类型：填写能识别纳税人唯一身份的有效证照名称。③身份证件号码：填写纳税人身份证件上的号码。④国籍（地区）：填写纳税人的国籍或者地区。⑤纳税人识别号：填写税务机关赋予的纳税人识别号。

（3）各被投资单位信息栏：①被投资单位名称：填写税务机关核发的被投资单位税务登记证载明的被投资单位全称。②纳税人识别号：填写税务机关核发的被投资单位税务登记证号码。③分配比例：纳税人为合伙企业合伙人的，填写本栏；其他则不填。分配比例按照合伙协议约定的比例填写；合伙协议未约定或不明确的，按合伙人协商决定的比例填写；协商不成的，按合伙人实缴出资比例填写；无法确定出资比例的，按合伙人平均分配。④应纳税所得额：填写投资者从其各投资单位取得的年度应纳税所得额。

（4）第1行"被投资单位应纳税所得额合计"：填写投资者从其各投资单位取得的年度应纳税所得额的合计数。

（5）第2行"应调增的投资者减除费用"：填写按照税法规定在汇总计算多个被投资单位应纳税所得额时，被多扣除、需调整增加应纳税所得额的投资者生计减除费用标准。

（6）第3行"调整后应纳税所得额"：按相关行次计算填写。

（7）第4行"税率"及第5行"速算扣除数"：按照税法第三条规定，根据第3行计算得出的数额进行查找填写。

（8）第6行"应纳税额"：根据相关行次计算填写。

（9）第7行"本单位经营所得占各单位经营所得总额的比重"及第8行"本单位应纳税额"：投资者兴办两个或两个以上个人独资企业或个体工商户的，填写本栏；其他情形则不填。

（10）第9行"减免税额"：填写符合税法规定可以减免的税额。纳税人填写本行的，应同时附报《个人所得税减免税事项报告表》。

（11）第10行"实际应纳税额"：根据相关行次计算。①投资者兴办两个或两个以上个人独资企业或个体工商户的，第10行=第8行－第9行；②其他情形，第10行=第6行－第9行。

（12）第11行"已缴税额"：填写纳税人已缴纳的个人所得税。

（13）第12行"应补（退）税额"：按相关行次计算填写。

4.《个人所得税减免税事项报告表》的填写

表2-6 个人所得税减免税事项报告表

税款所属期： 年 月 日至 年 月 日　　金额单位：人民币元（列至角分）

扣缴义务人名称				扣缴义务人纳税识别号		
纳税人姓名				纳税人识别号		
减免税情况	编号	勾选	减免事项		减免人数	减免税额
	1	□	芦山地震受灾减免个人所得税			
	2	□	鲁甸地震受灾减免个人所得税			
	3	□	其他地区地震受灾减免个人所得税			
	4	□	其他自然灾害受灾减免个人所得税			
	5	□	个人转让5年以上唯一住房免征个人所得税			
	6	□	随军家属从事个体经营免征个人所得税			
	7	□	军转干部从事个体经营免征个人所得税			
	8	□	退役士兵从事个体经营减免个人所得税			

（续表）

	编号	勾选	减免事项		减免人数	减免税额
减免税情况	9	☐	残疾、孤老、烈属减征个人所得税			
	10	☐	失业人员从事个体经营减免个人所得税			
	11	☐	低保及零就业家庭从事个体经营减免个人所得税			
	12	☐	高校毕业生从事个体经营减免个人所得税			
	13	☐	取消农业税从事四业所得暂免征收个人所得税			
	14	☐	符合条件的房屋赠与免征个人所得税			
	15	☐	税收协定	股息	税收协定名称及条款：		
	16			利息	税收协定名称及条款：		
	17			特许权使用费	税收协定名称及条款：		
	18			财产收益	税收协定名称及条款：		
	19			受雇所得	税收协定名称及条款：		
	20			其他	税收协定名称及条款：		
	21	☐	其他	减免事项名称及减免性质代码：		
	22			减免事项名称及减免性质代码：		
	23			减免事项名称及减免性质代码：		
	合　　　计					

	序号	姓名	身份证件类型	身份证件号码	减免事项（编号或减免性质代码）	减免税额
减免税人员名单						

（续表）

	序号	姓名	身份证件类型	身份证件号码	减免事项（编号或减免性质代码）	减免税额
减免税人员名单						

谨声明：此表是根据《中华人民共和国个人所得税法》及有关法律法规规定填写的，是真实的、完整的、可靠的。

纳税人或扣缴单位负责人签字：　　　　年　月　日

感谢您对税收工作的支持！

代理申报机构（负责人）签章：	主管税务机关印章：
经办人：	受理人：
经办人执业证件号码：	
代理申报日期：　　年　月　日	受理日期：　　年　月　日

　　纳税人、扣缴义务人纳税申报时存在减免个人所得税情形的，应填报本表。

　　本表随《扣缴个人所得税报告表》《特定行业个人所得税年度申报表》《个人所得税自行纳税申报表（A表）》《个人所得税纳税申报表（适用于年所得12万元以上的纳税人申报）》《个人所得税生产经营所得纳税申报表（A表）》《个人所得税生产经营所得纳税申报表（B表）》《个人所得税生产经营所得纳税申报表（C表）》等一并报送。

　　有关项目填报说明如下：

　　（1）税款所属期：填写纳税人取得所得并享受减免税优惠的所属期间，应填写具体的起止年月日。

　　（2）"扣缴义务人名称""扣缴义务人纳税识别号"：由扣缴义务人填写，

纳税人自行纳税申报无需填写。

（3）"纳税人姓名"、"纳税人识别号"：由纳税人填写，扣缴义务人扣缴申报的无需填写。

（4）"减免事项"：纳税人、扣缴义务人根据减免税优惠的类型进行勾选。享受税收协定待遇的，应在"税收协定"项目相关所得类型后的空格内填写具体税收协定名称及条款。其中：编号19"受雇所得"即税收协定规定的独立个人劳务所得。存在表中列示以外的减免情形的，应在编号21-23"其他"项目的空格内填写对应的减免事项名称及减免性质代码（按照国家税务总局制定下发的最新《减免性质及分类表》中的最细项减免性质代码填报）。

（5）"减免人数"：扣缴义务人填写此栏，纳税人自行纳税申报无需填写。

（6）"减免税额"：填写符合税法规定可以减免的税额。减免税额合计应与《扣缴个人所得税报告表》《特定行业个人所得税年度申报表》《个人所得税自行纳税申报表（A表）》《个人所得税纳税申报表（适用于年所得12万元以上的纳税人申报）》《个人所得税生产经营所得纳税申报表（A表）》《个人所得税生产经营所得纳税申报表（B表）》或《个人所得税生产经营所得纳税申报表（C表）》等申报表"减免税额"栏的金额或金额合计相等。

（7）减免税人员名单由扣缴义务人填写，纳税人自行纳税申报无需填写。①"姓名""身份证件类型""身份证件号码""减免税额"：应与《扣缴个人所得税报告表》或《特定行业个人所得税年度申报表》相关信息一致。②"减免事项（编号或减免性质代码）"：填写"减免税情况栏"列示的减免事项对应的编号、减免性质代码及税务机关要求填报的其他信息。

（五）缴纳税款

目前，税款的缴纳方式主要有以下几种：

1）转账缴税，是指纳税人、扣缴义务人根据税务机关填制的缴款书通过其开户银行转账缴纳税款的方式。其程序是：

（1）申报纳税窗口根据征管信息系统的税款征收信息填制缴款书。

（2）申报纳税窗口将填制的缴款书除存根联留存外，其余各联交纳税人、扣缴义务人。

（3）纳税人、扣缴义务人凭已填制的缴款书到其开户银行解缴税款。

（4）税务机关收到国库（经收处）盖章后转来的报查联、回执联，转税收会计作销号处理，并将相关信息录入征管信息系统。

2）自核自缴（三自纳税），是指纳税人、扣缴义务人自行计算应纳税额，自行填开缴款书，自行到银行缴纳税款的方式，其程序是：

（1）纳税人、扣缴义务人自行计算应纳税额、填写纳税申报表，自行填开缴款书向其开户银行解缴税款,并在规定的申报期限内向税务机关办税服务厅申报纳税窗口报送纳税申报表及其他纳税资料。

(2)申报纳税窗口在受理时,必须向纳税人查阅由国库经收处已盖章收讫的缴款书收据联,并收取缴款书存根联。

(3)税务机关收到国库(经收处)盖章后转来的报查联、回执联,转税收会计作销号处理,并将相关信息录入征管信息系统。

3)支票缴税,是指纳税人、扣缴义务人用支票缴纳税款的方式。支票缴税需在税务机关、银行、国库实现计算机联网后方可实施。其程序是:

(1)纳税人、扣缴义务人自行计算应纳税款并在规定的期限内持申报表(包括附报资料)和支票向税务机关申报纳税窗口办理申报事宜。

(2)申报纳税窗口审查支票的有效性:①支票有效,申报纳税窗口填开《税收转账专用完税证》交纳税人、扣缴义务人作完税凭证。同时,及时制作支票清单,并随同纳税人、扣缴义务人填写的支票交国库。②支票无效,则退还纳税人、扣缴义务人,责令其补正。

(3)国库凭支票划解税款并向税务机关及时反馈划解信息。

(4)税务机关凭国库转来的入库支票清单转税收会计作销号处理,并将相关信息录入征管信息系统,同时将有关信息、资料转纳税评估、税收会计管理、税收统计管理和征管档案管理环节。

(5)对国库转来的未达税款清单送交催缴管理环节,由其对纳税人、扣缴义务人进行催缴。

4)现金缴税,是指纳税人、扣缴义务人用现金缴纳税款的一种方式。其程序是:

(1)纳税人、扣缴义务人需申报的,按下列程序办理:①纳税人、扣缴义务人自行计算应纳税款并在规定的期限内持申报表(包括附报资料)和现金(有《纳税手册》的,应同时提供)向税务机关办税服务厅申报纳税窗口办理申报事宜。②申报纳税窗口填制《税收通用完税证》,向纳税人、扣缴义务人收取现金后,将完税凭证交纳税人、扣缴义务人,并在《纳税手册》上签章,申报纳税窗口在规定的期限内填开汇总缴款书,将现金交国库经收处解缴税款。③税务机关凭国库(经收处)盖章后转来的缴款书报查联转税收会计上解销号,凭完税凭证报查联和缴款书报查联向税收票证管理环节办理票款结报,并将相关信息录入征管信息系统。

(2)纳税人无需申报的(主要指简易申报户),按照下列程序办理:①申报纳税窗口填制《税收通用完税证》,向纳税人收取现金,将完税凭证收据联交纳税人;同时,申报纳税窗口在规定的期限内,将完税凭证进行汇总,填开汇总缴款书向国库(经收处)解缴税款。②税务机关凭国库(经收处)盖章后转来的缴款书报查联转税收会计上解销号,凭完税凭证报查联和缴款书报查联向税收票证管理环节办理票款结报。

5)信用卡缴税,是指纳税人、扣缴义务人用信用卡缴纳税款的方式。其程序是:

(1)纳税人、扣缴义务人自行计算应纳税款并在规定的期限内持申报表(或《纳税手册》)和信用卡到税务机关办税服务厅申报纳税窗口或有关银行网点办理缴纳税款事宜。

(2)申报纳税窗口或有关银行网点受理时,应查询纳税人、扣缴义务人存款余额。①足够支付税款的,办理划卡缴纳税款手续。税务机关、银行、国库实现计算机联网的,申报纳税窗口填制《税收转账专用完税证》交纳税人、扣缴义务人,对持《纳税手册》申报的,申报纳税窗口或银行网点要在《纳税手册》上签章。②存款余额不足的,当即告之纳税人、扣缴义务人存足款项。

(3)税务机关凭国库(经收处)盖章后转来的缴款书报查联转税收会计上解销号,凭"完税证"报查联和缴款书报查联向税收票证管理环节办理票款结报。

6)税银一体化缴税,是指纳税人、扣缴义务人在指定银行开设税款解缴专用账户,按期提前存入当期应纳税款,并在规定的期限内由税务机关通知银行直接划解税款,或自行到税务机关指定银行网点缴纳的方式。按实施方式不同,可分为一般缴税专户缴税、网上实时缴税和批量扣款征收。

(1)一般缴税专户缴税程序:①纳税人、扣缴义务人自行计算应纳税款并提前存入缴税专户,同时在法定期限内向税务机关办理申报事项。②申报纳税窗口根据征管信息系统传递的税款征收信息填制缴款书。查询缴税账户可支控额并及时通知银行划解税款。③指定银行应根据税务机关通知,划解税款并将划解信息及时反馈税务机关。④税务机关收到国库(经收处)盖章后转来的报查联、回执联,转税收会计作销号处理,并将相关信息录入征管信息系统。

(2)网上实时缴税程序:①网上申报纳税人、扣缴义务人在税务机关指定的联网银行开设税款解缴专用账户,并与开户银行签订《委托代扣税款协议书》,同意银行按纳税申报信息从其专用账户上划缴税款。②纳税人、扣缴义务人在办理纳税申报前在专用账户存入不少于当期应纳税款的款项。③纳税人、扣缴义务人登录电子申报纳税系统,输入并提交当期缴纳税额信息。④联网银行税银扣划系统根据电子申报纳税系统提供的纳税人有效申报缴纳税款信息,实时自动从其专用账户中扣划税款。⑤税务机关定期与联网银行核对当期扣划的款项数据后,填开缴款书,将联网银行扣划的税款向国库(经收处)划解。⑥税务机关凭国库(经收处)盖章后转来的缴款书报查联转税收会计上解销号,凭"完税证"报查联和缴款书报查联向税收票证管理环节办理票款结报,并将相关信息录入征管信息系统。

(3)批量扣款征收程序:具体程序同委托银行扣缴税款程序。

 个体工商户纳税基本程序的法律政策依据有哪些?

1.《中华人民共和国个人所得税法》(1980年9月10日第五届全国人民代表大会第三次会议通过,1993年10月31日第八届全国人民代表大会常务委员会第四次会议修正,1999年8月30日第九届全国人民代表大会常务委员会第十一次会议第二次修正,2005年10月27日第十届全国人民代表大会常务委员会第十八次会议第三次修正,2007年6月29日第十届全国人民代表大会常务委员会第二十八次会议第四次修正,2007年12月29日第十届全国人民代表大会常务委员会第三十一次会议第五次修正,2011年6月30日第十一届全国人民代表大会常务委员会第二十一次会议第六次修正)第9条

2.《中华人民共和国个人所得税法实施条例》(1994年1月28日中华人民共和国国务院令第142号发布,根据2005年12月19日《国务院关于修改〈中华人民共和国个人所得税法实施条例〉的决定》第一次修订,根据2008年2月18日《国务院关于修改〈中华人民共和国个人所得税法实施条例〉的决定》第二次修订)

3.《个人所得税自行纳税申报办法(试行)》(国家税务总局2006年11月6日发布,国税发〔2006〕162号)

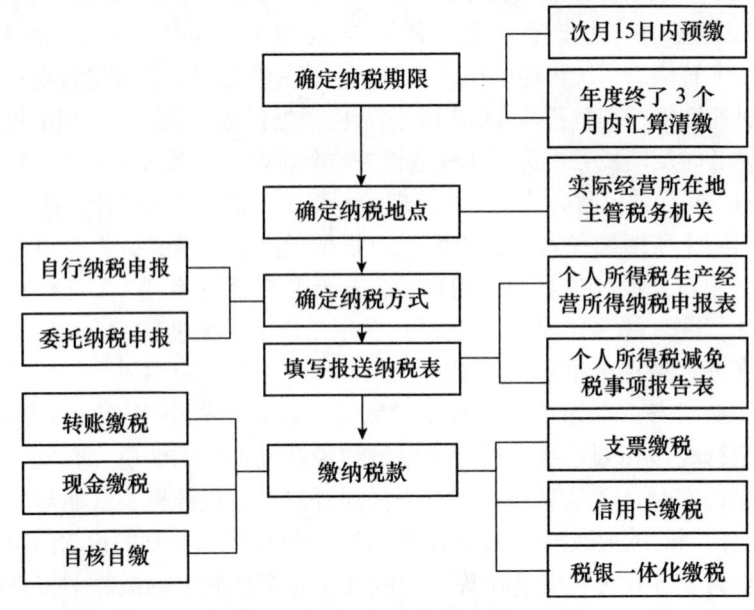

图2-4 个体工商户纳税基本程序

第三部分　个人独资企业和合伙企业纳税实务

> 您知道个人独资企业和合伙企业应纳所得税额如何计算吗？您知道个人独资企业和合伙企业纳税的基本流程吗？本部分将为您回答上述问题。

一、个人独资企业和合伙企业应纳所得税额的计算

 个人独资企业和合伙企业如何计算应纳所得税额？

（一）个人独资企业和合伙企业的界定

个人独资企业和合伙企业是指：

（1）依照《中华人民共和国个人独资企业法》（1999年8月30日第九届全国人民代表大会常务委员会第十一次会议通过）和《中华人民共和国合伙企业法》（1997年2月23日第八届全国人民代表大会常务委员会第二十四次会议通过，2006年8月27日第十届全国人民代表大会常务委员会第二十三次会议修订）登记成立的个人独资企业、合伙企业；

（2）依照《中华人民共和国私营企业暂行条例》（1988年6月25日国务院令第4号发布，自1988年7月1日起施行）登记成立的独资、合伙性质的私营企业；

（3）依照《中华人民共和国律师法》（1996年5月15日第八届全国人民代表大会常务委员会第十九次会议通过，2001年12月29日第九届全国人民代表大会常务委员会第二十五次会议修正）登记成立的合伙制律师事务所；

（4）经政府有关部门依照法律法规批准成立的负无限责任和无限连带责任的其他个人独资、个人合伙性质的机构或组织。个人独资企业以投资者为

纳税义务人，合伙企业以每一个合伙人为纳税义务人（以下简称投资者）。

(二) 个人独资企业和合伙企业承担的纳税义务

根据《国务院关于个人独资企业和合伙企业征收所得税问题的通知》（国务院2000年6月20日发布，国发〔2000〕16号）的规定，为公平税负，支持和鼓励个人投资兴办企业，促进国民经济持续、快速、健康发展，国务院决定，自2000年1月1日起，对个人独资企业和合伙企业停止征收企业所得税，其投资者的生产经营所得，比照个体工商户的生产、经营所得征收个人所得税。因此，个人独资企业和合伙企业应纳税额的计算在原则上比照个体工商户的生产、经营所得应纳税额的计算处理，但在个别地方也存在一些例外规定。

(三) 个人独资企业和合伙企业应纳所得税额计算的方法

个人独资企业和合伙企业（以下简称企业）每一纳税年度的收入总额减除成本、费用以及损失后的余额，作为投资者个人的生产经营所得，比照个人所得税法的"个体工商户的生产经营所得"应税项目，适用5%～35%的五级超额累进税率，计算征收个人所得税。

收入总额，是指企业从事生产经营以及与生产经营有关的活动所取得的各项收入，包括商品（产品）销售收入、营运收入、劳务服务收入、工程价款收入、财产出租或转让收入、利息收入、其他业务收入和营业外收入。

个人独资企业的投资者以全部生产经营所得为应纳税所得额；合伙企业的投资者按照合伙企业的全部生产经营所得和合伙协议约定的分配比例确定应纳税所得额，合伙协议没有约定分配比例的，以全部生产经营所得和合伙人数量平均计算每个投资者的应纳税所得额。

生产经营所得，包括企业分配给投资者个人的所得和企业当年留存的所得（利润）。

(四) 查账征税的扣除项目

凡实行查账征税办法的，生产经营所得比照《个体工商户个人所得税计税办法》（国家税务总局令第35号）的规定确定。但下列项目的扣除依照下列规定执行：

（1）投资者的费用扣除标准为24 000元/年（3 500元/月）。投资者的工资不得在税前扣除。

（2）企业从业人员的合理工资支出允许在税前扣除。

（3）投资者及其家庭发生的生活费用不允许在税前扣除。投资者及其家庭发生的生活费用与企业生产经营费用混合在一起，并且难以划分的，全部视为投资者个人及其家庭发生的生活费用，不允许在税前扣除。

（4）企业生产经营和投资者及其家庭生活共用的固定资产，难以划分的，由主管税务机关根据企业的生产经营类型、规模等具体情况，核定准予在税前扣除的折旧费用的数额或比例。

（5）企业实际发生的工会经费、职工福利费、职工教育经费分别在其计税工资总额的2%、14%、2.5%的标准内据实扣除。

（6）企业每一纳税年度发生的广告和业务宣传费用不超过当年销售（营业）收入15%的部分，可据实扣除；超过部分可无限期向以后纳税年度结转。

（7）企业计提的各种准备金不得扣除。

（五）核定征收应纳税额的计算

实行核定应纳税所得额率征收方式的，应纳所得税额的计算公式如下：

$$应纳所得税额 = 应纳税所得额 \times 适用税率$$

$$应纳税所得额 = 收入总额 \times 应纳税所得额率$$

$$或， = \frac{成本费用支出额}{1-应纳税所得额率} \times 应纳税所得额率$$

应纳税所得额率应按表3-1规定的标准执行：

表3-1 应纳税所得额率表

行　　业	应纳税所得额率（%）
工业、交通运输业、商业	5～20
建筑业、房地产开发业	7～20
饮食服务业	7～25
娱乐业	20～40
其他行业	10～30

企业经营多业的，无论其经营项目是否单独核算，均应根据其主营项目确定其适用的应纳税所得额率。

（六）关联企业业务规则

企业与其关联企业之间的业务往来，应当按照独立企业之间的业务往来收取或者支付价款、费用。不按照独立企业之间的业务往来收取或者支付价款、费用，而减少其应纳税所得额的，主管税务机关有权进行合理调整。

关联企业，是指有下列关系之一的公司、企业和其他经济组织：

(1) 在资金、经营、购销等方面，存在直接或者间接的拥有或者控制关系；
(2) 直接或者间接地同为第三者所拥有或者控制；
(3) 在利益上具有关联的其他关系。

（七）投资者兴办两个或两个以上企业的处理方式

投资者兴办两个或两个以上企业的（包括参与兴办，下同），年度终了时，应汇总从所有企业取得的应纳税所得额，据此确定适用税率并计算缴纳应纳税款。投资者兴办两个或两个以上企业的，根据上述规定准予扣除的个人费用，由投资者选择在其中一个企业的生产经营所得中扣除。

投资者兴办两个或两个以上企业，并且企业性质全部是独资的，年度终了后汇算清缴时，应纳税款的计算按以下方法进行：汇总其投资兴办的所有企业的经营所得作为应纳税所得额，以此确定适用税率，计算出全年经营所得的应纳税额，再根据每个企业的经营所得占所有企业经营所得的比例，分别计算出每个企业的应纳税额和应补缴税额。计算公式如下：

$$应纳税所得额 = \sum 各个企业的经营所得$$

$$应纳税额 = 应纳税所得额 \times 税率 - 速算扣除数$$

$$本企业应纳税额 = 应纳税额 \times 本企业的经营所得 / \sum 各个企业的经营所得$$

$$本企业应补缴的税额 = 本企业应纳税额 - 本企业预缴的税额$$

实行查账征税方式的个人独资企业和合伙企业改为核定征税方式后，在查账征税方式下认定的年度经营亏损未弥补完的部分，不得再继续弥补。

个人独资企业和合伙企业对外投资分回的利息或者股息、红利，不并入企业的收入，而应单独作为投资者个人取得的利息、股息、红利所得，按"利息、股息、红利所得"应税项目计算缴纳个人所得税。以合伙企业名义对外投资分回利息或者股息、红利的，应按《财政部 国家税务总局关于印发〈关于个人独资企业和合伙企业投资者征收个人所得税的规定〉的通知》(财税〔2000〕91号) 第5条精神确定各个投资者的利息、股息、红利所得，分别按"利息、股息、红利所得"应税项目计算缴纳个人所得税。

（八）亏损弥补和外国税收抵免

企业的年度亏损，允许用本企业下一年度的生产经营所得弥补，下一年度所得不足弥补的，允许逐年延续弥补，但最长不得超过5年。投资者兴办两个或两个以上企业的，企业的年度经营亏损不能跨企业弥补。

投资者来源于中国境外的生产经营所得，已在境外缴纳所得税的，可以按照个人所得税法的有关规定计算扣除已在境外缴纳的所得税。

（九）清算所得

企业进行清算时，投资者应当在注销工商登记之前，向主管税务机关结清有关税务事宜。企业的清算所得应当视为年度生产经营所得，由投资者依法缴纳个人所得税。

清算所得，是指企业清算时的全部资产或者财产的公允价值扣除各项清算费用、损失、负债、以前年度留存的利润后，超过实缴资本的部分。

（十）投资者占用企业利益的某些不规范行为的税务处理

现实生活中，比较常见的投资者的不规范行为包括个人投资者以企业（包括个人独资企业、合伙企业和其他企业）资金为本人、家庭及其相关人员支付消费性支出及购买家庭财产以及个人投资者从其投资的企业（个人独资企业、合伙企业除外）中借款长期不还。

个人独资企业、合伙企业的个人投资者以企业资金为本人、家庭成员及其相关人员支付与企业生产经营无关的消费性支出及购买汽车、住房等财产性支出，视为企业对个人投资者的利润分配，并入投资者个人的生产经营所得，依照"个体工商户的生产经营所得"项目计征个人所得税。除个人独资企业、合伙企业以外的其他企业的个人投资者，以企业资金为本人、家庭成员及其相关人员支付与企业经营无关的消费性支出及购买汽车、住房等财产性支出，视为企业对个人投资者的红利分配，依照"利息、股息、红利所得"项目计征个人所得税。企业的上述支出不允许在所得税前扣除。纳税年度内个人投资者从其投资企业（个人独资企业、合伙企业除外）借款，在该纳税年度终了后既不归还，又未用于企业生产经营的，其未归还的借款可视为企业对个人投资者的红利分配，依照"利息、股息、红利所得"项目计征个人所得税。

 友情提示

上述是对个人投资者从企业获得某些利益时如何征税问题的规定。根据企业性质不同，征税方式也不同。基本原则是，如果是个人独资企业和合伙企业，投资者及其家属所获得的利益都属于企业的应纳税所得额，应当合并纳税。其他企业的投资者获得的利益应当按照"利息、股息、红利所得"项目计征个人所得税。

个人独资企业和合伙企业计算应纳税额的法律政策依据有哪些?

1.《中华人民共和国税收征收管理法实施细则》(2002年9月7日国务院令第362号公布,2012年11月9日国务院令第628号第一次修订,2013年7月18日《国务院关于废止和修改部分行政法规的决定》第二次修订)第51条

2.《国务院关于个人独资企业和合伙企业征收所得税问题的通知》(国务院2000年6月20日发布,国发〔2000〕16号)

3.《财政部 国家税务总局关于印发〈关于个人独资企业和合伙企业投资者征收个人所得税的规定〉的通知》(财政部 国家税务总局2000年9月19日发布,财税〔2000〕91号)

4.《国家税务总局关于〈关于个人独资企业和合伙企业投资者征收个人所得税的规定〉执行口径的通知》(国家税务总局2001年1月17日发布,国税函〔2001〕84号)

5.《财政部 国家税务总局关于规范个人投资者个人所得税征收管理的通知》(财政部 国家税务总局2003年7月11日发布,财税〔2003〕158号)

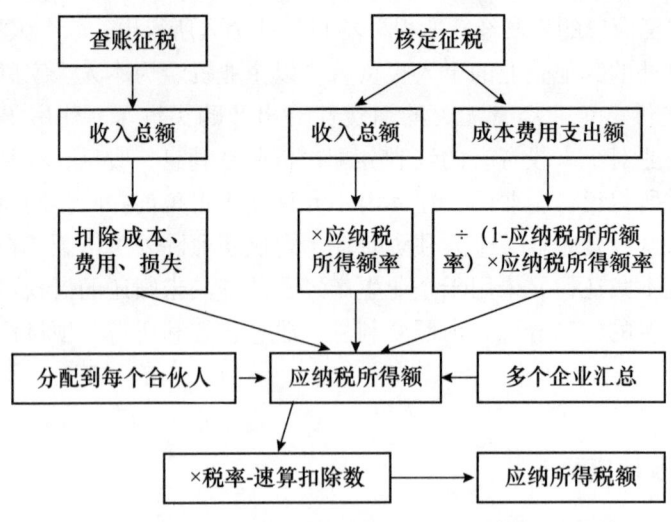

图3-1 个人独资企业和合伙企业应纳税额的计算

 生活中的案例

例3-1 某个人独资企业2016年度申报的总收入为400 000元,应纳税所得额为150 000元,该企业采用查账征税办法。经税务机关查证,其中有几项支出是这样的:投资者个人工资50 000元;投资者家属生活费20 000元。

在计算应纳税所得额时,上述支出全部从总收入中被扣除了。请问,如果你是税务机关工作人员,对此纳税申报应当如何进行调整?

答: 个人独资企业采用查账征收方式的,其应纳税额为总收入扣除成本、费用、损失以后的余额,而各种扣除项目,国家都有一定限额,超过限额的部分是不能扣除的,有些支出也是不允许被扣除的。投资者的工资不能被扣除,因为对个人独资企业的所得征税实质上就是对投资者的所得征税,因此,在对投资者进行了费用扣除以后就不允许扣除其工资了。投资者家属生活费不能被扣除,因为这实质上是投资者的个人所得,如果允许被扣除,投资者就很容易转移所得从而减轻税收负担。因此,企业应纳税所得额应当增加额为:50 000+20 000=70 000(元)。该企业2016年度应纳税所得额为:150 000+70 000-42 000=178 000(元)。

 生活中的案例

例3-2 张先生开办了两个个人独资企业,2016年度应纳税所得额分别为30 000元和80 000元。张先生分别进行纳税申报,并分别计算了应纳税额。税务机关认为张先生纳税申报不正确。你认为张先生应当如何进行纳税申报以及如何计算应纳税额?

答: 根据《财政部 国家税务总局关于印发〈关于个人独资企业和合伙企业投资者征收个人所得税的规定〉的通知》(财税〔2000〕91号)第12条规定,投资者兴办两个或两个以上企业的,年度终了时,应汇总从所有企业取得的应纳税所得额,据此确定适用税率并计算缴纳应纳税款。因此,张先生应该合并两个企业的应纳税所得额进行统一纳税申报,而不能分别进行纳税申报,在计算时也应该合并计算,而不能分别计算。如果分别计算,张先生应纳税额为:(30 000×10%-750)+(80 000×30%-9 750)=16 500(元)。如果合并计算,张先生应纳税额为:110 000×35%-14 750=23 750(元)。二者相差还是很大的,后者是正确的应纳税额。

 生活中的案例

例3-3 王先生投资了两个个人独资企业,当地税务机关规定的投资者费用扣除标准为每年42 000元。王先生在两个企业所申报的应纳税所得额分别为20 000元和30 000元,其中都进行了投资者费用扣除。如果你是王先生的税法顾问,应当如何修改申报的应纳税所得额?

答: 根据《财政部 国家税务总局关于印发〈关于个人独资企业和合伙企业投资者征收个人所得税的规定〉的通知》(财税〔2000〕91号)第13条的规定,

投资者兴办两个或两个以上企业的，该规定第 6 条第一款规定准予扣除的个人费用，由投资者选择在其中一个企业的生产经营所得中扣除。由于投资者是一个人，而投资者费用扣除主要是考虑投资者本人的生活费扣除，因此，只能扣除一次，这与一个人从两处获得工资薪金所得也只能进行一次扣除是一致的。因此，王先生总应纳税所得额应当为：20 000+30 000+42 000=92 000（元）。

二、个人独资企业和合伙企业纳税基本流程

 个人独资、合伙企业纳税的基本流程是什么？

投资者应纳的个人所得税税款，按年计算，分月或者分季预缴，由投资者在每月或者每季度终了后 15 日内预缴，年度终了后 3 个月内汇算清缴，多退少补。

企业在年度中间合并、分立、终止时，投资者应当在停止生产经营之日起 60 日内，向主管税务机关办理当期个人所得税汇算清缴。

 友情提示

> 企业在纳税年度的中间开业，或者由于合并、关闭等原因，使该纳税年度的实际经营期不足 12 个月的，应当以其实际经营期为一个纳税年度。

投资者应向企业实际经营管理所在地主管税务机关申报缴纳个人所得税。投资者从合伙企业取得的生产经营所得，由合伙企业向企业实际经营管理所在地主管税务机关申报缴纳投资者应纳的个人所得税，并将个人所得税申报表抄送投资者。

投资者兴办 2 个或 2 个以上企业的，应分别向企业实际经营管理所在地主管税务机关预缴税款。年度终了后办理汇算清缴时，区别不同情况分别处理：

（1）投资者兴办的企业全部是个人独资性质的，分别向各企业的实际经营管理所在地主管税务机关办理年度纳税申报，并依所有企业的经营所得总额确定适用税率，以本企业的经营所得为基础，计算应缴税款，办理汇算清缴；

（2）投资者兴办的企业中含有合伙性质的，投资者应向经常居住地主管税务机关申报纳税，办理汇算清缴，但经常居住地与其兴办企业的经营管理所在地不一致的，应选定其参与兴办的某一合伙企业的经营管理所在地为办理年度汇算清缴所在地，并在5年内不得变更。5年后需要变更的，须经原主管税务机关批准。

投资者在预缴个人所得税时，应向主管税务机关报送《个人所得税生产经营所得纳税申报表（A表）》，并附送会计报表。年度终了后30日内，投资者应向主管税务机关报送《个人所得税生产经营所得纳税申报表（B表）》，并附送年度会计决算报表和预缴个人所得税纳税凭证。投资者兴办两个或两个以上企业的，向企业实际经营管理所在地主管税务机关办理年度纳税申报时，应附注从其他企业取得的年度应纳税所得额；其中含有合伙企业的，应报送汇总从所有企业取得的所得情况的《个人所得税生产经营所得纳税申报表（C表）》，同时附送所有企业的年度会计决算报表和当年度已缴个人所得税纳税凭证。

 个人独资、合伙企业纳税基本流程的法律政策依据有哪些？

1.《中华人民共和国个人所得税法》（1980年9月10日第五届全国人民代表大会第三次会议通过，1993年10月31日第八届全国人民代表大会常务委员会第四次会议修正，1999年8月30日第九届全国人民代表大会常务委员会第十一次会议第二次修正，2005年10月27日第十届全国人民代表大会常务委员会第十八次会议第三次修正，2007年6月29日第十届全国人民代表大会常务委员会第二十八次会议第四次修正，2007年12月29日第十届全国人民代表大会常务委员会第三十一次会议第五次修正，2011年6月30日第十一届全国人民代表大会常务委员会第二十一次会议第六次修正）第9条

2.《中华人民共和国个人所得税法实施条例》（1994年1月28日中华人民共和国国务院令第142号发布，根据2005年12月19日《国务院关于修改〈中华人民共和国个人所得税法实施条例〉的决定》第一次修订，根据2008年2月18日《国务院关于修改〈中华人民共和国个人所得税法实施条例〉的决定》第二次修订）

3.《财政部 国家税务总局关于印发〈关于个人独资企业和合伙企业投资者征收个人所得税的规定〉的通知》（财政部 国家税务总局2000年9月19日发布，财税〔2000〕91号）第17条

4.《个人所得税自行纳税申报办法（试行）》（国家税务总局2006年11月6日发布，国税发〔2006〕162号）

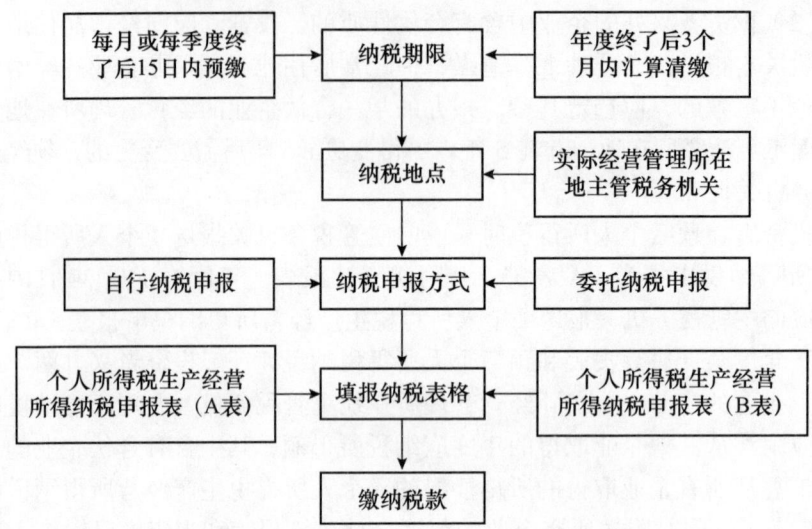

图3-2　个人独资、合伙企业纳税基本流程

第四部分　企业所得税纳税实务

> 您知道哪些企业需要缴纳企业所得税吗？您知道如何计算企业所得税吗？您知道企业所得税有哪些优惠政策吗？您知道企业所得税特别纳税调整的制度吗？您知道企业所得税如何申报和缴纳吗？本部分将为您回答上述问题。

一、企业所得税的纳税人和税率

 哪些企业需要缴纳企业所得税？

我国现行的企业类型，大体可以划分为两类：一类是具有法人资格的企业，一类是不具有法人资格的企业。所谓法人资格，是指具有独立的法律人格，具有能够独立承担民事责任的能力。

具有法人资格的企业是指公司，具体包括国有独资公司、有限责任公司和股份有限公司。不具有法人资格的企业包括个人独资企业和合伙企业。

在我国境内，只有具有法人资格的企业才需要缴纳企业所得税，不具有法人资格的企业不需要缴纳企业所得税。因此，需要缴纳企业所得税的企业就是指各类公司。个人独资企业、合伙企业不缴纳企业所得税。个人独资企业，是指依照《个人独资企业法》在中国境内设立，由一个自然人投资，财产为投资人个人所有，投资人以其个人财产对企业债务承担无限责任的经营实体。合伙企业，是指依照《合伙企业法》在中国境内设立的由各合伙人订立合伙协议，共同出资，合伙经营，共享收益，共担风险，并对合伙企业债务承担无限连带责任的营利性组织。

除了上述分类标准以外，我国企业还有很多其他分类标准。如按照企业投资者的身份，可以分为国有企业、集体企业、私营企业（民营企业）、外资企业等；按照企业的规模，可以分为大型企业、中型企业和小型企业；按照企业的结构类型，可以分为个人独资企业、合伙企业和公司；按照企业从事的行业，可以分为农业企业、商业企业、生产企业、金融企业等；按照企业承担纳税义务的性质，可以分为居民企业和非居民企业。

 友情提示

> 上述分类中，还有一种比较重要的分类是中外合资经营企业、中外合作经营企业以及外商独资企业。中外合资经营企业和外商独资企业都具有法人资格，应当缴纳企业所得税。中外合作经营企业可以成立具有法人资格的企业，也可以成立不具有法人资格的企业。因此，具有法人资格的中外合作经营企业应当缴纳企业所得税，不具有法人资格的中外合作经营企业不需要缴纳企业所得税。

合伙企业是指依照中国法律、行政法规成立的合伙企业。合伙企业以每一个合伙人为纳税义务人。合伙企业合伙人是自然人的，缴纳个人所得税；合伙人是法人和其他组织的，缴纳企业所得税。合伙企业生产经营所得和其他所得采取"先分后税"的原则。具体应纳税所得额的计算按照《财政部 国家税务总局关于个人独资企业和合伙企业投资者征收个人所得税的规定》(财税〔2000〕91号)及《财政部 国家税务总局关于调整个体工商户个人独资企业和合伙企业个人所得税税前扣除标准有关问题的通知》(财税〔2008〕65号)的有关规定执行。上述生产经营所得和其他所得，包括合伙企业分配给所有合伙人的所得和企业当年留存的所得（利润）。

合伙企业的合伙人按照下列原则确定应纳税所得额：

（1）合伙企业的合伙人以合伙企业的生产经营所得和其他所得，按照合伙协议约定的分配比例确定应纳税所得额。

（2）合伙协议未约定或者约定不明确的，以全部生产经营所得和其他所得，按照合伙人协商决定的分配比例确定应纳税所得额。

（3）协商不成的，以全部生产经营所得和其他所得，按照合伙人实缴出资比例确定应纳税所得额。

（4）无法确定出资比例的，以全部生产经营所得和其他所得，按照合伙人数量平均计算每个合伙人的应纳税所得额。

合伙协议不得约定将全部利润分配给部分合伙人。合伙企业的合伙人是法人和其他组织的，合伙人在计算其缴纳企业所得税时，不得用合伙企业的亏损抵减其盈利。

企业所得税纳税主体的法律政策依据有哪些？

1.《中华人民共和国企业所得税法》(2007年3月16日第十届全国人民代表大会第五次会议通过，2017年2月24日第十二届全国人民代表大会常务委员会第二十六次会议修改) 第1条

2.《中华人民共和国个人独资企业法》(1999年8月30日第九届全国人民代表大会常务委员会第十一次会议通过)

3.《中华人民共和国合伙企业法》(1997年2月23日第八届全国人民代表大会常务委员会第二十四次会议通过，2006年8月27日第十届全国人民代表大会常务委员会第二十三次会议修订)

4.《中华人民共和国公司法》(1993年12月29日第八届全国人民代表大会常务委员会第五次会议通过，2013年12月28日第十二届全国人民代表大会常务委员会第六次会议第三次修正)

5.《中华人民共和国外资企业法》(1986年4月12日第六届全国人民代表大会第四次会议通过，2016年9月3日第十二届全国人民代表大会常务委员会第二十二次会议第二次修正)

6.《中华人民共和国中外合作经营企业法》(1988年4月13日第七届全国人民代表大会第一次会议通过，2016年9月3日第十二届全国人民代表大会常务委员会第二十二次会议第二次修正)

7.《中华人民共和国全民所有制工业企业法》(1988年4月13日第七届全国人民代表大会第一次会议通过)

8.《中华人民共和国乡镇企业法》(1996年10月29日第八届全国人民代表大会常务委员会第二十二次会议通过)

9.《财政部 国家税务总局关于合伙企业合伙人所得税问题的通知》(财税〔2008〕159号)

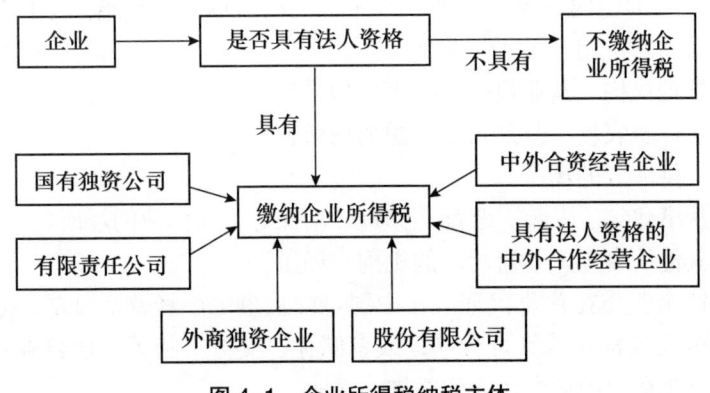

图4-1 企业所得税纳税主体

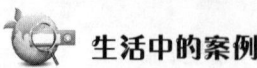 **生活中的案例**

例 4-1　乡镇企业是否应当缴纳企业所得税？

答：乡镇企业，是指农村集体经济组织或者农民投资为主，在乡镇（包括所辖村）举办的承担支援农业义务的各类企业。乡镇企业并不是根据企业是否具有法人资格而对企业所进行的分类，因此，不能直接判断乡镇企业是否应当缴纳企业所得税。根据《乡镇企业法》的规定，乡镇企业符合企业法人条件的，依法取得企业法人资格。因此，乡镇企业可以分为两类，一类是具有法人资格的乡镇企业，一类是不具有法人资格的乡镇企业。根据《企业所得税法》的相关规定，只有具有法人资格的企业才需要缴纳企业所得税。因此，具有法人资格的乡镇企业应当缴纳企业所得税，不具有法人资格的乡镇企业不需要缴纳企业所得税。

 应当缴纳企业所得税的企业可以分为哪两类？它们分别承担什么纳税义务？

企业分为居民企业和非居民企业。

居民企业，是指依法在中国境内成立，或者依照外国（地区）法律成立但实际管理机构在中国境内的企业。其中，依法在中国境内成立的企业，包括依照中国法律、行政法规在中国境内成立的企业、事业单位、社会团体以及其他取得收入的组织。依照外国（地区）法律成立的企业，包括依照外国（地区）法律成立的企业和其他取得收入的组织。实际管理机构，是指对企业的生产经营、人员、账务、财产等实施实质性全面管理和控制的机构。

非居民企业，是指依照外国（地区）法律成立且实际管理机构不在中国境内，但在中国境内设立机构、场所的，或者在中国境内未设立机构、场所，但有来源于中国境内所得的企业。其中，机构、场所，是指在中国境内从事生产经营活动的机构、场所，包括：

（1）管理机构、营业机构、办事机构；

（2）工厂、农场、开采自然资源的场所；

（3）提供劳务的场所；

（4）从事建筑、安装、装配、修理、勘探等工程作业的场所；

（5）其他从事生产经营活动的机构、场所。

非居民企业委托营业代理人在中国境内从事生产经营活动的，包括委托单位或者个人经常代其签订合同，或者储存、交付货物等，该营业代理人视为非居民企业在中国境内设立的机构、场所。

境外注册的中资控股企业（以下称境外中资企业）是指由中国境内的企业或企业集团作为主要控股投资者，在境外依据外国（地区）法律注册成立的企业。

境外中资企业同时符合以下条件的，根据《企业所得税法》第二条第二款和《企业所得税法实施条例》第四条的规定，应判定为实际管理机构在中国境内的居民企业（以下称非境内注册居民企业），并实施相应的税收管理，就其来源于中国境内、境外的所得征收企业所得税：

（1）企业负责实施日常生产经营管理运作的高层管理人员及其高层管理部门履行职责的场所主要位于中国境内；

（2）企业的财务决策（如借款、放款、融资、财务风险管理等）和人事决策（如任命、解聘和薪酬等）由位于中国境内的机构或人员决定，或需要得到位于中国境内的机构或人员批准；

（3）企业的主要财产、会计账簿、公司印章、董事会和股东会议纪要档案等位于或存放于中国境内；

（4）企业1/2（含1/2）以上有投票权的董事或高层管理人员经常居住于中国境内。

对于实际管理机构的判断，应当遵循实质重于形式的原则。

非境内注册居民企业从中国境内其他居民企业取得的股息、红利等权益性投资收益，按照《企业所得税法》第二十六条和《企业所得税法实施条例》第八十三条的规定，作为其免税收入。非境内注册居民企业的投资者从该居民企业分得的股息、红利等权益性投资收益，根据《企业所得税法实施条例》第七条第（四）款的规定，属于来源于中国境内的所得，应当征收企业所得税；该权益性投资收益中符合《企业所得税法》第二十六条和《企业所得税法实施条例》第八十三条规定的部分，可作为收益人的免税收入。

非境内注册居民企业在中国境内投资设立的企业，其外商投资企业的税收法律地位不变。

境外中资企业被判定为非境内注册居民企业的，按照《企业所得税法》第四十五条以及受控外国企业管理的有关规定，不视为受控外国企业，但其所控制的其他受控外国企业仍应按照有关规定进行税务处理。

境外中资企业可向其实际管理机构所在地或中国主要投资者所在地主管税务机关提出居民企业申请，主管税务机关对其居民企业身份进行初步审核后，层报国家税务总局确认；境外中资企业未提出居民企业申请的，其中国主要投资者的主管税务机关可以根据所掌握的情况对其是否属于中国居民企业做出初步判定，层报国家税务总局确认。

境外中资企业或其中国主要投资者向税务机关提出居民企业申请时，应同时向税务机关提供如下资料：

（1）企业法律身份证明文件；

（2）企业集团组织结构说明及生产经营概况；

（3）企业最近一个年度的公证会计师审计报告；

（4）负责企业生产经营等事项的高层管理机构履行职责的场所的地址证明；

（5）企业董事及高层管理人员在中国境内居住记录；

（6）企业重大事项的董事会决议及会议记录；

（7）主管税务机关要求的其他资料。

境外中资企业被认定为中国居民企业后成为双重居民身份的，按照中国与相关国家（或地区）签署的税收协定（或安排）的规定执行。

居民企业应当就其来源于中国境内、境外的所得缴纳企业所得税。非居民企业在中国境内设立机构、场所的，应当就其所设机构、场所取得的来源于中国境内的所得，以及发生在中国境外但与其所设机构、场所有实际联系的所得，缴纳企业所得税。非居民企业在中国境内未设立机构、场所的，或者虽设立机构、场所但取得的所得与其所设机构、场所没有实际联系的，应当就其来源于中国境内的所得缴纳企业所得税。其中，所得，包括销售货物所得、提供劳务所得、转让财产所得、股息红利等权益性投资所得、利息所得、租金所得、特许权使用费所得、接受捐赠所得和其他所得。所得来源于中国境内或境外按照以下原则确定：

（1）销售货物所得，按照交易活动发生地确定；

（2）提供劳务所得，按照劳务发生地确定；

（3）转让财产所得，不动产转让所得按照不动产所在地确定，动产转让所得按照转让动产的企业或者机构、场所所在地确定，权益性投资资产转让所得按照被投资企业所在地确定；

（4）股息、红利等权益性投资所得，按照分配所得的企业所在地确定；

（5）利息所得、租金所得、特许权使用费所得，按照负担、支付所得的企业或者机构、场所所在地确定，或者按照负担、支付所得的个人的住所地确定；

（6）其他所得，由国务院财政、税务主管部门确定。

实际联系，是指非居民企业在中国境内设立的机构、场所拥有据以取得所得的股权、债权，以及拥有、管理、控制据以取得所得的财产等。

 企业所得税纳税主体分类的法律政策依据有哪些？

1.《中华人民共和国企业所得税法》（2007年3月16日第十届全国人民

代表大会第五次会议通过,2017年2月24日第十二届全国人民代表大会常务委员会第二十六次会议修改)第2条、第3条

2.《中华人民共和国企业所得税法实施条例》(2007年11月28日国务院通过,国务院令〔2007〕第152号)第3-8条

3.《国家税务总局关于境外注册中资控股企业依据实际管理机构标准认定为居民企业有关问题的通知》(国税发〔2009〕82号)

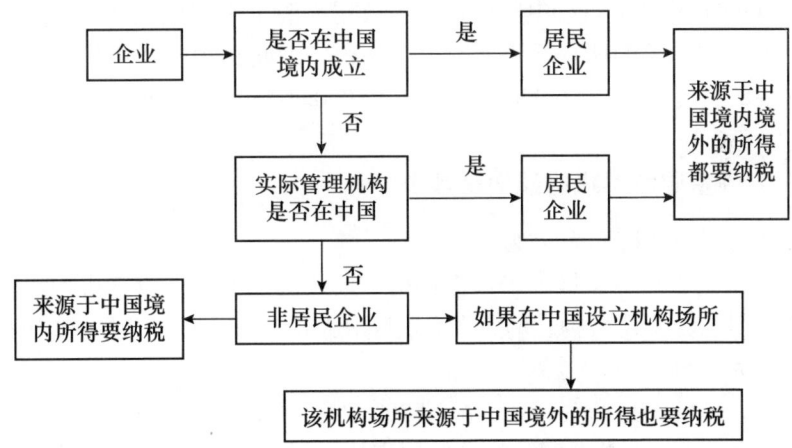

图4-2 企业所得税纳税主体分类

 生活中的案例

例4-2 某公司是依照加拿大的法律在加拿大注册成立的,由于该公司的主要业务均在中国以及环中国周边地区,2017年1月,该公司将其实际管理机构移到上海。该公司2017年度来源于中国境内的所得为10 000 000元,来源于韩国的所得为200 000元,来源于泰国的所得为300 000元,来源于老挝的所得为20 000元。该公司在2017年度应当向中国纳税的所得是多少?

答:由于该公司的实际管理机构在中国,因此,属于中国居民企业。居民企业应当就其来源于中国境内和境外的所得向中国纳税,因此,该公司2017年度的全部所得都应当向中国纳税。合计应当在中国纳税的所得为:10 000 000+200 000+300 000+20 000=10 520 000(元)。

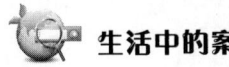 **生活中的案例**

例4-3 某公司是在美国注册成立的企业,2017年3月,该公司为了拓展亚太地区的业务,在上海设立一个机构。在2017年度,该公司来源于中国境内的和该机构无关的所得为1 000 000元,该公司来源于日本的和该机构无

关的所得为200 000元,该机构来源于中国境内的所得为350 000元,该机构来源于韩国的所得为10 000元。请计算该公司在2017年度的所得有多少应当在中国纳税。

答:该公司既不是依照中国的法律在中国成立的,其实际管理机构也不在中国,因此,属于非居民企业。该公司来源于中国境内的所得应当在中国纳税。同时,该公司在中国设立了机构场所,因此,该机构场所来源于中国境内境外的所得也应当在中国纳税。该公司来源于中国境外并且与其在中国所设立的机构无关的所得不需要在中国纳税。因此,2017年度该公司应当在中国纳税的所得为:1 000 000+350 000+10 000=1 360 000(元)。

 企业所得税的税率是多少?

企业所得税的税率为25%。

非居民企业在中国境内未设立机构、场所的,或者虽设立机构、场所但取得的所得与其所设机构、场所没有实际联系的,其来源于中国境内的所得,适用税率为10%。

符合条件的小型微利企业,减按20%的税率征收企业所得税。符合条件的小型微利企业,是指从事国家非限制和禁止行业,并符合下列条件的企业:

(1)工业企业,年度应纳税所得额不超过30万元,从业人数不超过100人,资产总额不超过3 000万元;

(2)其他企业,年度应纳税所得额不超过30万元,从业人数不超过80人,资产总额不超过1 000万元。

国家需要重点扶持的高新技术企业,减按15%的税率征收企业所得税。国家需要重点扶持的高新技术企业,是指拥有核心自主知识产权,并同时符合下列条件的企业:

(1)产品(服务)属于《国家重点支持的高新技术领域》规定的范围;

(2)研究开发费用占销售收入的比例不低于规定比例;

(3)高新技术产品(服务)收入占企业总收入的比例不低于规定比例;

(4)科技人员占企业职工总数的比例不低于规定比例;

(5)高新技术企业认定管理办法规定的其他条件。

《国家重点支持的高新技术领域》和高新技术企业认定管理办法由国务院科技、财政、税务主管部门商国务院有关部门制订,报国务院批准后公布施行。

 企业所得税税率的法律政策依据有哪些?

1.《中华人民共和国企业所得税法》(2007年3月16日第十届全国人民

代表大会第五次会议通过，2017年2月24日第十二届全国人民代表大会常务委员会第二十六次会议修改）第4条、第28条

2.《中华人民共和国企业所得税法实施条例》（2007年11月28日国务院通过，国务院令〔2007〕第152号）第92条、第93条

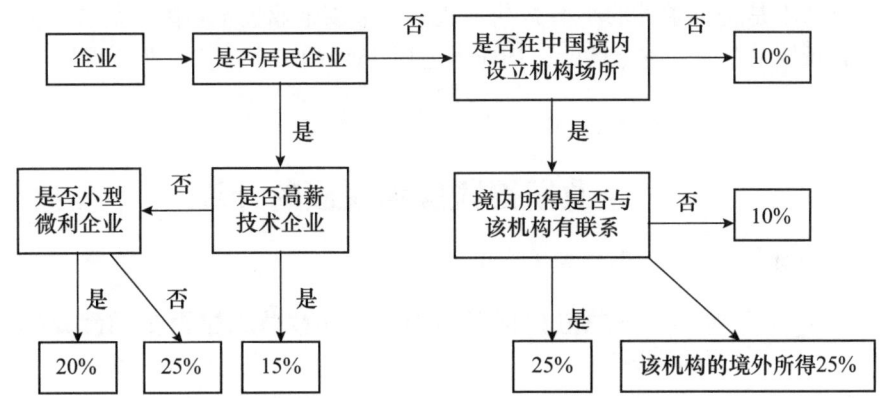

图4-3　企业所得税税率

生活中的案例

例4-4　某公司是在美国注册成立的企业，2017年3月，该公司为了拓展亚太地区的业务，在上海设立一个机构。在2017年度，该公司来源于中国境内的和该机构无关的所得为1 000 000元，该公司来源于日本的和该机构无关的所得为200 000元，该机构来源于中国境内的所得为350 000元，该机构来源于韩国的所得为10 000元。请指出上述应当在中国纳税的所得分别适用什么税率计算企业所得税？

答：该公司属于在中国设立机构的非居民企业，非居民企业取得的来源于中国境内且与其在中国所设机构场所没有联系的所得可以适用10%的税率，其余应当纳税的所得都应当适用25%的税率。因此，该公司来源于中国境内的和该机构无关的1 000 000元所得应当适用10%的税率，该机构来源于中国境内的350 000元所得以及该机构来源于韩国的10 000元所得均适用25%的税率。

生活中的案例

例4-5　某公司是依照加拿大的法律在加拿大注册成立的，由于该公司的主要业务均在中国以及环中国周边地区，2017年1月，该公司将其实际管理机构移到上海。该公司2017年度来源于中国境内的所得为10 000 000元，

来源于韩国的所得为 200 000 元，来源于泰国的所得为 300 000 元，来源于老挝的所得为 20 000 元。该公司在 2017 年度应当向中国纳税的所得应当分别适用什么税率来计算企业所得税？

答：该公司属于中国的居民企业，上述所得均应当在中国纳税，由于该企业显然不是符合条件的小型微利企业，如果该企业也不是国家需要重点扶持的高新技术企业，则上述所得均应当适用 25% 的税率计算企业所得税。

二、企业所得税应纳税额的计算

 企业的收入总额包括哪些内容？这些收入是否全部都要缴纳企业所得税？

企业以货币形式和非货币形式从各种来源取得的收入，为收入总额。企业取得收入的货币形式，包括现金、存款、应收账款、应收票据、准备持有至到期的债券投资以及债务的豁免等。企业取得收入的非货币形式，包括固定资产、生物资产、无形资产、股权投资、存货、不准备持有至到期的债券投资、劳务以及有关权益等。企业以非货币形式取得的收入，应当按照公允价值确定收入额。公允价值，是指按照市场价格确定的价值。

企业收入总额具体包括：

（1）销售货物收入。销售货物收入，是指企业销售商品、产品、原材料、包装物、低值易耗品以及其他存货取得的收入。

（2）提供劳务收入。提供劳务收入，是指企业从事建筑安装、修理修配、交通运输、仓储租赁、金融保险、邮电通信、咨询经纪、文化体育、科学研究、技术服务、教育培训、餐饮住宿、中介代理、卫生保健、社区服务、旅游、娱乐、加工以及其他劳务服务活动取得的收入。

（3）转让财产收入。转让财产收入，是指企业转让固定资产、生物资产、无形资产、股权、债权等财产取得的收入。

（4）股息、红利等权益性投资收益。股息、红利等权益性投资收益，是指企业因权益性投资从被投资方取得的收入。股息、红利等权益性投资收益，除国务院财政、税务主管部门另有规定外，按照被投资方作出利润分配决定的日期确认收入的实现。

（5）利息收入。利息收入，是指企业将资金提供他人使用但不构成权益性投资，或者因他人占用本企业资金取得的收入，包括存款利息、贷款利息、债券利息、欠款利息等收入。利息收入，按照合同约定的债务人应付利息的日期确认收入的实现。

（6）租金收入。租金收入，是指企业提供固定资产、包装物或者其他有形资产的使用权取得的收入。租金收入，按照合同约定的承租人应付租金的日期确认收入的实现。

（7）特许权使用费收入。特许权使用费收入，是指企业提供专利权、非专利技术、商标权、著作权以及其他特许权的使用权取得的收入。特许权使用费收入，按照合同约定的特许权使用人应付特许权使用费的日期确认收入的实现。

（8）接受捐赠收入。接受捐赠收入，是指企业接受的来自其他企业、组织或者个人无偿给予的货币性资产、非货币性资产。接受捐赠收入，按照实际收到捐赠资产的日期确认收入的实现。

（9）其他收入。其他收入，是指企业取得的除《企业所得税法》第六条第（一）项至第（八）项规定的收入外的其他收入，包括企业资产溢余收入、逾期未退包装物押金收入、确实无法偿付的应付款项、已作坏账损失处理后又收回的应收款项、债务重组收入、补贴收入、违约金收入、汇兑收益等。

企业的下列生产经营业务可以分期确认收入的实现：

（1）以分期收款方式销售货物的，按照合同约定的收款日期确认收入的实现；

（2）企业受托加工制造大型机械设备、船舶、飞机，以及从事建筑、安装、装配工程业务或者提供其他劳务等，持续时间超过12个月的，按照纳税年度内完工进度或者完成的工作量确认收入的实现。

采取产品分成方式取得收入的，按照企业分得产品的日期确认收入的实现，其收入额按照产品的公允价值确定。

企业发生非货币性资产交换，以及将货物、财产、劳务用于捐赠、偿债、赞助、集资、广告、样品、职工福利或者利润分配等用途的，应当视同销售货物、转让财产或者提供劳务，但国务院财政、税务主管部门另有规定的除外。

除企业所得税法及实施条例另有规定外，企业销售收入的确认，必须遵循权责发生制原则和实质重于形式原则。

企业销售商品同时满足下列条件的，应确认收入的实现：

（1）商品销售合同已经签订，企业已将商品所有权相关的主要风险和报酬转移给购货方；

（2）企业对已售出的商品既没有保留通常与所有权相联系的继续管理权，也没有实施有效控制；

（3）收入的金额能够可靠地计量；

（4）已发生或将发生的销售方的成本能够可靠地核算。

符合上款收入确认条件，采取下列商品销售方式的，应按以下规定确认收入实现时间：

（1）销售商品采用托收承付方式的，在办妥托收手续时确认收入。

（2）销售商品采取预收款方式的，在发出商品时确认收入。

（3）销售商品需要安装和检验的，在购买方接受商品以及安装和检验完毕时确认收入。如果安装程序比较简单，可在发出商品时确认收入。

（4）销售商品采用支付手续费方式委托代销的，在收到代销清单时确认收入。

采用售后回购方式销售商品的，销售的商品按售价确认收入，回购的商品作为购进商品处理。有证据表明不符合销售收入确认条件的，如以销售商品方式进行融资，收到的款项应确认为负债，回购价格大于原售价的，差额应在回购期间确认为利息费用。

销售商品以旧换新的，销售商品应当按照销售商品收入确认条件确认收入，回收的商品作为购进商品处理。

企业为促进商品销售而在商品价格上给予的价格扣除属于商业折扣，商品销售涉及商业折扣的，应当按照扣除商业折扣后的金额确定销售商品收入金额。

债权人为鼓励债务人在规定的期限内付款而向债务人提供的债务扣除属于现金折扣，销售商品涉及现金折扣的，应当按扣除现金折扣前的金额确定销售商品收入金额，现金折扣在实际发生时作为财务费用扣除。

企业因售出商品的质量不合格等原因而在售价上给的减让属于销售折让，企业因售出商品质量、品种不符合要求等原因而发生的退货属于销售退回。企业已经确认销售收入的售出商品发生销售折让和销售退回，应当在发生当期冲减当期销售商品收入。

企业在各个纳税期末，提供劳务交易的结果能够可靠估计的，应采用完工进度（完工百分比）法确认提供劳务收入。

提供劳务交易的结果能够可靠估计，是指同时满足下列条件：

（1）收入的金额能够可靠地计量；

（2）交易的完工进度能够可靠地确定；

（3）交易中已发生和将发生的成本能够可靠地核算。

企业提供劳务完工进度的确定，可选用下列方法：

（1）已完工作的测量；

（2）已提供劳务占劳务总量的比例；

（3）发生成本占总成本的比例。

企业应按照从接受劳务方已收或应收的合同或协议价款确定劳务收入总额，根据纳税期末提供劳务收入总额乘以完工进度扣除以前纳税年度累计已确认提供劳务收入后的金额，确认当期劳务收入；同时，按照提供劳务估计总成本乘以完工进度扣除以前纳税期间累计已确认劳务成本后的金额，结转当期劳务成本。

下列提供劳务满足收入确认条件的，应按规定确认收入：

（1）安装费。应根据安装完工进度确认收入。安装工作是商品销售附带条件的，安装费在确认商品销售实现时确认收入。

（2）宣传媒介的收费。应在相关的广告或商业行为出现于公众面前时确认收入。广告的制作费，应根据制作广告的完工进度确认收入。

（3）软件费。为特定客户开发软件的收费，应根据开发的完工进度确认收入。

（4）服务费。包含在商品售价内可区分的服务费，在提供服务的期间分期确认收入。

（5）艺术表演、招待宴会和其他特殊活动的收费。在相关活动发生时确认收入。收费涉及几项活动的，预收的款项应合理分配给每项活动，分别确认收入。

（6）会员费。申请入会或加入会员，只允许取得会籍，所有其他服务或商品都要另行收费的，在取得该会员费时确认收入。申请入会或加入会员后，在会员期内会员不再付费就可得到各种服务或商品，或者以低于非会员的价格向会员销售商品或提供服务的，该会员费应在整个受益期内分期确认收入。

（7）特许权费。属于提供设备和其他有形资产的特许权费，在交付资产或转移资产所有权时确认收入；属于提供初始及后续服务的特许权费，在提供服务时确认收入。

（8）劳务费。长期为客户提供重复的劳务收取的劳务费，在相关劳务活动发生时确认收入。

企业以买一赠一等方式组合销售本企业商品的，不属于捐赠，应将总的销售金额按各项商品的公允价值的比例来分摊确认各项的销售收入。

收入总额中的下列收入为不征税收入：

（1）财政拨款。财政拨款，是指各级人民政府对纳入预算管理的事业单位、社会团体等组织拨付的财政资金，但国务院和国务院财政、税务主管部门另有规定的除外。

（2）依法收取并纳入财政管理的行政事业性收费、政府性基金。行政事业性收费，是指依照法律法规等有关规定，按照国务院规定程序批准，在实施社会公共管理，以及在向公民、法人或者其他组织提供特定公共服务过程中，向特定对象收取并纳入财政管理的费用。政府性基金，是指企业依照法律、行政法规等有关规定，代政府收取的具有专项用途的财政资金。

（3）国务院规定的其他不征税收入。国务院规定的其他不征税收入，是指企业取得的，由国务院财政、税务主管部门规定专项用途并经国务院批准的财政性资金。

企业的下列收入为免税收入：

（1）国债利息收入。国债利息收入，是指企业持有国务院财政部门发行的国债取得的利息收入。

（2）符合条件的居民企业之间的股息、红利等权益性投资收益。符合条件的居民企业之间的股息、红利等权益性投资收益，是指居民企业直接投资于其他居民企业取得的投资收益。

（3）在中国境内设立机构、场所的非居民企业从居民企业取得与该机构、场所有实际联系的股息、红利等权益性投资收益。《企业所得税法》第二十六条第（二）项和第（三）项所称股息、红利等权益性投资收益，不包括连续持有居民企业公开发行并上市流通的股票不足12个月取得的投资收益。

（4）符合条件的非营利组织的收入。

符合条件的非营利组织，是指同时符合下列条件的组织：

（1）依法履行非营利组织登记手续；

（2）从事公益性或者非营利性活动；

（3）取得的收入除用于与该组织有关的、合理的支出外，全部用于登记核定或者章程规定的公益性或者非营利性事业；

（4）财产及其孳息不用于分配；

（5）按照登记核定或者章程规定，该组织注销后的剩余财产用于公益性或者非营利性目的，或者由登记管理机关转赠给与该组织性质、宗旨相同的组织，并向社会公告；

（6）投入人对投入该组织的财产不保留或者享有任何财产权利；

（7）工作人员工资福利开支控制在规定的比例内，不变相分配该组织的财产。

友情提示

符合条件的非营利组织的收入，不包括非营利组织从事营利性活动取得的收入，但国务院财政、税务主管部门另有规定的除外。

企业收入总额的法律政策依据有哪些？

1.《中华人民共和国企业所得税法》（2007年3月16日第十届全国人民代表大会第五次会议通过，2017年2月24日第十二届全国人民代表大会常务委员会第二十六次会议修改）第6条、第7条、第26条

2.《中华人民共和国企业所得税法实施条例》（2007年11月28日国务院通过，国务院令〔2007〕第152号）第12—26条、第82—85条

3.《国家税务总局关于确认企业所得税收入若干问题的通知》（国税函〔2008〕875号）

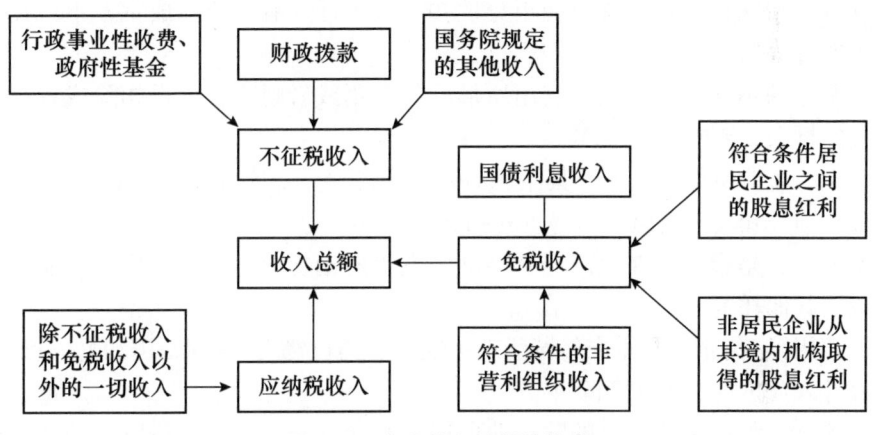

图4-4 企业收入总额的构成

 生活中的案例

例4-6 某公司2017年度获得如下收入：销售货物收入30 000 000元，转让财产收入20 000元，租金收入300 000元，财政拨款收入400 000元，国债利息收入40 000元，从符合条件的居民企业获得的股息、红利收入500 000元。请计算该公司的应当纳税的收入是多少。

答：企业的收入总额减去不征税收入，再减去免税收入就是应当纳税的收入。该公司2017年度的不征税收入为财政拨款收入400 000元，免税收入为国债利息收入40 000元以及从符合条件的居民企业获得的股息、红利收入500 000元。因此，该公司2017年度应当纳税的收入总额为：30 000 000+20 000+300 000=30 320 000（元）。

 企业所得税应纳税所得额如何计算？

企业每一纳税年度的收入总额，减除不征税收入、免税收入、各项扣除

以及允许弥补的以前年度亏损后的余额，为应纳税所得额。

企业应纳税所得额的计算，以权责发生制为原则，属于当期的收入和费用，不论款项是否收付，均作为当期的收入和费用；不属于当期的收入和费用，即使款项已经在当期收付，均不作为当期的收入和费用。

企业实际发生的与取得收入有关的、合理的支出，包括成本、费用、税金、损失和其他支出，准予在计算应纳税所得额时扣除。有关的支出，是指与取得收入直接相关的支出。合理的支出，是指符合生产经营活动常规，应当计入当期损益或者有关资产成本的必要和正常的支出。

企业发生的支出应当区分收益性支出和资本性支出。收益性支出在发生当期直接扣除；资本性支出应当分期扣除或者计入有关资产成本，不得在发生当期直接扣除。

企业的不征税收入用于支出所形成的费用或者财产，不得扣除或者计算对应的折旧、摊销扣除。

除《企业所得税法》及其条例另有规定外，企业实际发生的成本、费用、税金、损失和其他支出，不得重复扣除。

成本，是指企业在生产经营活动中发生的销售成本、销货成本、业务支出以及其他耗费。

费用，是指企业在生产经营活动中发生的销售费用、管理费用和财务费用，已经计入成本的有关费用除外。

税金，是指企业发生的除企业所得税和允许抵扣的增值税以外的各项税金及其附加。

损失，是指企业在生产经营活动中发生的固定资产和存货的盘亏、毁损、报废损失，转让财产损失，呆账损失，坏账损失，自然灾害等不可抗力因素造成的损失以及其他损失。企业发生的损失，减除责任人赔偿和保险赔款后的余额，依照国务院财政、税务主管部门的规定扣除。企业已经作为损失处理的资产，在以后纳税年度又全部收回或者部分收回时，应当计入当期收入。

其他支出，是指除成本、费用、税金、损失外，企业在生产经营活动中发生的与生产经营活动有关的、合理的支出。

企业发生的合理的工资薪金支出，准予扣除。工资薪金，是指企业每一纳税年度支付给在本企业任职或者受雇的员工的所有现金形式或者非现金形式的劳动报酬，包括基本工资、奖金、津贴、补贴、年终加薪、加班工资，以及与员工任职或者受雇有关的其他支出。

企业依照国务院有关主管部门或者省级人民政府规定的范围和标准为职工缴纳的基本养老保险费、基本医疗保险费、失业保险费、工伤保险费、生育保险费等基本社会保险费和住房公积金，准予扣除。

企业为投资者或者职工支付的补充养老保险费、补充医疗保险费，在国务院财政、税务主管部门规定的范围和标准内，准予扣除。

友情提示

> 除企业依照国家有关规定为特殊工种职工支付的人身安全保险费和国务院财政、税务主管部门规定可以扣除的其他商业保险费外，企业为投资者或者职工支付的商业保险费，不得扣除。

企业发生的职工福利费支出，不超过工资薪金总额14%的部分，准予扣除。

企业发生的合理的劳动保护支出，准予扣除。

企业拨缴的工会经费，不超过工资薪金总额2%的部分，准予扣除。

除国务院财政、税务主管部门另有规定外，企业发生的职工教育经费支出，不超过工资薪金总额2.5%的部分，准予扣除；超过部分，准予在以后纳税年度结转扣除。

企业在生产经营活动中发生的合理的不需要资本化的借款费用，准予扣除。企业为购置、建造固定资产、无形资产和经过12个月以上的建造才能达到预定可销售状态的存货发生借款的，在有关资产购置、建造期间发生的合理的借款费用，应当作为资本性支出计入有关资产的成本，并依照《企业所得税法实施条例》的规定扣除。企业在生产经营活动中发生的下列利息支出，准予扣除：

（1）非金融企业向金融企业借款的利息支出、金融企业的各项存款利息支出和同业拆借利息支出、企业经批准发行债券的利息支出；

（2）非金融企业向非金融企业借款的利息支出，不超过按照金融企业同期同类贷款利率计算的数额的部分。

鉴于目前我国对金融企业利率要求的具体情况，企业在按照合同要求首次支付利息并进行税前扣除时，应提供"金融企业的同期同类贷款利率情况说明"，以证明其利息支出的合理性。"金融企业的同期同类贷款利率情况说明"中，应包括在签订该借款合同当时，本省任何一家金融企业提供同期同类贷款利率情况。该金融企业应为经政府有关部门批准成立的可以从事贷款业务的企业，包括银行、财务公司、信托公司等金融机构。"同期同类贷款利率"是指在贷款期限、贷款金额、贷款担保以及企业信誉等条件基本相同的情况下，金融企业提供贷款的利率，既可以是金融企业公布的同期同类平均利率，也可以是金融企业对某些企业提供的实际贷款利率。

企业通过发行债券、取得贷款、吸收保户储金等方式融资而发生的合理的费用支出，符合资本化条件的，应计入相关资产成本；不符合资本化条件的，应作为财务费用，准予在企业所得税前据实扣除。

企业在货币交易中，以及纳税年度终了时将人民币以外的货币性资产、负债按照期末即期人民币汇率中间价折算为人民币时产生的汇兑损失，除已经计入有关资产成本以及与向所有者进行利润分配相关的部分外，准予扣除。

企业发生的与生产经营活动有关的业务招待费支出，按照发生额的60%扣除，但最高不得超过当年销售（营业）收入的5‰。

企业发生的符合条件的广告费和业务宣传费支出，除国务院财政、税务主管部门另有规定外，不超过当年销售（营业）收入15%的部分，准予扣除；超过部分，准予在以后纳税年度结转扣除。

 友情提示

企业依照法律、行政法规有关规定提取的用于环境保护、生态恢复等方面的专项资金，准予扣除。上述专项资金提取后改变用途的，不得扣除。

企业参加财产保险，按照规定缴纳的保险费，准予扣除。

企业根据生产经营活动的需要租入固定资产支付的租赁费，按照以下方法扣除：

（1）以经营租赁方式租入固定资产发生的租赁费支出，按照租赁期限均匀扣除；

（2）以融资租赁方式租入固定资产发生的租赁费支出，按照规定构成融资租入固定资产价值的部分应当提取折旧费用，分期扣除。

非居民企业在中国境内设立的机构、场所，其中国境外总机构发生的与该机构、场所生产经营有关的费用，能够提供总机构出具的费用汇集范围、定额、分配依据和方法等证明文件，并合理分摊的，准予扣除。

企业发生的公益性捐赠支出，在年度利润总额12%以内的部分，准予在计算应纳税所得额时扣除；超过年度利润总额12%的部分，准予结转以后三年内在计算应纳税所得额时扣除。年度利润总额，是指企业依照国家统一会计制度的规定计算的年度会计利润。公益性捐赠，是指企业通过公益性社会团体或者县级以上人民政府及其部门，用于《公益事业捐赠法》规定的公益事业的捐赠。公益事业主要包括四个方面：

（1）救助灾害、救济贫困、扶助残疾人等困难的社会群体和个人的活动；

（2）教育、科学、文化、卫生、体育事业；

(3)环境保护、社会公共设施建设;

(4)促进社会发展和进步的其他社会公共和福利事业。

公益性社会团体,是指同时符合下列条件的基金会、慈善组织等社会团体:

(1)依法登记,具有法人资格;

(2)以发展公益事业为宗旨,且不以营利为目的;

(3)全部资产及其增值为该法人所有;

(4)收益和营运结余主要用于符合该法人设立目的的事业;

(5)终止后的剩余财产不归属任何个人或者营利组织;

(6)不经营与其设立目的无关的业务;

(7)有健全的财务会计制度;

(8)捐赠者不以任何形式参与社会团体财产的分配;

(9)国务院财政、税务主管部门会同国务院民政部门等登记管理部门规定的其他条件。

企业的各项资产,包括固定资产、生物资产、无形资产、长期待摊费用、投资资产、存货等,以历史成本为计税基础。历史成本,是指企业取得该项资产时实际发生的支出。企业持有各项资产期间资产增值或者减值,除国务院财政、税务主管部门规定可以确认损益外,不得调整该资产的计税基础。

在计算应纳税所得额时,企业按照规定计算的固定资产折旧,准予扣除。固定资产,是指企业为生产产品、提供劳务、出租或者经营管理而持有的、使用时间超过12个月的非货币性资产,包括房屋、建筑物、机器、机械、运输工具以及其他与生产经营活动有关的设备、器具、工具等。固定资产按照以下方法确定计税基础:

(1)外购的固定资产,以购买价款和支付的相关税费以及直接归属于使该资产达到预定用途发生的其他支出为计税基础;

(2)自行建造的固定资产,以竣工结算前发生的支出为计税基础;

(3)融资租入的固定资产,以租赁合同约定的付款总额和承租人在签订租赁合同过程中发生的相关费用为计税基础,租赁合同未约定付款总额的,以该资产的公允价值和承租人在签订租赁合同过程中发生的相关费用为计税基础;

(4)盘盈的固定资产,以同类固定资产的重置完全价值为计税基础;

(5)通过捐赠、投资、非货币性资产交换、债务重组等方式取得的固定资产,以该资产的公允价值和支付的相关税费为计税基础;

(6)改建的固定资产,除《企业所得税法》第13条第(一)项和第(二)项规定的支出外,以改建过程中发生的改建支出增加计税基础。

固定资产按照直线法计算的折旧,准予扣除。企业应当自固定资产投入使用月份的次月起计算折旧；停止使用的固定资产，应当自停止使用月份的次月起停止计算折旧。企业应当根据固定资产的性质和使用情况，合理确定固定资产的预计净残值。固定资产的预计净残值一经确定，不得变更。除国务院财政、税务主管部门另有规定外，固定资产计算折旧的最低年限如下：

（1）房屋、建筑物，为20年；

（2）飞机、火车、轮船、机器、机械和其他生产设备，为10年；

（3）与生产经营活动有关的器具、工具、家具等，为5年；

（4）飞机、火车、轮船以外的运输工具，为4年；

（5）电子设备，为3年。

 友情提示

从事开采石油、天然气等矿产资源的企业，在开始商业性生产前发生的费用和有关固定资产的折耗、折旧方法，由国务院财政、税务主管部门另行规定。

生产性生物资产按照以下方法确定计税基础：

（1）外购的生产性生物资产，以购买价款和支付的相关税费为计税基础；

（2）通过捐赠、投资、非货币性资产交换、债务重组等方式取得的生产性生物资产，以该资产的公允价值和支付的相关税费为计税基础。

生产性生物资产，是指企业为生产农产品、提供劳务或者出租等而持有的生物资产，包括经济林、薪炭林、产畜和役畜等。生产性生物资产按照直线法计算的折旧，准予扣除。企业应当自生产性生物资产投入使用月份的次月起计算折旧；停止使用的生产性生物资产，应当自停止使用月份的次月起停止计算折旧。企业应当根据生产性生物资产的性质和使用情况，合理确定生产性生物资产的预计净残值。生产性生物资产的预计净残值一经确定，不得变更。生产性生物资产计算折旧的最低年限如下：

（1）林木类生产性生物资产，为10年；

（2）畜类生产性生物资产，为3年。

在计算应纳税所得额时，企业按照规定计算的无形资产摊销费用，准予扣除。无形资产，是指企业为生产产品、提供劳务、出租或者经营管理而持有的、没有实物形态的非货币性长期资产，包括专利权、商标权、著作权、土地使用权、非专利技术、商誉等。无形资产按照以下方法确定计税基础：

（1）外购的无形资产，以购买价款和支付的相关税费以及直接归属于使该资产达到预定用途发生的其他支出为计税基础；

（2）自行开发的无形资产，以开发过程中该资产符合资本化条件后至达到预定用途前发生的支出为计税基础；

（3）通过捐赠、投资、非货币性资产交换、债务重组等方式取得的无形资产，以该资产的公允价值和支付的相关税费为计税基础。

无形资产按照直线法计算的摊销费用，准予扣除。无形资产的摊销年限不得低于10年。作为投资或者受让的无形资产，有关法律规定或者合同约定了使用年限的，可以按照规定或者约定的使用年限分期摊销。

在计算应纳税所得额时，企业发生的下列支出作为长期待摊费用，按照规定摊销的，准予扣除：

（1）已足额提取折旧的固定资产的改建支出；

（2）租入固定资产的改建支出；

（3）固定资产的大修理支出；

（4）其他应当作为长期待摊费用的支出。

固定资产的改建支出，是指改变房屋或者建筑物结构、延长使用年限等发生的支出。《企业所得税法》第十三条第（一）项规定的支出，按照固定资产预计尚可使用年限分期摊销；第（二）项规定的支出，按照合同约定的剩余租赁期限分期摊销。改建的固定资产延长使用年限的，除《企业所得税法》第十三条第（一）项和第（二）项规定外，应当适当延长折旧年限。固定资产的大修理支出，是指同时符合下列条件的支出：

（1）修理支出达到取得固定资产时的计税基础的50%以上；

（2）修理后固定资产的使用年限延长2年以上。

《企业所得税法》第十三条第（三）项规定的支出，按照固定资产尚可使用年限分期摊销。其他应当作为长期待摊费用的支出，自支出发生月份的次月起，分期摊销，摊销年限不得低于3年。

企业使用或者销售存货，按照规定计算的存货成本，准予在计算应纳税所得额时扣除。存货，是指企业持有以备出售的产品或者商品、处在生产过程中的在产品、在生产或者提供劳务过程中耗用的材料和物料等。存货按照以下方法确定成本：

（1）通过支付现金方式取得的存货，以购买价款和支付的相关税费为成本；

（2）通过支付现金以外的方式取得的存货，以该存货的公允价值和支付的相关税费为成本；

（3）生产性生物资产收获的农产品，以产出或者采收过程中发生的材料费、人工费和分摊的间接费用等必要支出为成本。

 **友情提示**

企业使用或者销售的存货的成本计算方法，可以在先进先出法、加权平均法、个别计价法中选用一种。计价方法一经选用，不得随意变更。

企业转让资产，该项资产的净值，准予在计算应纳税所得额时扣除。资产的净值，是指有关资产、财产的计税基础减除已经按照规定扣除的折旧、折耗、摊销、准备金等后的余额。除国务院财政、税务主管部门另有规定外，企业在重组过程中，应当在交易发生时确认有关资产的转让所得或者损失，相关资产应当按照交易价格重新确定计税基础。

企业纳税年度发生的亏损，准予向以后年度结转，用以后年度的所得弥补，但结转年限不得超过5年。亏损，是指企业依照企业所得税法及其实施条例的规定将每一纳税年度的收入总额减除不征税收入、免税收入和各项扣除后小于零的数额。

非居民企业取得《企业所得税法》第三条第三款规定的所得，按照下列方法计算其应纳税所得额：

（1）股息、红利等权益性投资收益和利息、租金、特许权使用费所得，以收入全额为应纳税所得额；

（2）转让财产所得，以收入全额减除财产净值后的余额为应纳税所得额；

（3）其他所得，参照前两项规定的方法计算应纳税所得额。

收入全额，是指非居民企业向支付人收取的全部价款和价外费用。财产净值，是指有关资产、财产的计税基础减除已经按照规定扣除的折旧、折耗、摊销、准备金等后的余额。

企业外购商誉的支出，在企业整体转让或者清算时，准予扣除。

 友情提示

在计算应纳税所得额时，企业财务、会计处理办法与税收法律、行政法规的规定不一致的，应当依照税收法律、行政法规的规定计算。

 企业所得税应纳税所得额计算的法律政策依据有哪些？

1.《中华人民共和国企业所得税法》（2007年3月16日第十届全国人民代表大会第五次会议通过，2017年2月24日第十二届全国人民代表大会常务委员会第二十六次会议修改）第 5 条、第 8 条、第 9 条、第 11-13 条、第 15 条、第 16 条、第 18-21 条。

2.《中华人民共和国公益事业捐赠法》（1999 年 6 月 28 日第九届全国人民代表大会常务委员会第十次会议通过，1999 年 6 月 28 日中华人民共和国主席令第十九号公布）第 3 条。

3.《中华人民共和国慈善法》（2016 年 3 月 16 日第十二届全国人民代表大会第四次会议通过）第 3 条、第 80 条。

4.《中华人民共和国企业所得税法实施条例》（2007 年 11 月 28 日国务院通过，国务院令〔2007〕第 152 号）第 9 条、第 10 条、第 27-48 条、第 50-53 条、第 56-70 条、第 72-75 条、第 103 条。

5.《国家税务总局关于企业所得税若干问题的公告》（国家税务总局公告 2011 年第 34 号）。

6.《国家税务总局关于企业所得税应纳税所得额若干税务处理问题的公告》（国家税务总局公告 2012 年第 15 号）。

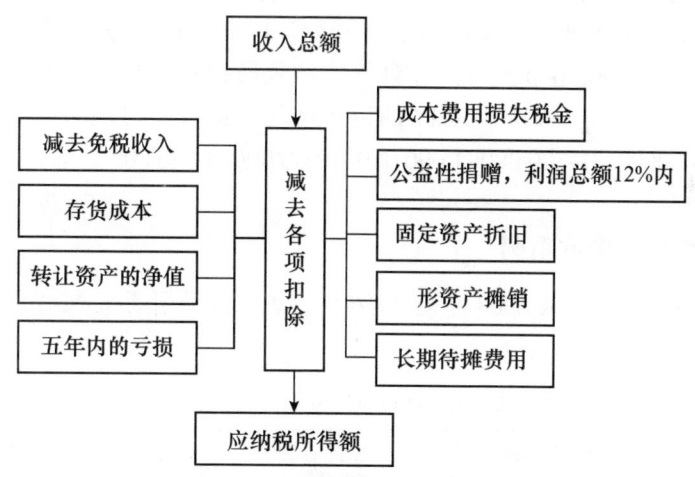

图 4-5 企业所得税应纳税所得额的计算

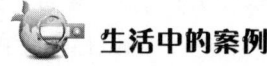

生活中的案例

例 4-7 某公司 2017 年度的收入总额为 80 000 000 元，其中，不征税收入为 10 000 元，免税收入为 200 000 元，公益性捐赠为 1 000 000 元，固定资产折旧为 4 000 000 元，无形资产摊销为 3 000 000 元，长期待摊费用为 100 000 元，其他各项成本、费用、税金和损失为 40 000 000 元。该公司不存在以前年度尚未弥补的亏损，请计算该公司 2017 年度的应纳税所得额。

答： 应纳税所得额等于收入总额，减除不征税收入、免税收入、各项扣除以及允许弥补的以前年度亏损后的余额。该公司的收入总额为80 000 000元，不征税收入为10 000元，免税收入为200 000元，公益性捐赠小于利润总额的12%，可以全额扣除，各项扣除总额为：4 000 000+3 000 000+100 000+40 000 000=47 100 000（元）。允许弥补的以前年度亏损为0。因此，该公司2017年度的应纳税所得额为：80 000 000-10 000-200 000-1 000 000-47 100 000=31 690 000（元）。

 生活中的案例

例4-8 某企业2017年的总收入为13 000 000元，其中包括企业在2017年4月份转让某项资产的收入3 000 000元，企业按照税法规定自己计算的成本为4 000 000元，费用为2 000 000元，损失为500 000元，税金为1 000 000元。这些成本不包括企业2017年4月份转让资产的净值1 000 000元，请计算该企业2017纳税年度的应纳税所得额为多少。

答：根据《企业所得税法》第十六条的规定，企业转让资产，该项资产的净值，准予在计算应纳税所得额时扣除。因此，该企业2017年4月份转让资产的净值1 000 000元可以在计算应纳税所得额时扣除。该企业没有扣除，应当予以调整。该企业2017纳税年度的应纳税所得额为：13 000 000-4 000 000-2 000 000-500 000-1 000 000-1 000 000=4 500 000（元）。

 生活中的案例

例4-9 某企业从2008年到2016年，各年度弥补亏损前的应纳税所得额如表4-1所示（单位：元）：

表4-1 某企业各年度弥补亏损前的应纳税所得额

年度	2008	2009	2010	2011	2012	2013	2014	2015	2016
应纳税所得额	-80	-60	-40	-20	0	10	30	40	100

请计算该企业从2013年起各年度弥补以前年度亏损以后的应纳税所得额。

答：企业纳税年度发生的亏损，准予向以后年度结转，用以后年度的所得弥补，但结转年限不得超过5年。因此，企业在计算当年度的应纳税所得额时，如果以前5个纳税年度有亏损，应当用该年度的应纳税所得额减去该亏损的数额，如果仍有余额才需要缴纳企业所得税。2013年，该企业弥补亏损前的应纳税所得额为10万元，但其前5年有亏损，2013年的所得首先用于弥补2008年的亏损，弥补以后，该企业2013年度应纳税所得额为0。2014年度，该企业弥补亏损前的应纳税所得额为30万元，该应纳税所得额最多可以弥补2009年的亏损，弥补亏损以后，2014年度的应纳税所得额为0。2015年度，该企业弥补亏损前的应纳税所得额为40万元，该应纳税所得额最多可以弥补2010年的亏损，弥补亏损以后，2015年度的应纳税所得额为0。2016年度，该企业弥补亏损前的应纳税所得额为100万元，该应纳税所得额最多可以弥补2011年度的亏损，弥补亏损以后，2016年度的应纳税所得额为80万元。

 生活中的案例

例4-10 某企业2017年的购货和销货记录如表4-2所示（单位：元）：

表4-2 某企业2017年度购货和销货记录

购货			销货		
日期	数量	单价	日期	数量	单价
1月1日	100	20	2月2日	80	20
3月1日	40	25	12月28日	100	60
9月1日	50	30			
12月25日	40	35			

假设企业销售货物的费用为1 000元，请分别用个别计价法、先进先出法、后进先出法、加权平均法和移动平均法计算该企业的销售收入、销售成本、销售毛利、期末存货成本以及企业销售收入应纳所得税额。

答：1.个别计价法

该企业确认其在2月2日所发出的数量为80件的货物所属的购货批次为1月1日购进，由此，2月2日发出存货的单位成本应当为20元。其发货成本为：80×20=1 600（元）。

在12月28日发出数量为100件的存货时，也需要具体确认其中所属的购货批次，假设其中有10件是1月1日购进的，有20件是3月1日购进的，有40件是9月1日购进的，有30件是12月25日购进的，那么，12月28日发出货物的成本应当等于：10×20+20×25+40×30+30×35=2 950（元）。

根据这种方法所确定的下列指标分别是：

销售收入：80×20+100×60=7 600（元）

销售成本：1 600+2 950=4 550（元）

销售毛利：7 600-4 550=3 050（元）

期末存货成本：（100×20+40×25+50×30+40×35）-（1 600+2 950）
= 1 350（元）

企业销售货物的费用为1 000元。

企业销售收入应纳所得税额为：(3 050-1 000)×25%=512.5（元）

个别计价法适用于一般不能替代使用的存货以及为特定项目专门购入或制造的存货，如珠宝、名画等贵重物品。

2. 先进先出法

表4-3可以表示采用先进先出法计价，货物的流转情况：

表4-3 采用先进先出法计价的货物流转情况

日期	购货			销货			存货		
	数量	单价	金额	数量	单价	金额	数量	单价	金额
1月1日	100	20	2 000				100	20	2 000
2月2日				80	20	1 600	20	20	400
3月1日	40	25	1 000				20 40	20 25	400 1 000
9月1日	50	30	1 500				20 40 50	20 25 30	400 1 000 1 500
12月25日	40	35	1 400				20 40 50 40	20 25 30 35	400 1 000 1 500 1 400
12月28日				20 40 40	20 25 30	400 1 000 1 200	10 40	30 35	300 1 400

根据这种方法所确定的下列指标分别是：

销售收入：80×20+100×60=7 600（元）

销售成本：1 600+400+1 000+1 200=4 200（元）

销售毛利：7 600-4 200=3 400（元）

期末存货成本：300+1 400=1 700（元）

企业销售货物的费用为1 000元。

企业销售收入应纳所得税额为：(3 400-1 000)×25%=600（元）

采用先进先出法，存货成本按照最近购货确定，期末存货价值比较接近现行市场价值，优点是使企业不能随意挑选存货计价以调整当期利润，缺点是工作量比较繁琐，对于存货进出频繁的企业尤其如此。而且，当物价上涨时，会高估企业当期利润和库存存货价值；反之，会低估企业存货价值和当期利润。

3. 后进先出法

表4-4可以表示采用后进先出法计价，货物的流转情况：

表 4-4　采用后进先出法计价的货物流转情况

日期	购货			销货			存货		
	数量	单价	金额	数量	单价	金额	数量	单价	金额
1月1日	100	20	2 000				100	20	2 000
2月2日				80	20	1 600	20	20	400
3月1日	40	25	1 000				20 40	20 25	400 1 000
9月1日	50	30	1 500				20 40 50	20 25 30	400 1 000 1 500
12月25日	40	35	1 400				20 40 50 40	20 25 30 35	400 1 000 1 500 1 400
12月28日				40 50 10	35 30 25	1 400 1 500 250	20 30	20 25	400 750

根据这种方法所确定的下列指标分别是：

销售收入：80×20+100×60=7 600（元）

销售成本：1 600+1 400+1 500+250=4 750（元）

销售毛利：7 600-4 750=2 850（元）

期末存货成本：400+750=1 150（元）

企业销售货物的费用为1 000元。

企业销售收入应纳所得税额为：(2 850-1 000)×25%=462.5（元）

采用后进先出法的优点是，在物价持续上涨时期，本期发出存货按照最近收货的单位成本计算，从而使得当期成本升高，利润降低，可以减少通货膨胀对企业带来的不利影响，但是，这种方法计算起来也比较繁琐。

4. 加权平均法

加权平均单价：(2 000+3 900)÷(100+130)=25.65（元）

销售收入：80×20+100×60=7 600（元）

销货成本：(80+100)×25.65=4 617（元）

销售毛利：7 600-4 617=2 983（元）

存货成本：50×25.65=1 282.5（元）

企业销售货物的费用为1 000元。

企业销售收入应纳所得税额为：(2 983-1 000)×25%=495.75（元）

采用加权平均法，只在月末计算一次加权平均单价，比较简单，而且在市场价格上涨或者下跌时使计算出来的单位成本平均化,对存货成本的分摊较为折中。但是,这种方法平时无法从账上提供发出和结存存货的单价和金额,不利于加强对存货的管理。

5. 移动平均法

2月2日发出存货成本:80×20=1 600(元)

2月末存货成本:2 000-1 600=400(元)

3月1日购货后存货的平均单价:(1 000+400)/60=23.33(元)

9月1日购物后存货的平均单价:(1 500+1 400)/(50+60)=26.36(元)

12月25日购货后存货的平均单价:(1 400+2 900)/(40+110)=28.67(元)

12月28日发出存货成本:100×28.67=2 867(元)

12月末存货成本:50×28.67=1 433.5(元)

本年度销售收入:80×20+100×60=7 600(元)

本年度销货成本:1 600+2 867=4 467(元)

本年度销售毛利:7 600-4 467=3 133(元)

本年度存货成本:50×28.67=1 433.5(元)

企业销售货物的费用为1 000元。

企业销售收入应纳所得税额为:(3 133-1 000)×25%=533.25(元)

移动平均法的优点在于能使管理当局及时了解存货的结存情况,而且计算的平均单位成本以及发出和结存的存货成本比较客观,但采用这种方法,每次收货都要计算一次平均单价,计算工作量比较大,对收发货频繁的企业不适用。

下表列出了各种存货计价方法的比较。

表4-5 各种存货计价方法的比较

存货计价方法	期末存货	销售收入	销售成本	销售毛利	应纳所得税额	有利排序
个别计价法	1 350	7 600	4 550	3 050	676.5	3
先进先出法	1 700	7 600	4 200	3 400	792	5
后进先出法	1 150	7 600	4 750	2 850	610.5	1
加权平均法	1 282.5	7 600	4 617	2 983	654.39	2
移动平均法	1 433.5	7 600	4 467	3 133	703.89	4

由以上计算可以看出,在物价上涨的背景下,采用后进先出法作为存货计价方法是最优的,其次是加权平均法,最次的是先进先出法。在物价下降的背景下,则相反,采用先进先出法最优,采用后进先出法最次。如果企业处于免税期,比如企业自开办之日起享受两年免税的优惠政策,则应当根据上述物价上涨或下降的具体情况,在免税期内采用最次的计价方法。

 **生活中的案例**

例4-11 A国的某企业在中国境内未设立机构、场所,但在2017年度从中国境内取得了下列所得:股息200 000元、利息300 000元、特许权使用费500 000元,同时,该企业转让了其在中国境内的财产,转让收入为1 000 000元,该财产的净值为800 000元。请计算该企业在2017年度来源于中国境内的应纳税所得额是多少。

答: 根据《企业所得税法》第十九条的规定,非居民企业取得《企业所得税法》第三条第三款规定的所得,股息、红利等权益性投资收益和利息、租金、特许权使用费所得,以收入全额为应纳税所得额;转让财产所得,以收入全额减除财产净值后的余额为应纳税所得额。因此,该企业取得股息、利息和特许权使用费的应纳税所得额为:200 000+300 000+500 000=1 000 000(元),该企业取得财产转让所得的应纳税所得额为:1 000 000-800 000=200 000(元)。该企业在2017年度来源于中国境内的应纳税所得额为:1 000 000+200 000=1 200 000(元)。

 在计算企业所得税的应纳税所得额时有哪些项目是不能扣除的?

在计算应纳税所得额时,下列支出不得扣除:
(1)向投资者支付的股息、红利等权益性投资收益款项;
(2)企业所得税税款;
(3)税收滞纳金;
(4)罚金、罚款和被没收财物的损失;
(5)《企业所得税法》第九条规定以外的捐赠支出;
(6)赞助支出;
(7)未经核定的准备金支出;
(8)与取得收入无关的其他支出。

赞助支出,是指企业发生的与生产经营活动无关的各种非广告性质支出。未经核定的准备金支出,是指不符合国务院财政、税务主管部门规定的各项资产减值准备、风险准备等准备金支出。

 友情提示

> 企业之间支付的管理费、企业内营业机构之间支付的租金和特许权使用费,以及非银行企业内营业机构之间支付的利息,不得扣除。

母公司为其子公司（以下简称子公司）提供各种服务而发生的费用，应按照独立企业之间公平交易原则确定服务的价格，作为企业正常的劳务费用进行税务处理。母子公司未按照独立企业之间的业务往来收取价款的，税务机关有权予以调整。

母公司向其子公司提供各项服务，双方应签订服务合同或协议，明确规定提供服务的内容、收费标准及金额等。凡按上述合同或协议规定所发生的服务费，母公司应作为营业收入申报纳税，子公司作为成本费用在税前扣除。

母公司向其多个子公司提供同类项服务，其收取的服务费可以采取分项签订合同或协议的方式；也可以采取服务分摊协议的方式，即，由母公司与各子公司签订服务费用分摊合同或协议，以母公司为其子公司提供服务所发生的实际费用并附加一定比例利润作为向子公司收取的总服务费，在各服务受益子公司（包括盈利企业、亏损企业和享受减免税企业）之间按《企业所得税法》第四十一条第二款规定合理分摊。

母公司以管理费形式向子公司提取费用，子公司因此支付给母公司的管理费，不得在税前扣除。

子公司申报税前扣除向母公司支付的服务费用，应向主管税务机关提供与母公司签订的服务合同或者协议等与税前扣除该项费用相关的材料。不能提供相关材料的，支付的服务费用不得税前扣除。

下列固定资产不得计算折旧扣除：

（1）房屋、建筑物以外未投入使用的固定资产；

（2）以经营租赁方式租入的固定资产；

（3）以融资租赁方式租出的固定资产；

（4）已足额提取折旧仍继续使用的固定资产；

（5）与经营活动无关的固定资产；

（6）单独估价作为固定资产入账的土地；

（7）其他不得计算折旧扣除的固定资产。

下列无形资产不得计算摊销费用扣除：

（1）已在计算应纳税所得额时扣除自行开发的支出的无形资产；

（2）自创商誉；

（3）与经营活动无关的无形资产；

（4）其他不得计算摊销费用扣除的无形资产。

企业对外投资期间，投资资产的成本在计算应纳税所得额时不得扣除。投资资产，是指企业对外进行权益性投资和债权性投资形成的资产。企业在转让或者处置投资资产时，投资资产的成本准予扣除。投资资产按照以下方法确定成本：

（1）通过支付现金方式取得的投资资产，以购买价款为成本；

（2）通过支付现金以外的方式取得的投资资产，以该资产的公允价值和支付的相关税费为成本。

 友情提示

> 企业在汇总计算缴纳企业所得税时，其境外营业机构的亏损不得抵减境内营业机构的盈利。

 企业所得税不得扣除项目的法律政策依据有哪些？

1.《中华人民共和国企业所得税法》（2007年3月16日第十届全国人民代表大会第五次会议通过，2017年2月24日第十二届全国人民代表大会常务委员会第二十六次会议修改）第10-12条、第14条、第17条

2.《中华人民共和国企业所得税法实施条例》（2007年11月28日国务院通过，国务院令〔2007〕第152号）第49条、第54条、第55条、第71条

3.《国家税务总局关于母子公司间提供服务支付费用有关企业所得税处理问题的通知》（国税发〔2008〕86号）

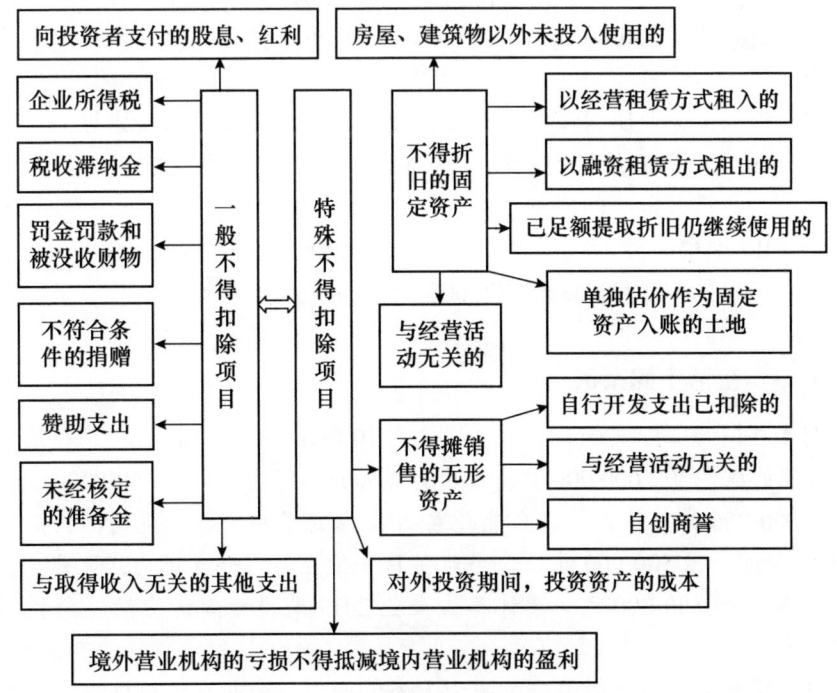

图4-6　企业所得税不得扣除的项目

生活中的案例

例 4-12 某公司 2017 年的收入总额为 6 000 000 元，没有不征税收入和免税收入。该公司自己计算的各项成本、费用、税金、损失和其他扣除项目为 5 000 000 元，其中包括 20 000 元的赞助支出，税收滞纳金 10 000 元，未投入使用的机器设备的折旧 500 000 元，与经营活动无关的无形资产摊销 20 000 元，公益性捐赠支出 80 000 元。请计算该公司 2017 年度的应纳税所得额。

答：该公司自己计算的捐助支出、税收滞纳金、未投入使用的机器设备折旧、与经营活动无关的无形资产摊销根据税法的规定是不能扣除的，公益性捐赠支出 80 000 元，显然未超过利润总额的 12%，可以全额扣除。因此，该公司 2017 年度的应纳税所得额为：6 000 000−5 000 000+20 000+10 000+500 000+20 000=1 550 000（元）。

生活中的案例

例 4-13 某企业 2017 年度取得总收入为 10 000 000 元，企业按照税法规定自己计算的成本为 4 000 000 元，费用为 2 000 000 元，损失为 500 000 元，税金为 1 000 000 元。在这些成本中包括企业 2017 年 3 月份对另外一家企业投资资产的成本 1 000 000 元，请计算该企业 2017 纳税年度的应纳税所得额为多少？

答：根据《企业所得税法》第十四条的规定，企业对外投资期间，投资资产的成本在计算应纳税所得额时不得扣除。因此，该企业 2017 年 3 月份对另外一家企业投资资产的成本 1 000 000 元不能在计算应纳税所得额时扣除。该企业 2017 纳税年度的应纳税所得额为：10 000 000−4 000 000−2 000 000−500 000−1 000 000+1 000 000=3 500 000（元）。

生活中的案例

例 4-14 某企业 2017 年的总收入为 10 000 000 元，企业按照税法规定自己计算的成本为 4 000 000 元，费用为 2 000 000 元，损失为 500 000 元，税金为 1 000 000 元。另外，该企业还在 A 国设立了一家分支机构，该分支机构 2017 年度亏损 500 000 元。该企业在 B 国设立一家分支机构，该分支机构 2017 年度亏损 800 000 元。请计算该企业 2017 纳税年度的应纳税所得额为多少。

答：根据《企业所得税法》第十七条的规定，企业在汇总计算缴纳企业所得税时，其境外营业机构的亏损不得抵减境内营业机构的盈利。因此，该企业在 A 国和 B 国设立的两个分支机构的亏损不得抵减境内营业机构的盈利。该企业 2017 纳税年度的应纳税所得额为：10 000 000－4 000 000－2 000 000－500 000－1 000 000=2 500 000（元）。

 企业所得税应纳税额是如何计算的？

企业的应纳税所得额乘以适用税率，减除依照《企业所得税法》关于税收优惠的规定减免和抵免的税额后的余额，为应纳税额。应纳税额的计算公式为：

应纳税额＝应纳税所得额 × 适用税率－减免税额－抵免税额

公式中的减免税额和抵免税额，是指依照《企业所得税法》和国务院的税收优惠规定减征、免征和抵免的应纳税额。

企业取得的下列所得已在境外缴纳的所得税税额，可以从其当期应纳税额中抵免，抵免限额为该项所得依照《企业所得税法》规定计算的应纳税额；超过抵免限额的部分，可以在以后 5 个年度内，用每年度抵免限额抵免当年应抵税额后的余额进行抵补：

（1）居民企业来源于中国境外的应纳税所得额；

（2）非居民企业在中国境内设立机构、场所，取得发生在中国境外但与该机构、场所有实际联系的应纳税所得额。

已在境外缴纳的所得税税额，是指企业来源于中国境外的所得依照中国境外税收法律以及相关规定应当缴纳并已经实际缴纳的企业所得税性质的税款。抵免限额，是指企业来源于中国境外的所得，依照《企业所得税法》及其条例的规定计算的应纳税额。除国务院财政、税务主管部门另有规定外，该抵免限额应当分国（地区）不分项计算，计算公式如下：

抵免限额＝中国境内、境外所得依照《企业所得税法》及其实施条例的规定计算的应纳税总额 × 来源于某国（地区）的应纳税所得额 ÷ 中国境内、境外应纳税所得总额

5 个年度，是指从企业取得的来源于中国境外的所得，已经在中国境外缴纳的企业所得税性质的税额超过抵免限额的当年的次年起连续 5 个纳税年度。

居民企业从其直接或者间接控制的外国企业分得来源于中国境外的股息、红利等权益性投资收益，外国企业在境外实际缴纳的所得税税额中属于该项所得负担的部分，可以作为该居民企业的可抵免境外所得税税额，在《企业所得税法》第二十三条规定的抵免限额内抵免。直接控制，是指居民企业直接持有外国企业 20% 以上股份。间接控制，是指居民企业以间接持股方式持

有外国企业 20% 以上股份，具体认定办法由国务院财政、税务主管部门另行制定。

 友情提示

企业依照《企业所得税法》第二十三条、第二十四条的规定抵免企业所得税税额时，应当提供中国境外税务机关出具的税款所属年度的有关纳税凭证。

 计算企业所得税应纳税额的法律政策依据有哪些？

1.《中华人民共和国企业所得税法》（2007 年 3 月 16 日第十届全国人民代表大会第五次会议通过，2017 年 2 月 24 日第十二届全国人民代表大会常务委员会第二十六次会议修改）第 22-24 条

2.《中华人民共和国企业所得税法实施条例》（2007 年 11 月 28 日国务院通过，国务院令〔2007〕第 152 号）第 76-81 条

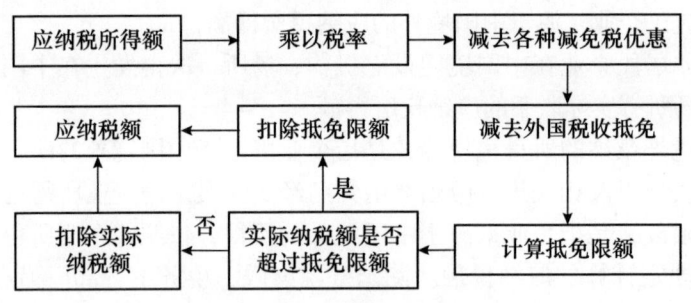

图 4-7　企业所得税应纳税额的计算

 生活中的案例

例 4-15　某企业 2017 年的总收入为 10 000 000 元，其中包括国债利息收入 100 000 元，企业按照税法规定计算的成本为 4 000 000 元，费用为 2 000 000 元，损失为 500 000 元，税金为 1 000 000 元，根据税法规定，该企业可以抵免企业所得税 500 000 元，请计算该企业 2017 年度应当缴纳的企业所得税税额是多少。

答：根据《企业所得税法》第二十二条的规定，企业的应纳税所得额乘以适用税率，减除依照本法关于税收优惠的规定减免和抵免的税额后的余额，

为应纳税额。根据《企业所得税法》第二十六条的规定，国债利息收入免税。因此，该企业 2017 年度的应纳税所得额为：10 000 000-4 000 000-2 000 000-500 000-1 000 000-100 000-500 000=1 900 000（元）。该企业 2017 年度应当缴纳的企业所得税税额为：1 900 000×25%=475 000（元）。

 生活中的案例

例 4-16 某公司属于中国居民企业，2017 年根据税法计算的应纳税所得额为 10 000 000 元，其中包括从美国获得的应纳税所得额 200 000 元以及从日本获得的应纳税所得额 400 000 元。从美国获得的所得已经在美国缴纳所得税 40 000 元，从日本获得的应纳税所得额已经在日本缴纳所得税 110 000 元。请计算该公司 2017 年的所得应当向中国缴纳多少企业所得税。

答：根据《企业所得税法》第二十三条的规定，企业取得的所得已在境外缴纳的所得税税额，可以从其当期应纳税额中抵免，抵免限额为该项所得依照本法规定计算的应纳税额；超过抵免限额的部分，可以在以后 5 个年度内，用每年度抵免限额抵免当年应抵税额后的余额进行抵补。该公司从美国获得的 200 000 元按照中国税法规定应纳税额为：200 000×25%=50 000（元）。因此，从美国获得所得的抵免限额为 50 000 元，该公司在美国已经缴纳 40 000 元所得税，低于抵免限额，可以全部扣除。该公司从日本获得的 400 000 元按照中国税法规定应纳税额为：400 000×25%=100 000（元）。因此，从日本获得所得的抵免限额为 100 000 元，该公司在日本已经缴纳 110 000 元所得税，高于抵免限额，本年度只能扣除抵免限额，尚未扣除的部分可以在以后 5 年中实际纳税额低于抵免限额的部分中予以扣除。该公司 2017 年应纳税额为：10 000 000×25%-40 000-100 000=2 360 000（元）。

三、企业所得税税收优惠政策

 国家对企业所得税规定了那些优惠政策？

国家对重点扶持和鼓励发展的产业和项目，给予企业所得税优惠。
企业的下列收入为免税收入：
（1）国债利息收入；
（2）符合条件的居民企业之间的股息、红利等权益性投资收益；
（3）在中国境内设立机构、场所的非居民企业从居民企业取得的与该机构、场所有实际联系的股息、红利等权益性投资收益；

（4）符合条件的非营利组织的收入。

非营利组织的下列收入为免税收入：

（1）接受其他单位或者个人捐赠的收入；

（2）除《企业所得税法》第七条规定的财政拨款以外的其他政府补助收入，但不包括因政府购买服务取得的收入；

（3）按照省级以上民政、财政部门规定收取的会费；

（4）不征税收入和免税收入孳生的银行存款利息收入；

（5）财政部、国家税务总局规定的其他收入。

企业的下列所得，可以免征、减征企业所得税：

（1）从事农、林、牧、渔业项目的所得；

（2）从事国家重点扶持的公共基础设施项目投资经营的所得；

（3）从事符合条件的环境保护、节能节水项目的所得；

（4）符合条件的技术转让所得；

（5）《企业所得税法》第三条第三款规定的所得。

企业从事下列项目的所得，免征企业所得税：

（1）蔬菜、谷物、薯类、油料、豆类、棉花、麻类、糖料、水果、坚果的种植；

（2）农作物新品种的选育；

（3）中药材的种植；

（4）林木的培育和种植；

（5）牲畜、家禽的饲养；

（6）林产品的采集；

（7）灌溉、农产品初加工、兽医、农技推广、农机作业和维修等农、林、牧、渔服务业项目；

（8）远洋捕捞。

企业从事下列项目的所得，减半征收企业所得税：

（1）花卉、茶以及其他饮料作物和香料作物的种植；

（2）海水养殖、内陆养殖。

企业从事国家限制和禁止发展的项目，不得享受上述企业所得税优惠。

国家重点扶持的公共基础设施项目，是指《公共基础设施项目企业所得税优惠目录》规定的港口码头、机场、铁路、公路、城市公共交通、电力、水利等项目。企业从事上述国家重点扶持的公共基础设施项目的投资经营的所得，自项目取得第一笔生产经营收入所属纳税年度起，第一年至第三年免征企业所得税，第四年至第六年减半征收企业所得税。企业承包经营、承包建设和内部自建自用上述规定的项目，不得享受上述企业所得税优惠。

符合条件的环境保护、节能节水项目,包括公共污水处理、公共垃圾处理、沼气综合开发利用、节能减排技术改造、海水淡化等。项目的具体条件和范围由国务院财政、税务主管部门商国务院有关部门制订,报国务院批准后公布施行。企业从事上述符合条件的环境保护、节能节水项目的所得,自项目取得第一笔生产经营收入所属纳税年度起,第一年至第三年免征企业所得税,第四年至第六年减半征收企业所得税。

 友情提示

> 依照《企业所得税法实施条例》第八十七条和第八十八条规定享受减免税优惠的项目,在减免税期限内转让的,受让方自受让之日起,可以在剩余期限内享受规定的减免税优惠;减免税期限届满后转让的,受让方不得就该项目重复享受减免税优惠。

符合条件的技术转让所得免征、减征企业所得税,是指一个纳税年度内,居民企业技术转让所得不超过500万元的部分,免征企业所得税;超过500万元的部分,减半征收企业所得税。

享受减免企业所得税优惠的技术转让应符合以下条件:
(1)享受优惠的技术转让主体是《企业所得税法》规定的居民企业;
(2)技术转让属于财政部、国家税务总局规定的范围;
(3)境内技术转让经省级以上科技部门认定;
(4)向境外转让技术经省级以上商务部门认定;
(5)国务院税务主管部门规定的其他条件。

符合条件的技术转让所得应按以下方法计算:

技术转让所得＝技术转让收入－技术转让成本－相关税费

技术转让收入是指当事人履行技术转让合同后获得的价款,不包括销售或转让设备、仪器、零部件、原材料等非技术性收入。不属于与技术转让项目密不可分的技术咨询、技术服务、技术培训等收入,不得计入技术转让收入。

技术转让成本是指转让的无形资产的净值,即该无形资产的计税基础减除在资产使用期间按照规定计算的摊销扣除额后的余额。

相关税费是指技术转让过程中实际发生的有关税费,包括除企业所得税和允许抵扣的增值税以外的各项税金及其附加、合同签订费用、律师费等相关费用及其他支出。

享受技术转让所得减免企业所得税优惠的企业,应单独计算技术转让所得，并合理分摊企业的期间费用；没有单独计算的，不得享受技术转让所得企业所得税优惠。企业发生技术转让，应在纳税年度终了后至报送年度纳税申报表以前，向主管税务机关办理减免税备案手续。

企业发生境内技术转让，向主管税务机关备案时应报送以下资料：

（1）技术转让合同（副本）；
（2）省级以上科技部门出具的技术合同登记证明；
（3）技术转让所得归集、分摊、计算的相关资料；
（4）实际缴纳相关税费的证明资料；
（5）主管税务机关要求提供的其他资料。

企业向境外转让技术，向主管税务机关备案时应报送以下资料：

（1）技术出口合同（副本）；
（2）省级以上商务部门出具的技术出口合同登记证书或技术出口许可证；
（3）技术出口合同数据表；
（4）技术转让所得归集、分摊、计算的相关资料；
（5）实际缴纳相关税费的证明资料；
（6）主管税务机关要求提供的其他资料。

自 2015 年 10 月 1 日起，全国范围内的居民企业转让 5 年（含，下同）以上非独占许可使用权取得的技术转让所得，纳入享受企业所得税优惠的技术转让所得范围。居民企业的年度技术转让所得不超过 500 万元的部分，免征企业所得税；超过 500 万元的部分，减半征收企业所得税。

下列所得可以免征企业所得税：

（1）外国政府向中国政府提供贷款取得的利息所得；
（2）国际金融组织向中国政府和居民企业提供优惠贷款取得的利息所得；
（3）经国务院批准的其他所得。

符合条件的小型微利企业，减按 20% 的税率征收企业所得税。符合条件的小型微利企业，是指从事国家非限制和禁止行业，并符合下列条件的企业：

（1）工业企业，年度应纳税所得额不超过 30 万元，从业人数不超过 100 人，资产总额不超过 3 000 万元；
（2）其他企业，年度应纳税所得额不超过 30 万元，从业人数不超过 80 人，资产总额不超过 1 000 万元。

自 2015 年 1 月 1 日至 2017 年 12 月 31 日，对年应纳税所得额低于 20 万元（含 20 万元）的小型微利企业，其所得减按 50% 计入应纳税所得额，按 20% 的税率缴纳企业所得税。自 2015 年 10 月 1 日起至 2017 年 12 月 31 日，对年应纳税所得额在 20 万元到 30 万元（含 30 万元）之间的小型微利企业，其所得减按 50% 计入应纳税所得额，按 20% 的税率缴纳企业所得税。

自 2017 年 1 月 1 日至 2019 年 12 月 31 日，将小型微利企业的年应纳税所得额上限由 30 万元提高至 50 万元，对年应纳税所得额低于 50 万元（含 50 万元）的小型微利企业，其所得减按 50% 计入应纳税所得额，按 20% 的税率缴纳企业所得税。

上述所称小型微利企业，是指从事国家非限制和禁止行业，并符合下列条件的企业：

（1）工业企业，年度应纳税所得额不超过 50 万元，从业人数不超过 100 人，资产总额不超过 3 000 万元；

（2）其他企业，年度应纳税所得额不超过 50 万元，从业人数不超过 80 人，资产总额不超过 1 000 万元。

上述所称从业人数，包括与企业建立劳动关系的职工人数和企业接受的劳务派遣用工人数。

所称从业人数和资产总额指标，应按企业全年的季度平均值确定。具体计算公式如下：

$$季度平均值 = （季初值 + 季末值）\div 2$$
$$全年季度平均值 = 全年各季度平均值之和 \div 4$$

年度中间开业或者终止经营活动的，以其实际经营期作为一个纳税年度确定上述相关指标。

国家需要重点扶持的高新技术企业，减按 15% 的税率征收企业所得税。国家需要重点扶持的高新技术企业，是指拥有核心自主知识产权，并同时符合下列条件的企业：

（1）产品（服务）属于《国家重点支持的高新技术领域》规定的范围；

（2）研究开发费用占销售收入的比例不低于规定比例；

（3）高新技术产品（服务）收入占企业总收入的比例不低于规定比例；

（4）科技人员占企业职工总数的比例不低于规定比例；

（5）高新技术企业认定管理办法规定的其他条件。

《国家重点支持的高新技术领域》和高新技术企业认定管理办法由国务院科技、财政、税务主管部门商国务院有关部门制订，报国务院批准后公布施行。

民族自治地方的自治机关对本民族自治地方的企业应缴纳的企业所得税中属于地方分享的部分，可以决定减征或者免征。自治州、自治县决定减征或者免征的，须报省、自治区、直辖市人民政府批准。民族自治地方，是指依照《民族区域自治法》的规定，实行民族区域自治的自治区、自治州、自治县。对民族自治地方内国家限制和禁止行业的企业，不得减征或者免征企业所得税。

企业的下列支出，可以在计算应纳税所得额时加计扣除：

（1）开发新技术、新产品、新工艺发生的研究开发费用；

（2）安置残疾人员及国家鼓励安置的其他就业人员所支付的工资。

研究开发费用的加计扣除，是指企业为开发新技术、新产品、新工艺发生的研究开发费用，未形成无形资产计入当期损益的，在按照规定据实扣除的基础上，按照研究开发费用的50%加计扣除；形成无形资产的，按照无形资产成本的150%摊销。科技型中小企业开展研发活动中实际发生的研发费用，未形成无形资产计入当期损益的，在按规定据实扣除的基础上，在2017年1月1日至2019年12月31日期间，再按照实际发生额的75%在税前加计扣除；形成无形资产的，在上述期间按照无形资产成本的175%在税前摊销。

企业安置残疾人员所支付的工资的加计扣除，是指企业安置残疾人员的，在按照支付给残疾职工的工资据实扣除的基础上，按照支付给残疾职工的工资的100%加计扣除。残疾人员的范围按《残疾人保障法》的有关规定。单位实际支付给残疾人的工资加计扣除部分，如大于本年度应纳税所得额的，可准予扣除其不超过应纳税所得额的部分，超过部分本年度和以后年度均不得扣除。亏损单位不适用上述工资加计扣除应纳税所得额的办法。单位在执行上述工资加计扣除应纳税所得额办法的同时，可以享受其他企业所得税优惠政策。上述"单位"是指税务登记为各类所有制企业（不包括个人独资企业、合伙企业和个体经营户）、事业单位、社会团体和民办非企业单位。企业安置国家鼓励安置的其他就业人员所支付的工资的加计扣除办法，由国务院另行规定。

创业投资企业从事国家需要重点扶持和鼓励的创业投资，可以按投资额的一定比例抵扣应纳税所得额。抵扣应纳税所得额，是指创业投资企业采取股权投资方式投资于未上市的中小高新技术企业2年以上的，可以按照其投资额的70%在股权持有满2年的当年抵扣该创业投资企业的应纳税所得额；当年不足抵扣的，可以在以后纳税年度结转抵扣。

公司制创业投资企业采取股权投资方式直接投资于种子期、初创期科技型企业（以下简称初创科技型企业）满2年（24个月，下同）的，可以按照投资额的70%在股权持有满2年的当年抵扣该公司制创业投资企业的应纳税所得额；当年不足抵扣的，可以在以后纳税年度结转抵扣。

有限合伙制创业投资企业（以下简称合伙创投企业）采取股权投资方式直接投资于初创科技型企业满2年的，该合伙创投企业的合伙人分别按以下方式处理：

（1）法人合伙人可以按照对初创科技型企业投资额的70%抵扣法人合伙人从合伙创投企业分得的所得；当年不足抵扣的，可以在以后纳税年度结转抵扣。

(2)个人合伙人可以按照对初创科技型企业投资额的70%抵扣个人合伙人从合伙创投企业分得的经营所得;当年不足抵扣的,可以在以后纳税年度结转抵扣。

天使投资个人采取股权投资方式直接投资于初创科技型企业满2年的,可以按照投资额的70%抵扣转让该初创科技型企业股权取得的应纳税所得额;当期不足抵扣的,可以在以后取得转让该初创科技型企业股权的应纳税所得额时结转抵扣。

天使投资个人在试点地区投资多个初创科技型企业的,对其中办理注销清算的初创科技型企业,天使投资个人对其投资额的70%尚未抵扣完的,可在自注销清算之日起36个月内抵扣天使投资个人转让其他初创科技型企业股权取得的应纳税所得额。

企业的固定资产由于技术进步等原因,确需加速折旧的,可以缩短折旧年限或者采取加速折旧的方法。可以采取缩短折旧年限或者采取加速折旧的方法的固定资产,包括:

(1)由于技术进步,产品更新换代较快的固定资产;

(2)常年处于强震动、高腐蚀状态的固定资产。

采取缩短折旧年限方法的,最低折旧年限不得低于《企业所得税法实施条例》第60条规定折旧年限的60%;采取加速折旧方法的,可以采取双倍余额递减法或者年数总和法。

对生物药品制造业,专用设备制造业,铁路、船舶、航空航天和其他运输设备制造业,计算机、通信和其他电子设备制造业,仪器仪表制造业,信息传输、软件和信息技术服务业等六个行业的企业2014年1月1日后新购进的固定资产,可缩短折旧年限或采取加速折旧的方法。对上述六个行业的小型微利企业2014年1月1日后新购进的研发和生产经营共用的仪器、设备,单位价值不超过100万元的,允许一次性计入当期成本费用,在计算应纳税所得额时扣除,不再分年度计算折旧;单位价值超过100万元的,可缩短折旧年限或采取加速折旧的方法。对所有行业企业2014年1月1日后新购进的专门用于研发的仪器、设备,单位价值不超过100万元的,允许一次性计入当期成本费用,在计算应纳税所得额时扣除,不再分年度计算折旧;单位价值超过100万元的,可缩短折旧年限或采取加速折旧的方法。对所有行业企业持有的单位价值不超过5000元的固定资产,允许一次性计入当期成本费用,在计算应纳税所得额时扣除,不再分年度计算折旧。

对轻工、纺织、机械、汽车等四个领域重点行业的企业2015年1月1日后新购进的固定资产,可由企业选择缩短折旧年限或采取加速折旧的方法。对上述行业的小型微利企业2015年1月1日后新购进的研发和生产经营共用的仪器、设备，单位价值不超过 100 万元的，允许一次性计入当期成本费用，在计算应纳税所得额时扣除，不再分年度计算折旧；单位价值超过 100 万元的，可由企业选择缩短折旧年限或采取加速折旧的方法。

企业综合利用资源，生产符合国家产业政策规定的产品所取得的收入，可以在计算应纳税所得额时减计收入。减计收入，是指企业以《资源综合利用企业所得税优惠目录》规定的资源作为主要原材料，生产国家非限制和禁止并符合国家和行业相关标准的产品取得的收入，减按 90% 计入收入总额。上述原材料占生产产品材料的比例不得低于《资源综合利用企业所得税优惠目录》规定的标准。

企业购置用于环境保护、节能节水、安全生产等的专用设备的投资额，可以按一定比例实行税额抵免。税额抵免，是指企业购置并实际使用《环境保护专用设备企业所得税优惠目录》、《节能节水专用设备企业所得税优惠目录》和《安全生产专用设备企业所得税优惠目录》规定的环境保护、节能节水、安全生产等专用设备的，该专用设备的投资额的 10% 可以从企业当年的应纳税额中抵免；当年不足抵免的，可以在以后 5 个纳税年度结转抵免。享受上述企业所得税优惠的企业，应当实际购置并自身实际使用上述规定的专用设备；企业购置上述专用设备在 5 年内转让、出租的，应当停止享受企业所得税优惠，并补缴已经抵免的企业所得税税款。

友情提示

> 企业同时从事适用不同企业所得税待遇的项目的，其优惠项目应当单独计算所得，并合理分摊企业的期间费用；没有单独计算的，不得享受企业所得税优惠。

企业所得税优惠政策的法律政策依据有哪些？

1.《中华人民共和国企业所得税法》（2007 年 3 月 16 日第十届全国人民代表大会第五次会议通过，2017 年 2 月 24 日第十二届全国人民代表大会常务委员会第二十六次会议修改）第 25-34 条

2.《中华人民共和国企业所得税法实施条例》（2007 年 11 月 28 日国务院通过，国务院令〔2007〕第 152 号）第 86-91 条、第 94-102 条

3.《财政部 国家税务总局关于促进残疾人就业税收优惠政策的通知》（财政部 国家税务总局 2007 年 6 月 15 日发布，财税〔2007〕92 号）

4.《财政部 国家税务总局关于非营利组织企业所得税免税收入问题的通知》(财税〔2009〕122号)

5.《国家税务总局关于技术转让所得减免企业所得税有关问题的通知》(国税函〔2009〕212号)

6.《财政部 国家税务总局关于完善固定资产加速折旧企业所得税政策的通知》(财税〔2014〕75号)

7.《财政部 国家税务总局关于进一步完善固定资产加速折旧企业所得税政策的通知》(财税〔2015〕106号)

8.《国家税务总局关于许可使用权技术转让所得企业所得税有关问题的公告》(国家税务总局公告2015年第82号)

9.《财政部 国家税务总局关于小型微利企业所得税优惠政策的通知》(财税〔2015〕34号)

10.《财政部 国家税务总局关于进一步扩大小型微利企业所得税优惠政策范围的通知》(财税〔2015〕99号)

11.《财政部 税务总局 科技部关于提高科技型中小企业研究开发费用税前加计扣除比例的通知》(财税〔2017〕34号)

12.《财政部 国家税务总局关于创业投资企业和天使投资个人有关税收试点政策的通知》(财税〔2017〕38号)

13.《财政部 国家税务总局关于扩大小型微利企业所得税优惠政策范围的通知》(财税〔2017〕43号)

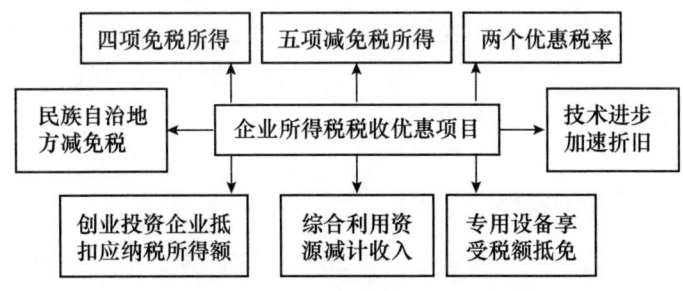

图4-8 企业所得税优惠政策

生活中的案例

例4-17 A公司从事中药材的种植、香料作物的种植以及烟叶的种植三项业务,2017年度,A公司中草药种植所获得的应纳税所得额为800万元,香料作物种植所获得的应纳税所得额为600万元,烟叶种植所获得的应纳税所得额为500万元。请计算该公司2017年度应当缴纳多少企业所得税。

答：根据《企业所得税法实施条例》第八十六条的规定，A公司中药材种植所获得的应纳税所得额800万元可以享受免税的优惠政策，香料作物种植所获得的应纳税所得额600万元可以享受减半征收企业所得税的优惠政策，烟叶种植所获得的应纳税所得额500万元应当全额缴纳企业所得税。A公司2017年度应纳税额为：600×25%×50%+500×25%=200万（元）。

生活中的案例

例4-18 A公司从事国家重点扶持的公共基础设施项目，2013年度，A公司没有从事生产经营活动，2014年度A公司取得了生产经营所得，但并没有盈利，2015年度，该企业实现盈利100万元，2016年度，该企业盈利500万元。2017年，B公司承包经营该项目，实现盈利800万元。请计算A公司和B公司每年应当缴纳多少企业所得税。

答：根据《企业所得税法》第二十七条第（二）项以及《企业所得税法实施条例》第八十七条的规定，A公司可以享受从获得收入年度起第一至三年免税、第四至六年减半的税收优惠政策。2013年度A公司没有从事生产经营活动，不可能获得生产经营收入，不计算在享受优惠政策的年度内，2014年度取得了生产经营所得，应当开始计算享受优惠政策的年度，由于本年度没有盈利，不需要缴纳企业所得税，2015年该企业实现盈利100万元，由于可以享受免税政策，因此不需要缴纳企业所得税。2016年度，该企业盈利500万元，由于可以享受免税政策，因此不需要缴纳企业所得税。2017年，B公司承包经营该项目，实现盈利800万元，根据《企业所得税法实施条例》第八十七条的规定，B公司不能享受该条所规定的税收优惠政策，因此，B公司的应纳税额为：800×25%=200（万元）。

生活中的案例

例4-19 A公司属于工业企业，2017年度，该公司的应纳税所得额为30万元，从业人数为90人，资产总额为2 000万元。B公司属于非工业企业，2017年度，该公司的应纳税所得额为28万元，从业人数为90人，资产总额为1 000万元。请计算A公司和B公司在2017年度应当缴纳多少企业所得税。

答：根据《企业所得税法实施条例》第九十二条第（一）项的规定，A公司符合小型微利企业的条件，可以根据《企业所得税法》第二十八条第一款规定享受20%的优惠税率，还可以享受所得减按50%计入应纳税所得额的优惠。根据《企业所得税法实施条例》第九十二条第（二）项的规定，B公司不符合小型微利企业的条件，不能根据《企业所得税法》第二十八条第一款规定享受20%的优惠税率。因此，A公司在2017年度的应纳税额为：30×50%×20%=3（万元）。B公司在2017年度的应纳税额为：28×25%=7（万元）。

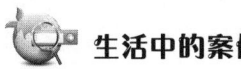

生活中的案例

例4-20 A公司安置10名残疾人员，每月支付给10名残疾人员工资2万元。A公司2017年度在没有考虑加计扣除优惠政策下所计算的应纳税所得额为400万元。请计算A公司2017年度的应纳税额。

答：根据《企业所得税法》第三十条第（二）项以及《企业所得税法实施条例》第九十六条的规定，A公司可以享受按实际支付给残疾职工的工资的100%加计扣除的优惠政策。因此，A公司2017年度的应纳税额为：（400-2×12×100%）×25%=94万（元）。

生活中的案例

例4-21 A公司是创业投资企业，B公司是未上市的中小高新技术企业，2015年1月1日，A公司以股权投资的方式投资于B公司1 000万元，2015年至2017年，A公司的应纳税所得额分别为100万元、400万元、800万元。请计算A公司2015年度至2017年度的应纳税额。

答：根据《企业所得税法》第三十一条以及《企业所得税法实施条例》第九十七条的规定，因为A公司属于创业投资企业，B公司属于未上市的中小高新技术企业，所以A公司以股权投资的方式投资于B公司满2年以后可以享受抵扣所得税的优惠政策。2015年度，A公司不能享受税收优惠政策，应纳税额为：100×25%=25万（元）。2016年度，A公司股权持有已经满2年，可以享受抵扣投资额的70%的优惠政策，应纳税所得额为：400-1 000×70%=-300万（元）。不需要缴纳企业所得税。2016年度的应纳税所得额不足抵扣，可以继续抵扣2017年度的应纳税所得额。2017年度，A公司应纳税额为：（800-300）×25%=125万（元）。

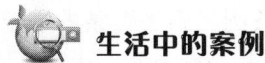

生活中的案例

例4-22 A公司的房屋常年处于强震动状态，该房屋的建造成本为8 000万元，残值为建造成本的5%。请计算A公司每年应当提取的折旧额。

答：由于A公司的房屋常年处于强震动状态，根据《企业所得税法》第三十二条以及《企业所得税法实施条例》第九十八条的规定，A公司可以采取缩短折旧年限方法，根据《企业所得税法实施条例》第六十四条的规定，房屋计算折旧的最短年限为 20 年，加速折旧最短折旧年限为：20×60%=12（年）。A 公司每年应当提取的折旧额为：8 000×（1-5%）÷12=633.33（万元）。A 公司也可以采取加速折旧的方法。如果采取双倍余额递减法提取折旧，年折旧率 =2÷预计使用年限 ×100%=2÷20×100%=10%。每年应当提取的折旧额分别为：800 万元、720 万元、648 万元、583.2 万元、524.88 万元、472.39 万元、425.15 万元、382.64 万元、344.37 万元、309.94 万元、278.94 万元、251.05 万元、225.94 万元、203.35 万元、183.02 万元、164.71 万元、148.24 万元、133.42 万元、467.09 万元、467.09 万元。如果采取年数总和法提取折旧，每年应当提取的折旧额分别为：723.81（7 600×20/210）万元、687.62（7 600×19/210）万元、651.43（7 600×18/210）万元、615.24（7 600×17/210）万元、579.05（7 600×16/210）万元、542.86（7 600×15/210）万元、506.67（7 600×14/210）万元、470.48（7 600×13/210）万元、434.29（7 600×12/210）万元、398.10（7 600×11/210）万元、361.90（7 600×10/210）万元、325.71（7 600×9/210）万元、289.52（7 600×8/210）万元、253.33（7 600×7/210）万元、217.14（7 600×6/210）万元、180.95（7 600×5/210）万元、144.76（7 600×4/210）万元、108.57（7 600×3/210）万元、72.38（7 600×2/210）万元、36.19（7 600×1/210）万元。

 生活中的案例

例 4-23 A 公司 2014 年度购置了《安全生产专用设备企业所得税优惠目录》内的设备，价值 1 000 万元，该年度的应纳税所得额为 600 万元，2017 年度，A 公司将该设备出租给 B 公司，并重新购置了一套新的《安全生产专用设备企业所得税优惠目录》内的设备，价值 2 000 万元，2017 年度，A 公司的应纳税额为 1 000 万元。请计算 A 公司 2014 年度和 2017 年度的应纳税额分别为多少。

答：A 公司 2014 年度购置了《安全生产专用设备企业所得税优惠目录》内的设备，可以享受抵免 10% 投资额的优惠政策，因此，2014 年度 A 公司的应纳税额为：（600-1 000×10%）×25%=125 万（元）。2017 年度，A 公司将该设备出租给 B 公司，根据《企业所得税法实施条例》第一百条的规定，A 公司应停止执行相应税收优惠政策并补缴已抵免税款 100 万元，由于 A 公司在该年度重新购置了一套新的《安全生产专用设备企业所得税优惠目录》内的设备，仍然可以根据《企业所得税法》第三十四条以及《企业所得税法实施条例》第一百条的规定享受抵免 10% 投资额的优惠政策，因此，2017 年度 A 公司的应纳税额为：（1 000+100-2 000×10%）×25%=225 万（元）。

四、企业所得税特别纳税调整

 什么是转让定价？国家对转让定价规定了哪些所得税政策？

转让定价，也称转移定价（transfer pricing），是指关联企业之间在转让货物、无形资产或提供劳务、资金信贷等活动中，为了一定的目的所确定的不同于一般市场价格的一种内部价格。关联企业之间转让定价的主要形式通常有：购销货物（零部件、原材料和产成品）、购置设备（固定资产）、无形资产（专利、专有技术、商标、厂商名称等）转让与使用、提供劳务（技术、管理、广告、咨询等）、融通资金及有形资产的租赁等。在跨国经济活动中，利用关联企业之间的转让定价进行避税已成为一种常见的税收逃避方法，其一般做法是：高税国企业向其低税国关联企业销售货物、提供劳务、转让无形资产时制定低价；低税国企业向其高税国关联企业销售货物、提供劳务、转让无形资产时制定高价。这样，利润就从高税国转移到低税国，从而达到最大限度减轻其税负的目的。

关联方，是指与企业有下列关联关系之一的企业、其他组织或者个人：

（1）在资金、经营、购销等方面存在直接或者间接的控制关系；

（2）直接或者间接地同为第三者控制；

（3）在利益上具有相关联的其他关系。

企业与其他企业、组织或者个人具有下列关系之一的，构成关联关系：

（1）一方直接或者间接持有另一方的股份总和达到25%以上；双方直接或者间接同为第三方所持有的股份达到25%以上。

如果一方通过中间方对另一方间接持有股份，只要其对中间方持股比例达到25%以上，则其对另一方的持股比例按照中间方对另一方的持股比例计算。

 友情提示

> 两个以上具有夫妻、直系血亲、兄弟姐妹以及其他抚养、赡养关系的自然人共同持股同一企业，在判定关联关系时持股比例合并计算。

（2）双方存在持股关系或者同为第三方持股，虽持股比例未达到第（1）项规定，但双方之间借贷资金总额占任一方实收资本比例达到50%以上，或者一方全部借贷资金总额的 10% 以上由另一方担保（与独立金融机构之间的借贷或者担保除外）。

借贷资金总额占实收资本比例＝年度加权平均借贷资金/年度加权平均实收资本

其中：

年度加权平均借贷资金＝i 笔借入或者贷出资金账面金额×i 笔借入或者贷出资金年度实际占用天数/365

年度加权平均实收资本＝i 笔实收资本账面金额×i 笔实收资本年度实际占用天数/365

（3）双方存在持股关系或者同为第三方持股，虽持股比例未达到第（1）项规定，但一方的生产经营活动必须由另一方提供专利权、非专利技术、商标权、著作权等特许权才能正常进行。

（4）双方存在持股关系或者同为第三方持股，虽持股比例未达到第（1）项规定，但一方的购买、销售、接受劳务、提供劳务等经营活动由另一方控制。

上述控制是指一方有权决定另一方的财务和经营政策，并能据以从另一方的经营活动中获取利益。

（5）一方半数以上董事或者半数以上高级管理人员（包括上市公司董事会秘书、经理、副经理、财务负责人和公司章程规定的其他人员）由另一方任命或者委派，或者同时担任另一方的董事或者高级管理人员；或者双方各自半数以上董事或者半数以上高级管理人员同为第三方任命或者委派。

（6）具有夫妻、直系血亲、兄弟姐妹以及其他抚养、赡养关系的两个自然人分别与双方具有第（1）至（5）项关系之一。

（7）双方在实质上具有其他共同利益。

除第（2）项规定外，上述关联关系年度内发生变化的，关联关系按照实际存续期间认定。仅因国家持股或者由国有资产管理部门委派董事、高级管理人员而存在第（1）至（5）项关系的，不构成关联关系。

企业与其关联方之间的业务往来，不符合独立交易原则而减少企业或者其关联方应纳税收入或者所得额的，税务机关有权按照合理方法调整。企业与其关联方共同开发、受让无形资产，或者共同提供、接受劳务发生的成本，在计算应纳税所得额时应当按照独立交易原则进行分摊。独立交易原则，是指没有关联关系的交易各方，按照公平成交价格和营业常规进行业务往来遵循的原则。

合理方法，包括：

（1）可比非受控价格法，是指按照没有关联关系的交易各方进行相同或者类似业务往来的价格进行定价的方法；

（2）再销售价格法，是指按照从关联方购进商品再销售给没有关联关系的交易方的价格，减除相同或者类似业务的销售毛利进行定价的方法；

（3）成本加成法，是指按照成本加合理的费用和利润进行定价的方法；

（4）交易净利润法，是指按照没有关联关系的交易各方进行相同或者类似业务往来取得的净利润水平确定利润的方法；

（5）利润分割法，是指将企业与其关联方的合并利润或者亏损在各方之间采用合理标准进行分配的方法；

（6）其他符合独立交易原则的方法。

企业与其关联方之间的业务往来，不符合独立交易原则而减少企业或者其关联方应纳税收入或者所得额的，税务机关可以按照合理方法调整。关联企业之间的转让定价情形主要包括：

（1）购销业务未按照独立企业之间的业务往来作价；

（2）融通资金所支付或者收取的利息超过或者低于没有关联关系的企业之间所能同意的数额，或者利率超过或者低于同类业务的正常利率；

（3）提供劳务，未按照独立企业之间的业务往来收取或者支付劳务费用；

（4）转让财产、提供财产使用权等业务往来，未按照独立企业之间的业务往来作价或者收取、支付费用；

（5）未按照独立企业之间业务往来作价的其他情形。

税务机关可以按照下列方法调整应纳税收入额或者所得额：

（1）按照独立企业之间进行的相同或者类似业务活动的价格；

（2）按照再销售给无关联关系的第三者的价格所应取得的收入和利润水平；

（3）按照成本加合理的费用和利润；

（4）按照其他合理的方法。

企业与其关联企业共同开发、受让无形资产，或者共同提供、接受劳务发生的成本，在计算应纳税所得额时应当按照独立交易原则进行分摊。按照独立交易原则进行调整的方法就是上述四种方法，即独立交易价格法、再销售价格法、成本加成法以及其他合理方法。企业可以依照《企业所得税法》第41条第2款的规定，按照独立交易原则与其关联方分摊共同发生的成本，达成成本分摊协议。企业与其关联方分摊成本时，应当按照成本与预期收益相配比的原则进行分摊，并在税务机关规定的期限内，按照税务机关的要求报送有关资料。企业与其关联方分摊成本时违反上述规定的，其自行分摊的成本不得在计算应纳税所得额时扣除。

预约定价安排,是指企业就其未来年度关联交易的定价原则和计算方法,向税务机关提出申请,与税务机关按照独立交易原则协商、确认后达成的协议。企业可以向税务机关提出与其关联方之间业务往来的定价原则和计算方法,税务机关与企业协商、确认后,达成预约定价安排。

在企业向税务机关提出预约定价安排请求后,可以根据以下的步骤加以实施:

(1)预备阶段,税务机关和纳税人召开预备会议讨论预先定价安排是否适当,以及达成协议所需的分析范围;

(2)正式申请的提交,如果税企双方初步认为预先定价安排可行,纳税人就应在会晤准备后向有关税务机关提出书面申请;

(3)审核与评估,税务机关收到纳税人提交的正式申请及所需文件资料,向纳税人及其税务代理提出质询,并形成审核评估报告;

(4)磋商,税企双方就职能与风险、可比定价信息、关键假设、转让定价方法及公平交易值域等与预先定价安排有关问题的分歧进行相互沟通、论证,达成共识,并形成预先定价安排草案;

(5)预先定价安排的签订;

(6)执行与跟踪监控。

企业向税务机关报送年度企业所得税纳税申报表时,应当就其与关联方之间的业务往来,附送年度关联业务往来报告表。税务机关在进行关联业务调查时,企业及其关联方,以及与关联业务调查有关的其他企业,应当按照规定提供相关资料。

相关资料,包括:

(1)与关联业务往来有关的价格、费用的制定标准、计算方法和说明等同期资料;

(2)关联业务往来所涉及的财产、财产使用权、劳务等的再销售(转让)价格或者最终销售(转让)价格的相关资料;

(3)与关联业务调查有关的其他企业应当提供的与被调查企业可比的产品价格、定价方式以及利润水平等资料;

(4)其他与关联业务往来有关的资料。

《企业所得税法》第43条所称与关联业务调查有关的其他企业,是指与被调查企业在生产经营内容和方式上相类似的企业。企业应当在税务机关规定的期限内提供与关联业务往来有关的价格、费用的制定标准、计算方法和说明等资料。关联方以及与关联业务调查有关的其他企业应当在税务机关与其约定的期限内提供相关资料。

 **友情提示**

> 企业不提供与其关联方之间业务往来资料,或者提供虚假、不完整资料,未能真实反映其关联业务往来情况的,税务机关有权依法核定其应纳税所得额。

税务机关依照《企业所得税法》第44条的规定核定企业的应纳税所得额时,可以采用下列方法:

(1)参照同类或者类似企业的利润率水平核定;

(2)按照企业成本加合理的费用和利润的方法核定;

(3)按照关联企业集团整体利润的合理比例核定;

(4)按照其他合理方法核定。

企业对税务机关按照上述规定的方法核定的应纳税所得额有异议的,应当提供相关证据,经税务机关认定后,调整核定的应纳税所得额。

税务机关实施特别纳税调查,应当重点关注具有以下风险特征的企业:

(1)关联交易金额较大或者类型较多;

(2)存在长期亏损、微利或者跳跃性盈利;

(3)低于同行业利润水平;

(4)利润水平与其所承担的功能风险不相匹配,或者分享的收益与分摊的成本不相配比;

(5)与低税国家(地区)关联方发生关联交易;

(6)未按照规定进行关联申报或者准备同期资料;

(7)从其关联方接受的债权性投资与权益性投资的比例超过规定标准;

(8)由居民企业,或者由居民企业和中国居民控制的设立在实际税负低于12.5%的国家(地区)的企业,并非由于合理的经营需要而对利润不作分配或者减少分配;

(9)实施其他不具有合理商业目的的税收筹划或者安排。

转让定价税制的法律政策依据有哪些?

1.《中华人民共和国企业所得税法》(2007年3月16日第十届全国人民代表大会第五次会议通过,2017年2月24日第十二届全国人民代表大会常务委员会第二十六次会议修改)第41-44条

2.《中华人民共和国企业所得税法实施条例》(2007年11月28日国务院通过,国务院令〔2007〕第152号)第109-115条

3.《中华人民共和国税收征收管理法》(1992年9月4日第七届全国人民代表大会常务委员会第二十七次会议通过,1995年2月28日第八届全国人民代表大会常务委员会第十二次会议修正,2001年4月28日第九届全国人民代表大会常务委员会第二十一次会议修订,2015年4月24日第十二届全国人民代表大会常务委员会第十四次会议修正)第36条

4.《中华人民共和国税收征收管理法实施细则》(国务院2002年9月9日发布 自2002年10月15日起实施)第53条

5.《特别纳税调整实施办法(试行)》(国税发〔2009〕2号)

6.《特别纳税调查调整及相互协商程序管理办法》(国家税务总局公告2017年第6号)

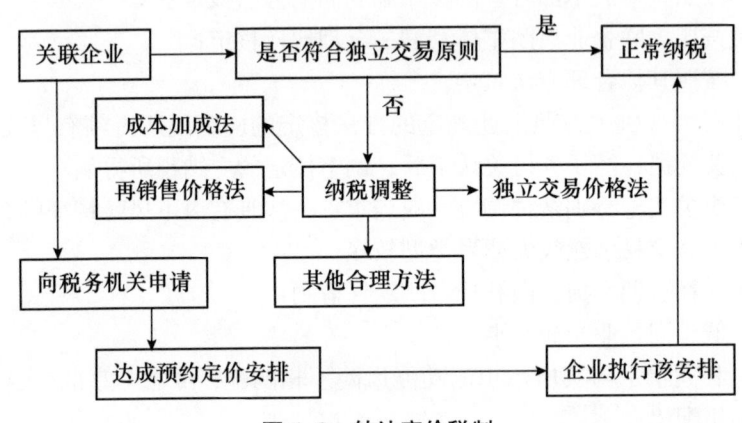

图4-9 转让定价税制

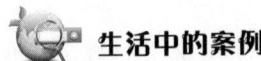 **生活中的案例**

例4-24 中港合资A公司,主要生产儿童玩具,除产品包装用品外,其余材料均为进口,产品100%外销。进口材料和产品外销均由港方B公司负责。经税务机关调查,该公司生产的儿童玩具平均单位成本40元,平均售价30元,单位成本高出售价10元。A公司开业投产以来年年亏损,而企业规模年年扩大。如此,该公司成功地将成本费用转移到大陆,而将所得转移至香港,不但避免了大陆税收,而且由于香港又是一个天然避税港(它实行的税收管辖权为收入来源地管辖权,只对来自香港境内的所得征收),也避免了港方的税收。最终,A公司采用提高成本转让定价的手段达到全面避税的目的。税务机关应如何确定A公司的转让定价行为?

答:《企业所得税法》第四十一条规定:"企业与其关联方之间的业务往来,不符合独立交易原则而减少企业或者其关联方应纳税收入或者所得额的,税

务机关有权按照合理方法调整。"本案中,中港合资 A 公司显然与其关联企业进行了转让定价交易,税务机关如果能够取得关于母公司 A 把单位成本 40 元,原应按单位价格 45 元作价的一批货物,压低按单位价格 30 元作价,销售给香港子公司 B 的相关证据,即可确定母公司 A 存在需要调整纳税收入的转让定价行为。

 生活中的案例

例 4-25 在我国大陆的某合资公司 A 为了利用香港少征所得税的优惠,在香港设立子公司 B。母公司 A 把成本 20 000 000 元,原应按 28 000 000 元作价的一批货物,压低按 22 000 000 元作价,销售给香港子公司 B。子公司 B 以 30 000 000 元出售该批货物。那么,本案中的这笔交易母公司 A 是否存在需要调整纳税收入的转让定价行为,需要调整的税额是多少?

答: 经过比较可以发现,压价前后母子公司实际负担的税款不同。压价前母子公司应负担的税款情况如下:母公司应承担的所得税款为:(28 000 000-20 000 000)×25%=2 000 000(元)。子公司应承担的所得税款为(香港企业所得税税率为 16.5%):(30 000 000-28 000 000)×16.5%=330 000(元)。母子公司所应当承担的总税款为:2 000 000+330 000=2 330 000(元)。压价后母子公司应负担的税款情况如下:母公司应承担的所得税款为:(22 000 000-20 000 000)×25%=500 000(元)。子公司应承担的所得税款为:(30 000 000-22 000 000)×16.5%=1 320 000(元)。母子公司所应当承担的总税款为:500 000+1 320 000=1 820 000(元)。转让定价前后相比,总税负减少额为:2 330 000-1 820 000=510 000(元)。母公司 A 在大陆需要调增税额为:2 000 000-500 000=1 500 000(元)。

 生活中的案例

例 4-26 2016 年,新疆维吾尔自治区塔城地区地税系统在"营改增"税制改革、组织收入任务形势严峻的情况下主动出击、积极作为,以挖掘疑点数据为基础,以查处大案要案为突破口,加大转让定价案件的调整补税力度。在自治区地税局营业税处的政策指导下,完成首例境内反避税案的调查工作,调增应纳税所得额 2 317.98 万元,补征企业所得税 616.35 万元,有效维护了国家税收权益,反避税工作实现了零突破。

托里县地税局在日常征管中发现,其辖区内的托里 A 矿开发有限公司部分铬矿石销售"发票流"与"货物流"不一致,如其向新疆 B 有限责任公司运送近 4 万吨铬矿石,却并未向该公司开具增值税专用发票,而是通过向关联的河北 C 矿产资源有限公司开票并由其再向 B 开具专票实现销售,县地税局怀疑其存在关联交易纳税调整事项,随后将案件移送塔城地税反避税专家团队。

特别纳税调整事项调查工作在塔城地税系统尚无现成经验可供借鉴,本着"既要大胆摸索,又要稳扎稳打"的原则,专案组调查人员发扬"钉钉子"精神,开展了大量的前期准备和基础调查工作。一是严查细核企业各项涉税资料。要求企业提供调查年度销售铬矿石的购销合同、结算单据、矿山储量资料及 2007 年至 2013 年度关联业务往来报告表的相关资料等,同时,进一步核实该企业会计报表、账簿、记账凭证、销售发票、购销合同、矿石储量情况。二是开展外围调查、比对相关信息。实地走访国土资源部门、新疆地质七大队及部分矿山企业,查阅各铬矿群详细普查地质报告、资源储量核实报告和各年度矿山储量年报的相关资料,最终掌握了铬矿石销售价格确定标准——根据其品位,同时参考铁合金在线网站公布的,与新疆矿品质相近的阿曼矿矿石价格确定。三是整合各方信息、分组个个突破。调查人员运用矿石品质、付款条件、交货地点、矿石品质检验、矿石交付顺序等主要可比性因素,参考铬矿石品位相同或相近企业,铁合金在线中阿曼矿石销售价格综合比较分析后初步确认,该公司与五家关联企业之间销售铬矿石平均价格较大幅度的低于销售给非关联方价格,不符合独立交易原则。四是通过该公司五家关联企业主管税务机关协查,在调查事项所属期间,上述关联企业或处于连续亏损,或享受企业所得税税收优惠状态。该公司以远低于非关联企业的交易价格进行关联交易,因主要交易环节均在托里完成,明显不具备合理商业目的,属于转移利润,规避纳税义务。

历时三年,该企业利用关联交易调节销售价格进行避税筹划案件的脉络终于清晰地展示出来,塔城地区地税局按程序报经总局批准,启动进行特别纳税调整调查程序。调查组根据《企业所得税法》及其实施条例、《税收征收管理法》及其实施细则、国家税务总局《关于印发〈特别纳税调整实施办法(试行)〉的通知》(国税发〔2009〕2 号)等有关规定,对该企业与关联企业之间的交易选用可比非受控价格法进行调整,最终确认以发票结算价格作为交易价格。在关联关系、关联交易、调整方法及调整标准明确的情况下,调查组以该公司 2007 年度至 2013 年度期间与非关联方平均交易价格为标准对关联交易销售价格进行调整。调增应纳税所得额共计 23 179 748.27 元,调增企业所得税税额 6 163 493.26 元。

生活中的案例

例 4-27　2016 年 8 月,湖南省首例单边预约定价安排由邵阳市国税局与在香港上市的某企业集团正式签署。根据预约定价安排,预计该集团在邵阳的 3 家企业 2016 年至 2018 年将实现企业所得税 4 937 万元，较签署前的 2013 年至 2015 年增加 3 250 万元。

存在关联交易的企业，选择预约定价安排，可以避免双重征税，降低企业潜在的税收风险。此次单边预约定价安排于 2014 年 6 月启动，经预备会谈有效沟通后，由企业集团提出申请，再经过审核评估、多轮磋商等程序和环节，以及大量的调查研究，顺利进入预约定价安排签订阶段。

此次与邵阳市国税局签署单边预约定价的企业集团是全球三大鞋业制造商之一，被称为"亚洲鞋王"。2010 年来，该集团大规模进入湖南发展，先后在邵阳、怀化、衡阳、娄底等地投资建厂，其中在邵阳投资规模最大。目前，集团在邵阳设有 6 家生产工厂及 1 家销售公司，拥有产业工人 16 000 余人，年产值逾 10 亿元。

企业集团有关负责人在签署仪式上表示，此次预约定价条款合理，明显增强了企业经营预期，让其切身感受到了税务机关及地方政府优化税务环境、打造引资洼地的强烈意愿和务实举措。自此次单边预约定价谈签工作启动以来，该集团在湘投资力度明显加大，并拟将邵阳打造成其在中国境内的鞋业研发和生产核心基地。

生活中的案例

例 4--28 2015 年 12 月，宁波市国税局对宁波市外资企业 A 公司的反避税调查案件最终顺利结案，补征企业所得税 4 209 万元，加收利息 829 万元，合计 5 038 万元。该案也成为宁波市迄今为止单户补税金额最大的一起反避税案件。

A 公司是一家主营电子产品生产的中日合资企业，注册资本 4 306.59 万美元。2013 年 7 月，宁波市国税局税务人员在 A 企业同期资料审核中，发现该企业销售规模逐年扩大，特别是自 2009 年下半年新项目投产后，年销售规模从 2.7 亿元跃升至 10 亿元，且呈稳步增长态势。但与之形成鲜明对比的是，企业的获利能力表现较差，从成立至今，经营业绩长期维持在微利状态，不符合企业经营实际情况。另一方面，从关联交易比例看，2009 年至 2013 年，该公司的关联交易占全部销售收入的比例高达 99.72%，存在避税操作空间。

针对上述疑点问题，宁波市国税局运用关联交易同期资料规范化审核分析手册，从形式和实体两方面加强对 A 公司同期资料合规性审核。在此基础上，税务人员有重点地将其与征管资料、财务数据和第三方信息等进行比对，分析 A 公司有无形成重大转让定价风险，并综合评估企业是否存在税基侵蚀、利润转移的情况。

经过前期询问、数据搜集、可比性因素分析和功能风险分析，税务人员对 A 公司 2009 年至 2013 年度利润水平进行了核实。结合全市税收征管数据库、OSIRIS 数据库、上市公司信息披露和行业分析报告等内外部信息比对，该企业关联交易转让定价的避税疑点渐渐浮出水面。

税务人员发现，该企业境外关联交易的加权平均完全成本营业利润率仅为 1.76%，明显低于宁波市电子元器件行业平均成本加成利润率 5.89%。宁波市国税局基本确定该企业整体业绩偏低与关联交易存在直接因果关系，因此建议对 A 公司进行反避税立案调查。同年 10 月，国家税务总局批准同意对该企业 2009 年度至 2013 年度关联交易情况正式实施转让定价立案调查。

立案调查决定下达后，宁波市国税局迅速成立由市局国际税务管理处、A 公司主管税务机关——镇海区国税局业务骨干组成的专案小组，启动转让定价调查程序。

调查过程并非一帆风顺。尽管专案组在调查前多次研讨学习，对 A 公司所处电子设备制造行业进行了充分的了解，但由于调查产品项目属于新型产品，且市场上该产品分类繁多，不同分类分别适用于不同下游产品，在信息不对称的情况下要详尽了解产品情况仍非易事。

面对这一不小的困难，调查人员并未退缩。他们数次深入企业，在企业的无尘车间产品组装流水线，就产品特性、原料供应、客户议价能力等关键信息进行了实地核实。不仅如此，专案组还对企业各部门进行了翔实的功能风险调查询问，对企业整体业务模式及关联交易情况做了全面把握。

经调查，专案组初步认定 A 公司不承担对核心技术的研发功能，也不承担市场推广、销售及分销功能及其相应风险，仅承担印刷裁剪、封装、测试等单一生产制造任务。同时，专案组通过查阅账册、合同和订单等方式仔细查找蛛丝马迹，获取了大量一手资料，认定 A 公司涉及关联交易金额高达 46.4 亿元。

案情已然明晰，税企双方进入了谈判磋商阶段。专案组调查人员充分利用企业汇算清缴数据、BVD 数据库和互联网信息等内外部数据，反复甄选可比数据，制定了多套调整方案，并先后与 A 公司外方高管及其委托的税务代理进行了 7 次正式谈判。

谈判中，税企双方就亏损原因、功能风险定位和转让定价合理性等核心问题进行了反复的沟通和磋商。其中，仅针对 A 公司低利润水平的归因问题双方就进行了相互举证和论述。企业谈判团队从产品的客户群、应用市场、质量控制难度和所需原材料成本等角度出发，引入产品生命周期理论，试图论证低利润主要可归因于市场及产品等客观因素；而专案组调查人员早已做足准备，从其执行迅速扩张的公司战略角度，论证其产品良好的市场竞争力，并以同期行业发展状况侧面验证其产品处于成长期并持有可观利润,逐个击退 A 公司对自身价值回报率不足的解释,打破其试图规避关联交易转让定价对企业经营利润有重大影响的意图。

在大量确凿无误的证据面前,税企双方终就公司选择标准、可比数据选用年份、可比公司功能风险财务指标设定和费用分摊口径等关键问题达成一致,并于 2015 年 10 月获国家税务总局审批结案。A 公司同意按宁波市国税局的调查结果进行调整,即分纳税年度以企业的完全成本为基础,采用交易净利润法对该公司进行转让定价调整,补缴企业所得税 4 209 万元,并按规定加收利息 829 万元。

回顾本案历程,从目标锁定、调查取证、功能风险分析,到调整方案确定和转让定价事实的核查,整个过程都经过了全面信息搜集和数据分析。尤其是税务机关牢牢抓住了转让定价同期资料审核这一核心环节,从形式和实质两方面对企业提供的同期资料进行了合规性审核,并以此为基础有重点地将其与财务报表、征管资料和公开信息等进行比对分析,综合评估企业是否存在转移利润、侵蚀税基的涉税风险。

生活中的案例

例 4-29 2016 年 11 月,广西来宾市国税局在对外付汇备案资料复核以及特许权使用费、利息所得非居民税收专项检查中发现,某企业以支付技术劳务费名义支付特许权使用费,造成少缴非居民企业所得税。通过四次约谈纳税人,并进行税法宣传后,企业通过自查补报,补缴非居民企业所得税 304.69 万元、增值税 33.63 万元,合计 338.32 万元。

该局国际税务管理科工作人员在对全市 2014 年对外支付备案资料进行例行复核的过程中发现,某中外合资经营企业(A 公司)技术服务费突增,对外支付频繁且金额较大。其中一份合同引起了工作人员的关注。该合同是 A 公司与其法国某关联集团企业(B 公司)在合营之初签订的技术协助协议,约定 B 公司向 A 公司提供技术协助、知识、系统、方法、工艺和经验,包括信息技术,尤其是在产品生产加工方面的具体专有技术等,并按营业额的 3% 提取技术服务费。合同中特别提到,技术的专利以及技术改进后的专利属于 B 公司所有,即使是在 A 公司的要求以及其他关联公司的配合下完成的技术改进。同时,合同还规定了大量的保密条款。

工作人员在深入研究合同后意识到该合同名义上是技术协作协议,实质上具有特许权的性质,属于特许权使用费。对外支付特许权使用费与支付技术服务费在税收上有什么区别?按税法规定,支付特许权使用费一般按 10% 税率代扣代缴企业所得税,而支付技术服务费,一般采用核定应纳税所得额再乘以25%税率的方式计算扣缴税额。在本例中，支付技术服务费应代扣代缴7.5%的企业所得税，与10%相差2.5个百分点。随后，该局以税法宣传和税源调查的名义与A公司相关人员进行约谈，并向A公司了解该合同的具体执行情况。约谈中了解到A公司没有相关研发机构，在技术上依赖于法国集团总部，但境外关联B公司很少派员到境内提供劳务。这让工作人员更加肯定该合同实质是专有技术许可使用，属于特许权使用费的范畴。于是，该局向A公司进行宣传解释，但境外关联公司却提出异议，并委托税务代理人进行协商谈判。

谈判前，该局国际税务管理科工作人员认真梳理了税法以及协定待遇中有关特许权使用费的相关规定。在协谈中，该局和企业税务顾问进行了交流，并提出有力的证据和依据，耐心向纳税人和税务代理人宣传和解释有关税收协定方面的规定。经过近两个小时的协商谈判，该税务顾问最终认同合同性质为特许权使用费，但又提出法方派人员常驻企业进行指导服务，并构成常设机构，申请享受中法税收协定的营业利润条款。为此，该局要求企业在规定时间内提供相关证明资料进行佐证，如构成常设机构的，要求企业对常设机构的营业利润进行划分，如企业不能准确划分的，将由税务机关进行核定。最终，企业无法提供相关证据资料证明构成常设机构，依我国税法规定补缴了税款。

 除转让定价税制以外，我国还规定了哪些反避税制度？

由居民企业，或者由居民企业和中国居民控制的设立在实际税负明显低于《企业所得税法》第四条第一款规定税率水平（即25%）的国家（地区）的企业，并非由于合理的经营需要而对利润不作分配或者减少分配的，上述利润中应归属于该居民企业的部分，应当计入该居民企业的当期收入。

中国居民，是指根据《个人所得税法》的规定，就其从中国境内、境外取得的所得在中国缴纳个人所得税的个人。在中国境内有住所，或者无住所而在境内居住满一年的个人，从中国境内和境外取得的所得，依照《个人所得税法》的规定缴纳个人所得税。在中国境内有住所的个人，是指因户籍、家庭、经济利益关系而在中国境内习惯性居住的个人。在境内居住满一年，是指在一个纳税年度中在中国境内居住365日。临时离境的，不扣减日数。临时离境，是指在一个纳税年度中一次不超过30日或者多次累计不超过90日的离境。

控制，包括：

（1）居民企业或者中国居民直接或者间接单一持有外国企业10%以上有表决权股份，且由其共同持有该外国企业50%以上股份；

（2）居民企业，或者居民企业和中国居民持股比例没有达到第（1）项规定的标准，但在股份、资金、经营、购销等方面对该外国企业构成实质控制。

实际税负明显低于《企业所得税法》第四条第一款规定税率水平，是指低于《企业所得税法》第四条第一款规定税率的50%。

中国居民企业股东能够提供资料证明其控制的外国企业满足以下条件之一的，可免于将外国企业不作分配或减少分配的利润视同股息分配额，计入中国居民企业股东的当期所得：

（1）设立在国家税务总局指定的非低税率国家（地区）；
（2）主要取得积极经营活动所得；
（3）年度利润总额低于500万元人民币。

中国居民企业或居民个人能够提供资料证明其控制的外国企业设立在美国、英国、法国、德国、日本、意大利、加拿大、澳大利亚、印度、南非、新西兰和挪威的，可免于将该外国企业不作分配或者减少分配的利润视同股息分配额，计入中国居民企业的当期所得。

企业从其关联方接受的债权性投资与权益性投资的比例超过规定标准而发生的利息支出，不得在计算应纳税所得额时扣除。债权性投资，是指企业直接或者间接从关联方获得的，需要偿还本金和支付利息或者需要以其他具有支付利息性质的方式予以补偿的融资。企业间接从关联方获得的债权性投资，包括：

（1）关联方通过无关联第三方提供的债权性投资；
（2）无关联第三方提供的、由关联方担保且负有连带责任的债权性投资；
（3）其他间接从关联方获得的具有负债实质的债权性投资。

权益性投资，是指企业接受的不需要偿还本金和支付利息，投资人对企业净资产拥有所有权的投资。债权性投资与权益性投资比例的具体标准，由国务院财政、税务主管部门另行规定。

在计算应纳税所得额时，企业实际支付给关联方的利息支出，不超过以下规定比例和根据税法及其实施条例有关规定计算的部分，准予扣除，超过的部分不得在发生当期和以后年度扣除。

企业实际支付给关联方的利息支出，除符合例外规定外，其接受关联方债权性投资与其权益性投资比例为：

（1）金融企业，为5∶1；
（2）其他企业，为2∶1。

企业能够按照税法及其实施条例的有关规定提供相关资料，并证明相关交易活动符合独立交易原则的；或者该企业的实际税负不高于境内关联方的，其实际支付给境内关联方的利息支出，在计算应纳税所得额时准予扣除。

企业同时从事金融业务和非金融业务，其实际支付给关联方的利息支出，应按照合理方法分开计算；没有按照合理方法分开计算的，一律按《财政部、国家税务总局关于企业关联方利息支出税前扣除标准有关税收政策问题的通知》（财税〔2008〕121号）第一条有关其他企业的比例计算准予税前扣除的利息支出。

 友情提示

企业自关联方取得的不符合规定的利息收入应按照有关规定缴纳企业所得税。

企业实施其他不具有合理商业目的的安排而减少其应纳税收入或者所得额的，税务机关有权按照合理方法调整。不具有合理商业目的，是指以减少、免除或者推迟缴纳税款为主要目的。

避税安排具有以下特征：

（1）以获取税收利益为唯一目的或者主要目的；

（2）以形式符合税法规定、但与其经济实质不符的方式获取税收利益。

税收利益是指减少、免除或者推迟缴纳企业所得税应纳税额。

税务机关应当以具有合理商业目的和经济实质的类似安排为基准，按照实质重于形式的原则实施特别纳税调整。调整方法包括：

（1）对安排的全部或者部分交易重新定性；

（2）在税收上否定交易方的存在，或者将该交易方与其他交易方视为同一实体；

（3）对相关所得、扣除、税收优惠、境外税收抵免等重新定性或者在交易各方间重新分配；

（4）其他合理方法。

税务机关依照《企业所得税法》规定作出纳税调整，需要补征税款的，应当补征税款，并按照国务院规定加收利息。税务机关根据税收法律、行政法规的规定，对企业作出特别纳税调整的，应当对补征的税款，就自税款所属纳税年度的次年6月1日起至补缴税款之日止的期间，按日加收利息。按照上述规定加收的利息，不得在计算应纳税所得额时扣除。利息，应当按照税款所属纳税年度中国人民银行公布的与补税期间同期的人民币贷款基准利率加5个百分点计算。企业依照《企业所得税法》第四十三条和《企业所得税法实施条例》的规定提供有关资料的，可以只按上述规定的人民币贷款基准利率计算利息。企业与其关联方之间的业务往来，不符合独立交易原则，或者企业实施其他不具有合理商业目的的安排的,税务机关有权在该业务发生的纳税年度起 10 年内,进行纳税调整。

 其他反避税制度的法律政策依据有哪些?

1.《中华人民共和国企业所得税法》(2007 年 3 月 16 日第十届全国人民代表大会第五次会议通过,2017 年 2 月 24 日第十二届全国人民代表大会常务委员会第二十六次会议修改)第 45-48 条

2.《中华人民共和国企业所得税法实施条例》(2007 年 11 月 28 日国务院通过,国务院令〔2007〕第 152 号)第 116-123 条

3.《中华人民共和国个人所得税法》(1980 年 9 月 10 日第五届全国人民代表大会第三次会议通过,2011 年 6 月 30 日第十一届全国人民代表大会常务委员会第二十一次会议第六次修正)第 1 条

4.《中华人民共和国个人所得税法实施条例》(1994 年 1 月 28 日国务院令第 142 号发布,2011 年 7 月 19 日《国务院关于修改〈中华人民共和国个人所得税法实施条例〉的决定》第三次修订)第 2 条、第 3 条

5.《国家税务总局关于简化判定中国居民股东控制外国企业所在国实际税负的通知》(国税函〔2009〕37 号)

6.《财政部 国家税务总局关于企业关联方利息支出税前扣除标准有关税收政策问题的通知》(财税〔2008〕121 号)

7.《一般反避税管理办法(试行)》(国家税务总局令第 32 号)

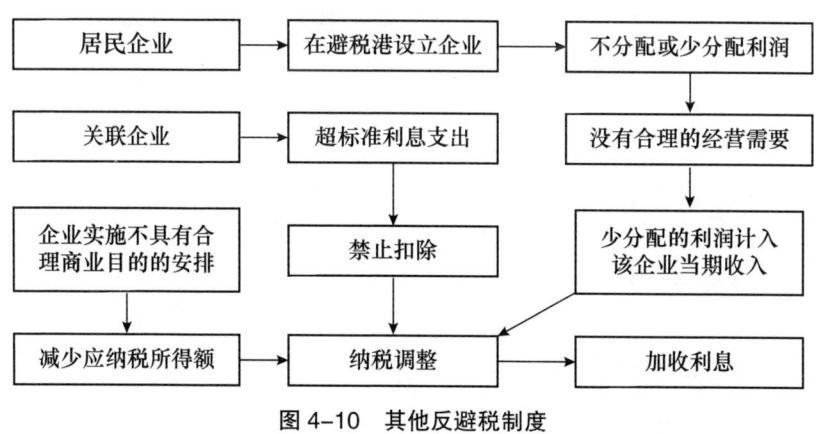

图 4-10 其他反避税制度

 **生活中的案例**

例 4-30 某企业 2017 年的总收入为 10 000 000 元,企业按照税法规定

计算的成本为 4 000 000 元，费用为 2 000 000 元，损失为 500 000 元，税金为 1 000 000 元。经税务机关调查，该企业在 2017 年 5 月从事了一项不具有合理商业目的的行为，导致企业总收入减少 1 000 000 元。请计算该企业 2017 年度应当缴纳的企业所得税税额是多少。

答：根据《企业所得税法》第四十七条的规定，企业实施其他不具有合理商业目的的安排而减少其应纳税收入或者所得额的，税务机关有权按照合理方法调整。因此，税务机关可以按照合理方法将该企业减少的 1 000 000 元收入调整为企业的收入。该企业 2017 年度应当缴纳的企业所得税税额为：（10 000 000－4 000 000－2 000 000－500 000－100＋1 000 000）×25%＝875 000（元）。

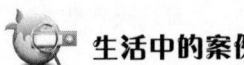 **生活中的案例**

例 4-31 税务机关在 2017 年 5 月 1 日进行的税务检查中发现，某企业 2015 年度与其关联企业进行了一笔交易，该交易的正常市场价格为 6 000 000 元，但是，该企业只收取了 4 000 000 元，根据税法规定，税务机关按照正常市场价格调整了该笔交易的价格，并于 2017 年 9 月 15 日下达了纳税通知书，要求企业在 2017 年 9 月 30 日之前补缴税款及其利息。假设税款所属纳税年度中国人民银行公布的与补税期间同期的人民币贷款基准利率为 5%，请计算该企业在 9 月 30 日应当补缴的企业所得税及其利息是多少？

答：根据《企业所得税法》第四十八条的规定，税务机关依照《企业所得税法》规定作出纳税调整，需要补征税款的，应当补征税款，并按照国务院规定加收利息。因此，该企业应当补缴企业所得税税款为：（6 000 000－4 000 000）×25%＝500 000（元）。根据《企业所得税法》第五十四条的规定，企业应当自年度终了之日起五个月内，向税务机关报送年度企业所得税纳税申报表，并汇算清缴，结清应缴应退税款。因此，该笔税款应当加收的利息应当从 2016 年 6 月 1 日开始计算，至 2017 年 9 月 30 日，应当加收的利息为：500 000×10%＝50 000（元）。

生活中的案例

例 4-32 2015 年 5 月 5 日，北京市国税局公布了有关山东省税务机关对一家香港公司（下称 B 公司）应归属于其中国内地母公司（下称 A 公司）的利润进行特别纳税调整的案例。

A 公司是一家于 1999 年在山东省某工业园注册成立的中国居民企业，主营业务为化工产品（不含危险品）销售。B 公司为 A 公司在香港设立的全资子公司，主要从事国际贸易、信息咨询、投资业务；B公司的董事会成员均为A公司委派。B公司在香港设立了全资子公司C公司，主要从事股权投资。C公司拥有中国境内三家外商投资企业D公司、E公司、F公司各90%的股份。2011年，B公司与荷兰某公司签订了股权转让协议，将其持有的C公司100%的股权转让给该荷兰公司。扣除相关股权成本，B公司取得约3亿元的转让。

为享受《企业所得税法》第26条有关"符合条件的居民企业之间的股息、红利等权益性投资收益"免征所得税的待遇，B公司于2012年向主管税务机关提出非境内注册居民企业身份申请，但上报国家税务总局后未被批准。同时，B公司一直未对A公司做任何利润分配。B公司的居民身份申请使得税务机关对A集团公司的股权结构等涉税信息有了初步的掌握。在此基础上，税务机关对B公司是否及时向母公司A分配利润问题进行了深入的调查。最终，税务机关认定B公司完全符合受控外国企业特别纳税调整事项管理的条件，对归属A公司的3亿元利润进行了特别纳税调整。

生活中的案例

例4-33 历时5个多月，陕西省国税局顺利完成一例反避税协商谈判，谈判结果得到包括企业及其授权代表的充分认可。据悉，这也是国内首例调查协商谈判工作取得成功的资本弱化避税案件。

陕西省国税局副局长薛建英介绍，我国资本弱化现象普遍存在，但是国内对资本弱化的反避税调查还处于空白。2011年初，陕西省国税局国际税收管理处在对关联企业台账进行综合分析时，发现一家日本在陕投资公司属于负债企业，却存在大量来自关联方的借款费用。初步案头分析之后可以确认，该公司可能存在通过人为操作，将企业利润以借款费用等形式转移至境外母公司的行为。陕西省国税局对此案进行进一步分析，最终确定了该公司及其境外关联公司存在购销转让定价、预收账款、资本弱化和股权转让等多个避税行为。陕西省国税局随即展开了调查取证和协商谈判工作。

税务协商谈判是反避税工作的一个非常重要的环节。在协商谈判过程中，陕西省国税局保持与税务总局的密切联系，实时汇报谈判进展，在总局的支持和指导下开展工作。2011年6月至10月，在多轮会谈中，该局周密准备，始终坚持管理与服务并重，在坚决维护国家税收权益同时，充分维护企业合法权益，全面落实国内税收优惠政策，先后就转让定价方法、可比企业选择、关联关系判定、关联交易认定、债务性投资认定等多个问题与企业进行了商谈。经过十几轮艰苦细致的谈判，陕西省国税局最终与企业及其授权代表就相关税收问题的处理达成共识，圆满完成了该案的协商谈判工作。

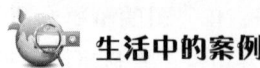 **生活中的案例**

例4-34 2016年1月,抚顺市国税局及开发区局完成了抚顺某有限公司反避税加息案件,补缴2002年至2011年企业所得税247 827.75元,加收利息6 762.12元。

该案件为抚顺市首例加收利息转让定价特别纳税调整案件,从立案至结案共计历时1 050天。期间,国税相关部门针对企业税收情况、关联方和关联交易情况及企业自身特点,采用了交易净利润法为特别纳税调整方法。为充分体现税收公平公正,还特选定与该企业行业相同、经营方式相同或相近的13家亚太地区企业作为可比企业,通过对企业之间利润水平等有关数据相互分析对比、深入细致地全方位检查核查和与企业法人及相关人员数次约谈,确定按照可比公司中位值完全成本加成率进行纳税调整。此案例为今后开展转让定价特别纳税调整提供了借鉴,为反避税工作积累了宝贵经验。

生活中的案例

例4-35 2003年3月,新疆维吾尔自治区某公司(简称B公司)与乌鲁木齐市某公司(简称C公司)共同出资成立液化天然气生产和销售的公司(简称A公司)。注册资金8亿元人民币,其中B公司为主要投资方,出资7.8亿元,占注册资金的97.5%,C公司出资2 000万元,占注册资金的2.5%。

2006年7月,A公司出资方B公司和C公司与某巴巴多斯的公司(简称D公司)签署了合资协议,D公司通过向B公司购买其在A公司所占股份方式参股A公司。D公司支付给B公司3 380万美元,占有了A公司33.32%的股份。此次股权转让后,A公司的投资比例变更为:B公司占64.18%,C公司占2.5%,D公司占33.32%。

合资协议签署27天后,投资三方签署增资协议,B公司增加投资2.66亿元人民币(B公司出售其股权所得3 380万美元)。增资后,A公司的注册资本变更为10.66亿元人民币,各公司相应持股比例再次发生变化。其中,B公司占73.13%,D公司占24.99%,C公司占1.88%。

2007年6月,D公司决定将其所持有的A公司24.99%的股权以4 596.8万美元的价格转让给B公司,并与B公司签署了股权转让协议,由B公司支付D公司股权转让款4 596.8万美元。至此,D公司从2006年6月与中方签订3 380万美元的投资协议到2007年6月转让股权撤出投资(均向中方同一家公司买卖股份),仅一年的时间取得收益1 217万美元。

在为转让股权所得款项汇出境外开具售付汇证明时,付款单位代收款方

D公司向主管税务机关提出要求开具不征税证明。理由是：根据中国和巴巴多斯税收协定"第十三条 财产收益"的规定，该笔股权转让款4 596.8万美元应仅在巴巴多斯征税。(2010年3月，中国同巴巴多斯已经重新修订了协定。即使根据新修订的税收协定，如果不进行反避税调整的话，巴巴多斯公司由于持有境内股权比例不超过25%，在中国也无须纳税。)

乌鲁木齐市国税局及时对此项不征税申请进行了研究，并将情况反映到新疆维吾尔自治区国税局，引起了上级机关的高度重视，围绕居民身份的确定及税收协定条款的适用问题开展了调查，发现了种种疑点。

疑点一：D公司是美国NB投资集团于2006年5月在巴巴多斯注册成立的企业。其注册一个月后即与中方签订投资合资协议，而投入的资金又是从开曼开户的银行汇入中国的。该公司投资仅一年就将股份转让，并转让收益高达1 217万美元，折合人民币9 272万元，收益率36%，且不是企业实际经营成果，而是按事前的合同约定的。(收益率达到36%，说明利率为36%，可以想象该交易是这样的：美国NB投资集团要借款给A公司，借款利率为36%。美国NB投资集团要缴纳3.6%的预提所得税，为此采取了"假股权真债权"的方式，同时利用中巴协定股权转让所得不征税条款，避免缴纳中国的股权转让所得预提所得税。)

疑点二：关于D公司的居民身份问题，税务机关提出了疑问。为此，D公司提供了由我驻巴巴多斯大使馆为其提供的相关证明，称其为巴巴多斯居民。但该证明文件只提到D公司是按巴巴多斯法律注册的，证明该法律的签署人是真实的；同时该公司还出具了巴巴多斯某律师证明文件，证明D公司是依照"巴巴多斯法律"注册成立的企业，成立日期为2006年5月10日（同年7月即与我国公司签署合资协议），公司地址为巴巴多斯×大街×花园。但公司登记的三位董事都是美国国籍，家庭住址均为美国×州×镇×街×号。

疑点三：D公司作为合资企业的外方，并未按共同投资、共同经营、风险共担、利益共享的原则进行投资，而是只完成了组建我国中外合资企业的有关法律程序，便获取了一笔巨额收益。从形式上看是投资，而实际上却很难判断是投资、借款或融资，还是仅仅帮助国内企业完成变更手续，或者还有更深层次的其他经济问题。

根据中巴税收协定，此项发生在我国的股权转让收益我国没有征税权，征税权在巴方。在D公司是否构成巴巴多斯居民的身份尚未明确的情况下，付款方——股权回购公司——多次催促税务部门尽快答复是否征税并希望税务部门配合办理付汇手续。根据付款协议，如果付款方不按时汇款，将额外支付高额的利息。为了避免中方企业遭受不必要的经济损失，新疆维吾尔自治区国税局同意乌鲁木齐市国税局及付款方提议，将股权转让款先行汇出，但扣留相当于应纳税款部分的款项，余额部分待 D 公司能否享受税收协定待遇确定后再做决定。

对此，乌鲁木齐市国税局一方面进行深入的调查了解，开展对 D 公司居民身份的取证工作，判定是否可以执行中巴税收协定；另一方面将案情进展情况及具体做法及时向新疆维吾尔自治区国税局汇报并通过新疆维吾尔自治区国税局向税务总局报告。税务总局启动了税收情报交换机制，最终确认 D 公司不属于巴巴多斯的税收居民，不能享受中巴税收协定的有关规定，对其在华投资活动中的所得应按国内法规定处理。2008 年 7 月该项 916.4 万元税款完成了入库工作。至此，此项工作顺利结束。

本案反避税调查的核心是 D 公司是否属于巴巴多斯的税收居民，是否可以享受中巴税收协定的有关规定。由于 D 公司在巴巴多斯没有经济实质，因此，无法被认定为巴巴多斯的税收居民。因此，该类避税方案的核心在于将避税地公司变成具有经济实质的公司，其方法主要包括具有真实经营业务，具有真实注册资本，具有一定的员工和相对复杂的资产负债。此类反避税不需要考虑 D 公司的设立是否具有合理商业目的，因此，使用合理商业目的来应对反避税是没有用的，必须从经济实质角度入手。

五、企业所得税的申报与缴纳

 企业应当如何缴纳企业所得税？

除税收法律、行政法规另有规定外，居民企业以企业登记注册地为纳税地点；但登记注册地在境外的，以实际管理机构所在地为纳税地点。居民企业在中国境内设立不具有法人资格的营业机构的，应当汇总计算并缴纳企业所得税。企业登记注册地，是指企业依照国家有关规定登记注册的住所地。企业汇总计算并缴纳企业所得税时，应当统一核算应纳税所得额，具体办法由国务院财政、税务主管部门另行制定。

居民企业在中国境内跨地区（指跨省、自治区、直辖市和计划单列市，下同）设立不具有法人资格分支机构的，该居民企业为跨地区经营汇总纳税企业（以下简称汇总纳税企业），除另有规定外，其企业所得税征收管理适用下列制度。

国有邮政企业（包括中国邮政集团公司及其控股公司和直属单位）、中国工商银行股份有限公司、中国农业银行股份有限公司、中国银行股份有限公司、国家开发银行股份有限公司、中国农业发展银行、中国进出口银行、中国投资有限责任公司、中国建设银行股份有限公司、中国建银投资有限责任公司、中国信达资产管理股份有限公司、中国石油天然气股份有限公司、中国石油化工股份有限公司、海洋石油天然气企业（包括中国海洋石油总公司、中海石油（中国）有限公司、中海油田服务股份有限公司、海洋石油工程股份有限公司）、中国长江电力股份有限公司等企业缴纳的企业所得税（包括滞纳金、罚款）为中央收入，全额上缴中央国库，其企业所得税征收管理不适用下列制度。铁路运输企业所得税征收管理不适用下列制度。

汇总纳税企业实行"统一计算、分级管理、就地预缴、汇总清算、财政调库"的企业所得税征收管理办法：

（1）统一计算，是指总机构统一计算包括汇总纳税企业所属各个不具有法人资格分支机构在内的全部应纳税所得额、应纳税额。

（2）分级管理，是指总机构、分支机构所在地的主管税务机关都有对当地机构进行企业所得税管理的责任，总机构和分支机构应分别接受机构所在地主管税务机关的管理。

（3）就地预缴，是指总机构、分支机构应按《跨地区经营汇总纳税企业所得税征收管理办法》的规定，分月或分季分别向所在地主管税务机关申报预缴企业所得税。

（4）汇总清算，是指在年度终了后，总机构统一计算汇总纳税企业的年度应纳税所得额、应纳所得税额，抵减总机构、分支机构当年已就地分期预缴的企业所得税款后，多退少补。

（5）财政调库，是指财政部定期将缴入中央国库的汇总纳税企业所得税待分配收入，按照核定的系数调整至地方国库。

总机构和具有主体生产经营职能的二级分支机构，就地分摊缴纳企业所得税。二级分支机构，是指汇总纳税企业依法设立并领取非法人营业执照（登记证书），且总机构对其财务、业务、人员等直接进行统一核算和管理的分支机构。

二级分支机构符合以下情况的，不就地分摊缴纳企业所得税：

（1）不具有主体生产经营职能，且在当地不缴纳增值税、营业税的产品售后服务、内部研发、仓储等汇总纳税企业内部辅助性的二级分支机构，不就地分摊缴纳企业所得税。

（2）上年度认定为小型微利企业的，其二级分支机构不就地分摊缴纳企业所得税。

（3）新设立的二级分支机构，设立当年不就地分摊缴纳企业所得税。

（4）当年撤销的二级分支机构，自办理注销税务登记之日所属企业所得税预缴期间起，不就地分摊缴纳企业所得税。

（5）汇总纳税企业在中国境外设立的不具有法人资格的二级分支机构，

不就地分摊缴纳企业所得税。

汇总纳税企业按照《企业所得税法》规定汇总计算的企业所得税,包括预缴税款和汇算清缴应缴应退税款,50%在各分支机构间分摊,各分支机构根据分摊税款就地办理缴库或退库;50%由总机构分摊缴纳,其中25%就地办理缴库或退库,25%就地全额缴入中央国库或退库。

企业所得税分月或者分季预缴,由总机构所在地主管税务机关具体核定。汇总纳税企业应根据当期实际利润额,按照规定的预缴分摊方法计算总机构和分支机构的企业所得税预缴额,分别由总机构和分支机构就地预缴;在规定期限内按实际利润额预缴有困难的,也可以按照上一年度应纳税所得额的1/12或1/4,按照规定的预缴分摊方法计算总机构和分支机构的企业所得税预缴额,分别由总机构和分支机构就地预缴。

预缴方法一经确定,当年度不得变更。

总机构应将本期企业应纳所得税额的50%部分,在每月或季度终了后15日内就地申报预缴。总机构应将本期企业应纳所得税额的另外50%部分,按照各分支机构应分摊的比例,在各分支机构之间进行分摊,并及时通知到各分支机构;各分支机构应在每月或季度终了之日起15日内,就其分摊的所得税额就地申报预缴。分支机构未按税款分配数额预缴所得税造成少缴税款的,主管税务机关应按照《税收征收管理法》的有关规定对其进行处罚,并将处罚结果通知总机构所在地主管税务机关。

汇总纳税企业预缴申报时,总机构除报送企业所得税预缴申报表和企业当期财务报表外,还应报送汇总纳税企业分支机构所得税分配表和各分支机构上一年度的年度财务报表(或年度财务状况和营业收支情况);分支机构除报送企业所得税预缴申报表(只填列部分项目)外,还应报送经总机构所在地主管税务机关受理的汇总纳税企业分支机构所得税分配表。在一个纳税年度内,各分支机构上一年度的年度财务报表(或年度财务状况和营业收支情况)原则上只需要报送一次。

汇总纳税企业应当在自年度终了之日起5个月内,由总机构汇总计算企业年度应纳所得税额,扣除总机构和各分支机构已预缴的税款,计算出应缴应退税款,按照《跨地区经营汇总纳税企业所得税征收管理办法》规定的税款分摊方法计算总机构和分支机构的企业所得税应缴应退税款,分别由总机构和分支机构就地办理税款缴库或退库。汇总纳税企业在纳税年度内预缴企业所得税税款少于全年应缴企业所得税税款的，应在汇算清缴期内由总、分机构分别结清应缴的企业所得税税款；预缴税款超过应缴税款的，主管税务机关应及时按有关规定分别办理退税，或者经总、分机构同意后分别抵缴其下一年度应缴企业所得税税款。

汇总纳税企业汇算清缴时，总机构除报送企业所得税年度纳税申报表和年度财务报表外，还应报送汇总纳税企业分支机构所得税分配表、各分支机构的年度财务报表和各分支机构参与企业年度纳税调整情况的说明；分支机构除报送企业所得税年度纳税申报表（只填列部分项目）外，还应报送经总机构所在地主管税务机关受理的汇总纳税企业分支机构所得税分配表、分支机构的年度财务报表（或年度财务状况和营业收支情况）和分支机构参与企业年度纳税调整情况的说明。分支机构参与企业年度纳税调整情况的说明，可参照企业所得税年度纳税申报表附表"纳税调整项目明细表"中列明的项目进行说明，涉及需由总机构统一计算调整的项目不进行说明。

分支机构未按规定报送经总机构所在地主管税务机关受理的汇总纳税企业分支机构所得税分配表，分支机构所在地主管税务机关应责成该分支机构在申报期内报送，同时提请总机构所在地主管税务机关督促总机构按照规定提供上述分配表；分支机构在申报期内不提供的，由分支机构所在地主管税务机关对分支机构按照《税收征收管理法》的有关规定予以处罚；属于总机构未向分支机构提供分配表的，分支机构所在地主管税务机关还应提请总机构所在地主管税务机关对总机构按照《税收征收管理法》的有关规定予以处罚。

总机构按以下公式计算分摊税款：

总机构分摊税款＝汇总纳税企业当期应纳所得税额×50%

分支机构按以下公式计算分摊税款：

所有分支机构分摊税款总额＝汇总纳税企业当期应纳所得税额×50%

某分支机构分摊税款＝所有分支机构分摊税款总额×该分支机构分摊比例

总机构应按照上年度分支机构的营业收入、职工薪酬和资产总额三个因素计算各分支机构分摊所得税款的比例；三级及以下分支机构，其营业收入、职工薪酬和资产总额统一计入二级分支机构；三因素的权重依次为0.35、0.35、0.30。

计算公式如下：

某分支机构分摊比例＝（该分支机构营业收入／各分支机构营业收入之和）×0.35+（该分支机构职工薪酬／各分支机构职工薪酬之和）×0.35+（该分支机构资产总额／各分支机构资产总额之和）×0.30

总机构设立具有主体生产经营职能的部门（非上述规定的二级分支机构），且该部门的营业收入、职工薪酬和资产总额与管理职能部门分开核算的，可将该部门视同一个二级分支机构，按《跨地区经营汇总纳税企业所得税征收管理办法》规定计算分摊并就地缴纳企业所得税；该部门与管理职能部门的营业收入、职工薪酬和资产总额不能分开核算的，该部门不得视同一个二级分支机构，不得按《跨地区经营汇总纳税企业所得税征收管理办法》规定计算分摊并就地缴纳企业所得税。

汇总纳税企业当年由于重组等原因从其他企业取得重组当年之前已存在的二级分支机构，并作为本企业二级分支机构管理的，该二级分支机构不视同当年新设立的二级分支机构，按《跨地区经营汇总纳税企业所得税征收管理办法》规定计算分摊并就地缴纳企业所得税。

汇总纳税企业内就地分摊缴纳企业所得税的总机构、二级分支机构之间，发生合并、分立、管理层级变更等形成的新设或存续的二级分支机构，不视同当年新设立的二级分支机构，按《跨地区经营汇总纳税企业所得税征收管理办法》规定计算分摊并就地缴纳企业所得税。

分支机构营业收入，是指分支机构销售商品、提供劳务、让渡资产使用权等日常经营活动实现的全部收入。其中，生产经营企业分支机构营业收入是指生产经营企业分支机构销售商品、提供劳务、让渡资产使用权等取得的全部收入。金融企业分支机构营业收入是指金融企业分支机构取得的利息、手续费、佣金等全部收入。保险企业分支机构营业收入是指保险企业分支机构取得的保费等全部收入。分支机构职工薪酬，是指分支机构为获得职工提供的服务而给予的各种形式的报酬以及其他相关支出。分支机构资产总额，是指分支机构在经营活动中实际使用的应归属于该分支机构的资产合计额。上年度分支机构的营业收入、职工薪酬和资产总额，是指分支机构上年度全年的营业收入、职工薪酬数据和上年度12月31日的资产总额数据，是依照国家统一会计制度的规定核算的数据。一个纳税年度内，总机构首次计算分摊税款时采用的分支机构营业收入、职工薪酬和资产总额数据，与此后经过中国注册会计师审计确认的数据不一致的，不作调整。

非居民企业取得《企业所得税法》第三条第二款规定的所得，以机构、场所所在地为纳税地点。非居民企业在中国境内设立两个或者两个以上机构、场所的，经税务机关审核批准，可以选择由其主要机构、场所汇总缴纳企业所得税。主要机构、场所，应当同时符合下列条件：

（1）对其他各机构、场所的生产经营活动负有监督管理责任；

（2）设有完整的账簿、凭证，能够准确反映各机构、场所的收入、成本、费用和盈亏情况。

经税务机关审核批准，是指经各机构、场所所在地税务机关的共同上级税务机关审核批准。非居民企业经批准汇总缴纳企业所得税后，需要增设、合并、迁移、关闭机构、场所或者停止机构、场所业务的，应当事先由负责汇总申报缴纳企业所得税的主要机构、场所向其所在地税务机关报告；需要变更汇总缴纳企业所得税的主要机构、场所的，依照上述规定办理。非居民企业取得《企业所得税法》第三条第三款规定的所得，以扣缴义务人所在地为纳税地点。

除国务院另有规定外，企业之间不得合并缴纳企业所得税。

企业所得税按纳税年度计算。纳税年度自公历1月1日起至12月31日止。企业在一个纳税年度中间开业，或者终止经营活动，使该纳税年度的实际经营期不足12个月的，应当以其实际经营期为一个纳税年度。企业依法清算时，应当以清算期间作为一个纳税年度。

企业所得税分月或者分季预缴，由税务机关具体核定。企业根据《企业所得税法》第五十四条规定分月或者分季预缴企业所得税时，应当按照月度或者季度的实际利润额预缴；按照月度或者季度的实际利润额预缴有困难的，可以按照上一纳税年度应纳税所得额的月度或者季度平均额预缴，或者按照经税务机关认可的其他方法预缴。预缴方法一经确定，该纳税年度内不得随意变更。企业应当在自月份或者季度终了之日起15日内，向税务机关报送预缴企业所得税纳税申报表，预缴税款。企业应当在自年度终了之日起5个月内，向税务机关报送年度企业所得税纳税申报表，并汇算清缴，结清应缴应退税款。企业在报送企业所得税纳税申报表时，应当按照规定附送财务会计报告和其他有关资料。

 友情提示

> 企业在纳税年度内无论盈利或者亏损，都应当依照《企业所得税法》第五十四条规定的期限，向税务机关报送预缴企业所得税纳税申报表、年度企业所得税纳税申报表、财务会计报告和税务机关规定应当报送的其他有关资料。

企业在年度中间终止经营活动的，应当在自实际经营终止之日起60日内，向税务机关办理当期企业所得税汇算清缴。企业应当在办理注销登记前，就其清算所得向税务机关申报并依法缴纳企业所得税。清算所得，是指企业的全部资产可变现价值或者交易价格减除资产净值、清算费用以及相关税费等后的余额。投资方企业从被清算企业分得的剩余资产，其中相当于应当从被清算企业累计未分配利润和累计盈余公积中分得的部分，应当确认为股息所得；剩余资产减除上述股息所得后的余额，超过或者低于投资成本的部分，应当确认为投资资产转让所得或者损失。

依照《企业所得税法》缴纳的企业所得税，以人民币计算。所得以人民币以外的货币计算的，应当折合成人民币计算并缴纳税款。企业所得以人民币以外的货币计算的，预缴企业所得税时，应当按照月度或者季度最后一日的人民币汇率中间价，折合成人民币计算应纳税所得额。年度终了汇算清缴时，对已经按照月度或者季度预缴税款的，不再重新折合计算，只就该纳税年度内未缴纳企业所得税的部分，按照纳税年度最后一日的人民币汇率中间价，折合成人民币计算应纳税所得额。经税务机关检查确认，企业少计或者多计上述规定的所得的，应当按照检查确认补税或者退税时的上一个月最后一日的人民币汇率中间价，将少计或者多计的所得折合成人民币计算应纳税所得额，再计算应补缴或者应退的税款。

 缴纳企业所得税的法律政策依据有哪些？

1.《中华人民共和国企业所得税法》（2007年3月16日第十届全国人民代表大会第五次会议通过，2017年2月24日第十二届全国人民代表大会常务委员会第二十六次会议修改）第50–56条

2.《中华人民共和国企业所得税法实施条例》（2007年11月28日国务院通过，国务院令〔2007〕第152号）第11条、第124–130条

3.《跨地区经营汇总纳税企业所得税征收管理办法》（国家税务总局公告2012年第57号）

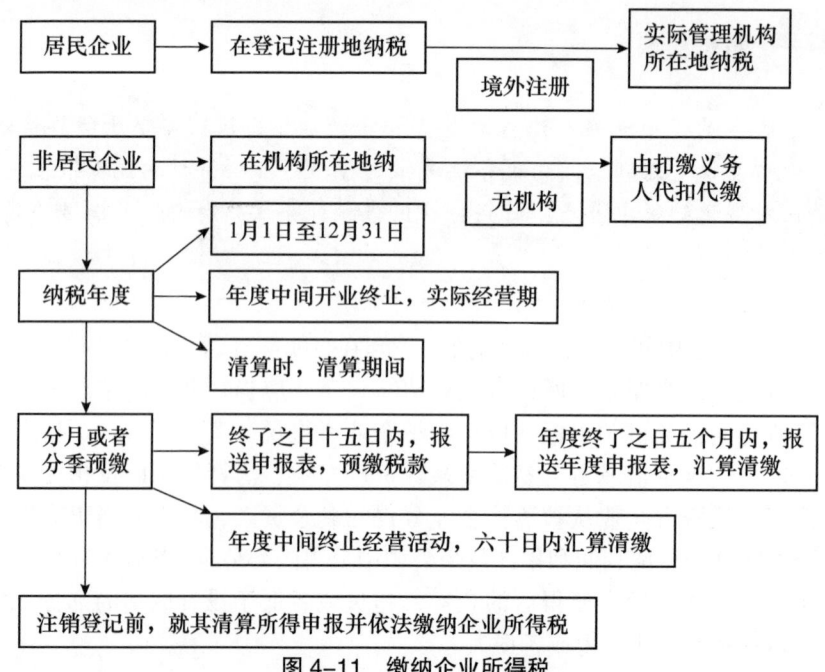

图4-11 缴纳企业所得税

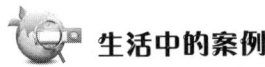 **生活中的案例**

例 4-36 某企业属于中国居民企业，其总部设在上海，该企业在北京设立一家分公司，2017 年度，该分公司按照税法规定计算出的应纳税所得额为 1 000 000 元。该企业在天津设立另外一家分公司，2017 年度，该分公司按照税法规定计算出的应纳税所得额为 500 000 元。该企业在成都也设立了一家分公司，2017 年度，该分公司按照税法规定计算出的应纳税所得额为 –300 000 元。同时，该企业还在广州设立一家全资子公司，2017 年度，该子公司按照税法规定计算出的应纳税所得额为 800 000 元。请计算该企业及其分公司、子公司 2017 纳税年度应当缴纳的企业所得税税额是多少。

答： 根据《企业所得税法》第五十条的规定，居民企业在中国境内设立不具有法人资格的营业机构的，应当汇总计算并缴纳企业所得税。该企业在北京、天津和成都设立的分公司都是不具有法人资格的营业机构，因此，应当汇总计算并缴纳企业所得税。该企业在广州设立的全资子公司具有法人资格，属于独立的纳税人，应当分别计算并缴纳企业所得税。该企业应当缴纳的企业所得税税款为：(1 000 000+500 000–300 000)×25%=300 000（元）。该企业在广州的子公司应当缴纳的企业所得税税款为：800 000×25%=200 000（元）。

生活中的案例

例 4-37 2018 年 4 月，某地有甲乙两个纳税企业办理 2017 年度企业所得税的汇算清缴。甲企业 2017 年全年已预交企业所得税 1 000 000 元，乙企业已预交企业所得税 800 000 元。年终汇算清缴甲企业全年应纳税数额为 1 100 000 元，乙企业全年应纳税数额为 700 000 元。请问应该如何处理？

答： 根据《企业所得税法》第五十四条的规定：企业应当自年度终了之日起 5 个月内，向税务机关报送年度企业所得税纳税申报表，并汇算清缴，结清应缴应退税款。甲企业少缴的 100 000 元应由其补缴；而乙企业多缴的 100 000 元可以抵扣 2009 年度的企业所得税税款。

我国对企业所得税的源泉扣缴是如何规定的？

对非居民企业取得《企业所得税法》第三条第三款规定的所得应缴纳的所得税，实行源泉扣缴，以支付人为扣缴义务人。税款由扣缴义务人在每次支付或者到期应支付时，从支付或者到期应支付的款项中扣缴。

依照《企业所得税法》对非居民企业应当缴纳的企业所得税实行源泉扣

缴的,应当按照下列方法计算其应纳税所得额:

(1)股息、红利等权益性投资收益和利息、租金、特许权使用费所得,以收入全额为应纳税所得额;

(2)转让财产所得,以收入全额减除财产净值后的余额为应纳税所得额;

(3)其他所得,参照前两项规定的方法计算应纳税所得额。

收入全额,是指非居民企业向支付人收取的全部价款和价外费用。财产净值,是指有关资产、财产的计税基础减除已经按照规定扣除的折旧、折耗、摊销、准备金等后的余额。支付人,是指依照有关法律规定或者合同约定对非居民企业直接负有支付相关款项义务的单位或者个人。支付,包括现金支付、汇拨支付、转账支付和权益兑价支付等货币支付和非货币支付。到期应支付的款项,是指支付人按照权责发生制原则应当计入相关成本、费用的应付款项。

对非居民企业在中国境内取得工程作业和劳务所得应缴纳的所得税,税务机关可以指定工程价款或者劳务费的支付人为扣缴义务人。可以指定扣缴义务人的情形,包括:

(1)预计工程作业或者提供劳务期限不足一个纳税年度,且有证据表明不履行纳税义务的;

(2)没有办理税务登记或者临时税务登记,且未委托中国境内的代理人履行纳税义务的;

(3)未按照规定期限办理企业所得税纳税申报或者预缴申报的。

 友情提示

上述规定的扣缴义务人,由县级以上税务机关指定,并同时告知扣缴义务人所扣税款的计算依据、计算方法、扣缴期限和扣缴方式。

依照《企业所得税法》规定应当扣缴的所得税,扣缴义务人未依法扣缴或者无法履行扣缴义务的,由纳税人在所得发生地缴纳。纳税人未依法缴纳的,税务机关可以从该纳税人在中国境内其他收入项目的支付人应付的款项中,追缴该纳税人的应纳税款。所得发生地,是指依照《企业所得税法实施条例》第七条规定的原则确定的所得发生地。在中国境内存在多处所得发生地的,由纳税人选择其中之一申报缴纳企业所得税。该纳税人在中国境内其他收入,是指该纳税人在中国境内取得的其他各种来源的收入。税务机关在追缴该纳税人应纳税款时,应当将追缴理由、追缴数额、缴纳期限和缴纳方式等告知该纳税人。

 **友情提示**

> 扣缴义务人每次代扣的税款，应当在自代扣之日起 7 日内缴入国库，并向所在地的税务机关报送扣缴企业所得税报告表。

 企业所得税源泉扣缴的法律政策依据有哪些？

1.《中华人民共和国企业所得税法》（2007 年 3 月 16 日第十届全国人民代表大会第五次会议通过，2017 年 2 月 24 日第十二届全国人民代表大会常务委员会第二十六次会议修改）第 37-40 条

2.《中华人民共和国企业所得税法实施条例》（2007 年 11 月 28 日国务院通过，国务院令〔2007〕第 152 号）第 103-108 条

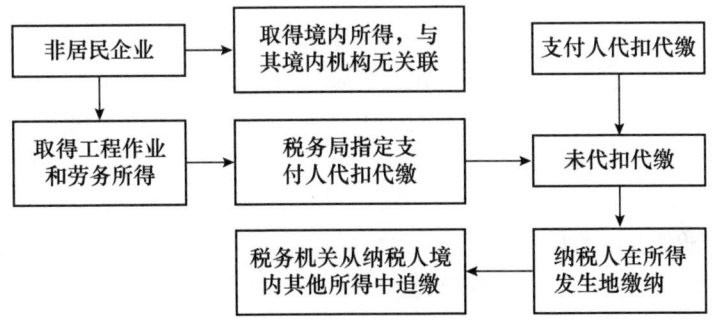

图 4-12　企业所得税源泉扣缴

 生活中的案例

例 4-38　一家美国公司在中国没有设立机构或场所，于 2017 年 1 月 8 日与中国海洋石油总公司签署了铺设 8 000 米海底光缆的工程作业活动的协议，工程为期 8 个月，工程款于开工后的两周内一次性付清。对于美国公司的该笔工程款收入，中国海洋石油总公司是否需要承担代扣代缴企业所得税的义务？如果工程款是在工程竣工之后的两周内一次性支付，中国海洋石油总公司是否需要承担代扣代缴企业所得税的义务？如果工程款在签署协议后的两周内支付 50%，在工程竣工后的两周内支付 50%，中国海洋石油总公司是否需要承担代扣代缴企业所得税的义务？

答： 该美国公司在中国没有设立机构、场所，但有来源于中国境内的工程作业所得，因此其税法地位属于中国的非居民企业。根据《中美税收协定》

的规定,建筑工程作业活动持续时间6个月以上的,认定其活动场所为常设机构。美国该公司进行的工期为8个月,依据《中美税收协定》,该建设工程构成常设机构。如果工程款在常设机构撤离前已经支付给美国公司,则应当以该常设机构为纳税人,征收企业所得税,适用25%的税率。中国海洋石油总公司在支付工程款时不负责代扣代缴企业所得税。如果工程款在竣工之后支付,意味着美国公司在中国已经没有常设机构,而有来源于中国境内的所得,按照《企业所得税法》的规定,税务机关有权要求中海油公司在支付工程款时,代扣代缴企业所得税,同样应当适用25%的税率。如果在工程竣工前支付50%的工程款,应当以该常设机构为纳税人,征收25%的企业所得税;对工程竣工后支付的50%的工程款,由中海油公司代扣代缴,征收25%的企业所得税。

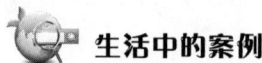

生活中的案例

例4-39 2016年1月,北京市延庆区国税局与区商务委在开展第三方信息交换时,发现辖区某外资企业ZW公司的投资方KX(香港)有限公司存在股权转让事项。该局高度重视,立即约谈ZW公司的法定代表人和财务人员,了解到ZW公司注册地为延庆,KX(香港)有限公司拥有其25%的股份,已于2014年9月将所持25%的股份转让给注册地同在香港的DF有限公司。

延庆区国税局初步分析认定:KX(香港)有限公司转让股权事项,属于非居民企业股东转让境内企业股权的应税行为。

ZW公司按照规定,向延庆区国税局报送了股权转让合同、协议、章程等资料。该局根据《国家税务总局关于印发〈非居民企业所得税源泉扣缴管理暂行办法〉的通知》等文件规定,对股权转让情况进行审核,确认KX(香港)有限公司属于非居民企业,KX(香港)有限公司将持有的ZW公司25%的股权转让给DF有限公司,股权转让价格为13 750万元,转让成本为3 435.76万元,初步计算应扣缴非居民企业所得税1 031.42万元。

在该非居民股权转让事项处理中,ZW公司声称为KX(香港)有限公司的代理人,但不能提供授权书等资料,且在商谈过程中,称对方交易款项未到账,无法完税,并对税务机关加收滞纳金提出异议。

鉴于对股权转让政策理解存在差异,延庆区国税局多次召开案情分析研讨会,逐条深入解读政策适用依据,加快案件进度。

同时,该局根据已经掌握的证据资料,通过网络查找KX(香港)有限公司法定代表人信息,发现该公司执行董事是ZW公司的法定代表人,且KX(香港)有限公司法定代表人与该执行董事存在直系亲属关系,据此,锁定了案件突破口。随后,该局约谈了该执行董事,并多次进行面对面的沟通,告知其股权转让涉及的税收法规、应履行的纳税义务等。

鉴于无法见到该非居民企业股东的客观实际,该局采取国际快递的方式,向股东发出重大涉税事项提示函,告知 KX(香港)有限公司涉税风险。最终,KX(香港)有限公司接受了税务机关的决定,按期缴纳了税款和滞纳金。

 **生活中的案例**

例 4-40 2017 年 1 月,福建平潭综合实验区国税局办结该区首起非居民企业跨境劳务涉税案件,追缴入库企业所得税 35.51 万元,追征滞纳金 7.9 万元。虽然税额不大,但案件的特殊性,以及历时一年多的调查谈判历程,却很有启发意义。

2015 年 8 月的一天,平潭国税局工作人员发现一篇题为《海关给力,Y 企业提前享受政策红利》的报道,报道中提及区内 Y 企业与境外企业 A 公司存在大量设备交易,而 A 公司并未向国税局缴纳相关企业所得税。

税务人员立即查阅企业合同,确认平潭 Y 企业在 2013 年项目筹建阶段,与日本 A 公司签订了《设备买卖及安装服务合同》。该合同约定 A 公司向 Y 企业销售一台 SCS-5501 涂布机,设备总金额 14.56 亿日元。根据有关规定,A 公司应该根据合理标准划分劳务收费金额,并就该项劳务的利润额在我国缴纳企业所得税。

《非居民企业所得税核定征收管理办法》规定,税务机关可以根据实际情况,参照相同或相近业务的计价标准核定劳务收入。无参照标准的,以不低于销售货物合同总价款的 10% 为原则,确定非居民企业的劳务收入。所以,这家企业应该在中国缴纳劳务收入税款。

经查实,A 公司并未缴纳相关税款。税务机关初步判断该企业存在避税嫌疑,有必要进行深入调查。

经初步调查发现,该项目已经全部完工,区内企业又难以承担扣缴税款义务,这使得调查工作一度陷入僵局。为此,平潭国税局立即成立追缴欠税工作小组,拉开了跨境税源追缴的序幕。

鉴于本案涉及境外企业,由于非居民企业的特殊性,确定避税行为之后,追缴税款的时机稍纵即逝。该局第一时间通过区内 Y 企业与 A 公司取得联系,并向其宣讲了我国有关非居民税收的法律法规,特别是《非居民企业所得税核定征收管理办法》(国税发〔2010〕19 号)中关于承包工程作业和提供劳务税收管理的规定。

此后,调查人员多次与 A 企业取得联系,但该企业总是以资金困难等为由拒不缴纳税款。直至 2016 年 8 月，该企业仍未缴清税款。

调查人员在展开税法宣讲攻势的同时，就该企业"是否享受税收协定待遇"问题与 A 公司代表进行谈判。

企业方提出，企业所派出的员工在该项目的工作时间未达到常设机构标准，要求补充享受税收协定待遇，并提交了《非居民纳税人享受税收协定待遇情况报告表》《税收居民身份证明》和《外籍人员来华工作相关说明》等材料，要求国税局对相关材料先行预审。

调查人员本着便利纳税人的原则，认真审核企业提供的证明材料，发现企业自行拟定的《外籍人员来华工作相关说明》无法证明其员工真实的工作时长，企业也无法提供护照复印件、出入境记录等第三方资料。为维护我国税收主权，平潭国税局于 2016 年 9 月 19 日向企业寄送《税务事项告知书》，要求企业尽快就该事项进行纳税申报或作出必要说明。

对此，A 公司提供了人员出入境证明，以及众多的数据和证明。分析证据资料后，调查人员发现其员工常驻中国时间超过半年。这就是说，该企业依法不得享受税收协定待遇，企业所得税税款和滞纳金需全额追缴。

税务人员经过与 A 公司多轮谈判博弈，不断与其电函邮件交流，最终说服其接受了税务机关的观点，并承诺如数补缴税款。

历时一年，税款追缴工作接近尾声，但没想到税款入库又遇到新问题。A 公司在境内无存款账户，如何保证境外汇入税款顺利入库？为此，平潭国税局在获得这笔国外汇款缴税的承诺后，积极与人行、财政、专业行等沟通联系，依托财税库行平台，及时协调处理。

平潭国税局多方沟通协调，由人行在辖区内对具备结售汇业务资格的商业银行进行代理国库业务、内控制度管理等综合考评，在考评基础上，指定兴业银行负责这笔国外汇款缴税业务。经过国税、人行研究确定后，开设了税款专户，再由国税局征管科办理临时税务登记，以便税款开票及入库。一切准备就绪，该笔跨境税款终于顺利入库。

 **生活中的案例**

例 4-41 2016 年 10 月，江苏省靖江市申报入库非居民企业所得税 1 413.5 万元。据了解，此笔税款由该市居民企业源泉扣缴，为非居民企业的财产转让所得。这是截至目前该市入库金额最大的一笔非居民企业所得税。

该市甲公司为居民企业，股东 A 为新加坡某贸易公司，A 公司将其持有的甲公司 26.29% 的股权转让给该市居民企业乙公司，所得税地税管辖。靖江地税局获悉后，在帮助辅导股权受让业务知识的同时，并举如下措施，确保足额扣缴企业所得税。

部门联动，税收前置。A公司在向市商务局、市场监督管理局申请办理股权转让事宜时，靖江地税局第一时间了解详细情况，即刻与各部门取得联系，要求实行税收前置管理，避免了税款流失。

多次沟通，解决问题。A公司对从中国境内取得股权转让所得应在中国境内缴纳税款并无异议，但对应纳税所得额的具体计算确定与税务机关存在分歧。

仔细研究，明确政策。对于应纳税所得额的确定，该局依据相关政策，经过多次宣传辅导，对接沟通，乙公司终于同意按照规定汇率计算并代扣代缴企业所得税，确保税款及时足额入库。

第五部分　企业所得税纳税筹划

> 您知道如何利用亏损结转和利润转移进行纳税筹划吗？您知道如何在企业成本列支中进行纳税筹划吗？您知道在企业捐赠与股权投资中如何进行纳税筹划吗？您知道在企业所得税征管中如何进行纳税筹划吗？本部分将为您回答上述问题。

一、利用亏损结转和利润转移进行纳税筹划

 如何利用亏损结转进行纳税筹划？

根据《企业所得税法》第十八条的规定，企业纳税年度发生的亏损，准予向以后年度结转，用以后年度的所得弥补，但结转年限最长不得超过 5 年。弥补亏损期限，是指纳税人某一纳税年度发生亏损，准予用以后年度的应纳税所得弥补，一年弥补不足的，可以逐年连续弥补，弥补期不得超过 5 年，5 年内不论是盈利或亏损，这 5 年都作为实际弥补年限计算。这一规定为纳税人进行纳税筹划提供了空间，纳税人可以通过对本企业投资和收益的控制来充分利用亏损结转的规定，将能够弥补的亏损尽量弥补。

这里面有两种方法可以采用，如果某年度发生了亏损，企业应当尽量使得邻近的纳税年度获得较多的收益，也就是尽可能早地将亏损予以弥补。可以运用的第二种方法是，如果企业已经没有需要弥补的亏损或者企业刚刚组建，而亏损在最近几年又是不可避免的，那么，应该尽量先安排企业亏损，然后再安排企业盈利。

需要注意的是，企业的年度亏损额，是指按照税法规定的方法计算出来的，而不能利用多算成本和多列工资、招待费、其他支出等手段虚报亏损。根据《国家税务总局关于企业虚报亏损如何处理的通知》（国家税务总局 1996 年 9 月 17 日发布，国税发〔1996〕162 号）的规定，企业多报亏损造成以后年度少缴所得税，与企业少申报应纳税所得额性质相同。税务机关在对申报亏损

的企业进行纳税检查时，如发现企业多列扣除项目或少计应纳税所得，从而多申报亏损，可视同查出同等金额的应纳税所得。对此，除调减其亏损额外，税务机关可根据25%的法定税率（2008年1月1日之前按照33%的税率计算），计算出相应的应纳所得税额，并视其情节，根据《税收征收管理法》的有关规定进行处理。因此，企业必须正确地计算申报亏损，才能通过纳税筹划获得合法利益，否则，为了亏损结转而虚报亏损有可能导致触犯税法而受到法律的惩处。

 利用亏损结转进行纳税筹的法律政策依据有哪些？

1.《中华人民共和国企业所得税法》（2007年3月16日第十届全国人民代表大会第五次会议通过，2017年2月24日第十二届全国人民代表大会常务委员会第二十六次会议修改）第18条

2.《国家税务总局关于企业虚报亏损如何处理的通知》（国家税务总局1996年9月17日发布，国税发〔1996〕162号）

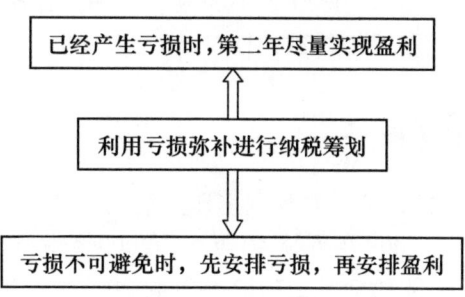

图5-1 利用亏损结转进行纳税筹

 生活中的案例

例5-1 某企业2017年度发生年度亏损100万元，假设该企业2017-2023年各纳税年度应纳税所得额如下表所示：

表5-1 某企业应纳税所得额 单位：万元

年度	2017	2018	2019	2020	2021	2022	2023
应纳税所得额	-100	10	10	20	30	10	60

请计算该企业2023年应当缴纳的企业所得税，并提出筹划方案。

答： 根据税法关于亏损结转的规定，该企业2017年的100万元亏损，可分别用2018-2022年的所得来弥补，由于2018-2022年的总计应纳税所得额

为80万元，低于2017年度的亏损。这样，从2017年到2022年，该企业都不需要缴纳一分钱的企业所得税。在2023年度，该年度的应纳税所得只能弥补5年以内的亏损，也就是说，不能弥补2017年度的亏损。由于2018年以来该企业一直没有亏损，因此，2023年度应当缴纳企业所得税：60×25%=15（万元）。

筹划方案：从该企业各年度的应纳税所得额来看，该企业的生产经营一直是朝好的方向发展，2022年度之所以应纳税所得额比较少，可能主要因为增加了投资，或者增加了各项费用的支出，或者进行了公益捐赠等。由于2017年度仍有未弥补完的亏损，因此，如果企业能够在2022年度进行纳税筹划，压缩成本和支出，尽量增加企业的收入，将2022年度应纳税所得额提高到30万元，同时，2022年度压缩的成本和支出可以在2023年度予以开支，这样，2022年度的应纳税所得额为30万元，2023年度的应纳税所得额为40万元。

根据税法亏损弥补的相关规定，该企业在2022年度的应纳税所得额可以用来弥补2017年度的亏损，而2023年度的应纳税所得额则要全部计算缴纳企业所得税。这样，该企业在2023年度应当缴纳企业所得税：40×25%=10（万元）。减少企业所得税应纳税额：15-10=5（万元）。

 **生活中的案例**

例5-2　某企业2007年实现盈利（即应纳税所得额）40万元，在此之前没有需要弥补的亏损，2008年亏损40万元，2009年亏损30万元，2010年亏损20万元，2011年盈利10万元，2012年盈利20万元，2013年盈利30万元。请计算该企业从2007年到2013年每年应当缴纳的企业所得税，并提出纳税筹划方案。

答：该企业2007年度应纳税所得额为40万元，由于以前年度没有需要弥补的亏损，因此2007年度的应纳税额为：40×33%=13.2万（元）。2008年到2010年亏损，不需要缴纳企业所得税。2011年应纳税所得额为10万元，弥补以前年度亏损后没有余额，不需要缴纳企业所得税。2012年度应纳税所得额为20万元，此时，前5年尚有80万亏损没有弥补，因此，2012年度仍不需要缴纳企业所得税。2013年度应纳税所得额为30万元，此时，前5年尚有60万元亏损没有弥补，弥补损失以后没有剩余10万元。因此，2013年度也不需要缴纳企业所得税。

筹划方案：该企业从2007年到2013年一共需要缴纳企业所得税为：40×33%=13.2万（元）。该企业的特征是先盈利后亏损，这种状况就会导致企业在以后年度的亏损不可能用以前年度的盈利来弥补。而企业能否盈利在很大程度上都是可以预测的，因此，如果企业已经预测到某些年度会发生无法避免的亏损，那么，就尽量将盈利放在亏损年度以后。本案中该企业可以在 2007 年度多开支 40 万元的投资，也就是将 2008 年的部分开支提前进行，而将某些收入放在 2008 年来实现。这样，该企业 2007 年度的应纳税所得额就变为 0。2008 年度由于减少了开支，增加了收入，总额为 40 万元，2008 年度的亏损变为 0。以后年度的生产经营状况不变。该企业在 2009 年度到 2012 年度同样不需要缴纳企业所得税，2013 年度弥补亏损以后剩余 10 万元应纳税所得额，需要缴纳企业所得税：10×25%=2.5 万（元）。通过纳税筹划，该企业减少应纳税额 13.2-2.5=10.7 万（元），减轻税负达到 81.06%。

 如何利用利润转移进行纳税筹划？

对于既有适用 25% 税率也有适用 20% 税率以及适用 15% 税率的企业的集团而言，可以适当将适用 25% 税率的企业的收入转移到适用 20% 税率或者 15% 税率的企业中，从而适当降低企业集团的所得税负担。

 利用利润转移进行纳税筹划的法律政策依据有哪些？

1.《中华人民共和国企业所得税法》（2007 年 3 月 16 日第十届全国人民代表大会第五次会议通过，2017 年 2 月 24 日第十二届全国人民代表大会常务委员会第二十六次会议修改）第 4 条

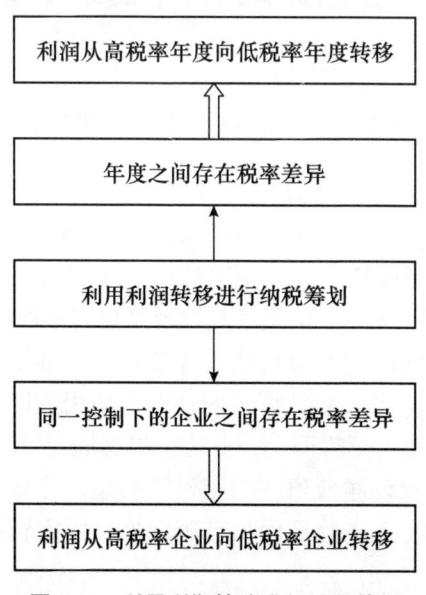

图 5-2　利用利润转移进行纳税筹划

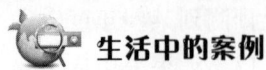 **生活中的案例**

例 5-3 某企业集团下属甲乙两个企业中，甲企业适用 25% 的企业所得税税率，乙企业属于需要国家扶持的高新技术企业，适用 15% 的企业所得税税率。2017 纳税年度，甲企业的应纳税所得额为 8 000 万元，乙企业的应纳税所得额为 9 000 万元。请计算甲乙两个企业以及该企业集团在 2017 纳税年度分别应当缴纳的企业所得税税款，并提出纳税筹划方案。

答：甲企业应当缴纳企业所得税：8 000×25%=2 000（万元）。乙企业应当缴纳企业所得税：9 000×15%=1 350（万元）。该企业集团合计缴纳企业所得税：2 000+1 350=3 350（万元）。

筹划方案：由于甲企业的企业所得税税率高于乙企业的税率，因此可以考虑将甲企业的部分收入转移到乙企业。假设该企业集团通过纳税筹划将甲企业的应纳税所得额降低为 7 000 万元，乙企业的应纳税所得额相应增加为 1 亿元，则甲企业应当缴纳企业所得税：7 000×25%=1 750（万元），乙企业应当缴纳企业所得税：10 000×15%=1 500（万元），该企业集团合计缴纳企业所得税：1 750+1 500=3 250（万元）。由此可见，通过纳税筹划，该企业集团可以少缴企业所得税：3 350-3 250=100（万元）。

二、企业成本列支中的纳税筹划

 如何利用固定资产加速折旧进行纳税筹划？

《企业所得税法》第十一条规定："在计算应纳税所得额时，企业按照规定计算的固定资产折旧，准予扣除。"固定资产，是指企业为生产产品、提供劳务、出租或者经营管理而持有的、使用时间超过 12 个月的非货币性资产，包括房屋、建筑物、机器、机械、运输工具以及其他与生产经营活动有关的设备、器具、工具等。固定资产按照直线法计算的折旧，准予扣除。企业应当自固定资产投入使用月份的次月起计算折旧；停止使用的固定资产，应当自停止使用月份的次月起停止计算折旧。企业应当根据固定资产的性质和使用情况，合理确定固定资产的预计净残值。固定资产的预计净残值一经确定，不得变更。除国务院财政、税务主管部门另有规定外，固定资产计算折旧的最低年限如下：

（1）房屋、建筑物，为 20 年；

（2）飞机、火车、轮船、机器、机械和其他生产设备，为10年；

（3）与生产经营活动有关的器具、工具、家具等，为5年；

（4）飞机、火车、轮船以外的运输工具，为4年；

（5）电子设备，为3年。

可以采取缩短折旧年限或者采取加速折旧的方法的固定资产，包括：

（1）由于技术进步，产品更新换代较快的固定资产；

（2）常年处于强震动、高腐蚀状态的固定资产。

采取缩短折旧年限方法的，最低折旧年限不得低于上述最低折旧年限的60%；采取加速折旧方法的，可以采取双倍余额递减法或者年数总和法。

直线法又称为年限平均法，是将固定资产的折旧均衡地分摊到各期的一种方法。采用这种方法计算的每期折旧额是相等的。双倍余额递减法属于加速折旧法或递减折旧法，其特点是在固定资产有效使用年限的前期多提折旧，后期少提折旧，从而相对加快折旧的速度，以使固定资产成本在有效使用年限中加快得到补偿。双倍余额递减法是在不考虑固定资产残值的情况下，根据每期期初固定资产账面余额和双倍的直线法折旧率计算固定资产折旧的一种方法。使用这种方法应注意不能使固定资产的账面折余价值降低到预期残值以下，因此，应当在固定资产折旧年限到期以前两年内，将固定资产净值扣除预计净残值后的余额平均摊销。年数总和法也属于加速折旧方法，也称为合计年限法，是将固定资产的原值减去净残值后的净额乘以一个逐年递减的分数计算每年的折旧额，这个分数的分子代表固定资产尚可使用的年数，分母代表使用年数的逐年数字总和。

无论采用哪种折旧提取方法，对于某一特定固定资产而言，企业所提取的折旧总额是相同的，同一固定资产所抵扣的应纳税所得额并由此所抵扣的所得税额也是相同的，所不同的只是企业在固定资产使用年限内每年所抵扣的应纳税所得额，以及由此导致的每年所抵扣的所得税额。在具备采取固定资产加速折旧条件的情况下，企业应当尽量选择固定资产的加速折旧，具体方法的选择可以根据企业实际情况在法律允许的三种方法中任选一种。

企业拥有并用于生产经营的主要或关键的固定资产，由于以下原因确需加速折旧的，可以缩短折旧年限或者采取加速折旧的方法：

（1）由于技术进步，产品更新换代较快的；

（2）常年处于强震动、高腐蚀状态的。

企业拥有并使用的固定资产符合上述规定的，可按以下情况分别处理：

（1）企业过去没有使用过与该项固定资产功能相同或类似的固定资产，但有充分的证据证明该固定资产的预计使用年限短于税法规定的计算折旧最低年限的，可根据该固定资产的预计使用年限和相关规定，对该固定资产采取缩短折旧年限或者加速折旧的方法。

（2）企业在原有的固定资产未达到税法规定的最低折旧年限前，使用功能相同或类似的新固定资产替代旧固定资产的，可根据旧固定资产的实际使用年限和相关规定，对新替代的固定资产采取缩短折旧年限或者加速折旧的方法。

企业采取缩短折旧年限方法的，其购置的新固定资产，最低折旧年限不得低于税法规定的折旧年限的60%；若为购置已使用过的固定资产，其最低折旧年限不得低于税法规定的最低折旧年限减去已使用年限后剩余年限的60%。最低折旧年限一经确定，一般不得变更。

企业拥有并使用符合规定条件的固定资产，采取加速折旧方法的，可以采用双倍余额递减法或者年数总和法。

 友情提示

加速折旧方法一经确定，一般不得变更。

（1）双倍余额递减法，是指在不考虑固定资产预计净残值的情况下，根据每期期初固定资产原值减去累计折旧后的金额和双倍的直线法折旧率计算固定资产折旧的一种方法。应用这种方法计算折旧额时，由于每年年初固定资产净值没有减去预计净残值，所以在计算固定资产折旧额时，应在其折旧年限到期前的两年期间，将固定资产净值减去预计净残值后的余额平均摊销。计算公式如下：

年折旧率 = 2 ÷ 预计使用寿命（年）× 100%

月折旧率 = 年折旧率 ÷ 12

月折旧额 = 月初固定资产账面净值 × 月折旧率

（2）年数总和法，又称年限合计法，是指将固定资产的原值减去预计净残值后的余额，乘以一个以固定资产尚可使用寿命为分子、以预计使用寿命逐年数字之和为分母的逐年递减的分数计算每年的折旧额。计算公式如下：

年折旧率 = 尚可使用年限 ÷ 预计使用寿命的年数总和 × 100%

月折旧率 = 年折旧率 ÷ 12

月折旧额 = （固定资产原值 − 预计净残值）× 月折旧率

企业确需对固定资产采取缩短折旧年限或者加速折旧方法的，应在取得该固定资产后一个月内，向其企业所得税主管税务机关（以下简称主管税务机关）备案，并报送以下资料：

（1）固定资产的功能、预计使用年限短于《实施条例》规定计算折旧的最低年限的理由、证明资料及有关情况的说明；

（2）被替代的旧固定资产的功能、使用及处置等情况的说明；

（3）固定资产加速折旧拟采用的方法和折旧额的说明；

（4）主管税务机关要求报送的其他资料。

企业主管税务机关应在企业所得税年度纳税评估时，对企业采取加速折旧的固定资产的使用环境及状况进行实地核查。不符合加速折旧规定条件时，主管税务机关有权要求企业停止该项固定资产加速折旧。

对于采取缩短折旧年限的固定资产，足额计提折旧后继续使用而未进行处置（包括报废等情形）超过12个月的，今后对其更新替代、改造改建后形成的功能相同或者类似的固定资产，不得再采取缩短折旧年限的方法。

 友情提示

> 对于企业采取缩短折旧年限或者采取加速折旧方法的，主管税务机关应设立相应的税收管理台账，并加强监督，实施跟踪管理。对发现不符合税法规定的，主管税务机关要及时责令企业进行纳税调整。

适用总、分机构汇总纳税的企业，对其所属分支机构使用的符合税法规定情形的固定资产采取缩短折旧年限或者采取加速折旧方法的，由其总机构向其所在地主管税务机关备案。分支机构所在地主管税务机关应负责配合总机构所在地主管税务机关实施跟踪管理。

 利用固定资产加速折旧进行纳税筹划的法律政策依据有哪些？

1.《中华人民共和国企业所得税法》（2007年3月16日第十届全国人民代表大会第五次会议通过，2017年2月24日第十二届全国人民代表大会常务委员会第二十六次会议修改）第11条

2.《中华人民共和国企业所得税法实施条例》（2007年11月28日国务院通过，国务院令〔2007〕第152号）第57条、第59条、第98条

3.《国家税务总局关于企业固定资产加速折旧所得税处理有关问题的通知》（国税发〔2009〕81号）

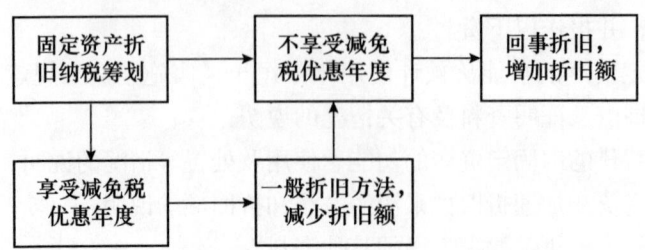

图 5-3 利用固定资产加速折旧进行纳税筹划

 生活中的案例

例 5-4 某机械制造厂新购进一台大型机器设备，原值为 400 000 元，预计残值率为 3%，经税务机关核定，该设备的折旧年限为 5 年。请比较各种不同折旧方法的异同，并提出纳税筹划方案。

答：

1. 直线法

$$年折旧率 = (1-3\%) / 5 = 19.4\%$$
$$月折旧率 = 19.4\% / 12 = 1.617\%$$
$$预计净残值 = 400\,000 \times 3\% = 12\,000（元）$$
$$每年折旧额 = (400\,000 - 12\,000) / 5 = 77\,600$$

或者 $= 400\,000 \times 19.4\% = 77\,600（元）$

2. 缩短折旧年限

该设备最短的折旧年限为正常折旧年限的 60%，即 3 年。

$$年折旧率 = (1-3\%) / 3 = 32.33\%$$
$$月折旧率 = 32.33\% / 12 = 2.69\%$$
$$预计净残值 = 400\,000 \times 3\% = 12\,000（元）$$
$$每年折旧额 = (400\,000 - 12\,000) / 3 = 129\,333.33（元）$$

3. 双倍余额递减法

$$年折旧率 = (2/5) \times 100\% = 40\%$$

采用双倍余额递减法，每年提取折旧额如下表所示：（单位：元）

表 5-2 双倍余额递减法计提的折旧额

年份	折旧率	年折旧额	账面净值
第 1 年	40%	160 000（400 000×40%）	240 000
第 2 年	40%	96 000（240 000×40%）	144 000
第 3 年	40%	57 600（144 000×40%）	86 400
第 4 年	50%	37 200（74 400×50%）	49 200
第 5 年	50%	37 200（74 400×50%）	12 000

4.年数总和法

年折旧率＝尚可使用年数/预计使用年限的年数总和

采用年数总和法，每年提取折旧额如下表所示：（单位：元）

表5-3 年数总和法计提的折旧额

年份	折旧率	年折旧额	账面净值
第1年	5/15	129 333（388 000×5/15）	270 667
第2年	4/15	103 467（388 000×4/15）	167 200
第3年	3/15	77 600（388 000×3/15）	89 600
第4年	2/15	51 733（388 000×2/15）	37 867
第5年	1/15	25 867（388 000×1/15）	12 000

筹划方案：假设在提取折旧之前，企业每年的税前利润均为1 077 600元。企业所得税税率为25%。那么，采用不同方法计算出的折旧额和所得税额如下表所示：

表5-4 按不同折旧方法计算的折旧额和所得税额

年份	直线法			缩短折旧年限		
	折旧额	税前利润	所得税额	折旧额	税前利润	所得税额
第1年	77 600	1 000 000	250 000	129 333	948 267	237 066.75
第2年	77 600	1 000 000	250 000	129 333	948 267	237 066.75
第3年	77 600	1 000 000	250 000	129 333	948 267	237 066.75
第4年	77 600	1 000 000	250 000	0	1 077 600	269 400
第5年	77 600	1 000 000	250 000	0	1 077 600	269 400
合计	388 000	5 000 000	1 250 000	388 000	5 000 000	1 250 000

年份	双倍余额递减法			年数总和法		
	折旧额	税前利润	所得税额	折旧额	税前利润	所得税额
第1年	160 000	917 600	229 400	129 333	948 267	237 066.75
第2年	96 000	981 600	245 400	103 467	974 133	243 533.25
第3年	57 600	1 020 000	255 000	77 600	1 000 000	250 000
第4年	37 200	1 040 400	260 100	51 733	1 025 867	256 466.75
第5年	37 200	1 040 400	260 100	25 867	1 051 733	262 933.25
合计	388 000	5 000 000	1 250 000	388 000	5 000 000	1 250 000

由以上计算结果可以看出，无论采用哪种折旧提取方法，对于某一特定固定资产而言，企业所提取的折旧总额是相同的，同一固定资产所抵扣的应

纳税所得额额并由此所抵扣的所得税额也是相同的,所不同的只是企业在固定资产使用年限内每年所抵扣的应纳税所得额,以及由此导致的每年所抵扣的所得税额。具体到本案例,在第一年末,采用直线法、缩短折旧年限、双倍余额递减法和年数总和法提取折旧,所应当缴纳的所得税额分别为 250 000 元、237 066.75 元、229 400 元、237 066.75 元,由此可见,采用双倍余额递减法提取折旧所获得的税收利益最大,其次是年数总和法和缩短折旧年限,最次的是直线法。

上述顺序是在一般情况下的企业最佳选择,但在某些特殊情况下,企业的选择也会不同。比如,如果本案例中的企业前两年免税,以后年度按 25%的税率缴纳企业所得税。那么,采用直线法、缩短折旧年限、双倍余额递减法和年数总和法提取折旧,5 年总共所应当缴纳的所得税额分别为 750 000 元、775 867 元、775 200 元、769 400 元,由此可见,最优的方法应当为直线法、其次为年数总和法,再次为双倍余额递减法,最次为缩短折旧年限。当然,这是从企业 5 年总共所应当缴纳的企业所得税的角度,也就是从企业所有者的角度而言的最优结果。从企业每年所缴纳的企业所得税角度,也就是从企业经营者的角度而言,则不一定是这样。因为就第四年而言,四种方法所应当缴纳的企业所得税额分别为 250 000 元、269 400 元、260 100 元、256 466.75 元,可见,三种加速折旧的方法使得企业每年所缴纳的企业所得税都超过了采用非加速折旧方法所应缴纳的税收,但加速折旧也为企业经营者提供了一项秘密资金,即已经提足折旧的固定资产仍然在为企业服务,却没有另外挤占企业的资金。这些固定资产的存在为企业将来的经营亏损提供了弥补的途径,因此,即使在减免税期间,许多企业的经营者也愿意采用加速折旧的方法,目的是为了有一个较为宽松的财务环境。

 如何通过将利息变其他支出进行纳税筹划?

《企业所得税法》第八条规定:"企业实际发生的与取得收入有关的、合理的支出,包括成本、费用、税金、损失和其他支出,准予在计算应纳税所得额时扣除。"这里将可以扣除的支出的条件设定为三个:第一,实际发生;第二,与经营活动有关;第三,合理。

所谓实际发生,是指该笔支出已经发生,其所有权已经发生转移,企业对该笔支出不再享有所有权,本来应当发生,但是实际上并未发生的支出不能扣除。

所谓与经营活动有关的,是指企业发生的支出费用必须与企业获得收入具有关系,也就是说,企业为了获得该收入必须进行该支出,该支出直接增加了企业获得该收入的机会和数额,这种有关是具体的,即与特定的收入相关,而且这里的收入还必须是应当记入应纳税所得额中的收入,仅仅与不征税收入、免税收入相关的支出不能扣除。

所谓合理的,一方面是指该支出本身是必要的,是正常的生产经营活动所必须的,而非可有可无,甚至不必要的;另一方面,该支出的数额是合理的,是符合正常生产经营活动惯例的,而不是过分的、不成比例的、明显超额的。

企业在生产经营活动中发生的下列利息支出,准予扣除:

(1)非金融企业向金融企业借款的利息支出、金融企业的各项存款利息支出和同业拆借利息支出、企业经批准发行债券的利息支出。

(2)非金融企业向非金融企业借款的利息支出,不超过按照金融企业同期同类贷款利率计算的数额的部分。

鉴于目前我国对金融企业利率要求的具体情况,企业在按照合同要求首次支付利息并进行税前扣除时,应提供"金融企业的同期同类贷款利率情况说明",以证明其利息支出的合理性。

"金融企业的同期同类贷款利率情况说明"中,应包括在签订该借款合同当时,本省任何一家金融企业提供的同期同类贷款利率情况。该金融企业应为经政府有关部门批准成立的可以从事贷款业务的企业,包括银行、财务公司、信托公司等金融机构。

"同期同类贷款利率"是指在贷款期限、贷款金额、贷款担保以及企业信誉等条件基本相同的情况下,金融企业提供贷款的利率。既可以是金融企业公布的同期同类平均利率,也可以是金融企业对某些企业提供的实际贷款利率。

企业向股东或其他与企业有关联关系的自然人借款的利息支出,应根据《企业所得税法》第四十六条及《财政部 国家税务总局关于企业关联方利息支出税前扣除标准有关税收政策问题的通知》(财税〔2008〕121号)规定的条件,计算企业所得税扣除额。

企业向上述规定以外的内部职工或其他人员借款的利息支出,其借款情况同时符合以下条件的,其利息支出不超过按照金融企业同期同类贷款利率计算的数额的部分,根据《企业所得税法》第八条和《企业所得税法实施条例》第二十七条规定,准予扣除:

(1)企业与个人之间的借贷是真实、合法、有效的,并且不具有非法集资目的或其他违反法律、法规的行为;

(2)企业与个人之间签订了借款合同。

当企业支付的利息超过允许扣除的数额时,企业可以将超额的利息转变为其他可以扣除的支出,例如通过工资、奖金、劳务报酬或者转移利润的方式支付利息,从而降低所得税负担。在向自己单位员工借贷资金的情况下,企业可以将部分利息转换为向员工发放的工资支出,从而达到在计算应纳税所得额时予以全部扣除的目的。

 通过将利息变其他支出进行纳税筹划的法律政策依据有哪些?

1.《中华人民共和国企业所得税法》(2007年3月16日第十届全国人民代表大会第五次会议通过,2017年2月24日第十二届全国人民代表大会常务委员会第二十六次会议修改)第8条

2.《中华人民共和国企业所得税法实施条例》(2007年11月28日国务院通过,国务院令〔2007〕第152号)第38条

3.《财政部 国家税务总局关于企业关联方利息支出税前扣除标准有关税收政策问题的通知》(财税〔2008〕121号)

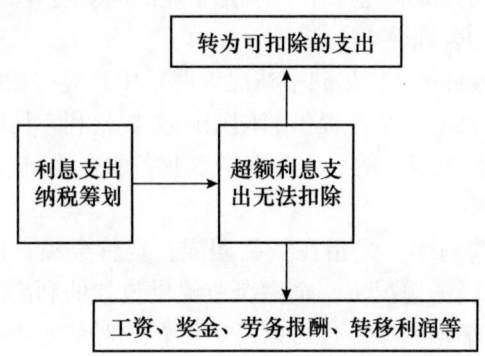

图5-4 通过将利息变其他支出进行纳税筹划

 生活中的案例

例5-5 某企业职工人数为1 000人,人均月工资为3 200元。该企业2017年度向职工集资人均10 000元,年利率为10%,同期同类银行贷款利率为年利率7%。当年度税前会计利润为300 000元(利息支出全部扣除)。由于《企业所得税法》规定,向非金融机构借款的利息支出,不高于按照金融机构同类、同期贷款利率计算的数额的部分,准予扣除。因此,超过的部分不能扣除,应当调整应纳税所得额:1 000×10 000×(10%-7%)=300 000(元)。该企业应当缴纳企业所得税:(300 000+300 000)×25%=150 000(元)。应当代扣代缴个人所得税:10 000×10%×20%×1 000=200 000(元)。请提出该企业的纳税筹划方案。

答:筹划方案:如果进行纳税筹划,可以考虑将集资利率降低到7%,这

样,每位职工的利息损失为:10 000×(10%-7%)=300(元)。企业可以通过提高工资待遇的方式来弥补职工在利息上受到的损失,即将 300 元平均摊入一年的工资中,每月增加工资 25 元。这样,企业为本次集资所付出的利息与纳税筹划前是一样的,职工所实际获得的利息也是一样的。但在这种情况下,企业所支付的集资利息就可以全额扣除了,而人均工资增加 25 元仍然可以全额扣除,由于职工个人的月工资没有超过《个人所得税法》所规定的扣除额,因此,职工也不需要为此缴纳个人所得税。通过计算可以发现,企业所应当缴纳的企业所得税为:300 000×25%=75 000(元)。节约企业所得税:150 000-75 000=75 000(元)。另外,还可以减少企业代扣代缴的个人所得税:10 000×1 000×(10%-7%)×20%=60 000(元)。经过纳税筹划,职工的税后利益也提高了。企业和职工都获得了税收利益,可谓一举两得。如果将全部利息改为工资发放,就根本不需要代扣代缴利息的个人所得税,而工资由于尚未达到 3 500 元,实际上也不需要缴纳个人所得税。

三、企业捐赠与股权投资中的纳税筹划

 在企业捐赠中,如何进行纳税筹划?

《企业所得税法》第九条规定:"企业发生的公益性捐赠支出,在年度利润总额 12% 以内的部分,准予在计算应纳税所得额时扣除。"2017 年 2 月 24 日,第十二届全国人民代表大会常务委员会第二十六次会议通过了修改《企业所得税法》的决定,将该条修改为:"企业发生的公益性捐赠支出,在年度利润总额 12% 以内的部分,准予在计算应纳税所得额时扣除;超过年度利润总额 12% 的部分,准予结转以后三年内在计算应纳税所得额时扣除。"

公益性捐赠,是指企业通过公益性社会团体或者县级以上人民政府及其部门,用于《公益事业捐赠法》规定的公益事业的捐赠。

公益性社会团体,是指同时符合下列条件的基金会、慈善组织等社会团体:
(1)依法登记,具有法人资格;
(2)以发展公益事业为宗旨,且不以营利为目的;
(3)全部资产及其增值为该法人所有;
(4)收益和营运结余主要用于符合该法人设立目的的事业;
(5)终止后的剩余财产不归属任何个人或者营利性组织;
(6)不经营与其设立目的无关的业务;

（7）有健全的财务会计制度；

（8）捐赠者不以任何形式参与社会团体财产的分配；

（9）国务院财政、税务主管部门会同国务院民政部门等登记管理部门规定的其他条件。

纳税人进行捐赠时应当注意符合税法规定的要求，即应当通过特定的机构进行捐赠，而不能自行捐赠，应当用于公益性目的，而不能用于其他目的。通过符合税法要求的捐赠可以最大限度地降低企业的税收负担。如果企业在当年的捐赠达到了限额，则可以考虑在下一个纳税年度再进行捐赠，或者将一个捐赠分成两次或者多次进行。

 企业捐赠中进行纳税筹划的法律政策依据有哪些？

1.《中华人民共和国企业所得税法》（2007年3月16日第十届全国人民代表大会第五次会议通过，2017年2月24日第十二届全国人民代表大会常务委员会第二十六次会议修改）第9条

2.《中华人民共和国企业所得税法实施条例》（2007年11月28日国务院通过，国务院令〔2007〕第152号）第51条、第52条

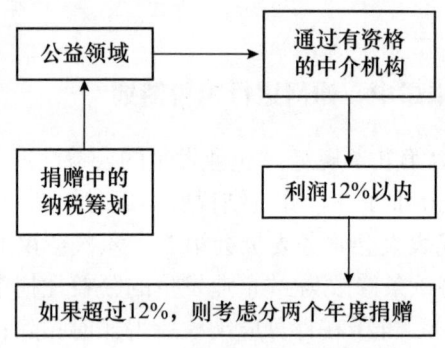

图5-5　企业捐赠中进行纳税筹划

 生活中的案例

例5-6　某工业企业2017年度预计可以实现会计利润（假设等于应纳税所得额）1 000万元，企业所得税税率为25%。企业为提高其产品知名度及竞争力，树立良好的社会形象，决定向有关单位捐赠200万元。企业自身提出两种方案，第一种方案：进行非公益性捐赠或不通过我国境内非营利性社会团体、国家机关做公益性捐赠；第二种方案：通过我国境内非营利性社会团体、国家机关进行公益性捐赠，并且在当年全部捐赠。请对上述两套方案进行评析，并提出纳税筹划方案。

答：第一种方案不符合税法规定的公益性捐赠条件，捐赠额不能在税前扣除。该企业 2017 年度应当缴纳企业所得税：1 000×25%=250（万元）。

第二种方案，捐赠额在法定扣除限额内的部分可以据实扣除，超过的部分在 2017 年度不能扣除。企业应纳所得税：（1 000−1 000×12%）×25%=220（万元）。

筹划方案：为了最大限度地将捐赠支出予以扣除，企业可以将该捐赠分两次进行，2017 年年底一次捐赠 100 万元，2018 年度再捐赠 100 万元。这样，该 200 万元的捐赠支出在计算应纳税所得额时予以全部扣除。该纳税筹划方案比第二种方案少缴企业所得税：(200−120)×25%=20（万元）。

 在股权投资中，企业如何进行纳税筹划？

根据《企业所得税法》的规定，企业对外投资期间，投资资产的成本在计算应纳税所得额时不得扣除。投资资产，是指企业对外进行权益性投资和债权性投资形成的资产。企业在转让或者处置投资资产时，投资资产的成本，准予扣除。

投资资产按照以下方法确定成本：

（1）通过支付现金方式取得的投资资产，以购买价款为成本；

（2）通过支付现金以外的方式取得的投资资产，以该资产的公允价值和支付的相关税费为成本。

企业转让资产，该项资产的净值，准予在计算应纳税所得额时扣除。

 友情提示

> 资产的净值，是指有关资产、财产的计税基础减除已经按照规定扣除的折旧、折耗、摊销、准备金等后的余额。

根据《企业所得税法》的规定，符合条件的居民企业之间的股息、红利等权益性投资收益是免税收入。符合条件的居民企业之间的股息、红利等权益性投资收益，是指居民企业直接投资于其他居民企业取得的投资收益。上述股息、红利等权益性投资收益，不包括连续持有居民企业公开发行并上市流通的股票不足 12 个月取得的投资收益。

如果企业准备转让股权，而该股权中尚有大量没有分配的利润，此时，就可以通过先分配股息再转让股权的方式来降低转让股权的价格，从而降低股权转让所得，减轻所得税负担。

股权投资中企业进行纳税筹划的法律政策依据有哪些？

1.《中华人民共和国企业所得税法》(2007年3月16日第十届全国人民代表大会第五次会议通过，2017年2月24日第十二届全国人民代表大会常务委员会第二十六次会议修改) 第14条、第16条、第26条

2.《中华人民共和国企业所得税法实施条例》(2007年11月28日国务院通过，国务院令〔2007〕第152号) 第38条

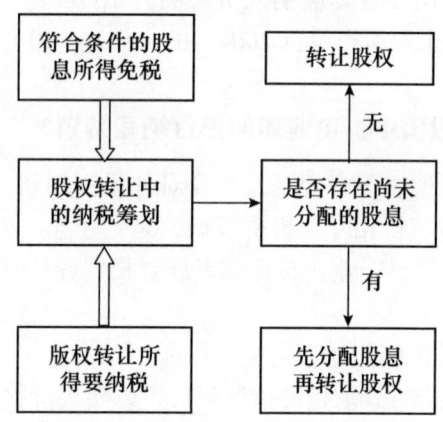

图 5-6　股权投资中企业进行纳税筹划

 生活中的案例

例5-7　甲公司于2016年3月15日以银行存款1 000万元投资于乙公司，占乙公司（非上市公司）股本总额的70%，乙公司当年获得净利润500万元。乙公司保留盈余不分配。2017年9月，甲公司将其拥有的乙公司70%的股权全部转让给丙公司，转让价为人民币1 210万元。转让过程中发生的税费为0.7万元。甲公司应当如何进行纳税筹划？

答：筹划方案： 如果甲公司直接转让该股权，可以获得股权转让所得：1 210−1 000−0.7=209.3万(元)。应当缴纳企业所得税：209.3×25%=52.325万(元)。税后纯所得为：209.3−52.325=156.975万(元)。如果甲公司先获得分配的利润，然后再转让股权，则可以减轻税收负担。方案如下：2017年3月，董事会决定将税后利润的30%用于分配，甲公司分得利润105万元。2017年9月，甲公司将其拥有的乙公司70%的股权全部转让给丙公司，转让价为人民币1 100万元。转让过程中发生的税费为0.6万元。在这种方案下，甲公司获得的105万股息不需要缴纳企业所得税。甲公司获得的股权转让所得为：

1 100–1 000–0.6=99.4 万（元）。应当缴纳企业所得税：99.4×25%=24.85 万（元）。税后纯所得为：105+99.4–24.85=179.55 万（元）。通过纳税筹划，多获得利润：179.55–156.975=22.575 万（元）。

四、企业所得税征管中的纳税筹划

 在预缴企业所得税时，如何进行纳税筹划？

《企业所得税法》第五十四条规定："企业所得税分月或者分季预缴。企业应当自月份或者季度终了之日起十五日内，向税务机关报送预缴企业所得税纳税申报表，预缴税款。企业应当自年度终了之日起五个月内，向税务机关报送年度企业所得税纳税申报表，并汇算清缴，结清应缴应退税款。"企业根据上述规定分月或者分季预缴企业所得税时，应当按照月度或者季度的实际利润额预缴；按照月度或者季度的实际利润额预缴有困难的，可以按照上一纳税年度应纳税所得额的月度或者季度平均额预缴，或者按照经税务机关认可的其他方法预缴。

 友情提示

> 预缴方法一经确定，该纳税年度内不得随意变更。

根据税法的上述规定，企业可以通过选择适当的预缴企业所得税办法进行纳税筹划。当企业预计当年的应纳税所得比上一纳税年度低时，可以选择按纳税期限的实际数预缴，当企业预计当年的应纳税所得额比上一纳税年度高时，可以选择按上一年度应纳税所得额的 1/12 或 1/4 分期预缴所得税。

 预缴企业所得税时进行纳税筹划的法律政策依据有哪些？

1.《中华人民共和国企业所得税法》（2007 年 3 月 16 日第十届全国人民代表大会第五次会议通过，2017 年 2 月 24 日第十二届全国人民代表大会常务委员会第二十六次会议修改）第 54 条

2.《中华人民共和国企业所得税法实施条例》（2007 年 11 月 28 日国务院通过，国务院令〔2007〕第 152 号）第 128 条

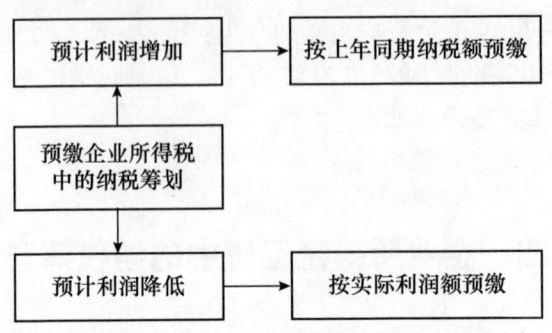

图 5-7 在预缴企业所得税时进行纳税筹划

 生活中的案例

例 5-8 某企业 2017 纳税年度缴纳企业所得税 1 200 万元，企业预计 2018 纳税年度应纳税所得额会有一个比较大的增长，每季度实际的应纳税所得额分别为 1 500 万元、1 600 万元、1 400 万元、1 700 万元。企业选择按照纳税期限的实际数额来预缴企业所得税。请计算该企业每季度预缴企业所得税的数额，并提出纳税筹划方案。

答：按照 25% 的企业所得税税率计算，该企业需要在每季度预缴的企业所得税分别为 375 万、400 万、350 万、425 万。

筹划方案：由于企业 2018 年度的实际应纳税所得额比 2017 年度的高，而且也在企业的预料之中，因此，企业可以选择按上一年度应纳税所得额的 1/4 按季度分期预缴所得税。这样，该企业在每季度只需要预缴企业所得税 300 万元。假设银行活期存款利息为 1%，假设每年计算一次利息。则该企业可以获得利息收入：（375-300）×1%×9÷12+（400-300）×1%×6÷12+（350-300）×1%×3÷12=1.19 万（元）。

第六部分　增值税纳税实务与纳税筹划

> 您知道哪些主体需要缴纳增值税吗？您知道增值税是如何计算的吗？您知道增值税有哪些优惠政策吗？您知道就增值税如何进行纳税筹划吗？本部分将为您回答上述问题。

一、增值税的纳税人和税率

 哪些人需要缴纳增值税？增值税的纳税人分为哪些种类？

在中华人民共和国境内（以下简称境内）销售货物或者提供加工、修理修配劳务以及进口货物的单位和个人，为增值税的纳税人，应当依照《增值税暂行条例》缴纳增值税。

在境内销售货物或者提供加工、修理修配劳务，是指：

（1）销售货物的起运地或者所在地在境内；

（2）提供的应税劳务发生在境内。

单位，是指企业、行政单位、事业单位、军事单位、社会团体及其他单位。

个人，是指个体工商户和其他个人。

单位租赁或者承包给其他单位或者个人经营的，以承租人或者承包人为纳税人。

 友情提示

> 中华人民共和国境外的单位或者个人在境内提供应税劳务，在境内未设有经营机构的，以其境内代理人为扣缴义务人；在境内没有代理人的，以购买方为扣缴义务人。

小规模纳税人以外的纳税人应当向主管税务机关申请资格认定。具体认定办法由国务院税务主管部门制定。小规模纳税人会计核算健全，能够提供准确税务资料的，可以向主管税务机关申请资格认定，不作为小规模纳税人，依照《增值税暂行条例》有关规定计算应纳税额。会计核算健全，是指能够按照国家统一的会计制度规定设置账簿，根据合法、有效凭证核算。

小规模纳税人的标准为：

（1）从事货物生产或者提供应税劳务的纳税人，以及以从事货物生产或者提供应税劳务为主，并兼营货物批发或者零售的纳税人，年应征增值税销售额（以下简称应税销售额）在50万元以下（含本数，下同）的；

（2）除上述规定以外的纳税人，年应税销售额在80万元以下的。

以从事货物生产或者提供应税劳务为主，是指纳税人的年货物生产或者提供应税劳务的销售额占年应税销售额的比重在50%以上。

年应税销售额超过小规模纳税人标准的其他个人按小规模纳税人纳税；非企业性单位、不经常发生应税行为的企业可选择按小规模纳税人纳税。

除国家税务总局另有规定外，纳税人一经认定为一般纳税人后，不得转为小规模纳税人。

自2015年4月1日起，增值税一般纳税人（以下简称一般纳税人）资格实行登记制，登记事项由增值税纳税人（以下简称纳税人）向其主管税务机关申请办理。

纳税人办理一般纳税人资格登记的程序如下：

（1）纳税人向主管税务机关填报《增值税一般纳税人资格登记表》，并提供税务登记证件；

（2）纳税人填报内容与税务登记信息一致的，主管税务机关当场登记；

（3）纳税人填报内容与税务登记信息不一致，或者不符合填列要求的，税务机关应当场告知纳税人需要补正的内容。

纳税人年应税销售额超过财政部、国家税务总局规定标准（以下简称规定标准），且符合有关政策规定，选择按小规模纳税人纳税的，应当向主管税务机关提交书面说明。个体工商户以外的其他个人年应税销售额超过规定标准的，不需要向主管税务机关提交书面说明。

纳税人年应税销售额超过规定标准的，在申报期结束后20个工作日内按照规定办理相关手续；未按规定时限办理的，主管税务机关应当在规定期限结束后10个工作日内制作《税务事项通知书》，告知纳税人应当在10个工作日内向主管税务机关办理相关手续。

除财政部、国家税务总局另有规定外，纳税人自其选择的一般纳税人资格生效之日起，按照增值税一般计税方法计算应纳税额，并按照规定领用增值税专用发票。

增值税征税对象有哪些？

增值税的征税对象包括销售货物或者提供加工、修理修配劳务以及进口货物。

货物，是指有形动产，包括电力、热力、气体在内。销售货物，是指有偿转让货物的所有权。有偿，是指从购买方取得货币、货物或者其他经济利益。

加工，是指受托加工货物，即委托方提供原料及主要材料，受托方按照委托方的要求，制造货物并收取加工费的业务。

修理修配，是指受托对损伤和丧失功能的货物进行修复，使其恢复原状和功能的业务。

提供加工、修理修配劳务（以下称应税劳务），是指有偿提供加工、修理修配劳务。单位或者个体工商户聘用的员工为本单位或者雇主提供加工、修理修配劳务，不包括在内。有偿，是指从购买方取得货币、货物或者其他经济利益。

单位或者个体工商户的下列行为，视同销售货物：

（1）将货物交付其他单位或者个人代销；

（2）销售代销货物；

（3）设有两个以上机构并实行统一核算的纳税人，将货物从一个机构移送其他机构用于销售，但相关机构设在同一县（市）的除外；

（4）将自产或者委托加工的货物用于非增值税应税项目；

（5）将自产、委托加工的货物用于集体福利或者个人消费；

（6）将自产、委托加工或者购进的货物作为投资，提供给其他单位或者个体工商户；

（7）将自产、委托加工或者购进的货物分配给股东或者投资者；

（8）将自产、委托加工或者购进的货物无偿赠送其他单位或者个人。

自 2015 年 1 月 1 日起，药品生产企业销售自产创新药的销售额，为向购买方收取的全部价款和价外费用，其提供给患者后续免费使用的相同创新药，不属于增值税视同销售范围。所称创新药，是指经国家食品药品监督管理部门批准注册、获批前未曾在中国境内外上市销售，通过合成或者半合成方法制得的原料药及其制剂。

药品生产企业免费提供创新药，应保留如下资料，以备税务机关查验：

（1）国家食品药品监督管理部门颁发的注明注册分类为 1.1 类的药品注册批件；

（2）后续免费提供创新药的实施流程；

（3）第三方（创新药代保管的医院、药品经销单位等）出具的免费用药确认证明,以及患者在第三方登记、领取创新药的记录。

 增值税纳税人与征税对象的法律政策依据有哪些?

1.《中华人民共和国增值税暂行条例》(1993年12月13日中华人民共和国国务院令第134号发布 2008年11月5日国务院第34次常务会议修订通过)

2.《中华人民共和国增值税暂行条例实施细则》(2008年12月18日财政部 国家税务总局令第50号公布 根据2011年10月28日《关于修改〈中华人民共和国增值税暂行条例实施细则〉和〈中华人民共和国营业税暂行条例实施细则〉的决定》修订)

3.《财政部 国家税务总局关于创新药后续免费使用有关增值税政策的通知》(财税〔2015〕4号)

4.《国家税务总局关于调整增值税一般纳税人管理有关事项的公告》(国家税务总局公告2015年第18号)

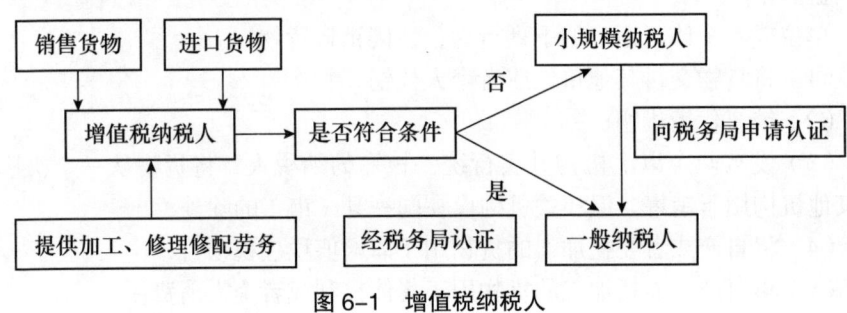

图6-1 增值税纳税人

 生活中的案例

例6-1 某企业是从事服装生产和销售的企业,该企业年销售额达到200万元,该企业认为自己已经符合增值税一般纳税人的条件,因此,属于一般纳税人,这种理解是否正确?

答:仅从销售额来看,该企业已经达到了增值税一般纳税人的条件,但是,企业并不能自动取得增值税一般纳税人的资格,企业如果要成为增值税一般纳税人,必须向当地税务机关申请登记,经税务机关认定以后,才能成为增值税一般纳税人,否则应当按照增值税小规模纳税人对待。

 增值税的税率是多少?

增值税的税率如下:

第一，纳税人销售或者进口货物，除《增值税暂行条例》另有规定外，税率为17%。人体血液的增值税适用税率为17%。玉米浆、玉米皮、玉米纤维（又称喷浆玉米皮）和玉米蛋白粉不属于初级农产品，也不属于《财政部 国家税务总局关于饲料产品免征增值税问题的通知》（财税〔2001〕121号）中免税饲料的范围，适用17%的增值税税率。

第二，纳税人销售或者进口下列货物，税率为13%：

（1）粮食、食用植物油。牡丹籽油属于食用植物油，适用13%增值税税率。牡丹籽油是以丹凤牡丹和紫斑牡丹的籽仁为原料，经压榨、脱色、脱臭等工艺制成的产品。动物骨粒属于《农业产品征税范围注释》（财税字〔1995〕52号）第二条第（五）款规定的动物类"其他动物组织"，其适用的增值税税率为13%。动物骨粒是指将动物骨经筛选、破碎、清洗、晾晒等工序加工后的产品。玉米胚芽属于《农业产品征税范围注释》中初级农产品的范围，适用13%的增值税税率。

（2）自来水、暖气、冷气、热水、煤气、石油液化气、天然气、沼气、居民用煤炭制品。

（3）图书、报纸、杂志。

（4）饲料、化肥、农药、农机、农膜。农用挖掘机、养鸡设备系列、养猪设备系列产品属于农机，适用13%增值税税率。卷帘机属于《国家税务总局关于印发〈增值税部分货物征税范围注释〉的通知》（国税发〔1993〕151号）规定的农机范围，应适用13%的增值税税率。卷帘机是指用于农业温室、大棚，以电机驱动，对保温被或草帘进行自动卷放的机械设备，一般由电机、变速箱、联轴器、卷轴、悬臂、控制装置等部分组成。密集型烤房设备、频振式杀虫灯、自动虫情测报灯、粘虫板属于农机范围，应适用13%增值税税率。

（5）国务院规定的其他货物。

自2015年9月1日起，对纳税人销售和进口化肥统一按13%税率征收国内环节和进口环节增值税。钾肥增值税先征后返政策同时停止执行。化肥的具体范围，仍然按照《国家税务总局关于印发〈增值税部分货物征税范围注释〉的通知》（国税发〔1993〕151号）的规定执行。自2015年9月1日起至2016年6月30日，对增值税一般纳税人销售的库存化肥，允许选择按照简易计税方法依照3%征收率征收增值税。化肥属于取消出口退（免）税的货物，仍按照《财政部 国家税务总局关于出口货物劳务增值税和消费税政策的通知》（财税〔2012〕39号）规定，其出口视同内销征收增值税。出口日期，以出口货物报关单（出口退税专用）上注明的出口日期为准。纳税人应当单独核算库存化肥的销售额，未单独核算的，不得适用简易计税方法。上述所称的库存化肥,是指纳税人2015年8月31日前生产或购进的尚未销售的化肥。

第三,纳税人出口货物,税率为零;但是,国务院另有规定的除外。

第四,应税劳务税率为17%。

第五,税率的调整,由国务院决定。

第六,纳税人兼营不同税率的货物或者应税劳务,应当分别核算不同税率货物或者应税劳务的销售额;未分别核算销售额的,从高适用税率。

第七,小规模纳税人增值税征收率为3%。征收率的调整,由国务院决定。

固定业户(指增值税一般纳税人)临时到外省、市销售货物的,必须向经营地税务机关出示"外出经营活动税收管理证明"回原地纳税,需要向购货方开具专用发票的,亦回原地补开。对未持"外出经营活动税收管理证明"的,经营地税务机关按3%的征收率征税。对擅自携票外出,在经营地开具专用发票的,经营地主管税务机关根据发票管理的有关规定予以处罚并将其携带的专用发票逐联注明"违章使用作废"字样。

 友情提示

> 对拍卖行受托拍卖增值税应税货物,向买方收取的全部价款和价外费用,应当按照3%的征收率征收增值税。拍卖货物属免税货物范围的,可以免征增值税。

增值税一般纳税人销售自己使用过的固定资产,属于以下两种情形的,可按简易办法依4%征收率减半征收增值税,同时不得开具增值税专用发票:

(1)纳税人购进或者自制固定资产时为小规模纳税人,认定为一般纳税人后销售该固定资产;

(2)增值税一般纳税人发生按简易办法征收增值税应税行为,销售其按照规定不得抵扣且未抵扣进项税额的固定资产。

 简并增值税税率的最新政策有哪些?

简并增值税税率的最新政策如下:

自2017年7月1日起,简并增值税税率结构,取消13%的增值税税率。纳税人销售或者进口下列货物,税率为11%:农产品(含粮食)、自来水、暖气、石油液化气、天然气、食用植物油、冷气、热水、煤气、居民用煤炭制品、食用盐、农机、饲料、农药、农膜、化肥、沼气、二甲醚、图书、报纸、杂志、音像制品、电子出版物。

纳税人购进农产品,按下列规定抵扣进项税额:

(1)除第(2)项规定外,纳税人购进农产品,取得一般纳税人开具的增值税专用发票或海关进口增值税专用缴款书的,以增值税专用发票或海关进口增值税专用缴款书上注明的增值税额为进项税额;从按照简易计税方法依照 3% 征收率计算缴纳增值税的小规模纳税人处取得增值税专用发票的,以增值税专用发票上注明的金额和 11% 的扣除率计算进项税额;取得(开具)农产品销售发票或收购发票的,以农产品销售发票或收购发票上注明的农产品买价和 11% 的扣除率计算进项税额。

(2)营业税改征增值税试点期间,纳税人购进用于生产销售或委托受托加工 17% 税率货物的农产品,维持原扣除力度不变。

(3)继续推进农产品增值税进项税额核定扣除试点,纳税人购进农产品,进项税额已实行核定扣除的,仍按照《财政部 国家税务总局关于在部分行业试行农产品增值税进项税额核定扣除办法的通知》(财税〔2012〕38 号)、《财政部 国家税务总局关于扩大农产品增值税进项税额核定扣除试点行业范围的通知》(财税〔2013〕57 号)执行。其中,《农产品增值税进项税额核定扣除试点实施办法》(财税〔2012〕38 号印发)第四条第(二)项规定的扣除率调整为 11%;第(三)项规定的扣除率调整为按上述第(1)项、第(2)项规定执行。

(4)纳税人从批发、零售环节购进适用免征增值税政策的蔬菜、部分鲜活肉蛋而取得的普通发票,不得作为计算抵扣进项税额的凭证。

(5)纳税人购进农产品既用于生产销售或委托受托加工 17% 税率货物又用于生产销售其他货物服务的,应当分别核算用于生产销售或委托受托加工 17% 税率货物和其他货物服务的农产品进项税额。未分别核算的,统一以增值税专用发票或海关进口增值税专用缴款书上注明的增值税额为进项税额,或以农产品收购发票或销售发票上注明的农产品买价和 11% 的扣除率计算进项税额。

(6)《增值税暂行条例》第八条第二款第(三)项和上述所称销售发票,是指农业生产者销售自产农产品,适用免征增值税政策,而开具的普通发票。

 增值税税率的法律政策依据有哪些?

1.《中华人民共和国增值税暂行条例》(1993 年 12 月 13 日中华人民共和国国务院令第 134 号发布 2008 年 11 月 5 日国务院第 34 次常务会议修订通过)

2.《中华人民共和国增值税暂行条例实施细则》(2008 年 12 月 18 日财政

部 国家税务总局令第 50 号公布 根据 2011 年 10 月 28 日《关于修改〈中华人民共和国增值税暂行条例实施细则〉和〈中华人民共和国营业税暂行条例实施细则〉的决定》修订）

3.《国家税务总局关于印发〈增值税部分货物征税范围注释〉的通知》（国税发〔1993〕151 号）

4.《财政部 国家税务总局关于饲料产品免征增值税问题的通知》（财税〔2001〕121 号）

5.《财政部 国家税务总局关于出口货物劳务增值税和消费税政策的通知》（财税〔2012〕39 号）

6.《财政部 国家税务总局关于简并增值税征收率政策的通知》（财税〔2014〕57 号）

7.《财政部 国家税务总局关于简并增值税税率有关政策的通知》（财税〔2017〕37 号）

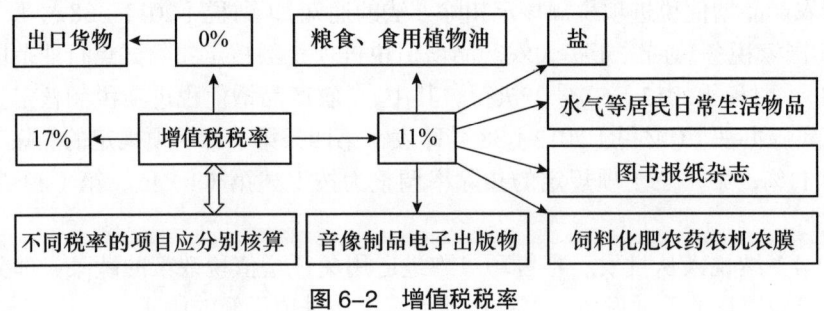

图 6-2　增值税税率

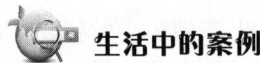

生活中的案例

例 6-2　某企业专门从事粮食和油的销售，其中以食用植物油为主，兼营其他油，2007 年度，该企业总营业额为 500 万元，属于增值税小规模纳税人，其中大约有 400 万元的营业额属于粮食和油的销售收入，但是该企业并未分别核算粮食、食用植物油和其他油的销售额，该企业应当按照什么税率缴纳增值税？

答：根据《增值税暂行条例》的规定，销售粮食和食用植物油适用 13%（2017 年 7 月 1 日后适用 11%）的税率，销售其他油适用 17% 的税率。同时，如果纳税人兼营不同税率的货物或者应税劳务，应当分别核算不同税率货物或者应税劳务的销售额。未分别核算销售额的，从高适用税率。该企业并未分别核算不同税率货物的销售额，因此，应当从高适用税率，该企业 500 万元的营业额都应当适用 17% 的税率。

二、增值税应纳税额的计算

 一般纳税人增值税应纳税额如何计算？

纳税人销售货物或者提供应税劳务（以下简称销售货物或者应税劳务），应纳税额为当期销项税额抵扣当期进项税额后的余额。应纳税额计算公式：

$$应纳税额 = 当期销项税额 - 当期进项税额$$

当期销项税额小于当期进项税额不足抵扣时，其不足部分可以结转下期继续抵扣。

纳税人销售货物或者应税劳务，按照销售额和《增值税暂行条例》第二条规定的税率计算并向购买方收取的增值税额，为销项税额。销项税额计算公式：

$$销项税额 = 销售额 \times 税率$$

销售额为纳税人销售货物或者应税劳务向购买方收取的全部价款和价外费用，但是不包括收取的销项税额。

一般纳税人销售货物或者应税劳务，采用销售额和销项税额合并定价方法的，按下列公式计算销售额：

$$销售额 = 含税销售额 \div (1 + 税率)$$

销售额以人民币计算。纳税人以人民币以外的货币结算销售额的，应当折合成人民币计算。纳税人按人民币以外的货币结算销售额的，其销售额的人民币折合率可以选择销售额发生的当天或者当月1日的人民币汇率中间价。纳税人应在事先确定采用何种折合率，确定后1年内不得变更。

纳税人销售货物或者应税劳务的价格明显偏低并无正当理由的，由主管税务机关核定其销售额。

纳税人有《增值税暂行条例》第七条所称价格明显偏低并无正当理由或者有《增值税暂行条例实施细则》第四条所列视同销售货物行为而无销售额者，按下列顺序确定销售额：

（1）按纳税人最近时期同类货物的平均销售价格确定；

（2）按其他纳税人最近时期同类货物的平均销售价格确定；

（3）按组成计税价格确定。组成计税价格的公式为：

$$组成计税价格 = 成本 \times (1 + 成本利润率)$$

属于应征消费税的货物，其组成计税价格中应加计消费税额。

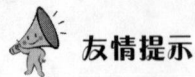

友情提示

公式中的成本是指：销售自产货物的为实际生产成本，销售外购货物的为实际采购成本。公式中的成本利润率由国家税务总局确定。

价外费用，包括价外向购买方收取的手续费、补贴、基金、集资费、返还利润、奖励费、违约金、滞纳金、延期付款利息、赔偿金、代收款项、代垫款项、包装费、包装物租金、储备费、优质费、运输装卸费以及其他各种性质的价外收费。但下列项目不包括在内：

第一，受托加工应征消费税的消费品所代收代缴的消费税；

第二，同时符合以下条件的代垫运输费用：

（1）承运部门的运输费用发票开具给购买方的；

（2）纳税人将该项发票转交给购买方的。

第三，同时符合以下条件的代为收取的政府性基金或者行政事业性收费：

（1）由国务院或者财政部批准设立的政府性基金，由国务院或者省级人民政府及其财政、价格主管部门批准设立的行政事业性收费；

（2）收取时开具省级以上财政部门印制的财政票据；

（3）所收款项全额上缴财政。

第四，销售货物的同时代办保险等而向购买方收取的保险费，以及向购买方收取的代购买方缴纳的车辆购置税、车辆牌照费。

纳税人购进货物或者接受应税劳务（以下简称购进货物或者应税劳务）支付或者负担的增值税额，为进项税额。

下列进项税额准予从销项税额中抵扣：

（1）从销售方取得的增值税专用发票上注明的增值税额；

（2）从海关取得的海关进口增值税专用缴款书上注明的增值税额；

（3）购进农产品，除取得增值税专用发票或者海关进口增值税专用缴款书外，按照农产品收购发票或者销售发票上注明的农产品买价和13%的扣除率计算的进项税额。进项税额计算公式：

$$进项税额 = 买价 \times 扣除率$$

买价，包括纳税人购进农产品时在农产品收购发票或者销售发票上注明的价款和按规定缴纳的烟叶税。

准予抵扣的项目和扣除率的调整，由国务院决定。

纳税人购进货物或者应税劳务，取得的增值税扣税凭证不符合法律、行政法规或者国务院税务主管部门有关规定的，其进项税额不得从销项税额中抵扣。增值税扣税凭证，是指增值税专用发票、海关进口增值税专用缴款书、农产品收购发票和农产品销售发票。

下列项目的进项税额不得从销项税额中抵扣：

（1）用于免征增值税项目、集体福利或者个人消费的购进货物或者应税劳务。购进货物，不包括既用于增值税应税项目（不含免征增值税项目）也用于免征增值税（以下简称免税）项目、集体福利或者个人消费的固定资产。固定资产，是指使用期限超过12个月的机器、机械、运输工具以及其他与生产经营有关的设备、工具、器具等。个人消费包括纳税人的交际应酬消费。

（2）非正常损失的购进货物及相关的应税劳务。非正常损失，是指因管理不善造成被盗、丢失、霉烂变质的损失。

（3）非正常损失的在产品、产成品所耗用的购进货物或者应税劳务。

（4）国务院财政、税务主管部门规定的纳税人自用消费品。

（5）上述第（1）项至第（4）项规定的货物的运输费用和销售免税货物的运输费用。

一般纳税人兼营免税项目而无法划分不得抵扣的进项税额的，按下列公式计算不得抵扣的进项税额：

$$\text{不得抵扣的进项税额} = \text{当月无法划分的全部进项税额} \times \text{当月免税项目销售额} \div \text{当月全部销售额}$$

已抵扣进项税额的购进货物或者应税劳务，发生《增值税暂行条例》第十条规定的情形的（免税项目除外），应当将该项购进货物或者应税劳务的进项税额从当期的进项税额中扣减；无法确定该项进项税额的，按当期实际成本计算应扣减的进项税额。

小规模纳税人以外的纳税人（以下称一般纳税人）因销售货物退回或者折让而退还给购买方的增值税额，应从发生销售货物退回或者折让当期的销项税额中扣减；因购进货物退出或者折让而收回的增值税额，应从发生购进货物退出或者折让当期的进项税额中扣减。

一般纳税人销售货物或者应税劳务，开具增值税专用发票后，发生销售货物退回或者折让、开票有误等情形，应按国家税务总局的规定开具红字增值税专用发票。未按规定开具红字增值税专用发票的，增值税额不得从销项税额中扣减。

纳税人进口货物，按照组成计税价格和《增值税暂行条例》第二条规定的税率计算应纳税额。组成计税价格和应纳税额计算公式：

$$\text{组成计税价格} = \text{关税完税价格} + \text{关税} + \text{消费税}$$

$$\text{应纳税额} = \text{组成计税价格} \times \text{税率}$$

一般纳税人增值税应纳税额计算的法律政策依据有哪些?

1.《中华人民共和国增值税暂行条例》(1993年12月13日中华人民共和国国务院令第134号发布 2008年11月5日国务院第34次常务会议修订通过)

2.《中华人民共和国增值税暂行条例实施细则》(2008年12月18日财政部 国家税务总局令第50号公布 根据2011年10月28日《关于修改〈中华人民共和国增值税暂行条例实施细则〉和〈中华人民共和国营业税暂行条例实施细则〉的决定》修订)

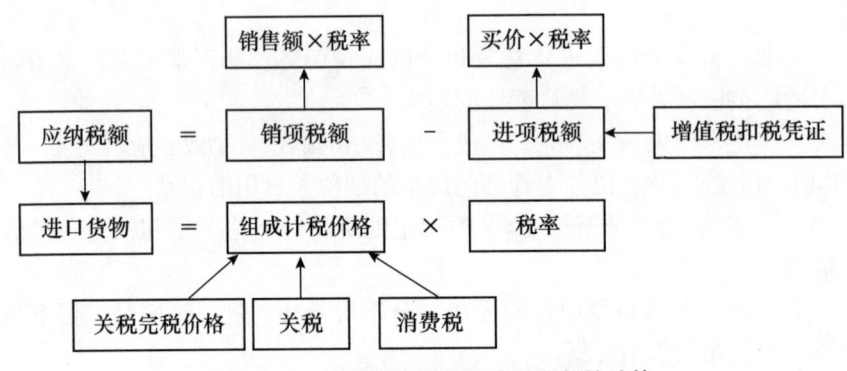

图6-3 一般纳税人增值税应纳税额的计算

 生活中的案例

例6-3 某公司进口一批货物,海关确定的关税完税价格为10 000 000元,需要缴纳关税1 000 000元,需要缴纳消费税2 000 000元。该货物适用的增值税税率为17%。请计算该货物需要缴纳多少增值税。

答: 根据《增值税暂行条例》的规定,纳税人进口货物,按照组成计税价格和税法规定的税率计算应纳税额,不得抵扣任何税额。组成计税价格和应纳税额计算公式:组成计税价格=关税完税价格+关税+消费税;应纳税额=组成计税价格×税率。该货物需要缴纳的增值税为:(10 000 000+1 000 000+2 000 000)×17%=2 210 000(元)。

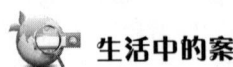 **生活中的案例**

例6-4 某公司为增值税一般纳税人,2017年3月份销售商品1 000件,每件200元(不含税)。该商品适用17%的税率。该月购进原材料取得增值税专用发票,发票上注明的税款为17 000元,请计算该公司2017年3月份需要缴纳多少增值税?

答：根据《增值税暂行条例》的规定，应纳税额计算公式为：应纳税额＝当期销项税额－当期进项税额。2017年3月份，该公司的销项税额为：1 000×200×17%=34 000（元），该公司的进项税额为17 000元。因此，该公司本月份应当缴纳的增值税为：34 000–17 000=17 000（元）。

 小规模纳税人增值税应纳税额应当如何计算？

小规模纳税人销售货物或者应税劳务，实行按照销售额和征收率计算应纳税额的简易办法，并不得抵扣进项税额。应纳税额计算公式：

$$应纳税额＝销售额 × 征收率$$

小规模纳税人增值税征收率为3%。征收率的调整，由国务院决定。

小规模纳税人的销售额不包括其应纳税额。小规模纳税人销售货物或者应税劳务采用销售额和应纳税额合并定价方法的，按下列公式计算销售额：

$$销售额＝含税销售额÷（1+征收率）$$

 友情提示

> 小规模纳税人因销售货物退回或者折让退还给购买方的销售额，应从发生销售货物退回或者折让当期的销售额中扣减。

一般纳税人销售自己使用过的物品和旧货，适用按简易办法依3%征收率减按2%征收增值税政策的，按下列公式确定销售额和应纳税额：

$$销售额＝含税销售额/（1+3%）$$
$$应纳税额＝销售额×2%$$

小规模纳税人销售自己使用过的固定资产和旧货，按下列公式确定销售额和应纳税额：

$$销售额＝含税销售额/（1+3%）$$
$$应纳税额＝销售额×2%$$

属于增值税一般纳税人的单采血浆站销售非临床用人体血液，可以按照简易办法依照3%征收率计算应纳税额，但不得对外开具增值税专用发票；也可以按照销项税额抵扣进项税额的办法依照增值税适用税率计算应纳税额。纳税人选择计算缴纳增值税的办法后，36个月内不得变更。

 小规模纳税人增值税应纳税额计算的法律政策依据有哪些？

1.《中华人民共和国增值税暂行条例》（1993年12月13日中华人民共和

国国务院令第 134 号发布 2008 年 11 月 5 日国务院第 34 次常务会议修订通过）

2.《中华人民共和国增值税暂行条例实施细则》（2008 年 12 月 18 日财政部 国家税务总局令第 50 号公布 根据 2011 年 10 月 28 日《关于修改〈中华人民共和国增值税暂行条例实施细则〉和〈中华人民共和国营业税暂行条例实施细则〉的决定》修订）

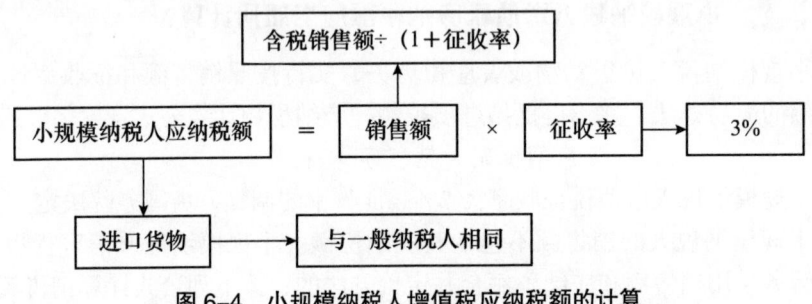

图 6-4 小规模纳税人增值税应纳税额的计算

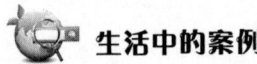 **生活中的案例**

例 6-5 某商店为增值税小规模纳税人，2017 年第一季度销售商品总收入为 100 000 元，请计算该商店本季度应当缴纳多少增值税。

答： 根据《增值税暂行条例》的规定，应纳税额计算公式为：应纳税额 = 销售额 × 征收率。其中销售额是不含税销售额，小规模纳税人销售货物或应税劳务采用销售额和应纳税额合并定价方法的，按下列公式计算销售额：销售额 = 含税销售额 ÷（1+ 征收率）。该商店 2017 年第一季度应纳增值税额为：100 000 ÷（1+3%）× 3%=2 912.62（元）。

三、增值税税收优惠政策与征管

 免征增值税项目有哪些？

下列项目免征增值税：

（1）农业生产者销售的自产农产品。农业，是指种植业、养殖业、林业、牧业、水产业。农业生产者，包括从事农业生产的单位和个人。农产品，是指初级农产品，具体范围由财政部、国家税务总局确定。

（2）避孕药品和用具。

（3）古旧图书。古旧图书，是指向社会收购的古书和旧书。

（4）直接用于科学研究、科学试验和教学的进口仪器、设备。

（5）外国政府、国际组织无偿援助的进口物资和设备。

（6）由残疾人的组织直接进口供残疾人专用的物品。

（7）销售的自己使用过的物品。自己使用过的物品，是指其他个人自己使用过的物品。

除上述规定外，增值税的免税、减税项目由国务院规定。任何地区、部门均不得规定免税、减税项目。

 友情提示

> 纳税人兼营免税、减税项目的，应当分别核算免税、减税项目的销售额；未分别核算销售额的，不得免税、减税。

纳税人销售货物或者应税劳务适用免税规定的，可以放弃免税，依照《增值税暂行条例》的规定缴纳增值税。放弃免税后，36个月内不得再申请免税。

 增值税起征点是多少？

纳税人销售额未达到国务院财政、税务主管部门规定的增值税起征点的，免征增值税；达到起征点的，依照《增值税暂行条例》规定全额计算缴纳增值税。

 友情提示

> 销售额，是指《增值税暂行条例实施细则》第三十条第一款所称小规模纳税人的销售额，即不含增值税销售额。

增值税起征点的适用范围限于个人。

增值税起征点的幅度规定如下：

（1）销售货物的，为月销售额5 000～20 000元；

（2）销售应税劳务的，为月销售额5 000～20 000元；

（3）按次纳税的，为每次（日）销售额300～500元。

省、自治区、直辖市财政厅（局）和国家税务局应在规定的幅度内，根据实际情况确定本地区适用的起征点，并报财政部、国家税务总局备案。

增值税有哪些临时免税政策？

装机容量超过100万千瓦的水力发电站（含抽水蓄能电站）销售自产电力产品，自2013年1月1日至2015年12月31日，对其增值税实际税负超过8%的部分实行即征即退政策；自2016年1月1日至2017年12月31日，对其增值税实际税负超过12%的部分实行即征即退政策。所称的装机容量，是指单站发电机组额定装机容量的总和。该额定装机容量包括项目核准（审批）机关依权限核准（审批）的水力发电站总装机容量（含分期建设和扩机），以及后续因技术改造升级等原因经批准增加的装机容量。

自2013年1月1日至2017年12月31日，属于增值税一般纳税人的动漫企业销售其自主开发生产的动漫软件，按17%的税率征收增值税后，对其增值税实际税负超过3%的部分，实行即征即退政策。动漫软件出口免征增值税。上述动漫软件，按照《财政部 国家税务总局关于软件产品增值税政策的通知》（财税〔2011〕100号）中软件产品相关规定执行。

自2013年8月1日起，对增值税小规模纳税人中月销售额不超过2万元的企业或非企业性单位，暂免征收增值税。以1个季度为纳税期限的增值税小规模纳税人中，季度销售额不超过6万元（含6万元，下同）的企业或非企业性单位，可暂免征收增值税或营业税。

自2013年8月30日起，对按此前规定所有减按4%征收进口环节增值税的空载重量在25吨以上的进口飞机，调整为按5%征收进口环节增值税。

自2014年10月1日起至2017年12月31日，对月销售额2万元（含本数，下同）至3万元的增值税小规模纳税人，免征增值税。

自2015年4月1日起，上海国际能源交易中心股份有限公司的会员和客户通过上海国际能源交易中心股份有限公司交易的原油期货保税交割业务，大连商品交易所的会员和客户通过大连商品交易所交易的铁矿石期货保税交割业务，暂免征收增值税。期货保税交割的销售方，在向主管税务机关申报纳税时，应出具当期期货保税交割的书面说明、上海国际能源交易中心股份有限公司或大连商品交易所的交割结算单、保税仓单等资料。上述期货交易中实际交割的原油和铁矿石，如果发生进口或者出口的，统一按照现行货物进出口税收政策执行。非保税货物发生的期货实物交割仍按《国家税务总局关于下发〈货物期货征收增值税具体办法〉的通知》（国税发〔1994〕244号）的规定执行。

自2015年7月1日起，纳税人销售自产的利用风力生产的电力产品，对其实行增值税即征即退50%的政策。

横琴平潭开发有哪些增值税优惠政策？

内地销往横琴、平潭与生产有关的货物，视同出口，实行增值税和消费税退税政策。但下列货物不包括在内：

（1）财政部和国家税务总局规定不适用增值税退（免）税和免税政策的出口货物；

（2）横琴、平潭的商业性房地产开发项目采购的货物，商业性房地产开发项目，是指兴建（包括改扩建）宾馆饭店、写字楼、别墅、公寓、住宅、商业购物场所、娱乐服务业场馆、餐饮业店馆以及其他商业性房地产项目；

（3）内地销往横琴、平潭不予退税的其他货物；

（4）按规定被取消退税或免税资格的企业购进的货物。

内地货物销往横琴、平潭，适用增值税和消费税退税政策的，必须办理出口报关手续（水、蒸汽、电力、燃气除外）。海关总署将货物经"二线"进入横琴、平潭的《进境货物备案清单》的电子信息提供给国家税务总局。

内地销往横琴、平潭的适用增值税和消费税退税政策的货物，销售企业在取得出口货物报关单（出口退税专用）后，应在中国电子口岸数据中心予以确认，并将取得的上述关单提供给横琴、平潭的购买企业，由横琴、平潭的购买企业向税务机关申报退税。申报退税时，应提供购进货物的出口货物报关单（出口退税专用）、进境货物备案清单、增值税专用发票、消费税专用缴款书（仅限于消费税应税货物）以及税务机关要求提供的其他资料。税务机关应对企业申报退税的资料与对应的电子信息进行核对，核对无误后，按规定办理退税。已申报退税的货物，其增值税专用发票上注明的增值税额，不得作为进项税额进行抵扣。已抵扣的进项税额，不得再申报退税。

退税公式如下：

$$增值税应退税额 = \frac{购进货物的增值税专用发票注明的金额} \times 购进货物适用的增值税退税率$$

从一般纳税人处购进的按简易办法征税的货物和从小规模纳税人处购进的货物，其适用的增值税退税率，按照购进货物适用的征收率和退税率孰低的原则确定。

横琴、平潭各自的区内企业之间销售其在本区内的货物，免征增值税和消费税。但上述企业之间销售的用于其本区内商业性房地产开发项目的货物，以及按规定被取消退税或免税资格的企业销售的货物，应按规定征收增值税和消费税。

横琴、平潭已享受免税、保税、退税政策的货物销往内地，除在"一线"已完税的生活消费类等货物外，按照有关规定征收进口税收。

横琴、平潭的在"一线"已完税的生活消费类等货物销往内地的,由税务机关按照现行规定征收增值税和消费税。

横琴、平潭的企业应单独核算按照上述规定退税或免税的货物。主管税务机关发现企业未按规定单独核算的,取消其享受《关于横琴 平潭开发有关增值税和消费税政策的通知》规定的退税和免税资格2年,并按规定予以处罚。

横琴、平潭的商业性房地产开发项目,由各自的区管委会行业主管部门会同当地财政、国税部门联合认定。

 资产重组有哪些增值税优惠政策?

自2011年3月1日起,纳税人在资产重组过程中,通过合并、分立、出售、置换等方式,将全部或者部分实物资产以及与其相关联的债权、负债和劳动力一并转让给其他单位和个人,不属于增值税的征税范围,其中涉及的货物转让,不征收增值税。

纳税人在资产重组过程中,通过合并、分立、出售、置换等方式,将全部或者部分实物资产以及与其相关联的债权、负债多次转让,最终的受让方与劳动力接收方为同一单位和个人的,其中货物的多次转让行为均不征收增值税。资产的出让方需将资产重组方案等文件资料报其主管税务机关。

增值税一般纳税人(以下称"原纳税人")在资产重组过程中,将全部资产、负债和劳动力一并转让给其他增值税一般纳税人(以下称"新纳税人"),并按程序办理注销税务登记的,其在办理注销登记前尚未抵扣的进项税额可结转至新纳税人处继续抵扣。原纳税人主管税务机关应认真核查纳税人资产重组相关资料,核实原纳税人在办理注销税务登记前尚未抵扣的进项税额,填写《增值税一般纳税人资产重组进项留抵税额转移单》。《增值税一般纳税人资产重组进项留抵税额转移单》一式三份,原纳税人主管税务机关留存一份,交纳税人一份,传递新纳税人主管税务机关一份。新纳税人主管税务机关应将原纳税人主管税务机关传递来的《增值税一般纳税人资产重组进项留抵税额转移单》与纳税人报送资料进行认真核对,确认无误后对原纳税人尚未抵扣的进项税额,,允许新纳税人继续申报抵扣。

 促进残疾人就业有哪些增值税优惠政策?

自2016年5月1日起,对安置残疾人的单位和个体工商户(以下称纳税人),实行由税务机关按纳税人安置残疾人的人数,限额即征即退增值税的办法。安置的每位残疾人每月可退还的增值税具体限额,由县级以上税务机关根据纳税人所在区县(含县级市、旗,下同)适用的经省(含自治区、直辖市、计划单列市，下同）人民政府批准的月最低工资标准的 4 倍确定。

享受税收优惠政策的条件：

（1）纳税人（除盲人按摩机构外）月安置的残疾人占在职职工人数的比例不低于 25%（含 25%），并且安置的残疾人人数不少于 10 人（含 10 人）；盲人按摩机构月安置的残疾人占在职职工人数的比例不低于 25%（含 25%），并且安置的残疾人人数不少于 5 人（含 5 人）。

（2）依法与安置的每位残疾人签订了一年以上（含一年）的劳动合同或服务协议。

（3）为安置的每位残疾人按月足额缴纳了基本养老保险、基本医疗保险、失业保险、工伤保险和生育保险等社会保险。

（4）通过银行等金融机构向安置的每位残疾人，按月支付了不低于纳税人所在区县适用的经省人民政府批准的月最低工资标准的工资。

《财政部 国家税务总局关于教育税收政策的通知》（财税〔2004〕39 号）第一条第 7 项规定的特殊教育学校举办的企业，只要符合上述第一项规定的条件，即可享受上述增值税优惠政策。这类企业在计算残疾人人数时可将在企业上岗工作的特殊教育学校的全日制在校学生计算在内，在计算企业在职职工人数时也要将上述学生计算在内。

 友情提示

> 纳税人中纳税信用等级为税务机关评定的 C 级或 D 级的，不得享受上述政策。

纳税人按照纳税期限向主管国税机关申请退还增值税。本纳税期已交增值税额不足退还的，可在本纳税年度内以前纳税期已交增值税扣除已退增值税的余额中退还，仍不足退还的可结转本纳税年度内以后纳税期退还，但不得结转以后年度退还。纳税期限不为按月的，只能对其符合条件的月份退还增值税。

上述增值税优惠政策仅适用于生产销售货物，提供加工、修理修配劳务，以及提供营改增现代服务和生活服务税目（不含文化体育服务和娱乐服务）范围的服务取得的收入之和占其增值税收入的比例达到 50% 的纳税人，但不适用于上述纳税人直接销售外购货物（包括商品批发和零售）以及销售委托加工的货物取得的收入。纳税人应当分别核算上述享受税收优惠政策和不得享受税收优惠政策业务的销售额，不能分别核算的，不得享受本通知规定的优惠政策。

如果既适用促进残疾人就业增值税优惠政策，又适用重点群体、退役士兵、随军家属、军转干部等支持就业的增值税优惠政策的，纳税人可自行选择适用的优惠政策，但不能累加执行。一经选定，36个月内不得变更。

残疾人个人提供的加工、修理修配劳务，免征增值税。

税务机关发现已享受上述增值税优惠政策的纳税人，存在不符合上述规定条件，或者采用伪造或重复使用残疾人证、残疾军人证等手段骗取上述增值税优惠的，应将纳税人发生上述违法违规行为的纳税期内已享受到的退税全额追缴入库，并在自发现当月起36个月内停止其享受上述各项税收优惠。

上述规定中的有关定义如下：

（1）残疾人，是指法定劳动年龄内，持有《中华人民共和国残疾人证》或者《中华人民共和国残疾军人证（1至8级）》的自然人，包括具有劳动条件和劳动意愿的精神残疾人。

（2）残疾人个人，是指自然人。

（3）在职职工人数，是指与纳税人建立劳动关系并依法签订劳动合同或者服务协议的雇员人数。

（4）特殊教育学校举办的企业，是指特殊教育学校主要为在校学生提供实习场所，并由学校出资自办，由学校负责经营管理，经营收入全部归学校所有的企业。

纳税人享受安置残疾人增值税即征即退优惠政策，适用《促进残疾人就业增值税优惠政策管理办法》规定。该办法所指纳税人，是指安置残疾人的单位和个体工商户。

纳税人首次申请享受税收优惠政策，应向主管税务机关提供以下备案资料：

（1）《税务资格备案表》。

（2）安置的残疾人的《中华人民共和国残疾人证》或者《中华人民共和国残疾军人证（1至8级）》复印件，注明与原件一致，并逐页加盖公章。安置精神残疾人的，提供精神残疾人同意就业的书面声明以及其法定监护人签字或印章的证明精神残疾人具有劳动条件和劳动意愿的书面材料。

（3）安置的残疾人的身份证明复印件，注明与原件一致，并逐页加盖公章。

主管税务机关受理备案后，应将全部《中华人民共和国残疾人证》或者《中华人民共和国残疾军人证（1至8级）》信息以及所安置残疾人的身份证明信息录入征管系统。

纳税人提供的备案资料发生变化的，应于发生变化之日起15日内就变化情况向主管税务机关办理备案。

纳税人申请退还增值税时，需报送如下资料：

（1）《退（抵）税申请审批表》。

（2）《安置残疾人纳税人申请增值税退税声明》。

（3）当期为残疾人缴纳社会保险费凭证的复印件及由纳税人加盖公章确认的注明缴纳人员、缴纳金额、缴纳期间的明细表。

（4）当期由银行等金融机构或纳税人加盖公章的按月为残疾人支付工资的清单。

特殊教育学校举办的企业，申请退还增值税时，不提供资料（3）和资料（4）。

纳税人申请享受税收优惠政策，应对报送资料的真实性和合法性承担法律责任。主管税务机关对纳税人提供资料的完整性和增值税退税额计算的准确性进行审核。

主管税务机关受理退税申请后，查询纳税人的纳税信用等级，对符合信用条件的，审核计算应退增值税额，并按规定办理退税。

纳税人本期应退增值税额按以下公式计算：

本期应退增值税额＝本期所含月份每月应退增值税额之和

$$月应退增值税额 = 纳税人本月安置残疾人员人数 \times 本月月最低工资标准的4倍$$

月最低工资标准，是指纳税人所在区县（含县级市、旗）适用的经省（含自治区、直辖市、计划单列市）人民政府批准的月最低工资标准。

纳税人本期已缴增值税额小于本期应退税额不足退还的，可在本年度内以前纳税期已缴增值税额扣除已退增值税额的余额中退还，仍不足退还的可结转本年度内以后纳税期退还。年度已缴增值税额小于或等于年度应退税额的，退税额为年度已缴增值税额；年度已缴增值税额大于年度应退税额的，退税额为年度应退税额。年度已缴增值税额不足退还的，不得结转以后年度退还。

纳税人新安置的残疾人从签订劳动合同并缴纳社会保险的次月起计算，其他职工从录用的次月起计算；安置的残疾人和其他职工减少的，从减少当月计算。

主管税务机关应于每年2月底之前，在其网站或办税服务厅，将本地区上一年度享受安置残疾人增值税优惠政策的纳税人信息，按下列项目予以公示：纳税人名称、纳税人识别号、法人代表、计算退税的残疾人职工人次等。

享受促进残疾人就业增值税优惠政策的纳税人，对能证明或印证符合政策规定条件的相关材料负有留存备查义务。纳税人在税务机关后续管理中不能提供相关材料的，不得继续享受优惠政策，税务机关应追缴其相应纳税期内已享受的增值税退税，并依照税收征管法及其实施细则的有关规定处理。

增值税优惠政策的法律政策依据有哪些?

1.《中华人民共和国增值税暂行条例》(1993年12月13日中华人民共和国国务院令第134号发布 2008年11月5日国务院第34次常务会议修订通过)

2.《中华人民共和国增值税暂行条例实施细则》(2008年12月18日财政部 国家税务总局令第50号公布 根据2011年10月28日《关于修改〈中华人民共和国增值税暂行条例实施细则〉和〈中华人民共和国营业税暂行条例实施细则〉的决定》修订)

3.《国家税务总局关于纳税人资产重组有关增值税问题的公告》(国家税务总局公告2011年第13号)

4.《国家税务总局关于纳税人资产重组有关增值税问题的公告》(国家税务总局公告2013年第66号)

5.《财政部 国家税务总局关于横琴 平潭开发有关增值税和消费税政策的通知》(财税〔2014〕51号)

6.《财政部 国家税务总局关于促进残疾人就业增值税优惠政策的通知》(财税〔2016〕52号)

7.《国家税务总局关于发布〈促进残疾人就业增值税优惠政策管理办法〉的公告》(国家税务总局公告2016年第33号)

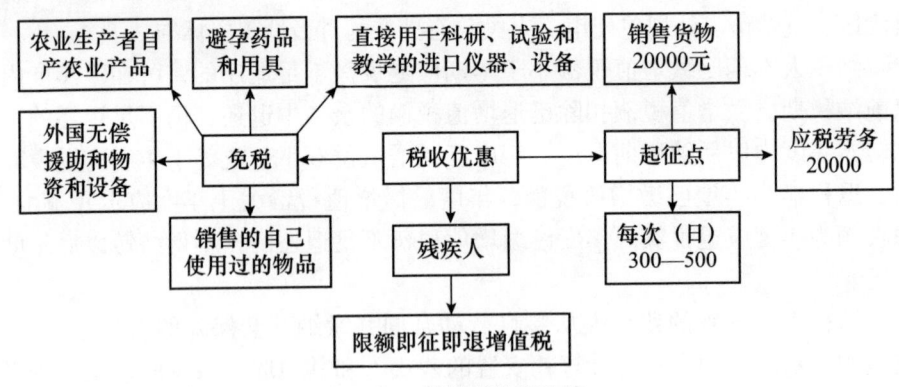

图6-5 增值税优惠政策

 生活中的案例

例6-6 赵先生是下岗职工,2017年1月1日自己开办了一家小百货商店,每月含税销售额为30 000元。请问赵先生每月需缴纳多少增值税?

答: 由于赵先生每月含税销售额为30 000元,换算成不含税销售额将低于30 000元,可以享受免征增值税的优惠,因此,赵先生不需要缴纳增值税。

增值税应当如何缴纳?

增值税纳税义务发生时间如下:

(1)销售货物或者应税劳务,为收讫销售款项或者取得索取销售款项凭据的当天;先开具发票的,为开具发票的当天。

(2)进口货物,为报关进口的当天。

增值税扣缴义务发生时间为纳税人增值税纳税义务发生的当天。

收讫销售款项或者取得索取销售款项凭据的当天,按销售结算方式的不同,具体为:

(1)采取直接收款方式销售货物,不论货物是否发出,均为收到销售款或者取得索取销售款凭据的当天;

(2)采取托收承付和委托银行收款方式销售货物,为发出货物并办妥托收手续的当天;

(3)采取赊销和分期收款方式销售货物,为书面合同约定的收款日期的当天,无书面合同的或者书面合同没有约定收款日期的,为货物发出的当天;

(4)采取预收货款方式销售货物,为货物发出的当天,但生产销售生产工期超过12个月的大型机械设备、船舶、飞机等货物,为收到预收款或者书面合同约定的收款日期的当天;

(5)委托其他纳税人代销货物,为收到代销单位的代销清单或者收到全部或者部分货款的当天。未收到代销清单及货款的,为发出代销货物满180天的当天;

(6)销售应税劳务,为提供劳务同时收讫销售款或者取得索取销售款的凭据的当天;

(7)纳税人发生《增值税暂行条例实施细则》第四条第(三)项至第(八)项所列视同销售货物行为,为货物移送的当天。

增值税由税务机关征收,进口货物的增值税由海关代征。

 友情提示

个人携带或者邮寄进境自用物品的增值税,连同关税一并计征。具体办法由国务院关税税则委员会会同有关部门制定。

纳税人销售货物或者应税劳务,应当向索取增值税专用发票的购买方开具增值税专用发票,并在增值税专用发票上分别注明销售额和销项税额。

属于下列情形之一的,不得开具增值税专用发票:

（1）向消费者个人销售货物或者应税劳务的；

（2）销售货物或者应税劳务适用免税规定的；

（3）小规模纳税人销售货物或者应税劳务的。

增值税纳税地点如下：

（1）固定业户应当向其机构所在地的主管税务机关申报纳税。总机构和分支机构不在同一县(市)的，应当分别向各自所在地的主管税务机关申报纳税；经国务院财政、税务主管部门或者其授权的财政、税务机关批准，可以由总机构汇总向总机构所在地的主管税务机关申报纳税。

（2）固定业户到外县（市）销售货物或者应税劳务，应当向其机构所在地的主管税务机关申请开具外出经营活动税收管理证明，并向其机构所在地的主管税务机关申报纳税；未开具证明的，应当向销售地或者劳务发生地的主管税务机关申报纳税；未向销售地或者劳务发生地的主管税务机关申报纳税的，由其机构所在地的主管税务机关补征税款。

（3）非固定业户销售货物或者应税劳务，应当向销售地或者劳务发生地的主管税务机关申报纳税；未向销售地或者劳务发生地的主管税务机关申报纳税的，由其机构所在地或者居住地的主管税务机关补征税款。

（4）进口货物，应当向报关地海关申报纳税。

扣缴义务人应当向其机构所在地或者居住地的主管税务机关申报缴纳其扣缴的税款。

增值税的纳税期限分别为1日、3日、5日、10日、15日、1个月或者1个季度。纳税人的具体纳税期限，由主管税务机关根据纳税人应纳税额的大小分别核定；不能按照固定期限纳税的，可以按次纳税。以1个季度为纳税期限的规定仅适用于小规模纳税人。小规模纳税人的具体纳税期限，由主管税务机关根据其应纳税额的大小分别核定。

纳税人以1个月或者1个季度为1个纳税期的，自期满之日起15日内申报纳税；以1日、3日、5日、10日或者15日为1个纳税期的，自期满之日起5日内预缴税款，于次月1日起15日内申报纳税并结清上月应纳税款。

扣缴义务人解缴税款的期限，依照上述规定执行。

纳税人进口货物，应当在自海关填发海关进口增值税专用缴款书之日起15日内缴纳税款。

国网冀北电力有限公司延续原国网公司华北分部缴纳增值税，实行在供电环节预征、总机构统一结算的办法计算缴纳。自2015年6月1日起，国网冀北电力有限公司电力产品供电环节增值税预征率按1.3%执行。国网冀北电力有限公司应于每月申报期结束后10日内，将当月纳税申报资料报送河北省国家税务局。

纳税人出口货物适用退（免）税规定的，应当向海关办理出口手续，凭出口报关单等有关凭证，在规定的出口退（免）税申报期内按月向主管税务机关申报办理该项出口货物的退（免）税。具体办法由国务院财政、税务主管部门制定。

出口货物办理退税后发生退货或者退关的，纳税人应当依法补缴已退的税款。

货物期货交易增值税的纳税环节为期货的实物交割环节。

货物期货交易增值税的计税依据为交割时的不含税价格（不含增值税的实际成交额）。计算不含税价格的公式为：

$$不含税价格 = 含税价格 \div (1+ 增值税税率)$$

货物期货交易增值税的纳税人为：

（1）交割时由期货交易所开具发票的，以期货交易所为纳税人。

期货交易所增值税按次计算，其进项税额为该货物交割时供货会员单位开具的增值税专用发票上注明的销项税额，期货交易所本身发生的各种进项不得抵扣。

（2）交割时由供货的会员单位直接将发票开给购货会员单位的，以供货会员单位为纳税人。

 增值税缴纳的法律政策依据有哪些？

1.《中华人民共和国增值税暂行条例》（1993年12月13日中华人民共和国国务院令第134号发布 2008年11月5日国务院第34次常务会议修订通过）

2.《中华人民共和国增值税暂行条例实施细则》（2008年12月18日财政部 国家税务总局令第50号公布 根据2011年10月28日《关于修改〈中华人民共和国增值税暂行条例实施细则〉和〈中华人民共和国营业税暂行条例实施细则〉的决定》修订）

3.《货物期货征收增值税具体办法》（国税发〔1994〕244号）

4.《国家税务总局关于国网冀北电力有限公司增值税有关问题的批复》（税总函〔2015〕283号）

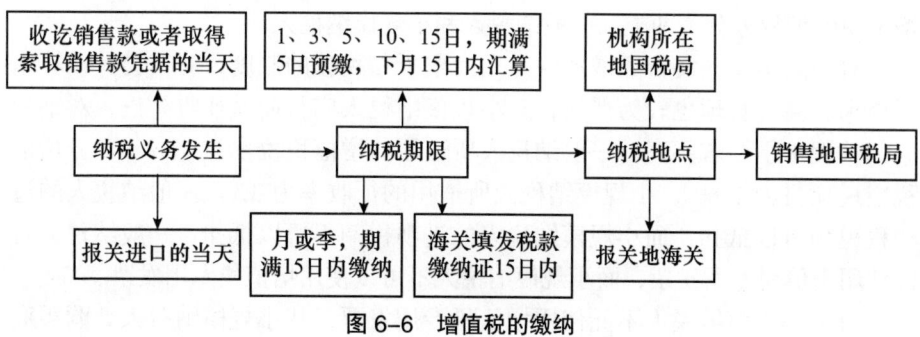

图6-6 增值税的缴纳

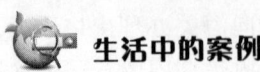 **生活中的案例**

例 6-7 某公司的办税人员认为增值税的纳税义务发生时间就是收到货款之日,只要公司收到货款就发生了增值税的纳税义务,而在没有收到货款之前并不发生增值税的纳税义务,这种理解是否正确?

答:这种理解是错误的,不同类型的交易,其增值税纳税义务的发生时间是不同的。一般来讲,销售货物或者应税劳务,为收讫销售款或者取得索取销售款凭据的当天。由于销售结算方式的不同,具体又可以划分为以下几种类型:(1)采取直接收款方式销售货物,不论货物是否发出,均为收到销售款或者取得索取销售款凭据的当天;(2)采取托收承付和委托银行收款方式销售货物,为发出货物并办妥托收手续的当天;(3)采取赊销和分期收款方式销售货物,为书面合同约定的收款日期的当天,无书面合同的或者书面合同没有约定收款日期的,为货物发出的当天;(4)采取预收货款方式销售货物,为货物发出的当天,但生产销售生产工期超过12个月的大型机械设备、船舶、飞机等货物,为收到预收款或者书面合同约定的收款日期的当天;(5)委托其他纳税人代销货物,为收到代销单位的代销清单或者收到全部或者部分货款的当天。未收到代销清单及货款的,为发出代销货物满180天的当天;(6)销售应税劳务,为提供劳务同时收讫销售款或者取得索取销售款的凭据的当天。

四、增值税纳税筹划

 如何通过选择纳税人的身份进行纳税筹划?

根据《增值税暂行条例》和《增值税暂行条例实施细则》的规定,我国增值税的纳税人分为两类:一般纳税人和小规模纳税人。

对一般纳税人实行凭增值税专用发票抵扣税款的制度,对其会计核算水平要求较高,管理也较为严格;对小规模纳税人实行简易征收办法,对纳税人的管理水平要求不高。一般纳税人所适用的增值税税率为17%(部分增值税应税项目为11%),小规模纳税人所适用的征收率为3%。一般纳税人的进项税税额可以抵扣,而小规模纳税人的进项税额不可以抵扣。一般纳税人可以使用增值税专用发票,而小规模纳税人不可以使用增值税专用发票。

由于小规模纳税人不能使用增值税专用发票,从小规模纳税人处购买商品的一般纳税人无法取得增值税专用发票,也就无法抵扣这部分商品中所包含的增值税款,因此,容易增加产品购买方的税收负担,小规模纳税人的产品销售可能因此受到影响。一般纳税人和小规模纳税人所使用的征税方法不同,就有可能导致二者的税收负担存在一定的差异。在一定情况下,小规模纳税人可以向一般纳税人转化,这就为具备相关条件的小规模纳税人提供了纳税筹划的空间。小规模纳税人向一般纳税人转化,除了必须考虑税收负担以外,还必须考虑会计成本,因为税法对一般纳税人的会计制度要求比较严格,小规模纳税人向一般纳税人转化会增加会计成本。比如,企业需要增设会计账簿、培养或聘请会计人员等。

企业为了减轻增值税税负,就需要综合考虑各种因素,从而决定如何在一般纳税人和小规模纳税人之间做出选择。一般来讲,企业可以根据三个标准来判断一般纳税人和小规模纳税人之间增值税税收负担的差异。

(1)增值率判别法。增值率是增值额占不含税销售额的比例。假设某工业企业某年度不含税的销售额为 M,不含税购进额为 N,增值率为 A。如果该企业为一般纳税人,其应纳增值税为 $M \times 17\% - N \times 17\%$;引入增值率计算,则为 $M \times A \times 17\%$;如果是小规模纳税人,应纳增值税为 $M \times 3\%$。令两类纳税人的税负相等,则有:

$$M \times A \times 17\% = M \times 3\%$$

$$A = 17.6\%$$

也就是说,当增值率为 17.6% 时,企业无论是选择成为一般纳税人还是小规模纳税人,增值税的税收负担是相等的;当增值率小于 17.6% 时,企业作为一般纳税人的税负小于作为小规模纳税人的税负;当增值率大于 17.6% 时,企业作为一般纳税人的税负大于作为小规模纳税人的税负。

 友情提示

> 需要注意的是,这里所考虑的仅仅是企业的增值税税收负担,而不包括其他因素。在决定是选择一般纳税人还是小规模纳税人身份时,不能仅仅以增值率为标准,还要考虑企业对外经济活动的难易程度以及一般纳税人的会计成本等。由于后者难以量化,因此,纳税筹划更多地体现为一种创造性的智力活动,而不是一个简单的计算问题或者数字操作问题。

(2)购货额占销售额比重判别法。由于增值税税率和征收率存在多种税率,这里仅仅考虑一般情况,其他情况的计算方法与这里的计算方法是一致

的。在一般情况下，一般纳税人适用 17% 的税率，小规模纳税人适用 3% 的税率。假定某工业企业不含税的销售额为 A，X 为购货额占销售额的比重，则购入货物的金额为 AX。如果该企业为一般纳税人，应纳增值税为 A×17%–AX×17%；如果是小规模纳税人，应纳增值税为 A×3%。令两类纳税人的税负相等，则有：

$$A \times 17\% - AX \times 17\% = A \times 3\%$$
$$X = 82.4\%$$

也就是说，当企业购货额占销售额的比重为 82.4% 时，两种纳税人的增值税税收负担完全相同；当比重大于 82.4% 时，一般纳税人的增值税税收负担轻于小规模纳税人；当比重小于 82.4% 时，一般纳税人的增值税税收负担重于小规模纳税人。

（3）含税销售额与含税购货额比较法。假设 Y 为含增值税的销售额，X 为含增值税的购货额，且两者均为同期。令两类纳税人的税负相等，则有：

$$[Y \div (1+17\%) - X \div (1+17\%)] \times 17\% = Y \div (1+3\%) \times 3\%$$
$$X \div Y = 80\%$$

可见，当企业的含税购货额为同期销售额的 80% 时，两种纳税人的增值税税收负担相同；当企业的含税购货额大于同期销售额的 80% 时，一般纳税人增值税税收负担轻于小规模纳税人；当企业含税购货额小于同期销售额的 80% 时，一般纳税人增值税税收负担重于小规模纳税人。

企业在设立时，可以根据上述三个标准来判断其自身所负担的增值税，并根据对各种因素的综合考量，进行合理的纳税筹划。由于企业在成立之前就需要进行这种筹划，因此，企业对各种情况的估计就存在很大的不确定性，这种纳税筹划结果的确定性就比较小。对此，小型企业一般可以先选择小规模纳税人的身份，在生产经营过程中积累本企业的各项指标数据，然后再进行增值税的纳税筹划，这样，纳税筹划的结果就比较确定了。

在进行纳税筹划时需要注意小规模纳税人的标准和一般纳税人的认定制度。

 通过选择纳税人的身份进行纳税筹划的法律政策依据有哪些？

《中华人民共和国增值税暂行条例》（1993 年 12 月 13 日中华人民共和国国务院令第 134 号发布 2008 年 11 月 5 日国务院第 34 次常务会议修订通过）

《中华人民共和国增值税暂行条例实施细则》（2008 年 12 月 18 日财政部国家税务总局令第 50 号公布 根据 2011 年 10 月 28 日《关于修改〈中华人民

共和国增值税暂行条例实施细则〉和〈中华人民共和国营业税暂行条例实施细则〉的决定》修订）

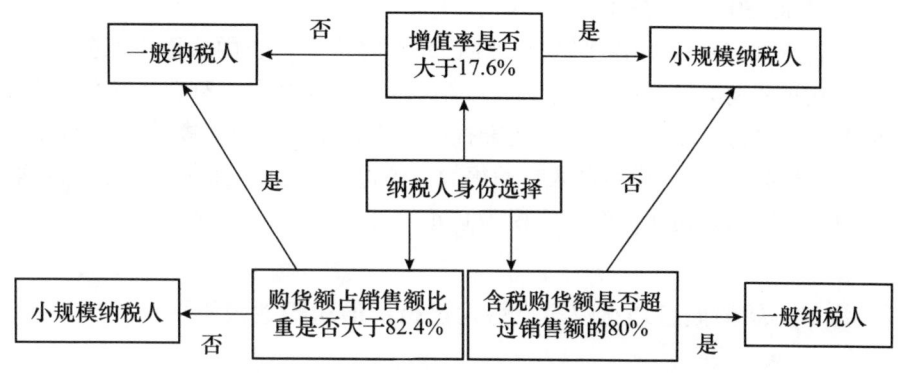

图 6-7 通过选择纳税人的身份进行纳税筹划

 生活中的案例

例 6-8 某生产型企业年应纳增值税销售额为 90 万元，会计核算制度也比较健全，符合一般纳税人的条件，属于增值税一般纳税人，适用 17% 的增值税税率。但是，该企业准予从销项税额中抵扣的进项税额较少，只占销项税额的 10%。依照增值率判别法，增值率：（90－90×10%）÷90=90%>35.3%。所以，该企业作为一般纳税人的增值税税负要远大于小规模纳税人。请提出纳税筹划方案。

答：筹划方案：由于增值税小规模纳税人可以转化为一般纳税人，而增值税一般纳税人不能转化为小规模纳税人，因此，可以将该企业分设为两个企业，各自作为独立核算的单位。两个企业年应税销售额分别为 45 万元和 45 万元，并且符合小规模纳税人的其他条件，按照小规模纳税人的征收率征税。在这种情况下，两个企业总共缴纳增值税：（45+45）×3%=2.7（万元）。作为一般纳税人则需要缴纳增值税：90×90%×17%=13.77（万元）。通过筹划，企业可以少纳增值税：13.77－2.7=11.07（万元）。

 生活中的案例

例 6-9 甲商贸公司为增值税一般纳税人，年销售额为 100 万元，由于可抵扣的进项税额较少，年实际缴纳增值税 10 万元，增值税税负较重。请为甲公司设计合理减轻增值税负担的筹划方案。

答：筹划方案一：由于一般一般纳税人不允许直接变更为小规模纳税人，

投资者可以将甲公司注销,同时成立乙公司和丙公司来承接甲公司的业务。乙公司和丙公司的年销售额均为50万元,符合小规模纳税人的标准。年应纳增值税:(50+50)×3%=3(万元)。

筹划方案二:投资者将甲公司注销,同时成立乙、丙、丁三家公司来承接甲公司的业务。三家公司的年销售额均为33.33万元,符合小规模纳税人的标准。同时将三家公司的月销售额控制在3万元(含税销售额在30 900元)以内,则根据现行小规模纳税人月销售额不超过3万元免征增值税的优惠政策,乙、丙、丁三家公司年应纳增值税为0元。

 如何通过巧选供货人身份进行增值税的纳税筹划?

增值税一般纳税人和小规模纳税人的身份不仅会影响自身的增值税负担,而且会影响采购它们的产品的企业的增值税负担,因为,增值税一般纳税人可以开具增值税专用发票,从一般纳税人处采购货物的纳税人可以抵扣其中所包含的增值税,增值税小规模纳税人只能开具普通发票,从小规模纳税人处采购货物的纳税人无法抵扣其中所包含的增值税,但是,增值税一般纳税人的产品相对价格较高,这就有一个选择和比较的问题。很多企业都会遇到这样的问题:本厂需要的某材料一直由某一家企业供货,该企业属于增值税一般纳税人。同时,另外一家企业(属于工业小规模纳税人)也能够供货,而且愿意给予价格优惠,但不能提供增值税专用发票,因此该企业就想知道价格降到多少合适。与此相反的情况也会存在。问题的实质是:增值税一般纳税人产品的价格与增值税小规模纳税人产品的价格之比达到什么程度就会导致采购某种类型企业的产品比较合算。取得17%增值税税率专用发票与取得普通发票税收成本如何换算呢?

假定取得普通发票的购货单价为X,取得17%增值税税率专用发票的购货单价为Y,因为专用发票可以抵扣Y÷1.17×17%的进项税,以及12%进项税的城建税(以城市适用的7%的税率为例)、教育费附加和地方教育费附加。令二者相等,得到下面的等式:

$$Y - Y \div 1.17 \times 17\% \times (1+12\%) = X$$

$$Y = 1.19 \times X$$

也就是说,如果增值税一般纳税人处的进价为Y,小规模纳税人处的进价等于Y÷1.19,二者所导致的增值税负担就是相等的。如果大于Y÷1.19,则从小规模纳税人处采购货物所导致的增值税负担较轻。

如果取得11%增值税税率专用发票,与取得普通发票进行税收成本换算,按照上面的原理,可以求出 Y=1.12×X。

如果小规模纳税人能请税务机关开出 3% 的专用发票,则要减去 3% 的专用发票可以抵扣的进项税额。其与取得 17% 增值税税率专用发票的等成本换算公式为:

$$Y-Y \div 1.17 \times 17\% \times (1+12\%) = X-X \div 1.03 \times 3\% \times (1+12\%)$$

$$Y=1.16 \times X$$

此外还有几种情况,不再具体分析,列简明表如表 6-1 所示,供读者参考。

表 6-1 增值税专用发票与普通发票税收成本换算表

	17% 增值税专用发票	11% 增值税专用发票
普通发票	1.19	1.12
3% 征收率发票	1.16	1.09

表 6-1 的使用方法是"由低求高用乘法、由高求低用除法",即原来从增值税小规模纳税人处进货的价格较低,当从增值税一般纳税人处进货需要提高价格时,用原来的定价乘以相应系数,即可得出最高的定价是多少。例如,某增值税一般纳税人从小规模纳税人处进货,价格为 10 元,只能取得普通发票,这时可以从某增值税一般纳税人处进货,能取得 17% 增值税专用发票,那么 10 元 ×1.19 的结果 11.9 元就是从增值税一般纳税人处进货的最高价格,低于此价格,可以考虑进货,高于此价格,不予考虑。

 通过巧选供货人身份进行增值税的纳税筹划的法律政策依据有哪些?

1.《中华人民共和国增值税暂行条例》(1993 年 12 月 13 日中华人民共和国国务院令第 134 号发布 2008 年 11 月 5 日国务院第 34 次常务会议修订通过)

2.《中华人民共和国增值税暂行条例实施细则》(2008 年 12 月 18 日财政部 国家税务总局令第 50 号公布 根据 2011 年 10 月 28 日《关于修改〈中华人民共和国增值税暂行条例实施细则〉和〈中华人民共和国营业税暂行条例实施细则〉的决定》修订)

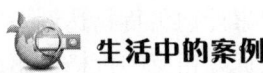 **生活中的案例**

例 6-10 某企业属于增值税一般纳税人,其所使用的原材料有两种进货

渠道：一种是从一般纳税人那里进货，含税价格为 12 元/件，可以开具 17%的增值税专用发票；另一种是从小规模纳税人那里进货，含税价格为 10 元/件，不能开具增值税专用发票。该企业 2016 年度一直从一般纳税人那里进货，一共进货 10 万件。请提出该企业的纳税筹划方案。

答： 筹划方案：由于从小规模纳税人那里购进货物，在取得普通发票时不能抵扣进项税额，因此，含税价格就是纳税人的进货成本；而从一般纳税人那里购进货物，在取得增值税专用发票时可以抵扣进项税额，因此，不含税价格是纳税人的进货成本。因此，只需要将从一般纳税人那里购进货物的不含税价格与从小规模纳税人那里购进货物的含税价格相比较，就可以判断从谁那里购进货物更便宜。一般纳税人购进货物的不含税价格为：12÷（1+17%）=10.26（元）。因此，从一般纳税人那里购进货物的价格较高。该企业应当选择小规模纳税人为供货商。当然，选择购货伙伴除了考虑这里的增值税负担以外，还需要考虑其他因素，比如信用关系、运输成本、洽谈成本等，因此，应当将这里的增值税负担标准与其他的标准综合考虑。

 企业在折扣销售中如何进行纳税筹划？

根据《增值税若干具体问题的规定》（国税发〔1993〕154 号）第二条第（二）项的规定，纳税人采取折扣方式销售货物，如果销售额和折扣额在同一张发票上分别注明，可按折扣后的销售额征收增值税；如果将折扣额另开发票，不论其在财务上如何处理，均不得从销售额中减除折扣额。根据《国家税务总局关于折扣额抵减增值税应税销售额问题通知》（国税函〔2010〕56 号）的规定，纳税人采取折扣方式销售货物，销售额和折扣额在同一张发票上分别注明是指销售额和折扣额在同一张发票上的"金额"栏分别注明。未在同一张发票"金额"栏注明折扣额，而仅在发票的"备注"栏注明折扣额的，折扣额不得从销售额中减除。

所谓折扣销售，是指售货方在销售货物或应税劳务时，因购货方购买数量较大或购买行为频繁等原因，给予购货方价格方面的优惠。这种行为在现实经济生活中很普遍，是企业销售策略的一部分。税法对上述两种情况规定了差别待遇，这就为企业进行纳税筹划提供了空间。

根据《国家税务总局关于纳税人折扣折让行为开具红字增值税专用发票问题的通知》（国税函〔2006〕1279 号）的规定，纳税人销售货物并向购买方开具增值税专用发票后，由于购货方在一定时期内累计购买货物达到一定数量，或者由于市场价格下降等原因，销货方给予购货方相应的价格优惠或补偿等折扣、折让行为，销货方可按现行《增值税专用发票使用规定》的有关规定开具红字增值税专用发票。

增值税一般纳税人开具增值税专用发票（简称专用发票）后，发生销货退回、销售折让以及开票有误等情况需要开具红字专用发票的，视不同情况分别按以下办法处理：

（1）因专用发票抵扣联、发票联均无法认证的，由购买方填报"开具红字增值税专用发票申请单"（简称申请单），并在申请单上填写具体原因以及相对应蓝字专用发票的信息，主管税务机关审核后出具"开具红字增值税专用发票通知单"（简称通知单）。购买方不作进项税额转出处理。

（2）购买方所购货物不属于增值税扣税项目范围，取得的专用发票未经认证的，由购买方填报申请单，并在申请单上填写具体原因以及相对应蓝字专用发票的信息，主管税务机关审核后出具通知单。购买方不作进项税额转出处理。

（3）因开票有误购买方拒收专用发票的，销售方须在专用发票认证期限内向主管税务机关填报申请单，并在申请单上填写具体原因以及相对应蓝字专用发票的信息，同时提供由购买方出具的写明拒收理由、错误具体项目以及正确内容的书面材料，主管税务机关审核确认后出具通知单。销售方凭通知单开具红字专用发票。

（4）因开票有误等原因尚未将专用发票交付购买方的，销售方须在开具有误专用发票的次月内向主管税务机关填报申请单，并在申请单上填写具体原因以及相对应蓝字专用发票的信息，同时提供由销售方出具的写明具体理由、错误具体项目以及正确内容的书面材料，主管税务机关审核确认后出具通知单。销售方凭通知单开具红字专用发票。

（5）发生销货退回或销售折让的，除按照《国家税务总局关于修订增值税专用发票使用规定的补充通知》的规定进行处理外，销售方还应在开具红字专用发票后将该笔业务的相应记账凭证复印件报送主管税务机关备案。

税务机关为小规模纳税人代开专用发票需要开具红字专用发票的，比照一般纳税人开具红字专用发票的处理办法，通知单第二联交代开税务机关。

企业在运用折扣销售的方式进行纳税筹划时，还应当注意一个问题，即折扣销售的税收优惠仅适用于对货物价格的折扣，而不适用于实物折扣。如果销售者将资产、委托加工和购买的货物用于实物折扣，则该实物款额不仅不能从货物销售额中扣除，而且还应当对用于折扣的实物按照"视同销售货物"中的"赠送他人"项目，计征增值税。因此，企业在选择折扣方式时，尽量不选择实物折扣，在必须采用实物折扣方式时，企业可以在发票上通过适当调整而将其变为价格折扣。

企业在折扣销售中进行纳税筹划的法律政策依据有哪些?

1.《中华人民共和国增值税暂行条例》(1993年12月13日中华人民共和国国务院令第134号发布 2008年11月5日国务院第34次常务会议修订通过)

2.《中华人民共和国增值税暂行条例实施细则》(2008年12月18日财政部 国家税务总局令第50号公布 根据2011年10月28日《关于修改〈中华人民共和国增值税暂行条例实施细则〉和〈中华人民共和国营业税暂行条例实施细则〉的决定》修订)

3.《增值税若干具体问题的规定》(国家税务总局1993年12月28日发布,国税发〔1993〕154号)

4.《国家税务总局关于纳税人折扣折让行为开具红字增值税专用发票问题的通知》(国家税务总局2006年12月29日发布,国税函〔2006〕1279号)

5.《国家税务总局关于修订增值税专用发票使用规定的补充通知》(国税发〔2007〕18号)

6.《国家税务总局关于折扣额抵减增值税应税销售额问题通知》(国税函〔2010〕56号)

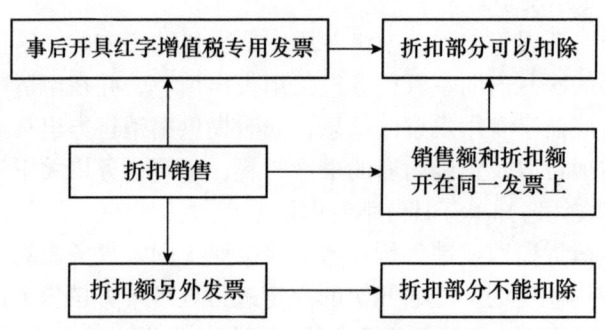

图6-8　企业在折扣销售中进行纳税筹划

 生活中的案例

例6-11　某企业为了促销,规定凡购买其产品在6 000件以上的,给予折扣10%。该产品不含税单价200元,折扣后的不含税价格为180元。该企业未将销售额和折扣额在同一张发票上分别注明。请计算该企业应当缴纳的增值税,并提出纳税筹划方案。

答:筹划方案:由于该企业没有将折扣额写在同一张发票上,该企业缴纳增值税应当以销售额的全额计缴:200×6 000×17%=204 000(元)。如果企业熟悉税法的规定,将销售额和折扣额在同一张发票上分别注明,那么企业应纳增值税应当以折扣后的余额计缴:180×6 000×17%=183 600(元)。纳税筹划所导致的节税效果为:204 000−183 600=20 400(元)。

 企业在销售折扣中如何进行纳税筹划?

销售折扣是指企业在销售货物或提供应税劳务的行为发生后,为了尽快收回资金而给予债务方一定的价格上的优惠。销售折扣通常采用3/10、1/20、N/30等符号。这三种符号的含义是:如果债务方在10天内付清款项,则折扣额为3%;如果在20天内付清款项,则折扣额为1%;如果在30天内付清款项,则应全额支付。由于销售折扣发生在销售货物之后,本身并不属于销售行为,而属于一种融资性的理财行为,因此销售折扣不得从销售额中减除,企业应当按照全部销售额计缴增值税。销售折扣在实际发生时计入财务费用。

从企业税负角度考虑,折扣销售方式优于销售折扣方式。如果企业面对的是一个信誉良好的客户,销售货款回收的风险较小,那么企业可以考虑通过修改合同,将销售折扣方式改为折扣销售方式。

 企业在销售折扣中进行纳税筹划的法律政策依据有哪些?

1.《中华人民共和国增值税暂行条例》(1993年12月13日中华人民共和国国务院令第134号发布 2008年11月5日国务院第34次常务会议修订通过)

2.《中华人民共和国增值税暂行条例实施细则》(2008年12月18日财政部 国家税务总局令第50号公布 根据2011年10月28日《关于修改〈中华人民共和国增值税暂行条例实施细则〉和〈中华人民共和国营业税暂行条例实施细则〉的决定》修订)

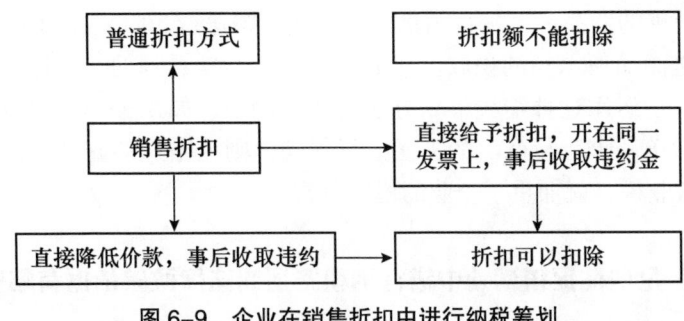

图6-9 企业在销售折扣中进行纳税筹划

生活中的案例

例 6-12 企业与客户签订的合同金额为 100 000 元，合同中约定的付款期为 40 天。如果对方可以在 20 天内付款，将给予对方 3% 的销售折扣，即 3 000 元。由于企业采取的是销售折扣方式，折扣额不能从销售额中扣除，企业应按照 100 000 元的销售额计算增值税销项税额。这样，增值税销项税额为：100 000×17%=17 000（元）。请提出该企业的纳税筹划方案。

答：该企业可以用两种方法实现纳税筹划：

筹划方案（一）：企业在承诺给予对方 3% 的折扣的同时，将合同中约定的付款期缩短为 20 天，这样就可以在给对方开具增值税专用发票时，将以上折扣额与销售额开在同一张发票上，使企业按照折扣后的销售额计算销项增值税，增值税销项税额为：100 000×（1-3%）×17%=16 490（元）。这样，企业收入没有降低，但节省了 510 元的增值税。当然，这种方法也有缺点：如果对方企业没有在 20 天之内付款，企业会遭受损失。

筹划方案（二）：企业主动压低该批货物的价格，将合同金额降低为 97 000 元，相当于给予对方 3% 折扣之后的金额。同时在合同中约定，对方企业超过 20 天付款加收 3 000 元违约金。这样，企业的收入并没有受到实质影响。如果对方在 20 天之内付款，可以按照 97 000 元的价款给对方开具增值税专用发票，并计算 16 490 元的增值税销项税额。如果对方没有在 20 天之内付款，企业可向对方收取 3 000 元违约金，并以"全部价款和价外费用"，按照 100 000 元计算销项增值税，这也符合税法的要求。

 企业在促销活动中如何进行纳税筹划？

不同的促销方式在增值税上所受的待遇是不同的，利用这些不同待遇就可以进行纳税筹划。在增值税法中，赠送行为视同销售行为征收增值税，因此，当企业计划采用赠送这种促销方式时，应当考虑将赠送的商品放入销售的商品中，与销售的商品一起进行销售，这样就把赠送行为隐藏在销售行为之中，避免了赠送商品所承担的税收。比如，市场上经常看到的"加量不加价"的促销方式就是运用这种纳税筹划方法的典型例子，如果采用在原数量和价格的基础上赠送若干数量商品的方法进行促销，则该赠送的商品就需要缴纳增值税或者营业税，就加重了企业的税收负担。

 企业在促销活动中进行纳税筹划的法律政策依据有哪些？

1.《中华人民共和国增值税暂行条例》（1993 年 12 月 13 日中华人民共和

国国务院令第134号发布 2008年11月5日国务院第34次常务会议修订通过）

2.《中华人民共和国增值税暂行条例实施细则》（2008年12月18日财政部 国家税务总局令第50号公布 根据2011年10月28日《关于修改〈中华人民共和国增值税暂行条例实施细则〉和〈中华人民共和国营业税暂行条例实施细则〉的决定》修订）

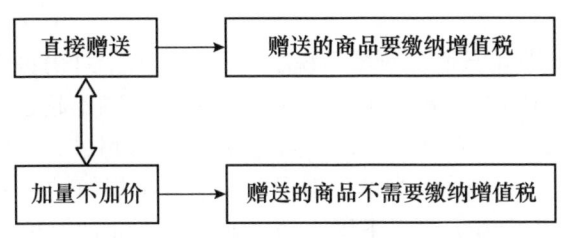

图6-10　企业在促销活动中进行纳税筹划

 生活中的案例

例6-13　某企业销售一批商品，共10 000件，每件100元（不含增值税），根据需要采取实物折扣的方式，即在100件商品的基础上赠送10件商品。请计算该企业应当缴纳的增值税并提出纳税筹划方案。

答：按照实物折扣的方式销售后，企业收取价款为：10 000×100=1 000 000（元），收取的销项税额为：10 000×100×17%=170 000（元），需要自己承担销项税额为：1 000×100×17%=17 000（元）。

筹划方案：将这种实物折扣在开发票时变成价格折扣，即按照出售11 000件商品计算，商品价格总额为1 100 000元，打折以后的价格为1 000 000元。这样，该企业就可以收取1 000 000元的价款，同时收取的增值税额为：1 000 000×17%=170 000（元），不用自己负担增值税了。通过纳税筹划，企业减轻税收负担17 000元。

 如何利用起征点进行纳税筹划？

根据《增值税暂行条例》第十七条的规定，纳税人销售额未达到国务院财政、税务主管部门规定的增值税起征点的，免征增值税；达到起征点的，依照该条例规定全额计算缴纳增值税。根据《增值税暂行条例实施细则》第三十七条的规定，增值税起征点的适用范围限于个人。增值税起征点的幅度规定如下：(1)销售货物的，为月销售额5 000～20 000元；(2)销售应税劳务的，为月销售额5 000～20 000元；(3)按次纳税的，为每次（日）销售额300～500元。上述所称销售额，是指《增值税暂行条例实施细则》第三十条第一款所称小规模纳税人的销售额，即不含税销售额。省、自治区、直辖市

199

财政厅（局）和国家税务局应在规定的幅度内，根据实际情况确定本地区适用的起征点，并报财政部、国家税务总局备案。

如果纳税人的不含税销售额位于当地规定的增值税起征点附近，应当尽量使自己的不含税销售额低于税法规定的起征点，从而享受免税的优惠待遇。但这一优惠仅适用于个人和个体工商户，不适用于个人独资企业、合伙企业、有限责任公司。

自2013年8月1日起，对增值税小规模纳税人中月销售额不超过2万元的企业或非企业性单位，暂免征收增值税。"月销售额不超过2万元"是指月销售额在2万元以下（含2万元，下同）。月销售额超过2万元的，应全额计算缴纳增值税。以1个季度为纳税期限的增值税小规模纳税人中，季度销售额不超过6万元（含6万元，下同）的企业或非企业性单位，可暂免征收增值税。增值税小规模纳税人中的企业或非企业性单位，兼营营业税应税项目的，应当分别核算增值税应税项目的销售额和营业税应税项目的营业额，月销售额不超过2万元（按季纳税的，6万元）的暂免征收增值税，月营业额不超过2万元（按季纳税的，6万元）的，暂免征收营业税。增值税小规模纳税人中的企业或非企业性单位，月销售额不超过2万元（按季纳税的，6万元）的，当期因代开增值税专用发票（含货物运输业增值税专用发票）和普通发票已经缴纳的税款，在发票全部联次追回后可以向主管税务机关申请退还。

上述优惠政策类似于起征点优惠，可以适用于所有属于小规模纳税人的各种类型的企业。

利用起征点进行纳税筹划的法律政策依据有哪些？

1.《中华人民共和国增值税暂行条例》（1993年12月13日中华人民共和国国务院令第134号发布 2008年11月5日国务院第34次常务会议修订通过）

2.《中华人民共和国增值税暂行条例实施细则》（2008年12月18日财政部 国家税务总局令第50号公布 根据2011年10月28日《关于修改〈中华人民共和国增值税暂行条例实施细则〉和〈中华人民共和国营业税暂行条例实施细则〉的决定》修订）

3.《财政部 国家税务总局关于暂免征收部分小微企业增值税和营业税的通知》（财税〔2013〕52号）

4.《国家税务总局关于暂免征收部分小微企业增值税和营业税政策有关问题的公告》（国家税务总局公告2013年第49号）

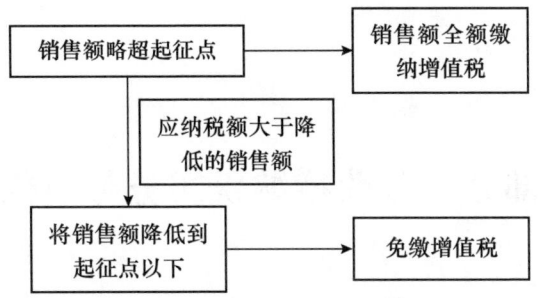

图 6-11 利用起征点进行纳税筹划

 生活中的案例

例 6-14 某个体工商户销售水果、杂货,每月含税销售额为 20 600 元左右,当地财政厅和国家税务局规定的增值税起征点为 20 000 元。请计算该个体工商户年应纳增值税额,并提出纳税筹划方案。

答: 该个体工商户每月不含税销售额为:20 600÷(1+3%)=20 000(元),达到了增值税的起征点,应当缴纳增值税。全年应纳增值税为:20 600÷(1+3%)×3%×12=7 200(元)。不考虑其他税费,该个体户每年收入为:20 600×12-7 200=240 000(元)。

筹划方案: 将其每月含税销售额降低为 20 500 元,则每月不含税销售额为:20 500÷(1+3%)=19 902.91(元)。没有达到增值税的起征点,不需要缴纳增值税。不考虑其他税费,该个体户每年收为入:20 500×12=246 000(元)。由此可见,虽然该个体户每月销售收入降低了,但全年收入反而增加了 6 000 元(246 000-240 000)。

第七部分　营改增纳税实务与纳税筹划

> 您知道营改增的纳税人有哪些吗？您知道营改增的征税对象有哪些吗？您知道营改增的税率是多少吗？您知道在营改增中如何计算应纳税额吗？您知道在营改增中如何进行纳税筹划吗？本部分将为您回答上述问题。

一、营改增的纳税人

 营改增的纳税人有哪些？

在中华人民共和国境内（以下称境内）销售服务、无形资产或者不动产（以下称应税行为）的单位和个人，为增值税纳税人，应当按照《营业税改征增值税试点实施办法》（财税〔2016〕36号）缴纳增值税，不缴纳营业税。单位，是指企业、行政单位、事业单位、军事单位、社会团体及其他单位。个人，是指个体工商户和其他个人（即自然人）。

单位以承包、承租、挂靠方式经营的，承包人、承租人、挂靠人（以下统称承包人）以发包人、出租人、被挂靠人（以下统称发包人）名义对外经营并由发包人承担相关法律责任的，以该发包人为纳税人。否则，以承包人为纳税人。

两个或者两个以上的纳税人，经财政部和国家税务总局批准可以视为一个纳税人合并纳税。具体办法由财政部和国家税务总局另行制定。

 友情提示

纳税人应当按照国家统一的会计制度进行增值税会计核算。

营改增的纳税人如何分类?

纳税人分为一般纳税人和小规模纳税人。应税行为的年应征增值税销售额(以下称应税销售额)超过财政部和国家税务总局规定标准的纳税人为一般纳税人,未超过规定标准的纳税人为小规模纳税人。上述年应税销售额标准为 500 万元(含本数)。财政部和国家税务总局可以对年应税销售额标准进行调整。

年应税销售额超过规定标准的其他个人不属于一般纳税人。年应税销售额超过规定标准但不经常发生应税行为的单位和个体工商户可选择按照小规模纳税人纳税。

年应税销售额未超过规定标准的纳税人,会计核算健全,能够提供准确税务资料的,可以向主管税务机关办理一般纳税人资格登记,成为一般纳税人。会计核算健全,是指能够按照国家统一的会计制度规定设置账簿,根据合法、有效凭证核算。

符合一般纳税人条件的纳税人应当向主管税务机关办理一般纳税人资格登记。具体登记办法由国家税务总局制定。

 友情提示

> 除国家税务总局另有规定外,一经登记为一般纳税人后,不得转为小规模纳税人。

营改增试点实施前已取得增值税一般纳税人资格并兼有应税行为的试点纳税人,不需要重新登记一般纳税人资格,由主管税务机关制作、送达《税务事项通知书》,告知纳税人即可。其兼有的应税行为,除文件另有规定外,应按照一般计税方法计税。

 营改增的扣缴义务人有哪些?

中华人民共和国境外(以下称境外)单位或者个人在境内发生应税行为,在境内未设有经营机构的,以购买方为增值税扣缴义务人。财政部和国家税务总局另有规定的除外。

扣缴义务人在扣缴增值税的时候,应按照以下公式计算应扣缴税额:

应扣缴税额=购买方支付的价款÷(1+税率)×税率

 **友情提示**

这里需要注意的是,按照上述公式计算应扣缴税额时,无论购买方支付的价款是否超过500万的一般纳税人标准,无论扣缴义务人是一般纳税人还是小规模纳税人,一律按照境外单位或者个人发生应税行为的适用税率予以计算。

境内购买方从境外单位或者个人购进服务、无形资产或者不动产的,其取得的解缴税款的完税凭证上注明的增值税额,准予从销项税额中抵扣。

扣缴义务发生时间为纳税人增值税纳税义务发生的当天。扣缴义务人应当向其机构所在地或者居住地主管税务机关申报缴纳扣缴的税款。

 营改增纳税人的法律政策依据有哪些?

1.《财政部 国家税务总局关于全面推开营业税改征增值税试点的通知》(财税〔2016〕36号)

2.《营业税改征增值税试点实施办法》(财税〔2016〕36号)

3.《营业税改征增值税试点有关事项的规定》(财税〔2016〕36号)

4.《营业税改征增值税试点过渡政策的规定》(财税〔2016〕36号)

5.《跨境应税行为适用增值税零税率和免税政策的规定》(财税〔2016〕36号)

二、营改增的征税对象

 营改增的应税行为有哪些?

应税行为分为三大类,即:销售应税服务、销售无形资产和销售不动产。其中,应税服务包括交通运输服务、邮政服务、电信服务、建筑服务、金融服务、现代服务、生活服务。具体范围按照《销售服务、无形资产、不动产注释》执行。

销售服务、无形资产或者不动产,是指有偿提供服务、有偿转让无形资产或者不动产,但属于下列非经营活动的情形除外:

第一,行政单位收取的同时满足以下条件的政府性基金或者行政事业性收费:由国务院或者财政部批准设立的政府性基金,由国务院或者省级人民政府及其财政、价格主管部门批准设立的行政事业性收费；收取时开具省级以上（含省级）财政部门监（印）制的财政票据；所收款项全额上缴财政。

第二，单位或者个体工商户聘用的员工为本单位或者雇主提供取得工资的服务。

第三，单位或者个体工商户为聘用的员工提供服务。

第四，财政部和国家税务总局规定的其他情形。

有偿，是指取得货币、货物或者其他经济利益。

在境内销售服务、无形资产或者不动产，是指：

（1）服务（租赁不动产除外）或者无形资产（自然资源使用权除外）的销售方或者购买方在境内；

（2）所销售或者租赁的不动产在境内；

（3）所销售自然资源使用权的自然资源在境内；

（4）财政部和国家税务总局规定的其他情形。

下列情形不属于在境内销售服务或者无形资产：

（1）境外单位或者个人向境内单位或者个人销售完全在境外发生的服务；

（2）境外单位或者个人向境内单位或者个人销售完全在境外使用的无形资产；

（3）境外单位或者个人向境内单位或者个人出租完全在境外使用的有形动产；

（4）财政部和国家税务总局规定的其他情形。

下列情形视同销售服务、无形资产或者不动产：

（1）单位或者个体工商户向其他单位或者个人无偿提供服务，但用于公益事业或者以社会公众为对象的除外；

（2）单位或者个人向其他单位或者个人无偿转让无形资产或者不动产，但用于公益事业或者以社会公众为对象的除外；

（3）财政部和国家税务总局规定的其他情形。

下列项目不征收增值税：

（1）根据国家指令无偿提供的铁路运输服务、航空运输服务；

（2）存款利息；

（3）被保险人获得的保险赔付；

（4）房地产主管部门或者其指定机构、公积金管理中心、开发企业以及物业管理单位代收的住宅专项维修资金；

（5）在资产重组过程中，通过合并、分立、出售、置换等方式，将全部或者部分实物资产以及与其相关联的债权、负债和劳动力一并转让给其他单位和个人，其中涉及的不动产、土地使用权转让行为。

交通运输服务的范围有哪些？

交通运输服务，是指利用运输工具将货物或者旅客送达目的地，使其空间位置得到转移的业务活动。包括陆路运输服务、水路运输服务、航空运输服务和管道运输服务。

1. 陆路运输服务

陆路运输服务，是指通过陆路（地上或者地下）运送货物或者旅客的运输业务活动，包括铁路运输服务和其他陆路运输服务。

（1）铁路运输服务，是指通过铁路运送货物或者旅客的运输业务活动。

（2）其他陆路运输服务，是指铁路运输以外的陆路运输业务活动。包括公路运输、缆车运输、索道运输、地铁运输、城市轻轨运输等。

 友情提示

　　出租车公司向使用本公司自有出租车的出租车司机收取的管理费用，按照陆路运输服务缴纳增值税。

2. 水路运输服务

水路运输服务，是指通过江、河、湖、川等天然、人工水道或者海洋航道运送货物或者旅客的运输业务活动。

水路运输的程租、期租业务，属于水路运输服务。

程租业务，是指运输企业为租船人完成某一特定航次的运输任务并收取租赁费的业务。

期租业务，是指运输企业将配备有操作人员的船舶承租给他人使用一定期限，承租期内听候承租方调遣，不论是否经营，均按天向承租方收取租赁费，发生的固定费用均由船东负担的业务。

3. 航空运输服务

航空运输服务，是指通过空中航线运送货物或者旅客的运输业务活动。

航空运输的湿租业务，属于航空运输服务。

湿租业务，是指航空运输企业将配备有机组人员的飞机承租给他人使用一定期限，承租期内听候承租方调遣，不论是否经营，均按一定标准向承租方收取租赁费，发生的固定费用均由承租方承担的业务。

航天运输服务，按照航空运输服务缴纳增值税。

航天运输服务，是指利用火箭等载体将卫星、空间探测器等空间飞行器发射到空间轨道的业务活动。

4. 管道运输服务

管道运输服务,是指通过管道设施输送气体、液体、固体物质的运输业务活动。

无运输工具承运业务,按照交通运输服务缴纳增值税。

无运输工具承运业务,是指经营者以承运人身份与托运人签订运输服务合同,收取运费并承担承运人责任,然后委托实际承运人完成运输服务的经营活动。

 友情提示

把无运输工具承运人提供的承运业务,从运输代理(属于商务辅助服务)中区分出来,按照交通运输服务缴纳增值税。

 邮政服务的范围有哪些?

邮政服务,是指中国邮政集团公司及其所属邮政企业提供邮件寄递、邮政汇兑和机要通信等邮政基本服务的业务活动。包括邮政普遍服务、邮政特殊服务和其他邮政服务。

1. 邮政普遍服务

邮政普遍服务,是指函件、包裹等邮件寄递,以及邮票发行、报刊发行和邮政汇兑等业务活动。

函件,是指信函、印刷品、邮资封片卡、无名址函件和邮政小包等。

包裹,是指按照封装上的名址递送给特定个人或者单位的独立封装的物品,其重量不超过五十千克,任何一边的尺寸不超过一百五十厘米,长、宽、高合计不超过三百厘米。

2. 邮政特殊服务

邮政特殊服务,是指义务兵平常信函、机要通信、盲人读物和革命烈士遗物的寄递等业务活动。

3. 其他邮政服务

其他邮政服务,是指邮册等邮品销售、邮政代理等业务活动。

 电信服务的范围有哪些?

电信服务,是指利用有线、无线的电磁系统或者光电系统等各种通信网络资源，提供语音通话服务，传送、发射、接收或者应用图像、短信等电子数据和信息的业务活动。包括基础电信服务和增值电信服务。

1. 基础电信服务

基础电信服务，是指利用固网、移动网、卫星、互联网，提供语音通话服务的业务活动，以及出租或者出售带宽、波长等网络元素的业务活动。

2. 增值电信服务

增值电信服务，是指利用固网、移动网、卫星、互联网、有线电视网络，提供短信和彩信服务、电子数据和信息的传输及应用服务、互联网接入服务等业务活动。

 友情提示

卫星电视信号落地转接服务，按照增值电信服务缴纳增值税。

 建筑服务的范围有哪些？

建筑服务，是指各类建筑物、构筑物及其附属设施的建造、修缮、装饰，线路、管道、设备、设施等的安装以及其他工程作业的业务活动。包括工程服务、安装服务、修缮服务、装饰服务和其他建筑服务。

1. 工程服务

工程服务，是指新建、改建各种建筑物、构筑物的工程作业，包括与建筑物相连的各种设备或者支柱、操作平台的安装或者装设工程作业，以及各种窑炉和金属结构工程作业。

工程服务，涵盖房屋建筑服务、土木工程（包括铁路、道路、隧道和桥梁工程，水利和内河港口工程，海洋工程，工矿工程，架线和管道工程和其他土木工程）建筑服务。

2. 安装服务

安装服务，是指生产设备、动力设备、起重设备、运输设备、传动设备、医疗实验设备以及其他各种设备、设施的装配、安置工程作业，包括与被安装设备相连的工作台、梯子、栏杆的装设工程作业，以及被安装设备的绝缘、防腐、保温、油漆等工程作业。

就固定电话、有线电视、宽带、水、电、燃气、暖气等，经营者向用户收取的安装费、初装费、开户费、扩容费以及类似收费，按照安装服务缴纳增值税。

3. 修缮服务

修缮服务,是指对建筑物、构筑物进行修补、加固、养护、改善,使之恢复原来的使用价值或者延长其使用期限的工程作业。

4. 装饰服务

装饰服务,是指对建筑物、构筑物进行修饰装修,使之美观或者具有特定用途的工程作业。

5. 其他建筑服务

其他建筑服务,是指上列工程作业之外的各种工程作业服务,如钻井(打井)、拆除建筑物或者构筑物、平整土地、园林绿化、疏浚(不包括航道疏浚)、建筑物平移、搭脚手架、爆破、矿山穿孔、表面附着物(包括岩层、土层、沙层等)剥离和清理等工程作业。

友情提示

航道疏浚服务属于"物流辅助服务——港口码头服务"。

金融服务的范围有哪些?

金融服务,是指经营金融、保险的业务活动。包括贷款服务、直接收费金融服务、保险服务和金融商品转让。

1. 贷款服务

贷款,是指将资金贷与他人使用而取得利息收入的业务活动。

各种占用、拆借资金取得的收入,包括金融商品持有期间(含到期)利息(保本收益、报酬、资金占用费、补偿金等)收入、信用卡透支利息收入、买入返售金融商品利息收入、融资融券收取的利息收入,以及融资性售后回租、押汇、罚息、票据贴现、转贷等业务取得的利息及利息性质的收入,按照贷款服务缴纳增值税。

融资性售后回租,是指承租方以融资为目的,将资产出售给从事融资性售后回租业务的企业后,从事融资性售后回租业务的企业将该资产出租给承租方的业务活动。

以货币资金投资收取的固定利润或者保底利润,按照贷款服务缴纳增值税。

纳税人提供贷款服务的销售额包括取得的全部利息及利息性质的收入。

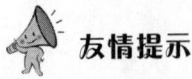 **友情提示**

需要注意的是,对于借款方,接受贷款服务向贷款方支付的全部利息及利息性质的费用,以及与该笔贷款直接相关的投融资顾问费、手续费、咨询费等费用,其进项税额不得从销项税额中抵扣。

融资性售后回租业务的销售额,按照《试点有关事项的规定》第一条第(三)项第五点规定执行。具体规定如下:

第一,经人民银行、银监会或者商务部批准从事融资租赁业务的试点纳税人,提供融资性售后回租服务,以取得的全部价款和价外费用(不含本金),扣除对外支付的借款利息(包括外汇借款和人民币借款利息)、发行债券利息后的余额作为销售额。

第二,试点纳税人根据2016年4月30日前签订的有形动产融资性售后回租合同,在合同到期前提供的有形动产融资性售后回租服务,可继续按照有形动产融资租赁服务缴纳增值税。

继续按照有形动产融资租赁服务缴纳增值税的试点纳税人,经人民银行、银监会或者商务部批准从事融资租赁业务的,根据2016年4月30日前签订的有形动产融资性售后回租合同,在合同到期前提供的有形动产融资性售后回租服务,可以选择以下方法之一计算销售额:

(1)以向承租方收取的全部价款和价外费用,扣除向承租方收取的价款本金,以及对外支付的借款利息(包括外汇借款和人民币借款利息)、发行债券利息后的余额为销售额。纳税人提供有形动产融资性售后回租服务,计算当期销售额时可以扣除的价款本金,为书面合同约定的当期应当收取的本金。无书面合同或者书面合同没有约定的,为当期实际收取的本金。试点纳税人提供有形动产融资性售后回租服务,向承租方收取的有形动产价款本金,不得开具增值税专用发票,可以开具普通发票。

(2)以向承租方收取的全部价款和价外费用,扣除支付的借款利息(包括外汇借款和人民币借款利息)、发行债券利息后的余额为销售额。

第三,经商务部授权的省级商务主管部门和国家经济技术开发区批准的从事融资租赁业务的试点纳税人,2016年5月1日后实收资本达到1.7亿元的,从达到标准的当月起按照上述第一、二点规定执行;2016年5月1日后实收资本未达到1.7亿元但注册资本达到1.7亿元的,在2016年7月31日前仍可按照上述第一、二点规定执行,2016年8月1日后开展的融资性售后回租业务不得按照上述第一、二点规定执行。

2. 直接收费金融服务

直接收费金融服务,是指为货币资金融通及其他金融业务提供相关服务并且收取费用的业务活动。包括提供货币兑换、账户管理、电子银行、信用卡、信用证、财务担保、资产管理、信托管理、基金管理、金融交易场所(平台)管理、资金结算、资金清算、金融支付等服务。

3. 保险服务

保险服务,是指投保人根据合同约定,向保险人支付保险费,保险人对于合同约定的可能发生的事故因其发生所造成的财产损失承担赔偿保险金责任,或者在被保险人死亡、伤残、疾病或者达到合同约定的年龄、期限等条件时承担给付保险金责任的商业保险行为。包括人身保险服务和财产保险服务。

人身保险服务,是指以人的寿命和身体为保险标的的保险业务活动。

财产保险服务,是指以财产及其有关利益为保险标的的保险业务活动。

4. 金融商品转让

金融商品转让,是指转让外汇、有价证券、非货物期货和其他金融商品所有权的业务活动。

其他金融商品转让包括基金、信托、理财产品等各类资产管理产品和各种金融衍生品的转让。

 现代服务的范围有哪些?

现代服务,是指围绕制造业、文化产业、现代物流产业等提供技术性、知识性服务的业务活动。包括研发和技术服务、信息技术服务、文化创意服务、物流辅助服务、租赁服务、鉴证咨询服务、广播影视服务、商务辅助服务和其他现代服务。

1. 研发和技术服务

研发和技术服务,包括研发服务、合同能源管理服务、工程勘察勘探服务、专业技术服务。

(1)研发服务,也称技术开发服务,是指就新技术、新产品、新工艺或者新材料及其系统进行研究与试验开发的业务活动。

(2)合同能源管理服务,是指节能服务公司与用能单位以契约形式约定节能目标,节能服务公司提供必要的服务,用能单位以节能效果支付节能服务公司投入及其合理报酬的业务活动。

(3)工程勘察勘探服务,是指在采矿、工程施工前后,对地形、地质构造、地下资源蕴藏情况进行实地调查的业务活动。

（4）专业技术服务，是指气象服务、地震服务、海洋服务、测绘服务、城市规划、环境与生态监测服务等专项技术服务。

2. 信息技术服务

信息技术服务，是指利用计算机、通信网络等技术对信息进行生产、收集、处理、加工、存储、运输、检索和利用，并提供信息服务的业务活动。包括软件服务、电路设计及测试服务、信息系统服务、业务流程管理服务和信息系统增值服务。

（1）软件服务，是指提供软件开发服务、软件维护服务、软件测试服务的业务活动。

（2）电路设计及测试服务，是指提供集成电路和电子电路产品设计、测试及相关技术支持服务的业务活动。

（3）信息系统服务，是指提供信息系统集成、网络管理、网站内容维护、桌面管理与维护、信息系统应用、基础信息技术管理平台整合、信息技术基础设施管理、数据中心、托管中心、信息安全服务、在线杀毒、虚拟主机等业务活动。包括网站对非自有的网络游戏提供的网络运营服务。

（4）业务流程管理服务，是指依托信息技术提供的人力资源管理、财务经济管理、审计管理、税务管理、物流信息管理、经营信息管理和呼叫中心等服务的活动。

（5）信息系统增值服务，是指利用信息系统资源为用户附加提供的信息技术服务。包括数据处理、分析和整合、数据库管理、数据备份、数据存储、容灾服务、电子商务平台等。

3. 文化创意服务

文化创意服务，包括设计服务、知识产权服务、广告服务和会议展览服务。

（1）设计服务，是指把计划、规划、设想通过文字、语言、图画、声音、视觉等形式传递出来的业务活动。包括工业设计、内部管理设计、业务运作设计、供应链设计、造型设计、服装设计、环境设计、平面设计、包装设计、动漫设计、网游设计、展示设计、网站设计、机械设计、工程设计、广告设计、创意策划、文印晒图等。

（2）知识产权服务，是指处理知识产权事务的业务活动。包括对专利、商标、著作权、软件、集成电路布图设计的登记、鉴定、评估、认证、检索服务。

（3）广告服务，是指利用图书、报纸、杂志、广播、电视、电影、幻灯、路牌、招贴、橱窗、霓虹灯、灯箱、互联网等各种形式为客户的商品、经营服务项目、文体节目或者通告、声明等委托事项进行宣传和提供相关服务的业务活动。包括广告代理和广告的发布、播映、宣传、展示等。

（4）会议展览服务，是指为商品流通、促销、展示、经贸洽谈、民间交流、企业沟通、国际往来等举办或者组织安排各类展览和会议的业务活动。

4. 物流辅助服务

物流辅助服务，包括航空服务、港口码头服务、货运客运场站服务、打捞救助服务、装卸搬运服务、仓储服务和收派服务。

（1）航空服务，包括航空地面服务和通用航空服务。

航空地面服务，是指航空公司、飞机场、民航管理局、航站等向在境内航行或者在境内机场停留的境内外飞机或者其他飞行器提供导航等劳务性地面服务的业务活动。包括旅客安全检查服务、停机坪管理服务、机场候机厅管理服务、飞机清洗消毒服务、空中飞行管理服务、飞机起降服务、飞行通讯服务、地面信号服务、飞机安全服务、飞机跑道管理服务、空中交通管理服务等。

通用航空服务，是指为专业工作提供飞行服务的业务活动，包括航空摄影、航空培训、航空测量、航空勘探、航空护林、航空吊挂播洒、航空降雨、航空气象探测、航空海洋监测、航空科学实验等。

（2）港口码头服务，是指港务船舶调度服务、船舶通讯服务、航道管理服务、航道疏浚服务、灯塔管理服务、航标管理服务、船舶引航服务、理货服务、系解缆服务、停泊和移泊服务、海上船舶溢油清除服务、水上交通管理服务、船只专业清洗消毒检测服务和防止船只漏油服务等为船只提供服务的业务活动。

 友情提示

港口设施经营人收取的港口设施保安费按照港口码头服务缴纳增值税。

（3）货运客运场站服务，是指货运客运场站提供货物配载服务、运输组织服务、中转换乘服务、车辆调度服务、票务服务、货物打包整理、铁路线路使用服务、加挂铁路客车服务、铁路行包专列发送服务、铁路到达和中转服务、铁路车辆编解服务、车辆挂运服务、铁路接触网服务、铁路机车牵引服务等的业务活动。

（4）打捞救助服务，是指提供船舶人员救助、船舶财产救助、水上救助和沉船沉物打捞服务的业务活动。

（5）装卸搬运服务，是指使用装卸搬运工具或者人力、畜力将货物在运输工具之间、装卸现场之间或者运输工具与装卸现场之间进行装卸和搬运的业务活动。

（6）仓储服务，是指利用仓库、货场或者其他场所代客贮放、保管货物的业务活动。

（7）收派服务，是指接受寄件人委托，在承诺的时限内完成函件和包裹的收件、分拣、派送服务的业务活动。

收件服务，是指从寄件人处收取函件和包裹，并运送到服务提供方同城的集散中心的业务活动。

分拣服务，是指服务提供方在其集散中心对函件和包裹进行归类、分发的业务活动。

派送服务，是指服务提供方从其集散中心将函件和包裹送达同城的收件人的业务活动。

5. 租赁服务

租赁服务，包括融资租赁服务和经营租赁服务。

（1）融资租赁服务，是指具有融资性质和所有权转移特点的租赁活动。即出租人根据承租人所要求的规格、型号、性能等条件购入有形动产或者不动产租赁给承租人，合同期内租赁物所有权属于出租人，承租人只拥有使用权，合同期满付清租金后，承租人有权按照残值购入租赁物，以拥有其所有权。不论出租人是否将租赁物销售给承租人，均属于融资租赁。

按照标的物的不同，融资租赁服务可分为有形动产融资租赁服务和不动产融资租赁服务。

融资性售后回租不按照本税目缴纳增值税。

融资租赁服务的销售额，按照《试点有关事项的规定》第一条第（三）项第5点执行。具体规定如下：

第一，经人民银行、银监会或者商务部批准从事融资租赁业务的试点纳税人，提供融资租赁服务，以取得的全部价款和价外费用，扣除支付的借款利息（包括外汇借款和人民币借款利息）、发行债券利息和车辆购置税后的余额为销售额。

第二，经商务部授权的省级商务主管部门和国家经济技术开发区批准的从事融资租赁业务的试点纳税人，2016年5月1日后实收资本达到1.7亿元的，从达到标准的当月起按照上述第一点规定执行；2016年5月1日后实收资本未达到1.7亿元但注册资本达到1.7亿元的，在2016年7月31日前仍可按照上述第一点规定执行，2016年8月1日后开展的融资租赁业务不得按照上述第一点规定执行。

（2）经营租赁服务，是指在约定时间内将有形动产或者不动产转让他人使用且租赁物所有权不变更的业务活动。

按照标的物的不同，经营租赁服务可分为有形动产经营租赁服务和不动产经营租赁服务。

将建筑物、构筑物等不动产或者飞机、车辆等有形动产的广告位出租给其他单位或者个人用于发布广告，按照经营租赁服务缴纳增值税。

车辆停放服务、道路通行服务（包括过路费、过桥费、过闸费等）等按照不动产经营租赁服务缴纳增值税。

纳税人出租其2016年4月30日前取得的不动产，可以选择适用简易计税方法，按照5%的征收率计算应纳税额。该不动产与纳税人机构所在地不在同一县（市）的，应在不动产所在地预缴税款。具体规定请参考《试点有关事项的规定》第一条第（九）项。

公路经营企业中的一般纳税人收取试点前开工的高速公路的车辆通行费，可以选择适用简易计税方法，减按3%的征收率计算应纳税额。

水路运输的光租业务、航空运输的干租业务，属于经营租赁。

光租业务，是指运输企业将船舶在约定的时间内出租给他人使用，不配备操作人员，不承担运输过程中发生的各项费用，只收取固定租赁费的业务活动。

干租业务，是指航空运输企业将飞机在约定的时间内出租给他人使用，不配备机组人员，不承担运输过程中发生的各项费用，只收取固定租赁费的业务活动。

6. 鉴证咨询服务

鉴证咨询服务，包括认证服务、鉴证服务和咨询服务。

（1）认证服务，是指具有专业资质的单位利用检测、检验、计量等技术，证明产品、服务、管理体系符合相关技术规范、相关技术规范的强制性要求或者标准的业务活动。

（2）鉴证服务，是指具有专业资质的单位受托对相关事项进行鉴证，发表具有证明力的意见的业务活动。包括会计鉴证、税务鉴证、法律鉴证、职业技能鉴定、工程造价鉴证、工程监理、资产评估、环境评估、房地产土地评估、建筑图纸审核、医疗事故鉴定等。

（3）咨询服务，是指提供信息、建议、策划、顾问等服务的活动。包括金融、软件、技术、财务、税收、法律、内部管理、业务运作、流程管理、健康等方面的咨询。

翻译服务和市场调查服务按照咨询服务缴纳增值税。

7. 广播影视服务

广播影视服务,包括广播影视节目(作品)的制作服务、发行服务和播映(含放映,下同)服务。

(1)广播影视节目(作品)制作服务,是指进行专题(特别节目)、专栏、综艺、体育、动画片、广播剧、电视剧、电影等广播影视节目和作品制作的服务。具体包括与广播影视节目和作品相关的策划、采编、拍摄、录音、音视频文字图片素材制作、场景布置、后期的剪辑、翻译(编译)、字幕制作、片头、片尾、片花制作、特效制作、影片修复、编目和确权等业务活动。

(2)广播影视节目(作品)发行服务,是指以分账、买断、委托等方式,向影院、电台、电视台、网站等单位和个人发行广播影视节目(作品)以及转让体育赛事等活动的报道及播映权的业务活动。

(3)广播影视节目(作品)播映服务,是指在影院、剧院、录像厅及其他场所播映广播影视节目(作品),以及通过电台、电视台、卫星通信、互联网、有线电视等无线或者有线装置播映广播影视节目(作品)的业务活动。

8. 商务辅助服务

商务辅助服务,包括企业管理服务、经纪代理服务、人力资源服务、安全保护服务。

(1)企业管理服务,是指提供总部管理、投资与资产管理、市场管理、物业管理、日常综合管理等服务的业务活动。

(2)经纪代理服务,是指各类经纪、中介、代理服务。包括金融代理、知识产权代理、货物运输代理、代理报关、法律代理、房地产中介、职业中介、婚姻中介、代理记账、拍卖等。

货物运输代理服务,是指接受货物收货人、发货人、船舶所有人、船舶承租人或者船舶经营人的委托,以委托人的名义,为委托人办理货物运输、装卸、仓储和船舶进出港口、引航、靠泊等相关手续的业务活动。

代理报关服务,是指接受进出口货物的收、发货人委托,代为办理报关手续的业务活动。

(3)人力资源服务,是指提供公共就业、劳务派遣、人才委托招聘、劳动力外包等服务的业务活动。

(4)安全保护服务,是指提供保护人身安全和财产安全,维护社会治安等服务的业务活动。包括场所住宅保安、特种保安、安全系统监控以及其他安保服务。

9. 其他现代服务

其他现代服务,是指除研发和技术服务、信息技术服务、文化创意服务、物流辅助服务、租赁服务、鉴证咨询服务、广播影视服务和商务辅助服务以外的现代服务。

 生活服务的范围有哪些？

生活服务，是指为满足城乡居民日常生活需求提供的各类服务活动。包括文化体育服务、教育医疗服务、旅游娱乐服务、餐饮住宿服务、居民日常服务和其他生活服务。

1. 文化体育服务

文化体育服务，包括文化服务和体育服务。

（1）文化服务，是指为满足社会公众文化生活需求提供的各种服务。包括：文艺创作、文艺表演、组织文化比赛，图书馆提供图书和资料借阅，档案馆的档案管理，文物及非物质遗产保护，组织举办宗教活动、科技活动、文化活动，提供游览场所。

（2）体育服务，是指组织举办体育比赛、体育表演、体育活动，以及提供体育训练、体育指导、体育管理的业务活动。

2. 教育医疗服务

教育医疗服务，包括教育服务和医疗服务。

（1）教育服务，是指提供学历教育服务、非学历教育服务、教育辅助服务的业务活动。

学历教育服务，是指根据教育行政管理部门确定或者认可的招生和教学计划组织教学，并颁发相应学历证书的业务活动。包括初等教育、初级中等教育、高级中等教育、高等教育等。

非学历教育服务，包括学前教育、各类培训、演讲、讲座、报告会等。

教育辅助服务，包括教育测评、考试、招生等服务。

（2）医疗服务，是指提供医学检查、诊断、治疗、康复、预防、保健、接生、计划生育、防疫服务等方面的服务，以及与这些服务有关的提供药品、医用材料器具、救护车、病房住宿和伙食的业务。

3. 旅游娱乐服务

旅游娱乐服务，包括旅游服务和娱乐服务。

（1）旅游服务，是指根据旅游者的要求，组织安排交通、游览、住宿、餐饮、购物、文娱、商务等服务的业务活动。

（2）娱乐服务，是指为娱乐活动同时提供场所和服务的业务。

具体包括：歌厅、舞厅、夜总会、酒吧、台球、高尔夫球、保龄球、游艺（包括射击、狩猎、跑马、游戏机、蹦极、卡丁车、热气球、动力伞、射箭、飞镖）。

4. 餐饮住宿服务

餐饮住宿服务,包括餐饮服务和住宿服务。

(1)餐饮服务,是指通过同时提供饮食和饮食场所的方式为消费者提供饮食消费服务的业务活动。

(2)住宿服务,是指提供住宿场所及配套服务等的活动。包括宾馆、旅馆、旅社、度假村和其他经营性住宿场所提供的住宿服务。

5. 居民日常服务

居民日常服务,是指主要为满足居民个人及其家庭日常生活需求提供的服务,包括市容市政管理、家政、婚庆、养老、殡葬、照料和护理、救助救济、美容美发、按摩、桑拿、氧吧、足疗、沐浴、洗染、摄影扩印等服务。

6. 其他生活服务

其他生活服务,是指除文化体育服务、教育医疗服务、旅游娱乐服务、餐饮住宿服务和居民日常服务之外的生活服务。

 销售无形资产的范围有哪些?

销售无形资产,是指转让无形资产所有权或者使用权的业务活动。无形资产,是指不具有实物形态,但能带来经济利益的资产,包括技术、商标、著作权、商誉、自然资源使用权和其他权益性无形资产。

技术,包括专利技术和非专利技术。

自然资源使用权,包括土地使用权、海域使用权、探矿权、采矿权、取水权和其他自然资源使用权。

其他权益性无形资产,包括基础设施资产经营权、公共事业特许权、配额、经营权(包括特许经营权、连锁经营权、其他经营权)、经销权、分销权、代理权、会员权、席位权、网络游戏虚拟道具、域名、名称权、肖像权、冠名权、转会费等。

 销售不动产的范围有哪些?

销售不动产,是指转让不动产所有权的业务活动。不动产,是指不能移动或者移动后会引起性质、形状改变的财产,包括建筑物、构筑物等。

建筑物,包括住宅、商业营业用房、办公楼等可供居住、工作或者进行其他活动的建造物。

构筑物,包括道路、桥梁、隧道、水坝等建造物。

转让建筑物有限产权或者永久使用权的,转让在建的建筑物或者构筑物所有权的,以及在转让建筑物或者构筑物时一并转让其所占土地的使用权的,按照销售不动产缴纳增值税。

营改增纳税人范畴的法律政策依据有哪些？

1.《财政部 国家税务总局关于全面推开营业税改征增值税试点的通知》（财税〔2016〕36号）

2.《营业税改征增值税试点实施办法》（财税〔2016〕36号）

3.《营业税改征增值税试点有关事项的规定》（财税〔2016〕36号）

4.《营业税改征增值税试点过渡政策的规定》（财税〔2016〕36号）

5.《跨境应税行为适用增值税零税率和免税政策的规定》（财税〔2016〕36号）

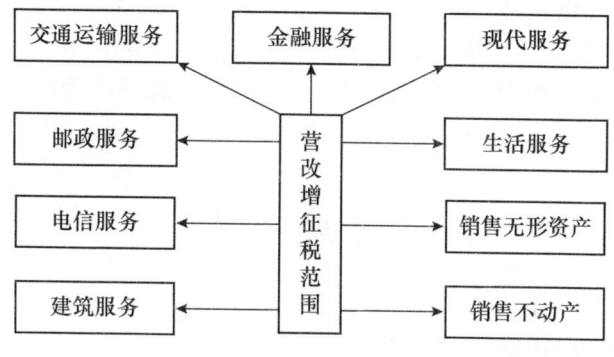

图7-1 营改增的征税范围

生活中的案例

例7-1 下列哪些行为属于增值税的征收范围？①A公司将房屋与B公司土地交换；②C银行将房屋出租给D饭店，而D饭店长期不付租金，后经双方协商，由银行在饭店就餐抵账；③E房地产开发企业委托F建筑工程公司建造房屋，双方在结算价款时，房地产企业将若干套房屋给建筑公司冲抵工程款；④H运输公司与I汽车修理公司商订，H运输公司为I汽车修理公司免费提供运输服务，I汽车修理公司为其免费提供汽车维修作为回报。

答：①本案例A公司将不动产换取了B公司的土地使用权，此时虽没有取得货币，但相对于A公司而言，它取得了B公司的土地使用权；同样B公司也是以土地为代价换取了A公司房屋所有权，这里的土地使用权和房屋所有权就是我们所说的其他经济利益。

②本案例C银行将房屋出租给D饭店，而D饭店长期不付租金，后经双方协商，由银行在饭店就餐抵账，对C银行而言，出租房屋取得的是免费接受餐饮服务；对D饭店而言，提供餐饮服务取得的是免费使用房屋。这两者

涉及到了饮食服务和房屋出租等，取得了其他经济利益，因此都应征收增值税。

③本案例 E 房地产开发企业委托 F 建筑工程公司建造房屋，双方在结算价款时，房地产企业将若干套房屋给建筑队冲抵工程款，看上去没有资金往来，但实际上 E 房地产开发企业取得的好处是接受了 F 建筑工程公司的建筑劳务，同样 F 建筑工程公司获得了房屋所有权，双方都取得了经济利益，因此也应当缴纳增值税。

④本案例中 H 运输公司与 I 汽车修理公司商订，H 运输公司为 I 汽车修理公司免费提供运输服务，I 汽车修理公司为其免费提供汽车维修作为回报。这里运输服务和汽车维修都属于其他经济利益，因此对 H 公司提供的运输服务应征收增值税。

通过这些案例，可以看出，其他经济利益是指非货币、货物形式的收益，具体包括固定资产(不含货物)、生物资产(不含货物)、无形资产(包括特许权)、股权投资、存货、不准备持有至到期的债券投资、服务以及有关权益等。

三、营改增的税率

 营改增的税率是多少？

纳税人发生应税行为，除另有规定外，税率为 6%。

纳税人提供交通运输、邮政、基础电信、建筑、不动产租赁服务，销售不动产，转让土地使用权，税率为 11%。

纳税人提供有形动产租赁服务，税率为 17%。

境内单位和个人发生的跨境应税行为，税率为零。具体范围由财政部和国家税务总局另行规定。

增值税征收率为 3%，财政部和国家税务总局另有规定的除外。

 跨境适用零税率的行为有哪些？

中华人民共和国境内（以下称境内）的单位和个人销售的下列服务和无形资产，适用增值税零税率：

第一，国际运输服务。国际运输服务，是指：

（1）在境内载运旅客或者货物出境。

（2）在境外载运旅客或者货物入境。

（3）在境外载运旅客或者货物。

第二，航天运输服务。

第三，向境外单位提供的完全在境外消费的下列服务：

（1）研发服务；

（2）合同能源管理服务；

（3）设计服务；

（4）广播影视节目（作品）的制作和发行服务；

（5）软件服务；

（6）电路设计及测试服务；

（7）信息系统服务；

（8）业务流程管理服务；

（9）离岸服务外包业务，包括信息技术外包服务（ITO）、技术性业务流程外包服务（BPO）、技术性知识流程外包服务（KPO），其所涉及的具体业务活动，按照《销售服务、无形资产、不动产注释》相对应的业务活动执行；

（10）转让技术。

第四，财政部和国家税务总局规定的其他服务。

境内的单位和个人销售适用增值税零税率的服务或无形资产的，可以放弃适用增值税零税率，选择免税或按规定缴纳增值税。放弃适用增值税零税率后，36个月内不得再申请适用增值税零税率。

 跨境适用免税政策的行为有哪些？

境内的单位和个人销售的下列服务和无形资产免征增值税，但财政部和国家税务总局规定适用增值税零税率的除外：

第一，下列服务：

（1）工程项目在境外的建筑服务；

（2）工程项目在境外的工程监理服务；

（3）工程、矿产资源在境外的工程勘察勘探服务；

（4）会议展览地点在境外的会议展览服务；

（5）存储地点在境外的仓储服务；

（6）标的物在境外使用的有形动产租赁服务；

（7）在境外提供的广播影视节目（作品）的播映服务；

（8）在境外提供的文化体育服务、教育医疗服务、旅游服务。

第二，为出口货物提供的邮政服务、收派服务、保险服务。为出口货物提供的保险服务，包括出口货物保险和出口信用保险。

第三，向境外单位提供的完全在境外消费的下列服务和无形资产：

(1)电信服务;
(2)知识产权服务;
(3)物流辅助服务(仓储服务、收派服务除外);
(4)鉴证咨询服务;
(5)专业技术服务;
(6)商务辅助服务;
(7)广告投放地在境外的广告服务;
(8)无形资产。

第四,以无运输工具承运方式提供的国际运输服务。

第五,为境外单位之间的货币资金融通及其他金融业务提供的直接收费金融服务,且该服务与境内的货物、无形资产和不动产无关。

第六,财政部和国家税务总局规定的其他服务。

完全在境外消费,是指:
(1)服务的实际接受方在境外,且与境内的货物和不动产无关;
(2)无形资产完全在境外使用,且与境内的货物和不动产无关;
(3)财政部和国家税务总局规定的其他情形。

境内单位和个人发生的与香港、澳门、台湾有关的应税行为,除《跨境应税行为适用增值税零税率和免税政策的规定》另有规定外,参照上述规定执行。

 适用零税率或免税的特殊业务有哪些?

按照国家有关规定应取得相关资质的国际运输服务项目,纳税人取得相关资质的,适用增值税零税率政策,未取得的,适用增值税免税政策。

境内的单位或个人提供程租服务,如果租赁的交通工具用于国际运输服务和港澳台运输服务,由出租方按规定申请适用增值税零税率。

境内的单位和个人向境内单位或个人提供期租、湿租服务,如果承租方利用租赁的交通工具向其他单位或个人提供国际运输服务和港澳台运输服务,由承租方适用增值税零税率。境内的单位或个人向境外单位或个人提供期租、湿租服务,由出租方适用增值税零税率。

境内单位和个人以无运输工具承运方式提供国际运输服务,由境内实际承运人适用增值税零税率;无运输工具承运业务的经营者适用增值税免税政策。

 营改增税率的法律政策依据有哪些?

1.《财政部 国家税务总局关于全面推开营业税改征增值税试点的通知》(财税〔2016〕36号)

2.《营业税改征增值税试点实施办法》(财税〔2016〕36号)
3.《营业税改征增值税试点有关事项的规定》(财税〔2016〕36号)
4.《营业税改征增值税试点过渡政策的规定》(财税〔2016〕36号)
5.《跨境应税行为适用增值税零税率和免税政策的规定》(财税〔2016〕36号)

四、营改增应纳税额的计算

 营改增应纳税额计算的一般规定有哪些?

增值税的计税方法,包括一般计税方法和简易计税方法。

一般计税方法是按照销项税额减去进项税额的差额计算应纳税额,适用于增值税一般纳税人。

简易计税方法是按照销售额与征收率的乘积计算应纳税额,一般适用于小规模纳税人,一般纳税人销售服务、无形资产或者不动产的情况,符合规定的,也可以适用简易计税方法。

一般纳税人发生应税行为适用一般计税方法计税。一般纳税人发生财政部和国家税务总局规定的特定应税行为,可以选择适用简易计税方法计税,但一经选择,36个月内不得变更。

小规模纳税人发生应税行为适用简易计税方法计税。

境外单位或者个人在境内发生应税行为,在境内未设有经营机构的,扣缴义务人按照下列公式计算应扣缴税额:

应扣缴税额=购买方支付的价款÷(1+税率)×税率

营业税与增值税过渡期政策如下:

第一,试点纳税人发生应税行为,按照国家有关营业税政策规定差额征收营业税的,因取得的全部价款和价外费用不足以抵减允许扣除项目金额,截至纳入营改增试点之日前尚未扣除的部分,不得在计算试点纳税人增值税应税销售额时抵减,应当向原主管地税机关申请退还营业税。

第二,试点纳税人发生应税行为,在纳入营改增试点之日前已缴纳营业税,营改增试点后因发生退款减除营业额的,应当向原主管地税机关申请退还已缴纳的营业税。

第三,试点纳税人纳入营改增试点之日前发生的应税行为,因税收检查等原因需要补缴税款的,应按照营业税政策规定补缴营业税。

营改增按照一般计税方法如何计算应纳税额？

一般计税方法的应纳税额，是指当期销项税额抵扣当期进项税额后的余额。应纳税额计算公式：

$$应纳税额 = 当期销项税额 - 当期进项税额$$

当期销项税额小于当期进项税额不足抵扣时，其不足部分可以结转下期继续抵扣。

销项税额，是指纳税人发生应税行为按照销售额和增值税税率计算并收取的增值税额。销项税额计算公式：

$$销项税额 = 销售额 \times 税率$$

一般计税方法的销售额不包括销项税额，纳税人采用销售额和销项税额合并定价方法的，按照下列公式计算销售额：

$$销售额 = 含税销售额 \div (1 + 税率)$$

进项税额，是指纳税人购进货物、加工修理修配劳务、服务、无形资产或者不动产，支付或者负担的增值税额。

下列进项税额准予从销项税额中抵扣：

（1）从销售方取得的增值税专用发票（含税控机动车销售统一发票，下同）上注明的增值税额。

（2）从海关取得的海关进口增值税专用缴款书上注明的增值税额。

（3）购进农产品，除取得增值税专用发票或者海关进口增值税专用缴款书外，按照农产品收购发票或者销售发票上注明的农产品买价和13%的扣除率计算的进项税额。计算公式为：

$$进项税额 = 买价 \times 扣除率$$

 友情提示

买价，是指纳税人购进农产品时，在农产品收购发票或者销售发票上注明的价款和按照规定缴纳的烟叶税。

购进农产品，按照《农产品增值税进项税额核定扣除试点实施办法》抵扣进项税额的除外。

（4）从境外单位或者个人购进服务、无形资产或者不动产，自税务机关或者扣缴义务人处取得的解缴税款的完税凭证上注明的增值税额。

餐饮行业增值税一般纳税人购进农业生产者自产农产品，可以使用国税机关监制的农产品收购发票，按照现行规定计算抵扣进项税额。有条件的地区，应积极在餐饮行业推行农产品进项税额核定扣除办法,按照《财政部 国家税务总局关于在部分行业试行农产品增值税进项税额核定扣除办法的通知》(财税〔2012〕38号)有关规定计算抵扣进项税额。

纳税人取得的增值税扣税凭证不符合法律、行政法规或者国家税务总局有关规定的,其进项税额不得从销项税额中抵扣。增值税扣税凭证,是指增值税专用发票、海关进口增值税专用缴款书、农产品收购发票、农产品销售发票和完税凭证。纳税人凭完税凭证抵扣进项税额的,应当具备书面合同、付款证明和境外单位的对账单或者发票。资料不全的,其进项税额不得从销项税额中抵扣。

下列项目的进项税额不得从销项税额中抵扣:

(1)用于简易计税方法计税项目、免征增值税项目、集体福利或者个人消费的购进货物、加工修理修配劳务、服务、无形资产和不动产。其中涉及的固定资产、无形资产、不动产,仅指专用于上述项目的固定资产、无形资产(不包括其他权益性无形资产)、不动产。纳税人的交际应酬消费属于个人消费。

(2)非正常损失的购进货物,以及相关的加工修理修配劳务和交通运输服务。

(3)非正常损失的在产品、产成品所耗用的购进货物(不包括固定资产)、加工修理修配劳务和交通运输服务。

(4)非正常损失的不动产,以及该不动产所耗用的购进货物、设计服务和建筑服务。

(5)非正常损失的不动产在建工程所耗用的购进货物、设计服务和建筑服务。纳税人新建、改建、扩建、修缮、装饰不动产,均属于不动产在建工程。

(6)购进的旅客运输服务、贷款服务、餐饮服务、居民日常服务和娱乐服务。

(7)财政部和国家税务总局规定的其他情形。

上述第(4)项、第(5)项所称货物,是指构成不动产实体的材料和设备,包括建筑装饰材料和给排水、采暖、卫生、通风、照明、通讯、煤气、消防、中央空调、电梯、电气、智能化楼宇设备及配套设施。

自2013年8月1日起,纳税人购进应征消费税的摩托车、汽车、游艇视同购进固定资产允许抵扣进项税额。

不动产、无形资产的具体范围,按照《营业税改征增值税试点实施办法》所附的《销售服务、无形资产或者不动产注释》执行。固定资产,是指使用期限超过12个月的机器、机械、运输工具以及其他与生产经营有关的设备、工具、器具等有形动产。非正常损失,是指因管理不善造成货物被盗、丢失、霉烂变质,以及因违反法律法规造成货物或者不动产被依法没收、销毁、拆除的情形。

企业会计准则中的固定资产,是指同时具有下列特征的有形资产:

(1)为生产商品、提供劳务、出租或经营管理而持有的;

(2)使用寿命超过一个会计年度。使用寿命,是指企业使用固定资产的预计期间,或者该固定资产所能生产产品或提供劳务的数量。

根据企业会计准则的规定,固定资产同时满足下列条件的,才能予以确认:

(1)与该固定资产有关的经济利益很可能流入企业;

(2)该固定资产的成本能够可靠地计量。

适用一般计税方法的纳税人,兼营简易计税方法计税项目、免征增值税项目而无法划分不得抵扣的进项税额,按照下列公式计算不得抵扣的进项税额:

$$\text{不得抵扣的进项税额} = \text{当期无法划分的全部进项税额} \times (\text{当期简易计税方法计税项目销售额} + \text{免征增值税项目销售额}) \div \text{当期全部销售额}$$

主管税务机关可以按照上述公式依据年度数据对不得抵扣的进项税额进行清算。

已抵扣进项税额的购进货物(不含固定资产)、劳务、服务,发生《营业税改征增值税试点实施办法》第二十七条规定情形(简易计税方法计税项目、免征增值税项目除外)的,应当将该进项税额从当期进项税额中扣减;无法确定该进项税额的,按照当期实际成本计算应扣减的进项税额。

已抵扣进项税额的固定资产、无形资产或者不动产,发生《营业税改征增值税试点实施办法》第二十七条规定情形的,按照下列公式计算不得抵扣的进项税额:

不得抵扣的进项税额 = 固定资产、无形资产或者不动产净值 × 适用税率

 友情提示

固定资产、无形资产或者不动产净值,是指纳税人根据财务会计制度计提折旧或摊销后的余额。

纳税人适用一般计税方法计税的,因销售折让、中止或者退回而退还给购买方的增值税额,应当从当期的销项税额中扣减;因销售折让、中止或者退回而收回的增值税额,应当从当期的进项税额中扣减。

《企业会计准则第14号——收入》第八条规定:"销售折让,是指企业因售出商品的质量不合格等原因而在售价上给予的减让。"对增值税而言,销售折让其实是指纳税人提供应税行为后因为劳务成果(包括无形资产或者不动

产)质量不合格等原因在售价上给予的减让。

一般纳税人开具增值税专用发票,发生销货退回、开票有误、应税行为中止以及发票抵扣联、发票联均无法认证等情形但不符合作废条件,或者因销货部分退回及发生销售折让,需要开具红字专用发票的,暂按以下方法处理:专用发票已交付购买方,购买方可在增值税专用发票新系统中填开并上传《开具红字增值税专用发票信息表》(以下统称《信息表》)。《信息表》所对应的蓝字专用发票应经税务机关认证(所购货物或服务等不属于增值税扣税项目范围的除外)。经认证,结果为"认证相符"并且已经抵扣增值税进项税额的,购买方在填开《信息表》时不填写相对应的蓝字专用发票信息,应暂依《信息表》所列增值税税额从当期进项税额中转出,未抵扣增值税进项税额的可列入当期进项税额,待取得销售方开具的红字专用发票后,与《信息表》一并作为记账凭证;经认证,结果为"无法认证"、"纳税人识别号认证不符"、"专用发票代码、号码认证不符",以及所购货物或服务不属于增值税扣税项目范围的,购买方不列入进项税额,不作进项税额转出,填开《信息表》时应填写相对应的蓝字专用发票信息。专用发票尚未交付购买方或者购买方拒收的,销售方应于专用发票认证期限内在增值税发票新系统中填开并上传《信息表》。

主管税务机关通过网络接收纳税人上传的《信息表》,系统自动校验通过后,生成带有"红字发票信息表编号"的《信息表》,并将信息同步至纳税人端系统中。

销售方凭税务机关校验通过的《信息表》开具红字专用发票,在增值税发票系统升级版中以销项负数开具。红字专用发票应与《信息表》一一对应。

纳税人也可凭《信息表》电子信息或纸质资料到税务机关对《信息表》内容进行系统校验。

纳税人需要开具红字增值税普通发票的,可以在所对应的蓝字发票金额范围内开具多份红字发票。红字机动车销售统一发票需与原蓝字机动车销售统一发票一一对应。

有下列情形之一者,应当按照销售额和增值税税率计算应纳税额,不得抵扣进项税额,也不得使用增值税专用发票:

(1)一般纳税人会计核算不健全,或者不能够提供准确税务资料的;
(2)应当办理一般纳税人资格登记而未办理的。

 营改增过渡期的抵扣政策有哪些?

第一,适用一般计税方法的试点纳税人,2016年5月1日后取得的并在会计制度上按固定资产核算的不动产或者 2016 年 5 月 1 日后取得的不动产在建工程，其进项税额应自取得之日起分 2 年从销项税额中抵扣，第一年抵扣比例为 60%，第二年抵扣比例为 40%。

取得不动产，包括以直接购买、接受捐赠、接受投资入股、自建以及抵债等各种形式取得不动产，不包括房地产开发企业自行开发的房地产项目。

 友情提示

> 融资租入的不动产以及在施工现场修建的临时建筑物、构筑物，其进项税额不适用上述分 2 年抵扣的规定。

第二，按照《营业税改征增值税试点实施办法》第二十七条第（一）项规定不得抵扣且未抵扣进项税额的固定资产、无形资产、不动产，发生用途改变，用于允许抵扣进项税额的应税项目，可在用途改变的次月按照下列公式计算可以抵扣的进项税额：

$$可以抵扣的进项税额 = \frac{固定资产、无形资产、不动产净值}{(1+适用税率)} \times 适用税率$$

上述可以抵扣的进项税额应取得合法有效的增值税扣税凭证。

第三，纳税人接受贷款服务向贷款方支付的与该笔贷款直接相关的投融资顾问费、手续费、咨询费等费用，其进项税额不得从销项税额中抵扣。

一般纳税人销售其 2016 年 4 月 30 日前取得的不动产（不含自建），适用一般计税方法计税的，以取得的全部价款和价外费用为销售额计算应纳税额。上述纳税人应以取得的全部价款和价外费用减去该项不动产购置原价或者取得不动产时的作价后的余额，按照 5% 的预征率在不动产所在地预缴税款后，向机构所在地主管税务机关进行纳税申报。

房地产开发企业中的一般纳税人销售房地产老项目，以及一般纳税人出租其 2016 年 4 月 30 日前取得的不动产，适用一般计税方法计税的，应以取得的全部价款和价外费用，按照 3% 的预征率在不动产所在地预缴税款后，向机构所在地主管税务机关进行纳税申报。

一般纳税人销售其 2016 年 4 月 30 日前自建的不动产，适用一般计税方法计税的，应以取得的全部价款和价外费用为销售额计算应纳税额。纳税人应以取得的全部价款和价外费用，按照 5% 的预征率在不动产所在地预缴税款后，向机构所在地主管税务机关进行纳税申报。

一般纳税人跨省（自治区、直辖市或者计划单列市）提供建筑服务或者销售、出租其取得的与机构所在地不在同一省（自治区、直辖市或者计划单列市）的不动产，在机构所在地申报纳税时，计算的应纳税额小于已预缴税额，且差额较大的，由国家税务总局通知建筑服务发生地或者不动产所在地省级税务机关，在一定时期内暂停预缴增值税。

 营改增按照简易计税方法如何计算应纳税额？

简易计税方法的应纳税额，是指按照销售额和增值税征收率计算的增值税额，不得抵扣进项税额。应纳税额计算公式：

$$应纳税额 = 销售额 \times 征收率$$

采取简易计税方法计算应纳税额时，不得抵扣进项税额。销售额为不含税销售额，征收率为3%。小规模纳税人一律采用简易计税方法计税，一般纳税人提供的特定应税服务可以选择适用简易计税方法。

简易计税方法的销售额不包括其应纳税额，纳税人采用销售额和应纳税额合并定价方法的，按照下列公式计算销售额：

$$销售额 = 含税销售额 \div （1+征收率）$$

纳税人适用简易计税方法计税的，因销售折让、中止或者退回而退还给购买方的销售额，应当从当期销售额中扣减。扣减当期销售额后仍有余额造成多缴的税款，可以从以后的应纳税额中扣减。

上述制度的适用对象包括：

（1）小规模纳税人销售服务、无形资产或者不动产；

（2）一般纳税人销售服务、无形资产或者不动产可选择简易计税方法计税的。

 友情提示

> 对小规模纳税人销售服务、无形资产或者不动产并收取价款后，发生服务中止、折让或者退回而退还销售额给购买方，依照上述规定将所退的款项扣减当期销售额的，如果小规模纳税人已就该项业务委托税务机关为其代开了增值税专用发票，应按规定申请开具红字专用发票。

一般纳税人发生下列应税行为可以选择适用简易计税方法计税：

1. 公共交通运输服务。

2. 经认定的动漫企业为开发动漫产品提供的动漫脚本编撰、形象设计、背景设计、动画设计、分镜、动画制作、摄制、描线、上色、画面合成、配音、配乐、音效合成、剪辑、字幕制作、压缩转码（面向网络动漫、手机动漫的格式适配）服务，以及在境内转让动漫版权（包括动漫品牌、形象或者内容的授权及再授权）。

3. 电影放映服务、仓储服务、装卸搬运服务、收派服务和文化体育服务。

4. 以纳入营改增试点之日前取得的有形动产为标的物提供的经营租赁服务。

5. 在纳入营改增试点之日前签订的尚未执行完毕的有形动产租赁合同。

 建筑服务如何计算应纳税额？

1. 一般纳税人以清包工方式提供的建筑服务，可以选择适用简易计税方法计税。

以清包工方式提供建筑服务，是指施工方不采购建筑工程所需的材料或只采购辅助材料，并收取人工费、管理费或者其他费用的建筑服务。

2. 一般纳税人为甲供工程提供的建筑服务，可以选择适用简易计税方法计税。

甲供工程，是指全部或部分设备、材料、动力由工程发包方自行采购的建筑工程。

3. 一般纳税人为建筑工程老项目提供的建筑服务，可以选择适用简易计税方法计税。

建筑工程老项目，是指：

（1）《建筑工程施工许可证》注明的合同开工日期在2016年4月30日前的建筑工程项目；

（2）未取得《建筑工程施工许可证》的，建筑工程承包合同注明的开工日期在2016年4月30日前的建筑工程项目。

4. 一般纳税人跨县（市）提供建筑服务，适用一般计税方法计税的，应以取得的全部价款和价外费用为销售额计算应纳税额。纳税人应在以取得的全部价款和价外费用扣除支付的分包款后的余额，按照2%的预征率在建筑服务发生地预缴税款后，向机构所在地主管税务机关进行纳税申报。

5. 一般纳税人跨县（市）提供建筑服务，选择适用简易计税方法计税的，应以取得的全部价款和价外费用扣除支付的分包款后的余额为销售额，按照3%的征收率计算应纳税额。纳税人应在按照上述计税方法在建筑服务发生地预缴税款后，向机构所在地主管税务机关进行纳税申报。

6. 试点纳税人中的小规模纳税人（以下称小规模纳税人）跨县（市）提供建筑服务，应以取得的全部价款和价外费用扣除支付的分包款后的余额为销售额，按照3%的征收率计算应纳税额。纳税人应在按照上述计税方法在建筑服务发生地预缴税款后，向机构所在地主管税务机关进行纳税申报。

 销售不动产如何计算应纳税额？

1. 一般纳税人销售其 2016 年 4 月 30 日前取得（不含自建）的不动产，可以选择适用简易计税方法，以取得的全部价款和价外费用减去该项不动产购置原价或者取得不动产时的作价后的余额为销售额，按照 5% 的征收率计算应纳税额。纳税人应在按照上述计税方法在不动产所在地预缴税款后，向机构所在地主管税务机关进行纳税申报。

2. 一般纳税人销售其 2016 年 4 月 30 日前自建的不动产，可以选择适用简易计税方法，以取得的全部价款和价外费用为销售额，按照 5% 的征收率计算应纳税额。纳税人应在按照上述计税方法在不动产所在地预缴税款后，向机构所在地主管税务机关进行纳税申报。

3. 一般纳税人销售其 2016 年 5 月 1 日后取得（不含自建）的不动产，应适用一般计税方法，以取得的全部价款和价外费用为销售额计算应纳税额。纳税人应在以取得的全部价款和价外费用减去该项不动产购置原价或者取得不动产时的作价后的余额，按照 5% 的预征率在不动产所在地预缴税款后，向机构所在地主管税务机关进行纳税申报。

4. 一般纳税人销售其 2016 年 5 月 1 日后自建的不动产，应适用一般计税方法，以取得的全部价款和价外费用为销售额计算应纳税额。纳税人应在以取得的全部价款和价外费用，按照 5% 的预征率在不动产所在地预缴税款后，向机构所在地主管税务机关进行纳税申报。

5. 小规模纳税人销售其取得（不含自建）的不动产（不含个体工商户销售购买的住房和其他个人销售不动产），应以取得的全部价款和价外费用减去该项不动产购置原价或者取得不动产时的作价后的余额为销售额，按照 5% 的征收率计算应纳税额。纳税人应在按照上述计税方法在不动产所在地预缴税款后，向机构所在地主管税务机关进行纳税申报。

6. 小规模纳税人销售其自建的不动产，应以取得的全部价款和价外费用为销售额，按照 5% 的征收率计算应纳税额。纳税人应在按照上述计税方法在不动产所在地预缴税款后，向机构所在地主管税务机关进行纳税申报。

7. 房地产开发企业中的一般纳税人，销售自行开发的房地产老项目，可以选择适用简易计税方法按照 5% 的征收率计税。

8. 房地产开发企业中的小规模纳税人，销售自行开发的房地产项目，按照 5% 的征收率计税。

9. 房地产开发企业采取预收款方式销售所开发的房地产项目，在收到预收款时按照 3% 的预征率预缴增值税。

10. 个体工商户销售购买的住房，应按照《营业税改征增值税试点过渡政策的规定》第五条的规定征免增值税。纳税人应在按照上述计税方法在不动产所在地预缴税款后，向机构所在地主管税务机关进行纳税申报。

11. 其他个人销售其取得（不含自建）的不动产（不含其购买的住房），应以取得的全部价款和价外费用减去该项不动产购置原价或者取得不动产时的作价后的余额为销售额，按照 5% 的征收率计算应纳税额。

 不动产经营租赁服务如何计算应纳税额？

1. 一般纳税人出租其 2016 年 4 月 30 日前取得的不动产，可以选择适用简易计税方法，按照 5% 的征收率计算应纳税额。纳税人出租其 2016 年 4 月 30 日前取得的与机构所在地不在同一县（市）的不动产，应在按照上述计税方法在不动产所在地预缴税款后，向机构所在地主管税务机关进行纳税申报。

2. 公路经营企业中的一般纳税人收取试点前开工的高速公路的车辆通行费，可以选择适用简易计税方法，减按 3% 的征收率计算应纳税额。

 友情提示

试点前开工的高速公路，是指相关施工许可证明上注明的合同开工日期在 2016 年 4 月 30 日前的高速公路。

3. 一般纳税人出租其 2016 年 5 月 1 日后取得的、与机构所在地不在同一县（市）的不动产，应在按照 3% 的预征率在不动产所在地预缴税款后，向机构所在地主管税务机关进行纳税申报。

4. 小规模纳税人出租其取得的不动产（不含个人出租住房），应按照 5% 的征收率计算应纳税额。纳税人出租与机构所在地不在同一县（市）的不动产，应在按照上述计税方法在不动产所在地预缴税款后，向机构所在地主管税务机关进行纳税申报。

5. 其他个人出租其取得的不动产（不含住房），应按照 5% 的征收率计算应纳税额。

6. 个人出租住房，应按照 5% 的征收率减按 1.5% 计算应纳税额。

 如何确定销售额？

销售额，是指纳税人发生应税行为取得的全部价款和价外费用，财政部和国家税务总局另有规定的除外。

价外费用,是指价外收取的各种性质的收费,但不包括以下项目:

(1)代为收取并符合《营业税改征增值税试点实施办法》第十条规定的政府性基金或者行政事业性收费。

(2)以委托方名义开具发票代委托方收取的款项。

销售额以人民币计算。纳税人按照人民币以外的货币结算销售额的,应当折合成人民币计算,折合率可以选择销售额发生的当天或者当月1日的人民币汇率中间价。纳税人应当事先确定采用何种折合率,确定后12个月内不得变更。

纳税人兼营销售货物、劳务、服务、无形资产或者不动产,适用不同税率或者征收率的,应当分别核算适用不同税率或者征收率的销售额;未分别核算的,从高适用税率。

一项销售行为如果既涉及服务又涉及货物,为混合销售。从事货物的生产、批发或者零售的单位和个体工商户的混合销售行为,按照销售货物缴纳增值税;其他单位和个体工商户的混合销售行为,按照销售服务缴纳增值税。

 友情提示

> 从事货物的生产、批发或者零售的单位和个体工商户,包括以从事货物的生产、批发或者零售为主,并兼营销售服务的单位和个体工商户在内。

纳税人发生应税行为,开具增值税专用发票后,发生开票有误或者销售折让、中止、退回等情形的,应当按照国家税务总局的规定开具红字增值税专用发票;未按照规定开具红字增值税专用发票的,不得按照《营业税改征增值税试点实施办法》第三十二条和第三十六条的规定扣减销项税额或者销售额。

纳税人采取折扣方式销售服务、无形资产或者不动产的,如果将价款和折扣额在同一张发票上分别注明的,纳税人可以按价款减除折扣额后的金额作为销售额计算缴纳增值税;如果没有在同一张发票上分别注明的,纳税人不得按价款减除折扣额后的金额作为销售额,应按价款作为销售额计算缴纳增值税。

纳税人发生应税行为,价格明显偏低或者偏高且不具有合理商业目的的,或者发生《营业税改征增值税试点实施办法》第十四条所列行为而无销售额的,主管税务机关有权按照下列顺序确定销售额:

(1)按照纳税人最近时期销售同类服务、无形资产或者不动产的平均价格确定。

（2）按照其他纳税人最近时期销售同类服务、无形资产或者不动产的平均价格确定。

（3）按照组成计税价格确定。组成计税价格的公式为：

$$组成计税价格 = 成本 \times (1 + 成本利润率)$$

成本利润率由国家税务总局确定。

不具有合理商业目的，是指以谋取税收利益为主要目的，通过人为安排，减少、免除、推迟缴纳增值税税款，或者增加退还增值税税款。

有关销售额的其他具体规定如下：

1. 贷款服务，以提供贷款服务取得的全部利息及利息性质的收入为销售额。

贷款服务的销售额为全部利息以及利息性质的收入，不含贷款本金。

2. 直接收费金融服务，以提供直接收费金融服务收取的手续费、佣金、酬金、管理费、服务费、经手费、开户费、过户费、结算费、转托管费等各类费用为销售额。

3. 金融商品转让，按照卖出价扣除买入价后的余额为销售额。

转让金融商品出现的正负差，按盈亏相抵后的余额为销售额。若相抵后出现负差，可结转下一纳税期与下期转让金融商品销售额相抵，但年末时仍出现负差的，不得转入下一个会计年度。

 友情提示

　　金融商品的买入价，可以选择按照加权平均法或者移动加权平均法进行核算，选择后 36 个月内不得变更。

金融商品转让，不得开具增值税专用发票。

4. 经纪代理服务，以取得的全部价款和价外费用，扣除向委托方收取并代为支付的政府性基金或者行政事业性收费后的余额为销售额。向委托方收取的政府性基金或者行政事业性收费，不得开具增值税专用发票。

5. 融资租赁和融资性售后回租业务的有关规定：

（1）经人民银行、银监会或者商务部批准从事融资租赁业务的试点纳税人，提供融资租赁服务，以取得的全部价款和价外费用，扣除支付的借款利息（包括外汇借款和人民币借款利息）、发行债券利息和车辆购置税后的余额为销售额。

（2）经人民银行、银监会或者商务部批准从事融资租赁业务的试点纳税人，提供融资性售后回租服务，以取得的全部价款和价外费用（不含本金），扣除对外支付的借款利息（包括外汇借款和人民币借款利息）、发行债券利息后的余额作为销售额。

（3）试点纳税人根据2016年4月30日前签订的有形动产融资性售后回租合同，在合同到期前提供的有形动产融资性售后回租服务，可继续按照有形动产融资租赁服务缴纳增值税。

继续按照有形动产融资租赁服务缴纳增值税的试点纳税人，经人民银行、银监会或者商务部批准从事融资租赁业务的，根据2016年4月30日前签订的有形动产融资性售后回租合同，在合同到期前提供的有形动产融资性售后回租服务，可以选择以下方法之一计算销售额：

①以向承租方收取的全部价款和价外费用，扣除向承租方收取的价款本金，以及对外支付的借款利息（包括外汇借款和人民币借款利息）、发行债券利息后的余额为销售额。

纳税人提供有形动产融资性售后回租服务，计算当期销售额时可以扣除的价款本金，为书面合同约定的当期应当收取的本金。无书面合同或者书面合同没有约定的，为当期实际收取的本金。

试点纳税人提供有形动产融资性售后回租服务，向承租方收取的有形动产价款本金，不得开具增值税专用发票，可以开具普通发票。

②以向承租方收取的全部价款和价外费用，扣除支付的借款利息（包括外汇借款和人民币借款利息）、发行债券利息后的余额为销售额。

为保证营改增改革的平稳过渡，对于2016年4月30日前签订的有形动产融资性售后回租合同，仍采取老合同老办法的过渡政策。

对于2016年4月30日前签订的有形动产融资性售后回租合同，在合同到期前，纳税人提供的有形动产融资性售后回租服务，一是继续按照融资租赁服务适用17%的税率；二是在确定销售额时延续原政策，原政策有关规定可以参考《财政部 国家税务总局关于铁路运输和邮政业营业税改征增值税试点有关政策的补充通知》（财税〔2013〕121号）。

（4）经商务部授权的省级商务主管部门和国家经济技术开发区批准的从事融资租赁业务的试点纳税人，2016年5月1日后实收资本达到1.7亿元的，从达到标准的当月起按照上述第（1）、（2）、（3）点规定执行；2016年5月1日后实收资本未达到1.7亿元但注册资本达到1.7亿元的，在2016年7月31日前仍可按照上述第（1）、（2）、（3）点规定执行，2016年8月1日后开展的融资租赁业务和融资性售后回租业务不得按照上述第（1）、（2）、（3）点规定执行。

6. 航空运输企业的销售额,不包括代收的机场建设费和代售其他航空运输企业客票而代收转付的价款。

7. 试点纳税人中的一般纳税人(以下称一般纳税人)提供客运场站服务,以其取得的全部价款和价外费用,扣除支付给承运方运费后的余额为销售额。

8. 试点纳税人提供旅游服务,可以选择以取得的全部价款和价外费用,扣除向旅游服务购买方收取并支付给其他单位或者个人的住宿费、餐饮费、交通费、签证费、门票费和支付给其他接团旅游企业的旅游费用后的余额为销售额。

 友情提示

> 选择上述办法计算销售额的试点纳税人,向旅游服务购买方收取并支付的上述费用,不得开具增值税专用发票,可以开具普通发票。

9. 试点纳税人提供建筑服务适用简易计税方法的,以取得的全部价款和价外费用扣除支付的分包款后的余额为销售额。

10. 房地产开发企业中的一般纳税人销售其开发的房地产项目(选择简易计税方法的房地产老项目除外),以取得的全部价款和价外费用,扣除受让土地时向政府部门支付的土地价款后的余额为销售额。

房地产老项目,是指《建筑工程施工许可证》注明的合同开工日期在2016年4月30日前的房地产项目。

11. 试点纳税人按照上述4-10项的规定从全部价款和价外费用中扣除的价款,应当取得符合法律、行政法规和国家税务总局规定的有效凭证。否则,不得扣除。

上述凭证是指:

(1)支付给境内单位或者个人的款项,以发票为合法有效凭证;

(2)支付给境外单位或者个人的款项,以该单位或者个人的签收单据为合法有效凭证,税务机关对签收单据有疑议的,可以要求其提供境外公证机构的确认证明;

(3)缴纳的税款,以完税凭证为合法有效凭证;

(4)扣除的政府性基金、行政事业性收费或者向政府支付的土地价款,以省级以上(含省级)财政部门监(印)制的财政票据为合法有效凭证;

(5)国家税务总局规定的其他凭证。

纳税人取得的上述凭证属于增值税扣税凭证的,其进项税额不得从销项税额中抵扣。

 营改增过渡期的特殊政策有哪些?

(一)销售使用过的固定资产

一般纳税人销售自己使用过的、纳入营改增试点之日前取得的固定资产,按照现行旧货相关增值税政策执行。

使用过的固定资产,是指符合《营业税改征增值税试点实施办法》第二十八条规定且纳税人根据财务会计制度已经计提折旧的固定资产。

(二)扣缴增值税适用税率

境内的购买方为境外单位和个人扣缴增值税的,按照适用税率扣缴增值税。

(三)其他规定

1. 试点纳税人销售电信服务时,附带赠送用户识别卡、电信终端等货物或者电信服务的,应将其取得的全部价款和价外费用进行分别核算,按各自适用的税率计算缴纳增值税。

2. 油气田企业发生应税行为,适用《营业税改征增值税试点实施办法》规定的增值税税率,不再适用《财政部 国家税务总局关于印发〈油气田企业增值税管理办法〉的通知》(财税〔2009〕8号)规定的增值税税率。

(四)原增值税纳税人(指按照《增值税暂行条例》缴纳增值税的纳税人)的进项税额

1. 原增值税一般纳税人购进服务、无形资产或者不动产,取得的增值税专用发票上注明的增值税额为进项税额,准予从销项税额中抵扣。

2016年5月1日后取得并在会计制度上按固定资产核算的不动产或者2016年5月1日后取得的不动产在建工程,其进项税额应自取得之日起分2年从销项税额中抵扣,第一年抵扣比例为60%,第二年抵扣比例为40%。

融资租入的不动产以及在施工现场修建的临时建筑物、构筑物,其进项税额不适用上述分2年抵扣的规定。

2. 原增值税一般纳税人自用的应征消费税的摩托车、汽车、游艇,其进项税额准予从销项税额中抵扣。

3. 原增值税一般纳税人从境外单位或者个人购进服务、无形资产或者不动产,按照规定应当扣缴增值税的,准予从销项税额中抵扣的进项税额为自税务机关或者扣缴义务人取得的解缴税款的完税凭证上注明的增值税额。

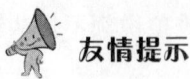 **友情提示**

纳税人凭完税凭证抵扣进项税额的,应当具备书面合同、付款证明和境外单位的对账单或者发票。资料不全的,其进项税额不得从销项税额中抵扣。

4. 原增值税一般纳税人购进货物或者接受加工修理修配劳务,用于《销售服务、无形资产或者不动产注释》所列项目的,不属于《增值税暂行条例》第十条所称的用于非增值税应税项目,其进项税额准予从销项税额中抵扣。

5. 原增值税一般纳税人购进服务、无形资产或者不动产,下列项目的进项税额不得从销项税额中抵扣:

(1)用于简易计税方法计税项目、免征增值税项目、集体福利或者个人消费的。其中涉及的无形资产、不动产,仅指专用于上述项目的无形资产(不包括其他权益性无形资产)、不动产。纳税人的交际应酬消费属于个人消费。

(2)非正常损失的购进货物,以及相关的加工修理修配劳务和交通运输服务。

(3)非正常损失的在产品、产成品所耗用的购进货物(不包括固定资产)、加工修理修配劳务和交通运输服务。

(4)非正常损失的不动产,以及该不动产所耗用的购进货物、设计服务和建筑服务。

(5)非正常损失的不动产在建工程所耗用的购进货物、设计服务和建筑服务。纳税人新建、改建、扩建、修缮、装饰不动产,均属于不动产在建工程。

(6)购进的旅客运输服务、贷款服务、餐饮服务、居民日常服务和娱乐服务。

(7)财政部和国家税务总局规定的其他情形。

上述第(4)点、第(5)点所称货物,是指构成不动产实体的材料和设备,包括建筑装饰材料和给排水、采暖、卫生、通风、照明、通讯、煤气、消防、中央空调、电梯、电气、智能化楼宇设备及配套设施。

 友情提示

纳税人接受贷款服务向贷款方支付的与该笔贷款直接相关的投融资顾问费、手续费、咨询费等费用,其进项税额不得从销项税额中抵扣。

6. 已抵扣进项税额的购进服务，发生上述第 5 点规定情形（简易计税方法计税项目、免征增值税项目除外）的，应当将该进项税额从当期进项税额中扣减；无法确定该进项税额的，按照当期实际成本计算应扣减的进项税额。

7. 已抵扣进项税额的无形资产或者不动产，发生上述第 5 点规定情形的，按照下列公式计算不得抵扣的进项税额：

不得抵扣的进项税额 = 无形资产或者不动产净值 × 适用税率

8. 按照《增值税暂行条例》第十条和上述第 5 点不得抵扣且未抵扣进项税额的固定资产、无形资产、不动产，发生用途改变，用于允许抵扣进项税额的应税项目，可在用途改变的次月按照下列公式，依据合法有效的增值税扣税凭证，计算可以抵扣的进项税额：

$$可以抵扣的进项税额 = \frac{固定资产、无形资产、不动产净值}{（1+ 适用税率）} × 适用税率$$

（五）增值税期末留抵税额

原增值税一般纳税人兼有销售服务、无形资产或者不动产的，截止到纳入营改增试点之日前的增值税期末留抵税额，不得从销售服务、无形资产或者不动产的销项税额中抵扣。

（六）混合销售

一项销售行为如果既涉及货物又涉及服务，为混合销售。从事货物的生产、批发或者零售的单位和个体工商户的混合销售行为,按照销售货物缴纳增值税；其他单位和个体工商户的混合销售行为，按照销售服务缴纳增值税。

上述从事货物的生产、批发或者零售的单位和个体工商户，包括以从事货物的生产、批发或者零售为主，并兼营销售服务的单位和个体工商户在内。

 纳税人转让不动产如何计算应纳税额？

（一）一般纳税人增值税应纳税额的计算

一般纳税人转让其取得的不动产，按照以下规定缴纳增值税：
（1）一般纳税人转让其 2016 年 4 月 30 日前取得（不含自建）的不动产，

可以选择适用简易计税方法计税，以取得的全部价款和价外费用扣除不动产购置原价或者取得不动产时的作价后的余额为销售额，按照5%的征收率计算应纳税额。纳税人应按照上述计税方法向不动产所在地主管地税机关预缴税款，向机构所在地主管国税机关申报纳税。

（2）一般纳税人转让其2016年4月30日前自建的不动产，可以选择适用简易计税方法计税，以取得的全部价款和价外费用为销售额，按照5%的征收率计算应纳税额。纳税人应按照上述计税方法向不动产所在地主管地税机关预缴税款，向机构所在地主管国税机关申报纳税。

（3）一般纳税人转让其2016年4月30日前取得（不含自建）的不动产，选择适用一般计税方法计税的，以取得的全部价款和价外费用为销售额计算应纳税额。纳税人应以取得的全部价款和价外费用扣除不动产购置原价或者取得不动产时的作价后的余额，按照5%的预征率向不动产所在地主管地税机关预缴税款，向机构所在地主管国税机关申报纳税。

（4）一般纳税人转让其2016年4月30日前自建的不动产，选择适用一般计税方法计税的，以取得的全部价款和价外费用为销售额计算应纳税额。纳税人应以取得的全部价款和价外费用，按照5%的预征率向不动产所在地主管地税机关预缴税款，向机构所在地主管国税机关申报纳税。

（5）一般纳税人转让其2016年5月1日后取得（不含自建）的不动产，适用一般计税方法，以取得的全部价款和价外费用为销售额计算应纳税额。纳税人应以取得的全部价款和价外费用扣除不动产购置原价或者取得不动产时的作价后的余额，按照5%的预征率向不动产所在地主管地税机关预缴税款，向机构所在地主管国税机关申报纳税。

（6）一般纳税人转让其2016年5月1日后自建的不动产，适用一般计税方法，以取得的全部价款和价外费用为销售额计算应纳税额。纳税人应以取得的全部价款和价外费用，按照5%的预征率向不动产所在地主管地税机关预缴税款，向机构所在地主管国税机关申报纳税。

（二）小规模纳税人增值税应纳税额的计算

小规模纳税人转让其取得的不动产，除个人转让其购买的住房外，按照以下规定缴纳增值税：

（1）小规模纳税人转让其取得（不含自建）的不动产，以取得的全部价款和价外费用扣除不动产购置原价或者取得不动产时的作价后的余额为销售额，按照5%的征收率计算应纳税额。

（2）小规模纳税人转让其自建的不动产，以取得的全部价款和价外费用为销售额，按照5%的征收率计算应纳税额。

除其他个人之外的小规模纳税人,应按照上述规定的计税方法向不动产所在地主管地税机关预缴税款,向机构所在地主管国税机关申报纳税;其他个人按照上述规定的计税方法向不动产所在地主管地税机关申报纳税。

(三)个人转让购置住房增值税应纳税额的计算

个人转让其购买的住房,按照以下规定缴纳增值税:

(1)个人转让其购买的住房,按照有关规定全额缴纳增值税的,以取得的全部价款和价外费用为销售额,按照5%的征收率计算应纳税额;

(2)个人转让其购买的住房,按照有关规定差额缴纳增值税的,以取得的全部价款和价外费用扣除购买住房价款后的余额为销售额,按照5%的征收率计算应纳税额。

个体工商户应按照上述规定的计税方法向住房所在地主管地税机关预缴税款,向机构所在地主管国税机关申报纳税;其他个人应按照上述规定的计税方法向住房所在地主管地税机关申报纳税。

(四)转让不动产预缴增值税

其他个人以外的纳税人转让其取得的不动产,区分以下情形计算应向不动产所在地主管地税机关预缴的税款:

(1)以转让不动产取得的全部价款和价外费用作为预缴税款计算依据的,计算公式为:

$$应预缴税款 = \frac{全部价款和价外费用}{1+5\%} \times 5\%$$

(2)以转让不动产取得的全部价款和价外费用扣除不动产购置原价或者取得不动产时的作价后的余额作为预缴税款计算依据的,计算公式为:

$$应预缴税款 = \frac{全部价款和价外费用 - 不动产购置原价或者取得不动产时的作价}{1+5\%} \times 5\%$$

其他个人转让其取得的不动产,按照上述规定的计算方法计算应纳税额并向不动产所在地主管地税机关申报纳税。

(五)相关解释与特殊规定

取得的不动产,包括以直接购买、接受捐赠、接受投资入股、自建以及抵债等各种形式取得的不动产。房地产开发企业销售自行开发的房地产项目不适用上述《纳税人转让不动产增值税征收管理暂行办法》。

 不动产进项税额分期抵扣制度的主要内容是什么？

（一）不动产进项税额分期抵扣政策

增值税一般纳税人（以下称纳税人）2016年5月1日后取得并在会计制度上按固定资产核算的不动产，以及2016年5月1日后发生的不动产在建工程，其进项税额应按照《不动产进项税额分期抵扣暂行办法》有关规定分2年从销项税额中抵扣，第一年抵扣比例为60%，第二年抵扣比例为40%。

取得的不动产，包括以直接购买、接受捐赠、接受投资入股以及抵债等各种形式取得的不动产。

纳税人新建、改建、扩建、修缮、装饰不动产，属于不动产在建工程。

 友情提示

> 房地产开发企业自行开发的房地产项目，融资租入的不动产，以及在施工现场修建的临时建筑物、构筑物，其进项税额不适用上述分2年抵扣的规定。

（二）用于不动产进项税额分期抵扣政策的项目

纳税人2016年5月1日后购进货物和设计服务、建筑服务，用于新建不动产，或者用于改建、扩建、修缮、装饰不动产并增加不动产原值超过50%的，其进项税额依照《不动产进项税额分期抵扣暂行办法》有关规定分2年从销项税额中抵扣。

不动产原值，是指取得不动产时的购置原价或作价。

上述分2年从销项税额中抵扣的购进货物，是指构成不动产实体的材料和设备，包括建筑装饰材料和给排水、采暖、卫生、通风、照明、通讯、煤气、消防、中央空调、电梯、电气、智能化楼宇设备及配套设施。

"在建工程"这个会计科目，主要用来归集和核算企业建设、改造不动产的价值，需要通过这个科目核算的项目很多，包括人工、材料、机械费用等。本着有利于纳税人核算方便的原则，对分2年抵扣的不动产在建工程项目范围，主要限定在了构成不动产实体的货物、以及与不动产联系直接的设计服务、建筑服务。

（三）抵扣的凭证要求

纳税人按照《不动产进项税额分期抵扣暂行办法》规定从销项税额中抵扣进项税额，应取得 2016 年 5 月 1 日后开具的合法有效的增值税扣税凭证。对纳税人 2016 年 5 月 1 日以后取得的不动产，2016 年 5 月 1 日以后发生的用于不动产在建工程的购进项目（货物、设计服务、建筑服务），按照如下方法处理：

第一，进项税额 60% 的部分于取得扣税凭证的当期，记入"应交税金—应交增值税（进项税额）"科目，当期从销项税额中抵扣。

第二，进项税额 40% 的部分为待抵扣进项税额，记入"应交税金—待抵扣进项税额"科目，暂时挂账，于取得扣税凭证的当月起第 13 个月，将其转入"应交税金—应交增值税（进项税额）"科目，并从销项税额中抵扣。

 友情提示

> 需要特别说明的是，纳税人抵扣不动产进项税额的前提，是要求纳税人凭 2016 年 5 月 1 日以后开具的合法有效的增值税扣税凭证，也就是说，允许抵扣的前提是具备合法有效的抵扣凭证，作为抵扣进项税额的依据。

（四）进项税额扣减与抵扣

购进时已全额抵扣进项税额的货物和服务，转用于不动产在建工程的，其已抵扣进项税额的 40% 部分，应于转用的当期从进项税额中扣减，计入待抵扣进项税额，并于转用的当月起第 13 个月从销项税额中抵扣。

纳税人销售其取得的不动产或者不动产在建工程时，尚未抵扣完毕的待抵扣进项税额，允许于销售的当期从销项税额中抵扣。

纳税人购进的货物和服务，当期没有直接用于在建工程（例如计入原材料、工程物资等科目），在 2016 年 5 月 1 日之后又用于不动产在建工程，按照如下方法处理：

第一，购进时允许全额抵扣。

第二，转用于允许抵扣的不动产项目时，其已抵扣进项税额的 40% 部分，应于转用的当期从进项税额中转出，计入"待抵扣进项税额"科目，并于转用的当月起第 13 个月从销项税额中抵扣。

友情提示

需要特别说明的是，纳税人抵扣不动产进项税额的前提，是要求纳税人具有合法有效的增值税扣税凭证，也就是说，允许抵扣的前提是具备合法有效的抵扣凭证。

（五）进项税额转出

已抵扣进项税额的不动产，发生非正常损失，或者改变用途，专用于简易计税方法计税项目、免征增值税项目、集体福利或者个人消费的，按照下列公式计算不得抵扣的进项税额：

$$\text{不得抵扣的进项税额} = （已抵扣进项税额 + 待抵扣进项税额）× 不动产净值率$$

$$\text{不动产净值率} = （不动产净值 ÷ 不动产原值）× 100\%$$

不得抵扣的进项税额小于或等于该不动产已抵扣进项税额的，应于该不动产改变用途的当期，将不得抵扣的进项税额从进项税额中扣减。

 友情提示

不得抵扣的进项税额大于该不动产已抵扣进项税额的，应于该不动产改变用途的当期，将已抵扣进项税额从进项税额中扣减，并从该不动产待抵扣进项税额中扣减不得抵扣进项税额与已抵扣进项税额的差额。

不动产在建工程发生非正常损失的，其所耗用的购进货物、设计服务和建筑服务已抵扣的进项税额应于当期全部转出；其待抵扣进项税额不得抵扣。

按照规定不得抵扣进项税额的不动产，发生用途改变，用于允许抵扣进项税额项目的，按照下列公式在改变用途的次月计算可抵扣进项税额。

$$\text{可抵扣进项税额} = 增值税扣税凭证注明或计算的进项税额 × 不动产净值率$$

依照上述规定计算的可抵扣进项税额，应取得2016年5月1日后开具的合法有效的增值税扣税凭证。按照上述规定计算的可抵扣进项税额，60%的部分于改变用途的次月从销项税额中抵扣，40%的部分为待抵扣进项税额，于改变用途的次月起第13个月从销项税额中抵扣。

已抵扣进项税额的不动产，发生非正常损失，或者改变用途，专门用作简易计税方法计税项目、免征增值税项目、集体福利或者个人消费,这种情况下,要将相应的进项税额做转出处理,具体是按照不动产净值率,计算不得抵扣的进项税额。

$$不动产净值率=(不动产净值÷不动产原值)×100\%$$

$$不得抵扣的进项税额=(已抵扣进项税额+待抵扣进项税额)×不动产净值率$$

第一,不得抵扣的进项税额小于或等于该不动产已抵扣进项税额的,应于该不动产改变用途的当期,将不得抵扣的进项税额从进项税额中扣减。待抵扣进项税额按原允许抵扣的属期纳入抵扣。

第二,不得抵扣的进项税额大于该不动产已抵扣进项税额的,应于该不动产改变用途的当期,将已抵扣进项税额从进项税额中扣减,并从该不动产待抵扣进项税额中扣减不得抵扣进项税额与已抵扣进项税额的差额。待抵扣进项税额的余额按原允许抵扣的属期纳入抵扣。

 生活中的案例

例 7-2 2016 年 5 月 1 日,纳税人买了一座楼办公用,价格为 1 000 万元,进项税额 110 万元,正常情况下,应在 5 月当月抵扣 66 万元,2017 年 5 月(第 13 个月)再抵扣剩余的 44 万元。可是在 2017 年 4 月,纳税人就将办公楼改造成员工食堂,用于集体福利了。

答:如果 2017 年 4 月该不动产的净值为 800 万元,不动产净值率就是 80%,不得抵扣的进项税额为 88 万元,大于已抵扣的进项税额 66 万元,按照政策规定,这时应将已抵扣的 66 万元进项税额转出,并在待抵扣进项税额中扣减不得抵扣进项税额与已抵扣进项税额的差额 88-66=22 万元。余额 22(44-22)万元在 2017 年 5 月允许抵扣。

如果 2017 年 4 月该不动产的净值为 500 万元,不动产净值率就是 50%,不得抵扣的进项税额为 55 万元,小于已抵扣的进项税额 66 万元,按照政策规定,这时将已抵扣的 66 万元进项税额转出 55 万元即可。剩余的 44 万元仍在 2017 年 5 月允许抵扣。

 生活中的案例

例 7-3 2016 年 6 月 5 日,纳税人购入一座厂房,取得增值税专用发票并认证通过,专用发票上注明的金额为 10 000 万元,增值税额 1 100 万元。该厂房既用于增值税应税项目,又用于增值税免税项目。该纳税人按照固定资产管理该办公楼,假定分 10 年计提折旧,无残值。

根据相关规定，1 100万元的增值税进项税额中的60%应于取得的当期抵扣，剩余的40%，应于取得扣税凭证的当月起第13个月抵扣。

该纳税人第一次允许抵扣的进项税额=1 100×60%=660万元

该纳税人第二次允许抵扣的进项税额=1 100×40%=440万元

该纳税人2016年7月申报期申报6月属期增值税时，具体处理方法参照例1。

如果纳税人此后将该厂房改变用途，专用于增值税免税项目，则需按照如下情况分别处理：

第一，2016年10月改变用途。

1. 计算不动产净值率

不动产净值率 = [10 000万元 − 10 000万元 ÷ (10×12) ×4] ÷ 10 000万元

=96.67%

2. 计算不得抵扣的进项税额

不得抵扣的进项税额 = 1 100万元 × 96.67%

= 1 063.33万元

3. 不得抵扣的进项税额处理

该厂房60%的进项税额660万元已经于2016年7月申报期申报6月属期增值税时申报抵扣；剩余440万元因未到抵扣期，仍属于待抵扣进项税额。

2016年10月改变用途时，对不得抵扣的进项税额作如下处理：

1. 不得抵扣的进项税额与已抵扣进项税额比较

1063.33万元 > 660万元

2. 根据比较结果进行进项税额转出

因为计算的不得抵扣的进项税额大于该不动产前期已抵扣进项税额，纳税人应在当期按照前期已抵扣进项税额进行进项税额转出处理。

该660万元应于2016年11月申报期申报10月属期增值税时做进项税转出，该660万元应计入改变用途当期"应交税金—应交增值税（进项税额转出）"科目核算。

3. 剩余不得抵扣的进项税额差额处理

差额 = 不得抵扣的进项税额 − 已抵扣进项税额

= 1 063.33万元 − 660万元

= 403.33万元

该403.33万元应于转变用途当期从待抵扣进项税额中扣减，填入《增值税纳税申报表（一般纳税人适用）》附列资料（五）"本期转出的待抵扣不动产进项税额"栏次，并作为减少项填入"期末待抵扣不动产进项税额"栏次。

$$剩余待抵扣进项税额 = 待抵扣进项税额 - 差额$$
$$= 440 万元 - 403.33 万元$$
$$= 36.67 万元$$

该403.33万元应在改变用途当期从"应交税金—待抵扣进项税额"科目转入对应科目核算，无需填入《增值税纳税申报表（一般纳税人适用）》附列资料（二）。

第二，2017年10月改变用途。

1. 计算不动产净值率

$$不动产净值率 = [10\,000 \text{万元} - 10\,000 \text{万元} \div (10 \times 12) \times 16] \div 10\,000 \text{万元}$$
$$= 86.67\%$$

2. 计算不得抵扣的进项税额

$$不得抵扣的进项税额 = 1100 \text{万元} \times 86.67\%$$
$$= 953.33 \text{万元}$$

3. 不得抵扣的进项税额处理

该厂房60%的进项税额660万元已经于2016年7月申报期申报6月属期增值税时申报抵扣；该厂房40%的待抵扣进项税额440万元已经于2017年8月申报期申报7月属期增值税时申报抵扣。

则， 已抵扣进项税额总额 = 660万元 + 440万元 = 1100万元

2017年10月改变用途时，对不得抵扣的进项税额作如下处理：

1. 不得抵扣的进项税额与已抵扣进项税额比较

$$953.33 \text{万元} < 1100 \text{万元}$$

2. 根据比较结果进行进项税额转出

因为计算的不得抵扣的进项税额小于该不动产前期已抵扣进项税额，纳税人应在当期按照不得抵扣的进项税额进行进项税额转出处理。

该953.33万元应于2017年11月申报期申报10月属期增值税时做进项税转出。该953.33万元应计入改变用途当期"应交税金—应交增值税（进项税额转出）"科目核算。

纳税人已抵扣进项税额的不动产发生非正常损失的，应按照上述转变用途专用于不得抵扣项目情况处理。

不动产在建工程发生非正常损失的，其所耗用的购进货物、设计服务和建筑服务的进项税额应全部转出，无论是已抵扣的，还是待抵扣的。

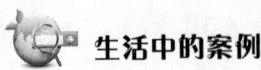 **生活中的案例**

例7-4 2016年6月5日,纳税人购进办公楼一座,共计2 220万元(含税)。该大楼专用于进行技术开发,取得的收入均为免税收入,计入固定资产,并于次月开始计提折旧,假定分10年计提,无残值。6月20日,该纳税人取得该大楼如下3份发票:

增值税专用发票一份并认证相符,专用发票注明的金额为1000万元,税额110万元;

增值税专用发票一份一直未认证,专用发票注明的金额为600万元,税额66万元;

增值税普通发票一份,普通发票注明的金额为400万元,税额44万元。

根据相关规定,该大楼当期进项税额不得抵扣,计入对应科目核算。

2017年6月,纳税人将该大楼改变用途,用于允许抵扣项目,则需按照不动产净值计算可抵扣进项税额后分期抵扣。

答:第一,可抵扣进项税额处理:

1. 计算不动产净值率

$$\text{不动产净值率} = [2\,220\,万元 - 2\,220\,万元 \div (10 \times 12) \times 12] \div 2\,220\,万元 = 90\%$$

2. 计算可抵扣进项税额

纳税人购进该大楼是共计取得三份增值税发票,其中两份增值税专用发票属于增值税扣税凭证,但其中一份增值税专用发票在用途改变前仍未认证相符,属于不得抵扣的增值税扣税凭证。因此,根据不动产分期抵扣管理暂行办法,该大楼允许抵扣的增值税扣税凭证注明税额为110万元。

$$\text{可抵扣进项税额} = \text{增值税扣税凭证注明或计算的进项税额} \times \text{不动产净值率}$$
$$= 110\,万元 \times 90\%$$
$$= 99\,万元$$

3. 可抵扣进项税额处理

根据相关规定,该99万进项税额中的60%于改变用途的次月抵扣,剩余的40%于改变用途的次月起第13个月抵扣。

计算填报2017年7月应抵扣、待抵扣进项税额:

该大楼本期应抵扣进项税额为:

$$99\,万元 \times 60\% = 59.4\,万元$$

该 59.4 万元应于 2017 年 8 月申报期申报 7 月所属期增值税时从销项税额中抵扣，计入当期"应交税金—应交增值税（进项税额）"科目核算。

将不动产进项税额全额 99 万元，填入《增值税纳税申报表（一般纳税人适用）》附列资料（二）第 4 栏"其他扣税凭证"、第 8 栏"其中：其他"。

将不动产进项税额全额 99 万元，作为当期不动产扣税凭证填入第 9 栏"本期用于购建不动产的扣税凭证"（购建是指购进和自建）。

上述两步一是能够保证"一窗式"比对相符，二是先将不动产进项税额全额扣减，通过以下后续步骤实现分期抵扣。

将不动产进项税额全额 99 万元，填入《增值税纳税申报表（一般纳税人适用）》附列资料（五）第 2 栏"本期不动产进项税额增加额"，并作为增加项计入第 5 栏"期末待抵扣不动产进项税额"。

计算的 59.4 万元填入《增值税纳税申报表（一般纳税人适用）》附列资料（五）第 3 栏"本期可抵扣不动产进项税额"，并作为减少项计入第 5 栏"期末待抵扣不动产进项税额"。

计算的 59.4 万元填入《增值税纳税申报表（一般纳税人适用）》附列资料（二）第 10 栏"本期不动产允许抵扣进项税额"。

本期《增值税纳税申报表（一般纳税人适用）》附列资料（二）第 10 栏"本期不动产允许抵扣进项税额"所填税额，作为增加项填入第 12 栏"当期申报抵扣进项税额合计"，并进入主表第 12 栏"进项税额——本月数"。

该大楼待抵扣进项税额 = 99 万元 ×40%=39.6 万元

该 39.6 万元应计入当期"应交税金—待抵扣进项税额"科目核算。

第二，待抵扣进项税额到期处理：

2018 年 8 月申报期申报 7 月所属期增值税时，该 39.6 万元到抵扣期，应从当期销项税额中抵扣。纳税人自建不动产，用于不得抵扣项目的，原来不允许抵扣且未抵扣的所耗用的购进货物、设计服务和建筑服务等进项税额，在不动产发生用途改变，用于允许抵扣项目时，应按照上述购进不动产改变用途情况处理。

（六）纳税人注销时待抵扣进项税额的处理

纳税人注销税务登记时，其尚未抵扣完毕的待抵扣进项税额于注销清算的当期从销项税额中抵扣。

税务登记又称纳税登记，是指税务机关根据税法规定，对纳税人的生产、经营活动进行登记管理的一项法定制度，也是纳税人依法履行纳税义务的法定手续。税务登记是税务机关对纳税人实施税收管理的首要环节和基础工作，是征纳双方法律关系成立的依据和证明，也是纳税人必须依法履行的义务。

根据《税收征收管理法》、《税收征收管理法实施细则》和《税务登记管理办法》的相关规定，注销税务登记，是指纳税人发生解散、破产、撤销以及其他情形，不能继续履行纳税义务时，向税务机关申请办理终止纳税人义务的税务登记管理制度。办理注销税务登记后，该当事人不再接受原税务机关的管理。

本着有利于纳税人的原则，纳税人在注销税务登记时，如果帐上仍有尚未抵扣完毕的待抵扣进项税额，允许其在注销清算的当期，提前予以抵扣。

 不动产经营租赁服务如何计算应纳税额？

（一）适用范围

纳税人以经营租赁方式出租其取得的不动产（以下简称出租不动产），适用《纳税人提供不动产经营租赁服务增值税征收管理暂行办法》（国家税务总局公告 2016 年第 16 号）。

取得的不动产，包括以直接购买、接受捐赠、接受投资入股、自建以及抵债等各种形式取得的不动产。

纳税人提供道路通行服务不适用《纳税人提供不动产经营租赁服务增值税征收管理暂行办法》。

（二）一般纳税人出租不动产时增值税的计算

一般纳税人出租不动产，按照以下规定缴纳增值税：

（1）一般纳税人出租其 2016 年 4 月 30 日前取得的不动产，可以选择适用简易计税方法，按照 5% 的征收率计算应纳税额。不动产所在地与机构所在地不在同一县（市、区）的，纳税人应按照上述计税方法向不动产所在地主管国税机关预缴税款，向机构所在地主管国税机关申报纳税。不动产所在地与机构所在地在同一县（市、区）的，纳税人向机构所在地主管国税机关申报纳税。

（2）一般纳税人出租其 2016 年 5 月 1 日后取得的不动产，适用一般计税方法计税。不动产所在地与机构所在地不在同一县（市、区）的，纳税人应按照 3% 的预征率向不动产所在地主管国税机关预缴税款，向机构所在地主管国税机关申报纳税。不动产所在地与机构所在地在同一县（市、区）的，纳税人应向机构所在地主管国税机关申报纳税。

（3）一般纳税人出租其 2016 年 4 月 30 日前取得的不动产适用一般计税方法计税的，按照上述规定执行。

（三）小规模纳税人出租不动产时增值税的计算

小规模纳税人出租不动产，按照以下规定缴纳增值税：

（1）单位和个体工商户出租不动产（不含个体工商户出租住房），按照5%的征收率计算应纳税额。个体工商户出租住房，按照5%的征收率减按1.5%计算应纳税额。不动产所在地与机构所在地不在同一县（市、区）的，纳税人应按照上述计税方法向不动产所在地主管国税机关预缴税款，向机构所在地主管国税机关申报纳税。不动产所在地与机构所在地在同一县（市、区）的，纳税人应向机构所在地主管国税机关申报纳税。

（2）其他个人出租不动产（不含住房），按照5%的征收率计算应纳税额，向不动产所在地主管地税机关申报纳税。其他个人出租住房，按照5%的征收率减按1.5%计算应纳税额，向不动产所在地主管地税机关申报纳税。

（四）其他个人出租不动产时应纳税额的计算

其他个人出租不动产，按照以下公式计算应纳税款：

（1）出租住房：

$$应纳税款 = 含税销售额 \div (1+5\%) \times 1.5\%$$

（2）出租非住房：

$$应纳税款 = 含税销售额 \div (1+5\%) \times 5\%$$

房地产企业销售自行开发房地产如何计算应纳税额？

（一）适用范围

房地产开发企业销售自行开发的房地产项目，适用《房地产开发企业销售自行开发的房地产项目增值税征收管理暂行办法》（国家税务总局公告2016年第18号）。自行开发，是指在依法取得土地使用权的土地上进行基础设施和房屋建设。

（二）一般纳税人销售额的确定

1. 销售额的计算公式

房地产开发企业中的一般纳税人（以下简称一般纳税人）销售自行开发的房地产项目，适用一般计税方法计税，按照取得的全部价款和价外费用，扣除当期销售房地产项目对应的土地价款后的余额计算销售额。销售额的计算公式如下：

$$销售额 = \frac{全部价款和价外费用 - 当期允许扣除的土地价款}{1+11\%}$$

2. 当期允许扣除的土地价款的计算公式

当期允许扣除的土地价款按照以下公式计算：

$$\frac{\text{当期允许扣除}}{\text{的土地价款}} = \frac{\text{当期销售房地产项目建筑面积}}{\text{房地产项目可供销售建筑面积}} \times \text{支付的土地价款}$$

当期销售房地产项目建筑面积，是指当期进行纳税申报的增值税销售额对应的建筑面积。

房地产项目可供销售建筑面积，是指房地产项目可以出售的总建筑面积，不包括销售房地产项目时未单独作价结算的配套公共设施的建筑面积。

支付的土地价款，是指向政府、土地管理部门或受政府委托收取土地价款的单位直接支付的土地价款。

3. 扣除土地价款的票据要求

在计算销售额时从全部价款和价外费用中扣除土地价款，应当取得省级以上（含省级）财政部门监（印）制的财政票据。

4. 建立台账

一般纳税人应建立台账登记土地价款的扣除情况，扣除的土地价款不得超过纳税人实际支付的土地价款。

5. 简易计税方法的选择

一般纳税人销售自行开发的房地产老项目，可以选择适用简易计税方法按照5%的征收率计税。一经选择简易计税方法计税的，36个月内不得变更为一般计税方法计税。

房地产老项目，是指：

（1）《建筑工程施工许可证》注明的合同开工日期在2016年4月30日前的房地产项目；

（2）《建筑工程施工许可证》未注明合同开工日期或者未取得《建筑工程施工许可证》但建筑工程承包合同注明的开工日期在2016年4月30日前的建筑工程项目。

6. 简易计税方法的销售额

一般纳税人销售自行开发的房地产老项目适用简易计税方法计税的，以取得的全部价款和价外费用为销售额，不得扣除对应的土地价款。

（三）一般纳税人预缴税款

一般纳税人采取预收款方式销售自行开发的房地产项目，应在收到预收款时按照3%的预征率预缴增值税。

预收款是指房地产企业实际取得的售房款。包括：

（1）分期取得的预收款（首付＋按揭＋尾款）；

（2）全款取得的预收款（因为全款取得也要事后开票，确认应税收入，因此也可以叫做预收款）。

应预缴税款按照以下公式计算：

应预缴税款 = 预收款 ÷（1+适用税率或征收率）×3%

适用一般计税方法计税的，按照11%的适用税率计算；适用简易计税方法计税的，按照5%的征收率计算。

房地产开发企业收到这类预售款以后，应区分项目的具体情况，根据是老项目还是新项目，确定适用的计税方法，计算当期应预缴的税款。

 友情提示

> 一般纳税人应在取得预收款的次月纳税申报期向主管国税机关预缴税款。

（四）一般纳税人的进项税额

一般纳税人销售自行开发的房地产项目，兼有一般计税方法计税、简易计税方法计税、免征增值税的房地产项目而无法划分不得抵扣的进项税额的，应以《建筑工程施工许可证》注明的"建设规模"为依据进行划分。公式如下：

$$不得抵扣的进项税额 = 当期无法划分的全部进项税额 \times \frac{简易计税、免税房地产项目建设规模}{房地产项目总建设规模}$$

（五）小规模纳税人预缴税款

房地产开发企业中的小规模纳税人（以下简称小规模纳税人）采取预收款方式销售自行开发的房地产项目，应在收到预收款时按照3%的预征率预缴增值税。

应预缴税款按照以下公式计算：

应预缴税款 = 预收款 ÷（1+5%）×3%

 友情提示

> 小规模纳税人应在取得预收款的次月纳税申报期或主管国税机关核定的纳税期限向主管国税机关预缴税款。

纳税人跨县从事建筑服务如何计算应纳税额？

（一）适用范围

跨县（市、区）提供建筑服务，是指单位和个体工商户（以下简称纳税人）在其机构所在地以外的县（市、区）提供建筑服务。

纳税人在同一直辖市、计划单列市范围内跨县（市、区）提供建筑服务的，由直辖市、计划单列市国家税务局决定是否适用《跨县（市、区）提供建筑服务增值税征收管理暂行办法》（国家税务总局公告2016年第17号）。

其他个人跨县（市、区）提供建筑服务，不适用《跨县（市、区）提供建筑服务增值税征收管理暂行办法》。

（二）纳税申报与简易计税方法的选择

纳税人跨县（市、区）提供建筑服务，应按照《营业税改征增值税试点实施办法》规定的纳税义务发生时间和计税方法，向建筑服务发生地主管国税机关预缴税款，向机构所在地主管国税机关申报纳税。

《建筑工程施工许可证》未注明合同开工日期，但建筑工程承包合同注明的开工日期在2016年4月30日前的建筑工程项目，属于《营业税改征增值税试点实施办法》规定的可以选择简易计税方法计税的建筑工程老项目。

（三）预缴税款的确定

纳税人跨县（市、区）提供建筑服务，按照以下规定预缴税款：

（1）一般纳税人跨县（市、区）提供建筑服务，适用一般计税方法计税的，以取得的全部价款和价外费用扣除支付的分包款后的余额，按照2%的预征率计算应预缴税款；

（2）一般纳税人跨县（市、区）提供建筑服务，选择适用简易计税方法计税的，以取得的全部价款和价外费用扣除支付的分包款后的余额，按照3%的征收率计算应预缴税款；

（3）小规模纳税人跨县（市、区）提供建筑服务，以取得的全部价款和价外费用扣除支付的分包款后的余额，按照3%的征收率计算应预缴税款。

（四）预缴税款的计算公式

纳税人跨县（市、区）提供建筑服务，按照以下公式计算应预缴税款：

（1）适用一般计税方法计税的，公式如下：

应预缴税款＝（全部价款和价外费用－支付的分包款）÷（1+11%）×2%

（2）适用简易计税方法计税的，公式如下：

应预缴税款＝（全部价款和价外费用－支付的分包款）÷（1+3%）×3%

纳税人取得的全部价款和价外费用扣除支付的分包款后的余额为负数的，可结转下次预缴税款时继续扣除。

友情提示

纳税人应按照工程项目分别计算应预缴税款，分别预缴。

上述政策区分一般计税方法和简易计税方法，分别列出了应预缴税款的计算公式。需要注意的是，由于增值税是价外税，取得的含税的价款和价外费用在预缴税款计算时需要换算成不含税价格。

上述政策还明确了纳税人取得的全部价款和价外费用扣除支付的分包款后的余额为负数的，可结转下次预缴时继续扣除。保证纳税人不因收入和支出取得时间的不均衡造成多缴税款。

上述政策最后一段明确的是纳税人应分建筑工程项目分别计算应预缴税款，分别预缴。也就是说，如果纳税人同时为多个跨县（市、区）的建筑项目提供建筑服务，需要分项目计算预缴税款。这一规定保证了所有预缴税款的实现与建筑工程项目一一对应和匹配，减少对建筑服务发生地收入实现的交叉影响。下面按照不同的计税方法分别举例说明：

生活中的案例

例7-5 某A省建筑公司在B省分别提供了两项建筑服务（适用一般计税方法），2016年5月，项目1当月取得建筑服务收入555万元，支付分包款1 555万元（取得了增值税专用发票），项目2当月取得建筑服务收入1 665万元，支付分包款555万元（取得了增值税专用发票），如果适用一般计税方法计税，该项目公司该如何预缴税款？

答：该建筑公司应当在B省就两项建筑服务分别计算并预缴税款：

（1）项目1由于当月收入555万元扣除当月分包款支出1 555万元后为负数（-1 000万元），因此，项目1当月计算的预缴税款为0，且剩余的1 000万元可结转下次预缴税款时继续扣除。

（2）项目2当月收入1665万元扣除分包款支出555万元后剩余1 110万元，因此，应以1 110万元为计算依据计算预缴税款。应预缴税款＝（1 665-555）÷（1+11%）×2%=20万元

 **生活中的案例**

例 7-6 某 A 省建筑公司在 B 省分别提供了两项建筑服务（适用简易计税方法），2016 年 5 月，项目 1 当月取得建筑服务收入 555 万元，支付分包款 1 555 万元（取得了增值税专用发票），项目 2 当月取得建筑服务收入 1 665 万元，支付分包款 555 万元（取得了增值税专用发票），如果适用简易计税方法计税该项目公司该如何预缴税款？

答：该建筑公司应当在 B 省就两项建筑服务分别计算并预缴税款：

（1）项目 1 由于当月收入 555 万元扣除当月分包款支出 1 555 万元后为负数（-1 000 万元），因此，项目 1 当月计算的预缴税款为 0，且剩余的 1 000 万元可结转下次预缴税款时继续扣除。

（2）项目 2 当月收入 1665 万元扣除分包款支出 555 万元后剩余 1110 万元，因此，应以 1110 万元为计算依据计算预缴税款。应预缴税款 =（1 665-555）÷（1+3%）×3%=32.33 万元。

 劳务派遣服务如何计算应纳税额？

（一）一般纳税人派遣服务政策

一般纳税人提供劳务派遣服务，可以按照《财政部 国家税务总局关于全面推开营业税改征增值税试点的通知》（财税〔2016〕36 号）的有关规定，以取得的全部价款和价外费用为销售额，按照一般计税方法计算缴纳增值税；也可以选择差额纳税，以取得的全部价款和价外费用，扣除代用工单位支付给劳务派遣员工的工资、福利和为其办理社会保险及住房公积金后的余额为销售额，按照简易计税方法依 5% 的征收率计算缴纳增值税。

（二）小规模纳税人派遣服务政策

小规模纳税人提供劳务派遣服务，可以按照《财政部 国家税务总局关于全面推开营业税改征增值税试点的通知》的有关规定，以取得的全部价款和价外费用为销售额，按照简易计税方法依 3% 的征收率计算缴纳增值税；也可以选择差额纳税，以取得的全部价款和价外费用，扣除代用工单位支付给劳务派遣员工的工资、福利和为其办理社会保险及住房公积金后的余额为销售额，按照简易计税方法依 5% 的征收率计算缴纳增值税。

（三）发票开具与定义

选择差额纳税的纳税人，向用工单位收取用于给支付劳务派遣员工工资、福利和为其办理社会保险及住房公积金的费用，不得开具增值税专用发票，可以开具普通发票。

劳务派遣服务，是指劳务派遣公司为了满足用工单位对于各类灵活用工的需求，将员工派遣至用工单位，接受用工单位管理并为其工作的服务。

 收费公路通行费如何抵扣增值税？

（一）收费公路通行费抵扣政策

2016年5月1日至7月31日，一般纳税人支付的道路、桥、闸通行费，暂凭取得的通行费发票（不含财政票据，下同）上注明的收费金额按照下列公式计算可抵扣的进项税额：

$$高速公路通行费可抵扣进项税额 = \frac{高速公路通行费发票上注明的金额}{1+3\%} \times 3\%$$

$$一级公路、二级公路、桥、闸通行费可抵扣进项税额 = \frac{一级公路、二级公路、桥、闸通行费发票上注明的金额}{(1+5\%)} \times 5\%$$

 友情提示

> 通行费，是指有关单位依法或者依规设立并收取的过路、过桥和过闸费用。

（二）通行费纳税政策

一般纳税人收取试点前开工的一级公路、二级公路、桥、闸通行费，可以选择适用简易计税方法，按照5%的征收率计算缴纳增值税。

试点前开工，是指相关施工许可证注明的合同开工日期在2016年4月30日前。

 总分机构试点纳税人如何计算缴纳增值税？

经财政部和国家税务总局批准的总机构试点纳税人及其分支机构，按照《总分机构试点纳税人增值税计算缴纳暂行办法》（财税〔2013〕74号）的规定计算缴纳增值税。

总机构应当汇总计算总机构及其分支机构发生《应税服务范围注释》所列业务的应交增值税，抵减分支机构发生《应税服务范围注释》所列业务已缴纳的增值税税款（包括预缴和补缴的增值税税款）后，在总机构所在地解缴入库。总机构销售货物、提供加工修理修配劳务，按照增值税暂行条例及相关规定就地申报缴纳增值税。

总机构汇总的应征增值税销售额，为总机构及其分支机构发生《应税服务范围注释》所列业务的应征增值税销售额。总机构汇总的销项税额，按照上述规定的应征增值税销售额和增值税适用税率计算。

总机构汇总的进项税额，是指总机构及其分支机构因发生《应税服务范围注释》所列业务而购进货物或者接受加工修理修配劳务和应税服务，支付或者负担的增值税税额。总机构及其分支机构用于发生《应税服务范围注释》所列业务之外的进项税额不得汇总。

分支机构发生《应税服务范围注释》所列业务，按照应征增值税销售额和预征率计算缴纳增值税。计算公式如下：

应预缴的增值税 = 应征增值税销售额 × 预征率

预征率由财政部和国家税务总局规定，并适时予以调整。

分支机构销售货物、提供加工修理修配劳务，按照增值税暂行条例及相关规定就地申报缴纳增值税。

 友情提示

> 分支机构发生《应税服务范围注释》所列业务，当期已预缴的增值税税款，在总机构当期增值税应纳税额中抵减不完的，可以结转下期继续抵减。

每年的第一个纳税申报期结束后，对上一年度总分机构汇总纳税情况进行清算。总机构和分支机构年度清算应交增值税，按照各自销售收入占比和总机构汇总的上一年度应交增值税税额计算。分支机构预缴的增值税超过其年度清算应交增值税的，通过暂停以后纳税申报期预缴增值税的方式予以解决。分支机构预缴的增值税小于其年度清算应交增值税的，差额部分在以后纳税申报期由分支机构在预缴增值税时一并就地补缴入库。

总机构及其分支机构的其他增值税涉税事项，按照营业税改征增值税试点政策及其他增值税有关政策执行。

 其他行业计算应纳税额的特殊政策还有哪些?

资管产品管理人（以下称管理人）运营资管产品过程中发生的增值税应税行为（以下称资管产品运营业务），暂适用简易计税方法，按照3%的征收率缴纳增值税。

资管产品管理人,包括银行、信托公司、公募基金管理公司及其子公司、证券公司及其子公司、期货公司及其子公司、私募基金管理人、保险资产管理公司、专业保险资产管理机构、养老保险公司。

资管产品,包括银行理财产品、资金信托(包括集合资金信托、单一资金信托)、财产权信托、公开募集证券投资基金、特定客户资产管理计划、集合资产管理计划、定向资产管理计划、私募投资基金、债权投资计划、股权投资计划、股债结合型投资计划、资产支持计划、组合类保险资产管理产品、养老保障管理产品。

此外,还有财政部和税务总局规定的其他资管产品管理人及资管产品。

管理人接受投资者委托或信托对受托资产提供的管理服务以及管理人发生的除上述规定外的其他增值税应税行为(以下称其他业务),按照现行规定缴纳增值税。

管理人应分别核算资管产品运营业务和其他业务的销售额和增值税应纳税额。未分别核算的,资管产品运营业务不得适用上述简易计税规定。

 友情提示

> 管理人可选择分别或汇总核算资管产品运营业务销售额和增值税应纳税额。

管理人应按照规定的纳税期限,汇总申报缴纳资管产品运营业务和其他业务增值税。

上述简易计税方法自 2018 年 1 月 1 日起施行。

对资管产品在 2018 年 1 月 1 日前运营过程中发生的增值税应税行为,未缴纳增值税的,不再缴纳;已缴纳增值税的,已纳税额从资管产品管理人以后月份的增值税应纳税额中抵减。

 其他行业计算应纳税额的特殊政策还有哪些?

(一)人力资源外包服务政策

纳税人提供人力资源外包服务,按照经纪代理服务缴纳增值税,其销售额不包括受客户单位委托代为向客户单位员工发放的工资和代理缴纳的社会保险、住房公积金。向委托方收取并代为发放的工资和代理缴纳的社会保险、住房公积金,不得开具增值税专用发票,可以开具普通发票。

一般纳税人提供人力资源外包服务,可以选择适用简易计税方法,按照 5%

的征收率计算缴纳增值税。

(二) 土地使用权出租转让政策

纳税人以经营租赁方式将土地出租给他人使用,按照不动产经营租赁服务缴纳增值税。

纳税人转让2016年4月30日前取得的土地使用权,可以选择适用简易计税方法,以取得的全部价款和价外费用减去取得该土地使用权的原价后的余额为销售额,按照5%的征收率计算缴纳增值税。

(三) 融资租赁合同政策

一般纳税人2016年4月30日前签订的不动产融资租赁合同,或以2016年4月30日前取得的不动产提供的融资租赁服务,可以选择适用简易计税方法,按照5%的征收率计算缴纳增值税。

(四) 管道运输服务和有形动产融资租赁服务政策

一般纳税人提供管道运输服务和有形动产融资租赁服务,按照《营业税改征增值税试点过渡政策的规定》(财税〔2013〕106号)第二条有关规定适用的增值税实际税负超过3%部分即征即退政策,在2016年1月1日至4月30日期间继续执行。

 营改增应纳税额计算的法律政策依据有哪些?

1.《财政部 国家税务总局关于全面推开营业税改征增值税试点的通知》(财税〔2016〕36号)

2.《营业税改征增值税试点实施办法》(财税〔2016〕36号)

3.《营业税改征增值税试点有关事项的规定》(财税〔2016〕36号)

4.《营业税改征增值税试点过渡政策的规定》(财税〔2016〕36号)

5.《跨境应税行为适用增值税零税率和免税政策的规定》(财税〔2016〕36号)

6.《纳税人转让不动产增值税征收管理暂行办法》(国家税务总局公告2016年第14号)

7.《不动产进项税额分期抵扣暂行办法》(国家税务总局公告2016年第15号)

8.《纳税人提供不动产经营租赁服务增值税征收管理暂行办法》(国家税务总局公告2016年第16号)

9.《跨县(市、区)提供建筑服务增值税征收管理暂行办法》(国家税务

总局公告 2016 年第 17 号）

10.《房地产开发企业销售自行开发的房地产项目增值税征收管理暂行办法》（国家税务总局公告 2016 年第 18 号）

11.《关于进一步明确全面推开营改增试点有关劳务派遣服务、收费公路通行费抵扣等政策的通知》（财税〔2016〕47 号）

12.《财政部 国家税务总局关于资管产品增值税有关问题的通知》（财税〔2017〕56 号）

五、营改增税收征管

 如何判断营改增纳税义务发生时间？

增值税纳税义务、扣缴义务发生时间为：

（1）纳税人发生应税行为并收讫销售款项或者取得索取销售款项凭据的当天；先开具发票的，为开具发票的当天。收讫销售款项，是指纳税人销售服务、无形资产、不动产过程中或者完成后收到款项。取得索取销售款项凭据的当天，是指书面合同确定的付款日期；未签订书面合同或者书面合同未确定付款日期的，为服务、无形资产转让完成的当天或者不动产权属变更的当天。

（2）纳税人提供建筑服务、租赁服务采取预收款方式的，其纳税义务发生时间为收到预收款的当天。

（3）纳税人从事金融商品转让的，为金融商品所有权转移的当天。

（4）纳税人发生《营业税改征增值税试点实施办法》第十四条规定情形的，其纳税义务发生时间为服务、无形资产转让完成的当天或者不动产权属变更的当天。

（5）增值税扣缴义务发生时间为纳税人增值税纳税义务发生的当天。

 如何确定营改增的纳税地点？

增值税纳税地点为：

（1）固定业户应当向其机构所在地或者居住地主管税务机关申报纳税。总机构和分支机构不在同一县（市）的，应当分别向各自所在地的主管税务机关申报纳税；经财政部和国家税务总局或者其授权的财政和税务机关批准，可以由总机构汇总向总机构所在地的主管税务机关申报纳税。

（2）非固定业户应当向应税行为发生地主管税务机关申报纳税；未申报

纳税的,由其机构所在地或者居住地主管税务机关补征税款。

(3)其他个人提供建筑服务,销售或者租赁不动产,转让自然资源使用权,应向建筑服务发生地、不动产所在地、自然资源所在地主管税务机关申报纳税。

(4)扣缴义务人应当向其机构所在地或者居住地主管税务机关申报缴纳扣缴的税款。

 友情提示

> 属于固定业户的试点纳税人,总分支机构不在同一县(市),但在同一省(自治区、直辖市、计划单列市)范围内的,经省(自治区、直辖市、计划单列市)财政厅(局)和国家税务局批准,可以由总机构汇总向总机构所在地的主管税务机关申报缴纳增值税。

 如何确定营改增的纳税时间?

增值税的纳税期限分别为1日、3日、5日、10日、15日、1个月或者1个季度。纳税人的具体纳税期限,由主管税务机关根据纳税人应纳税额的大小分别核定。以1个季度为纳税期限的规定适用于小规模纳税人、银行、财务公司、信托投资公司、信用社,以及财政部和国家税务总局规定的其他纳税人。不能按照固定期限纳税的,可以按次纳税。

纳税人以1个月或者1个季度为1个纳税期的,自期满之日起15日内申报纳税;以1日、3日、5日、10日或者15日为1个纳税期的,自期满之日起5日内预缴税款,于次月1日起15日内申报纳税并结清上月应纳税款。

 友情提示

> 自2016年4月1日起,增值税小规模纳税人原则上实行按季申报缴纳增值税。

扣缴义务人解缴税款的期限,按照上述规定执行。

 营改增如何开具发票?

纳税人发生应税行为,应当向索取增值税专用发票的购买方开具增值税专用发票,并在增值税专用发票上分别注明销售额和销项税额。

属于下列情形之一的，不得开具增值税专用发票：

（1）向消费者个人销售服务、无形资产或者不动产。

（2）适用免征增值税规定的应税行为。

小规模纳税人发生应税行为，购买方索取增值税专用发票的，可以向主管税务机关申请代开。

由于增值税小规模纳税人不能自行开具增值税专用发票，其销售服务、无形资产或者不动产，如果购买方索取增值税专用发票的，可以向主管税务机关申请代开增值税专用发票。但是，小规模纳税人向消费者个人销售服务、无形资产或者不动产，以及销售服务、无形资产或者不动产，适用免征增值税规定的，不得申请代开增值税专用发票。

 友情提示

> 营业税改征的增值税，由国家税务局负责征收。纳税人销售取得的不动产和其他个人出租不动产的增值税，国家税务局暂委托地方税务局代为征收。

纳税人发生适用零税率的应税行为，应当按期向主管税务机关申报办理退（免）税，具体办法由财政部和国家税务总局制定。

 营改增过渡期在征管上有哪些特殊规定？

（一）纳税申报期

2016年5月1日新纳入营改增试点范围的纳税人（以下简称试点纳税人），2016年6月份增值税纳税申报期延长至2016年6月27日。

根据工作实际情况，省、自治区、直辖市和计划单列市国家税务局（以下简称省国税局）可以适当延长2015年度企业所得税汇算清缴时间，但最长不得超过2016年6月30日。

实行按季申报的原营业税纳税人，2016年5月申报期内，向主管地税机关申报税款所属期为4月份的营业税；2016年7月申报期内，向主管国税机关申报税款所属期为5、6月份的增值税。

（二）增值税一般纳税人资格登记

试点纳税人应按照《国家税务总局关于全面推开营业税改征增值税试点有关税收征收管理事项的公告》（国家税务总局公告2016年第23号）规定办

理增值税一般纳税人资格登记。

除《国家税务总局关于全面推开营业税改征增值税试点有关税收征收管理事项的公告》第二条第（三）项规定的情形外，营改增试点实施前（以下简称试点实施前）销售服务、无形资产或者不动产（以下简称应税行为）的年应税销售额超过500万元的试点纳税人，应向主管国税机关办理增值税一般纳税人资格登记手续。

试点纳税人试点实施前的应税行为年应税销售额按以下公式换算：

$$应税行为年应税销售额 = \frac{连续不超过12个月应税行为营业额合计}{1+3\%}$$

友情提示

按照现行营业税规定差额征收营业税的试点纳税人，其应税行为营业额按未扣除之前的营业额计算。

试点实施前，试点纳税人偶然发生的转让不动产的营业额，不计入应税行为年应税销售额。

试点实施前已取得增值税一般纳税人资格并兼有应税行为的试点纳税人，不需要重新办理增值税一般纳税人资格登记手续，由主管国税机关制作、送达《税务事项通知书》，告知纳税人。

试点实施前应税行为年应税销售额未超过500万元的试点纳税人，会计核算健全，能够提供准确税务资料的，也可以向主管国税机关办理增值税一般纳税人资格登记。

试点实施前，试点纳税人增值税一般纳税人资格登记可由省国税局按照《国家税务总局关于全面推开营业税改征增值税试点有关税收征收管理事项的公告》及相关规定采取预登记措施。

试点实施后，符合条件的试点纳税人应当按照《增值税一般纳税人资格认定管理办法》（国家税务总局令第22号）、《国家税务总局关于调整增值税一般纳税人管理有关事项的公告》（国家税务总局公告2015年第18号）及相关规定，办理增值税一般纳税人资格登记。按照营改增有关规定，应税行为有扣除项目的试点纳税人，其应税行为年应税销售额按未扣除之前的销售额计算。

增值税小规模纳税人偶然发生的转让不动产的销售额，不计入应税行为年应税销售额。

试点纳税人兼有销售货物、提供加工修理修配劳务和应税行为的，应税货物及劳务销售额与应税行为销售额分别计算，分别适用增值税一般纳税人资格登记标准。

兼有销售货物、提供加工修理修配劳务和应税行为，年应税销售额超过财政部、国家税务总局规定标准且不经常发生销售货物、提供加工修理修配劳务和应税行为的单位和个体工商户可选择按照小规模纳税人标准纳税。

 友情提示

> 试点纳税人在办理增值税一般纳税人资格登记后，发生增值税偷税、骗取出口退税和虚开增值税扣税凭证等行为的，主管国税机关可以对其实行6个月的纳税辅导期管理。

（三）发票使用

增值税一般纳税人销售货物、提供加工修理修配劳务和应税行为，使用增值税发票管理新系统（以下简称新系统）开具增值税专用发票、增值税普通发票、机动车销售统一发票、增值税电子普通发票。

增值税小规模纳税人销售货物、提供加工修理修配劳务月销售额超过3万元（按季纳税的，季销售额超过9万元），或者销售服务、无形资产月销售额超过3万元（按季纳税的，季销售额超过9万元），使用新系统开具增值税普通发票、机动车销售统一发票、增值税电子普通发票。

增值税普通发票（卷式）启用前，纳税人可通过新系统使用国税机关发放的现有卷式发票。

门票、过路（过桥）费发票、定额发票、客运发票和二手车销售统一发票继续使用。营改增后，门票、过路（过桥）费发票属于予以保留的票种，自2016年5月1日起，由国税机关监制管理。原地税机关监制的上述两类发票，可以延用至2016年6月30日。

采取汇总纳税的金融机构，省、自治区所辖地市以下分支机构可以使用地市级机构统一领取的增值税专用发票、增值税普通发票、增值税电子普通发票；直辖市、计划单列市所辖区县及以下分支机构可以使用直辖市、计划单列市机构统一领取的增值税专用发票、增值税普通发票、增值税电子普通发票。

 友情提示

> 国税机关、地税机关使用新系统代开增值税专用发票和增值税普通发票。代开增值税专用发票使用六联票，代开增值税普通发票使用五联票。

自 2016 年 5 月 1 日起,地税机关不再向试点纳税人发放发票。试点纳税人已领取的地税机关印制的发票以及印有本单位名称的发票,可继续使用至 2016 年 6 月 30 日,特殊情况经省国税局确定,可适当延长使用期限,最迟延长至 2016 年 8 月 31 日。

纳税人在地税机关已申报营业税未开具发票,2016 年 5 月 1 日以后需要补开发票的,可于 2016 年 12 月 31 日前开具增值税普通发票(国家税务总局另有规定的除外)。

(四)增值税发票开具

国家税务总局编写了《商品和服务税收分类与编码(试行)》(以下简称编码),并在新系统中增加了编码相关功能。自 2016 年 5 月 1 日起,纳入新系统推行范围的试点纳税人及新办增值税纳税人,应使用新系统选择相应的编码开具增值税发票。北京市、上海市、江苏省和广东省已使用编码的纳税人,应于 5 月 1 日前完成开票软件升级。5 月 1 日前已使用新系统的纳税人,应于 8 月 1 日前完成开票软件升级。

按照现行政策规定适用差额征税办法缴纳增值税,且不得全额开具增值税发票的(财政部、税务总局另有规定的除外),纳税人自行开具或者税务机关代开增值税发票时,通过新系统中差额征税开票功能,录入含税销售额(或含税评估额)和扣除额,系统自动计算税额和不含税金额,备注栏自动打印"差额征税"字样,发票不应与其他应税行为混开。

 友情提示

提供建筑服务,纳税人自行开具或者税务机关代开增值税发票时,应在发票的备注栏注明建筑服务发生地县(市、区)名称及项目名称。

销售不动产,纳税人自行开具或者税务机关代开增值税发票时,应在发票"货物或应税劳务、服务名称"栏填写不动产名称及房屋产权证书号码(无房屋产权证书的可不填写),"单位"栏填写面积单位,备注栏注明不动产的详细地址。

出租不动产,纳税人自行开具或者税务机关代开增值税发票时,应在备注栏注明不动产的详细地址。

个人出租住房适用优惠政策减按 1.5% 征收,纳税人自行开具或者税务机关代开增值税发票时,通过新系统中征收率减按 1.5% 征收开票功能,录入含税销售额,系统自动计算税额和不含税金额,发票不应与其他应税行为混开。

税务机关代开增值税发票时,"销售方开户行及账号"栏填写税收完税凭证字轨及号码或系统税票号码(免税代开增值税普通发票可不填写)。

国税机关为跨县(市、区)提供不动产经营租赁服务、建筑服务的小规模纳税人(不包括其他个人)代开增值税发票时,在发票备注栏中自动打印"YD"字样。

(五)扩大取消增值税发票认证的纳税人范围

纳税信用B级增值税一般纳税人取得销售方使用新系统开具的增值税发票(包括增值税专用发票、货物运输业增值税专用发票、机动车销售统一发票,下同),可以不再进行扫描认证,登录本省增值税发票查询平台,查询、选择用于申报抵扣或者出口退税的增值税发票信息,未查询到对应发票信息的,仍可进行扫描认证。

2016年5月1日新纳入营改增试点的增值税一般纳税人,2016年5月至7月期间不需进行增值税发票认证,登录本省增值税发票查询平台,查询、选择用于申报抵扣或者出口退税的增值税发票信息,未查询到对应发票信息的,可进行扫描认证。2016年8月起按照纳税信用级别分别适用发票认证的有关规定。

(六)其他纳税事项

原以地市一级机构汇总缴纳营业税的金融机构,营改增后继续以地市一级机构汇总缴纳增值税。同一省(自治区、直辖市、计划单列市)范围内的金融机构,经省(自治区、直辖市、计划单列市)国家税务局和财政厅(局)批准,可以由总机构汇总向总机构所在地的主管国税机关申报缴纳增值税。

增值税小规模纳税人应分别核算销售货物,提供加工、修理修配劳务的销售额,和销售服务、无形资产的销售额。增值税小规模纳税人销售货物,提供加工、修理修配劳务月销售额不超过3万元(按季纳税的,季销售额超过9万元),销售服务、无形资产月销售额不超过3万元(按季纳税的,季销售额不超过9万元)的,自2016年5月1日起至2017年12月31日,可分别享受小微企业暂免征收增值税优惠政策。按照现行规定,适用增值税差额征收政策的增值税小规模纳税人,以差额前的销售额确定是否可以享受3万元(按季纳税的,季销售额不超过9万元)以下免征增值税政策。

按季纳税申报的增值税小规模纳税人,实际经营期不足一个季度的,以实际经营月份计算当期可享受小微企业免征增值税政策的销售额度。按照《国家税务总局关于全面推开营业税改征增值税试点有关税收征收管理事项的公告》第一条第(三)项规定,按季纳税的试点增值税小规模纳税人,2016年

7月纳税申报时，申报的2016年5月、6月增值税应税销售额中，销售货物、提供加工、修理修配劳务的销售额不超过6万元，销售服务、无形资产的销售额不超过6万元的，可分别享受小微企业暂免征收增值税优惠政策。

其他个人采取预收款形式出租不动产，取得的预收租金收入，可在预收款对应的租赁期内平均分摊，分摊后的月租金收入不超过3万元的，可享受小微企业免征增值税优惠政策。

 转让不动产如何征管？

（一）增值税扣除原价的凭证

纳税人按规定从取得的全部价款和价外费用中扣除不动产购置原价或者取得不动产时的作价的，应当取得符合法律、行政法规和国家税务总局规定的合法有效凭证。否则，不得扣除。

上述凭证是指：

（1）税务部门监制的发票；

（2）法院判决书、裁定书、调解书，以及仲裁裁决书、公证债权文书；

（3）国家税务总局规定的其他凭证。

（二）预缴增值税的抵减

纳税人转让其取得的不动产，向不动产所在地主管地税机关预缴的增值税税款，可以在当期增值税应纳税额中抵减，抵减不完的，结转下期继续抵减。纳税人以预缴税款抵减应纳税额，应以完税凭证作为合法有效凭证。

（三）增值税发票的开具

小规模纳税人转让其取得的不动产，不能自行开具增值税发票的，可向不动产所在地主管地税机关申请代开。

 友情提示

纳税人向其他个人转让其取得的不动产，不得开具或申请代开增值税专用发票。

（四）不动产过户发票的使用

纳税人销售其取得的不动产，自行开具或者税务机关代开增值税发票时，使用六联增值税专用发票或者五联增值税普通发票。纳税人办理产权过户手续需要使用发票的，可以使用增值税专用发票第六联或者增值税普通发票第三联。

（五）未按规定预缴税款的处理

纳税人转让不动产，按照《纳税人转让不动产增值税征收管理暂行办法》规定应向不动产所在地主管地税机关预缴税款而自应当预缴之月起超过6个月没有预缴税款的，由机构所在地主管国税机关按照《税收征收管理法》及相关规定进行处理。

纳税人转让不动产，未按照《纳税人转让不动产增值税征收管理暂行办法》规定缴纳税款的，由主管税务机关按照《税收征收管理法》及相关规定进行处理。

 不动产进项税额分期抵扣如何征管？

（一）待抵扣进项税额的核算

待抵扣进项税额记入"应交税金—待抵扣进项税额"科目核算，并于可抵扣当期转入"应交税金—应交增值税（进项税额）"科目。对不同的不动产和不动产在建工程，纳税人应分别核算其待抵扣进项税额。

增值税一般纳税人2016年5月1日后取得并在会计制度上按固定资产核算的不动产，以及2016年5月1日后发生的不动产在建工程，其进项税额应分2年从销项税额中抵扣，第一年抵扣比例为60%，第二年抵扣比例为40%。

根据上述规定，纳税人在进行帐务处理时，需按如下步骤处理：将取得进项税额的40%作为待抵扣进项税额，记入"应交税金—待抵扣进项税额"科目，并于该不动产允许抵扣的当期，转入"应交税金—应交增值税（进项税额）"科目进行正常的申报抵扣。

（二）分期抵扣进项税额的纳税申报

纳税人分期抵扣不动产的进项税额，应据实填报增值税纳税申报表附列资料，并按照《国家税务总局关于全面推开营业税改征增值税试点后增值税纳税申报有关事项的公告》（国家税务总局公告2016年第13号）相关规定填报。

（三）分期抵扣进项税额台账制度

纳税人应建立不动产和不动产在建工程台账，分别记录并归集不动产和不动产在建工程的成本、费用、扣税凭证及进项税额抵扣情况，留存备查。

用于简易计税方法计税项目、免征增值税项目、集体福利或者个人消费的不动产和不动产在建工程,也应在纳税人建立的台账中记录。

(四)法律责任

纳税人未按照《不动产进项税额分期抵扣暂行办法》(国家税务总局公告2016年第15号)有关规定抵扣不动产和不动产在建工程进项税额的,主管税务机关应按照《税收征收管理法》及有关规定进行处理。

 不动产经营租赁如何征管?

(一)是否预缴的确定

纳税人出租的不动产所在地与其机构所在地在同一直辖市或计划单列市但不在同一县(市、区)的,由直辖市或计划单列市国家税务局决定是否在不动产所在地预缴税款。

(二)增值税的预缴

纳税人出租不动产,按照《纳税人提供不动产经营租赁服务增值税征收管理暂行办法》(国家税务总局公告2016年第16号)规定需要预缴税款的,应在取得租金的次月纳税申报期或不动产所在地主管国税机关核定的纳税期限预缴税款。

(三)预缴税款的计算

预缴税款的计算方法如下:

(1)纳税人出租不动产适用一般计税方法计税的,按照以下公式计算应预缴税款:

$$应预缴税款 = 含税销售额 \div (1+11\%) \times 3\%$$

(2)纳税人出租不动产适用简易计税方法计税的,除个人出租住房外,按照以下公式计算应预缴税款:

$$应预缴税款 = 含税销售额 \div (1+5\%) \times 5\%$$

(3)个体工商户出租住房,按照以下公式计算应预缴税款:

$$应预缴税款 = 含税销售额 \div (1+5\%) \times 1.5\%$$

 生活中的案例

例7-7 北京市西城区某纳税人(增值税一般纳税人)2013年购买河南商铺10套,全部用于出租。每月租金收入20万元。请问,自2016年5月1日起,纳税人出租该商铺,应如何计算预缴税款?

答：纳税人机构所在地在北京西城区，不动产在河南，不动产所在地与机构所在地不在同一县（市、区），因此纳税人应向不动产所在地国税预缴税款。该纳税人为增值税一般纳税人，如果纳税人选择一般计税方法，预缴税款 =20÷（1+11%）×3%=0.54 万元。如果纳税人选择简易计税方法，预缴税款 =20÷（1+5%）×5%=0.95 万元。

 生活中的案例

例 7-8 接上例，如果纳税人为个体工商户，购买的不是商铺，而是河南的住房一套（住房登记在该个体工商户名下），每月租金 3.5 万元，自 2016 年 5 月 1 日起，纳税人出租该住房，应如何计算预缴税款？

答：个人出租住房，按照 5% 的征收率减按 1.5% 计算应纳税额。此例中，个体工商户应以收取的租金减按 1.5% 征收率计算应预缴税额。预缴税款 =3.5÷（1+5%）×1.5%=0.05 万元。

（四）预缴税款纳税申报

单位和个体工商户出租不动产，按照《纳税人提供不动产经营租赁服务增值税征收管理暂行办法》规定向不动产所在地主管国税机关预缴税款时，应填写《增值税预缴税款表》。

（五）预缴税款的抵减

单位和个体工商户出租不动产，向不动产所在地主管国税机关预缴的增值税款，可以在当期增值税应纳税额中抵减，抵减不完的，结转下期继续抵减。纳税人以预缴税款抵减应纳税额，应以完税凭证作为合法有效凭证。

 生活中的案例

例 7-9 北京海淀区某纳税人为增值税一般纳税人，该纳税人 2013 年购买了天津商铺一层用于出租，购买时价格为 500 万元，取得《不动产销售统一发票》。纳税人每月收到的租金为 10 万元。假设该纳税人 2016 年 5 月份其他业务的增值税应纳税额为 25 万元。请问，2016 年 6 月申报期，纳税人应如何计算 5 月所属期的增值税应纳税额？应如何申报纳税？

答：第一，假设该纳税人对出租商铺业务选择简易计税方法计税。

根据规定，纳税人出租与机构所在地不在同一县（市、区）的不动产，需在不动产所在地预缴税款，则该纳税人应在天津国税部门预缴的税款为：10÷（1+5%）×5%=0.48 万元。

纳税人取得天津国税部门开具的完税凭证。纳税人回机构所在地后，计算5月份的增值税应纳税额：应纳税额=10÷（1+5%）×5%（出租业务）+25（其他业务）=25.48万元。

纳税人6月15日前向主管国税机关申报5月份应纳税额25.48万元，同时以完税凭证为合法有效凭证，扣减已经在天津预缴的0.48万元，即纳税人应缴纳增值税25万元。

第二，假设该纳税人对出租商铺业务选择一般计税方法计税。

同上，纳税人出租与机构所在地不在同一县（市、区）的不动产，需在不动产所在地预缴税款，该纳税人应在天津国税部门预缴的税款为：10÷（1+11%）×3%=0.27万元。

纳税人取得天津国税部门开具的完税凭证。纳税人回机构所在地后，计算5月份的增值税应纳税额：应纳税额=10÷（1+11%）×11%（出租业务）+25（其他业务）=25.99万元。

由于纳税人在2013年购买不动产，则2016年5月，没有相应的不动产进项税额抵扣。纳税人6月15日前向主管国税机关申报5月份应纳税额25.99万元，同时以完税凭证为合法有效凭证，扣减已经在天津预缴的0.27万元，即纳税人应缴纳增值税25.72万元。

 生活中的案例

例7-10 与上例类似，但纳税人出租的不动产为改革后取得的不动产。北京海淀区某纳税人2016年5月1日购买了天津商铺一层用于出租，购买时价格为555万元，取得增值税专用发票，注明增值税款55万元。纳税人立即将该商铺出租，每月租金为10万元，自2016年5月开始收取租金。假设该纳税人2016年5月份其他业务的增值税应纳税额为25万元。请问，2016年6月申报期，纳税人应如何计算5月所属期的增值税应纳税额？应如何申报纳税？

答： 第一，假设该纳税人为增值税一般纳税人。

增值税一般纳税人出租改革后取得的不动产，适用一般计税方法，其应在天津国税部门预缴税款：预缴税款=10÷（1+11%）×3%=0.27万元。

纳税人取得天津国税部门开具的完税凭证。纳税人回机构所在地后，计算5月份的增值税应纳税额：应纳税额=10÷（1+11%）×11%（出租业务）-55×60%（购入不动产分两年抵扣，购进当月抵扣60%）+25（其他业务）=-7.01万元。

纳税人5月份的增值税留抵税额为7.01万元，可留待以后纳税期继续抵扣。同时,纳税人在天津预缴的 0.27 万元税款,也可以结转下期继续抵减。

第二,假设该纳税人为增值税小规模纳税人。

增值税小规模纳税人出租改革后取得的不动产,仍适用简易计税方法,其应在天津国税部门预缴税款:预缴税款 =10÷(1+5%)×5%=0.48 万元。

纳税人取得天津国税部门开具的完税凭证。纳税人回机构所在地后,计算 5 月份的增值税应纳税额:应纳税额 =10÷(1+5%)×5%(出租业务)+25(其他业务)=25.48 万元。

纳税人 6 月 15 日前向主管国税机关申报 5 月份应纳税额 25.48 万元,同时以完税凭证为合法有效凭证,扣减已经在天津预缴的 0.48 万元,即纳税人应缴纳增值税 25 万元。

 生活中的案例

例 7-11 张三零售店为个体工商户,位于北京市西城区,张三零售店名下拥有北京东城区住宅三套,购于 2012 年,一直用于出租。月租金 3.5 万元。2016 年 8 月,该个体工商户其他业务的销售额为 4.5 万元。纳税人 8 月份应如何计算纳税?

答:第一,假设纳税人需要预缴税款。

纳税人出租与机构所在地不在同一县(市、区)的不动产,需要在不动产所在地预缴税款。个人出租住房按照 5% 征收率减按 1.5% 计算应纳税额。按照规定,该个体工商户需在北京东城区预缴税款:预缴税款 =3.5÷(1+5%)×1.5%=0.05 万元。

纳税人取得东城国税部门开具的完税凭证。该纳税人 8 月份应纳税额 =3.5÷(1+5%)×1.5%(出租住房)+4.5÷(1+3%)×3%(其他业务)=0.18 万元。

该个体工商户应在 9 月 15 日前向主管国税机关申报 8 月份应纳税额 0.18 万元,同时以完税凭证为合法有效凭证,扣减已经在东城预缴的 0.05 万元,即纳税人应缴纳增值税 0.13 万元。

第二,假设纳税人不需要预缴税款。

假设北京市国税局决定,北京市纳税人出租北京市内的不动产,不需要预缴税款,直接在机构所在地申报纳税。则该个体工商户 9 月 15 日前直接向主管国税机关申报 8 月份应纳税额 0.18 万元。

(六)增值税发票的代开

小规模纳税人中的单位和个体工商户出租不动产,不能自行开具增值税发票的,可向不动产所在地主管国税机关申请代开增值税发票。其他个人出租不动产,可向不动产所在地主管地税机关申请代开增值税发票。

 友情提示

纳税人向其他个人出租不动产,不得开具或申请代开增值税专用发票。

(七)法律责任

纳税人出租不动产,按照《纳税人提供不动产经营租赁服务增值税征收管理暂行办法》规定应向不动产所在地主管国税机关预缴税款而自应当预缴之月起超过6个月没有预缴税款的,由机构所在地主管国税机关按照《税收征收管理法》及相关规定进行处理。

纳税人出租不动产,未按照《纳税人提供不动产经营租赁服务增值税征收管理暂行办法》规定缴纳税款的,由主管税务机关按照《税收征收管理法》及相关规定进行处理。

 房地产企业销售自行开发房地产如何征管?

(一)一般纳税人的纳税申报

一般纳税人销售自行开发的房地产项目适用一般计税方法计税的,应按照《营业税改征增值税试点实施办法》第四十五条规定的纳税义务发生时间,以当期销售额和11%的适用税率计算当期应纳税额,抵减已预缴税款后,向主管国税机关申报纳税。未抵减完的预缴税款可以结转下期继续抵减。

一般纳税人销售自行开发的房地产项目适用简易计税方法计税的,应按照《营业税改征增值税试点实施办法》第四十五条规定的纳税义务发生时间,以当期销售额和5%的征收率计算当期应纳税额,抵减已预缴税款后,向主管国税机关申报纳税。未抵减完的预缴税款可以结转下期继续抵减。

(二)一般纳税人发票开具

一般纳税人销售自行开发的房地产项目,自行开具增值税发票。

一般纳税人销售自行开发的房地产项目,其2016年4月30日前收取并已向主管地税机关申报缴纳营业税的预收款,未开具营业税发票的,可以开具增值税普通发票,不得开具增值税专用发票。

一般纳税人向其他个人销售自行开发的房地产项目,不得开具增值税专用发票。

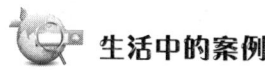 **生活中的案例**

例 7-12 A 房地产企业（一般纳税人）自行开发了 B 房地产项目，施工许可证注明的开工日期是 2015 年 3 月 15 日，2016 年 1 月 15 日开始预售房地产，至 2016 年 4 月 30 日共取得预收款 5250 万元，已按照营业税规定申报缴纳营业税。A 房地产企业对上述预收款开具收据，未开具营业税发票。该企业 2016 年 5 月又收到预收款 5250 万元。2016 年 6 月共开具了增值税普通发票 10500 万元（含 2016 年 4 月 30 日前取得的未开票预收款 5250 万元，和 2016 年 5 月收到的 5250 万元），同时办理房产产权转移手续。问：纳税人在 7 月申报期应申报多少增值税税款？

答：（1）由于 A 房地产企业销售了自行开发的房地产老项目，纳税人可选择适用简易计税方法按照 5% 的征收率计税。

（2）纳税人 6 月开具增值税普通发票 10500 万元，其中包括 5250 万元属于可以开具增值税普通发票的情形。

（3）纳税人应在 6 月申报期就取得的预收款 5250 万元预缴税款 150 万元。应预缴税款 =5250÷（1+5%）×3%=150 万元。

（4）纳税人应在 7 月申报期应申报的增值税税款为 5250÷（1+5%）×5%–150=250–150=100 万元。

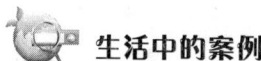 **生活中的案例**

例 7-13 A 房地产企业销售自行开发的房地产项目有关情况同上例。2016 年 6 月还取得了建筑服务增值税专用发票价税合计 1110 万元（其中注明的增值税税额为 110 万元），纳税人选择放弃简易计税方法，按照适用税率计算缴纳增值税。问：纳税人在 7 月申报期应申报多少增值税税款？

答：（1）纳税人应在 6 月申报期就取得的预收款计算应预缴税款。

应预缴税款 =5250÷（1+11%）×3%=141.9 万元

（2）纳税人 6 月开具增值税普通发票 10500 万元，其中包括 5250 万元属于可以开具增值税普通发票的情形。

（3）纳税人应在 7 月申报期确定应纳税额销项税额 =5250÷（1+11%）×11%=520.3 万元；进项税额 =110 万元；应纳税额 =520.3–110–141.9=268.4 万元。纳税人应在 7 月申报期申报增值税 268.4 万元。

（三）小规模纳税人纳税申报

小规模纳税人销售自行开发的房地产项目，应按照《营业税改征增值税试点实施办法》第四十五条规定的纳税义务发生时间，以当期销售额和 5%

的征收率计算当期应纳税额，抵减已预缴税款后，向主管国税机关申报纳税。未抵减完的预缴税款可以结转下期继续抵减。

（四）小规模纳税人发票开具

小规模纳税人销售自行开发的房地产项目，自行开具增值税普通发票。购买方需要增值税专用发票的，小规模纳税人向主管国税机关申请代开。

增值税专用发票一般只能由增值税一般纳税人领购使用，小规模纳税人需要使用的，只能在缴纳税款后向当地主管税务机关申请代开。增值税专用发票不仅是购销双方收付款的凭证，而且可以用作购买方抵扣增值税的凭证；而增值税普通发票不具有进项抵扣功能。

小规模纳税人销售自行开发的房地产项目，其2016年4月30日前收取并已向主管地税机关申报缴纳营业税的预收款，未开具营业税发票的，可以开具增值税普通发票，不得申请代开增值税专用发票。

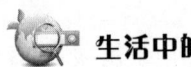 **生活中的案例**

例7-14 C房地产企业（小规模纳税人）自行开发了D房地产项目，施工许可证注明的开工日期是2015年3月15日，2016年1月15日开始预售房地产，至2016年4月30日共取得预收款200万元，已按照营业税规定申报缴纳营业税。C房地产企业对上述预收款开具收据，未开具营业税发票。该企业2016年5月又收到预收款200万元。2016年6月共开具了增值税普通发票400万元（含2016年4月30日取得的未开票预收款200万元，和2016年5月收到的预收款200万元）。问：纳税人在7月征期申报时，如何纳税？

答：（1）纳税人6月开具增值税普通发票400万元，其中包括200万元属于可以开具增值税普通发票的情形。

（2）纳税人应于6月申报期就取得的预收款计算应预缴税款。

应预缴税款=200÷（1+5%）×3%=5.7万元

（3）C房地产企业应以当期销售额和5%的征收率计税在7月申报期向主管税务机关申报税款。

200÷（1+5%）×5%-5.7=9.5-5.7=3.8万元

（五）其他事项

房地产开发企业销售自行开发的房地产项目，按照《房地产开发企业销售自行开发的房地产项目增值税征收管理暂行办法》（国家税务总局公告2016年第18号）规定预缴税款时，应填报《增值税预缴税款表》。

房地产开发企业以预缴税款抵减应纳税额，应以完税凭证作为合法有效凭证。

房地产开发企业销售自行开发的房地产项目,未按《房地产开发企业销售自行开发的房地产项目增值税征收管理暂行办法》规定预缴或缴纳税款的,由主管国税机关按照《税收征收管理法》及相关规定进行处理。

 跨县提供建筑服务如何征管?

(一)扣除分包款的凭证

纳税人按照《跨县(市、区)提供建筑服务增值税征收管理暂行办法》(国家税务总局公告2016年第17号)的规定从取得的全部价款和价外费用中扣除支付的分包款,应当取得符合法律、行政法规和国家税务总局规定的有效凭证,否则不得扣除。

上述凭证是指:

(1)从分包方取得的2016年4月30日前开具的建筑业营业税发票。上述建筑业营业税发票在2016年6月30日前可作为预缴税款的扣除凭证;

(2)从分包方取得的2016年5月1日后开具的,备注栏注明建筑服务发生地所在县(市、区)、项目名称的增值税发票;

(3)国家税务总局规定的其他凭证。

(二)预缴税款提交的资料

纳税人跨县(市、区)提供建筑服务,在向建筑服务发生地主管国税机关预缴税款时,需提交以下资料:

(1)《增值税预缴税款表》;

(2)与发包方签订的建筑合同原件及复印件;

(3)与分包方签订的分包合同原件及复印件;

(4)从分包方取得的发票原件及复印件。

(三)预缴税款的抵减

纳税人跨县(市、区)提供建筑服务,向建筑服务发生地主管国税机关预缴的增值税税款,可以在当期增值税应纳税额中抵减,抵减不完的,结转下期继续抵减。

纳税人以预缴税款抵减应纳税额,应以完税凭证作为合法有效凭证。

 生活中的案例

例 7-15 A省某建筑企业(一般纳税人)2017年8月分别在B省和C

省提供建筑服务（非简易计税项目），当月分别取得建筑服务收入（含税）1665万元和2997万元，分别支付分包款555万元（取得的增值税专用发票上注明的增值税额为55万元）和777万元（取得的增值税专用发票上注明的增值税额为77万元），支付不动产租赁费用111万元（取得的增值税专用发票上注明的增值税额为11万元），购入建筑材料1170万元（取得的增值税专用发票上注明的增值税额为170万元）。该建筑企业在9月纳税申报期如何申报缴纳增值税？

答： 该建筑公司应当在B省和C省就两项建筑服务分别计算并预缴税款：

（1）就B省的建筑服务计算并向建筑服务发生地主管国税机关预缴增值税：

当期预缴税款=（1 665-555）÷（1+11%）×2%=20万元

（2）就C省的建筑服务计算并向建筑服务发生地主管国税机关预缴增值税：

当期预缴税款=（2 997-777）÷（1+11%）×2%=40万元

（3）分项目预缴后，需要回到机构所在地A省向主管国税机关申报纳税：

当期应纳税额=（1 665+2 997）÷（1+11%）×11%-55-77-11-170

=149万元

当期应补税额=149-20-40=89万元

 生活中的案例

例7-16 A省某建筑企业（一般纳税人）2017年8月分别在B省和C省提供建筑服务（均为简易计税项目），当月分别取得建筑服务收入（含税）1 665万元和2 997万元，分别支付分包款555万元（取得的增值税专用发票上注明的增值税额为55万元）和777万元（取得的增值税专用发票上注明的增值税额为77万元），支付不动产租赁费用111万元（取得的增值税专用发票上注明的增值税额为11万元），购入建筑材料1 170万元（取得的增值税专用发票上注明的增值税额为170 478万元）。该建筑企业在9月纳税申报期如何申报缴纳增值税？

答：（1）就B省的建筑服务计算并向建筑服务发生地主管国税机关预缴增值税：

当期预缴税款=（1 665-555）÷（1+3%）×3%=32.33万元

（2）就C省的建筑服务计算并向建筑服务发生地主管国税机关预缴增值税：

当期预缴税款=（2 997-777）÷（1+3%）×3%=64.66万元

（3）分项目预缴后，需要回到机构所在地A省向主管国税机关申报纳税：

当期应纳税额 =（1 665+2 997−555−777）÷（1+3%）×3%
　　　　　　=96.99 万元

当期应补税额 =96.99−32.33−64.66=0 万元

以上内容可以看出，如果该纳税人除了这两项建筑服务外不再发生其他增值税应税行为，那么，该纳税人回到机构所在地计算的增值税应纳税额应该为 0，即所有的增值税款均已在建筑服务发生地实现了。

（四）小规模纳税人发票的代开

小规模纳税人跨县（市、区）提供建筑服务，不能自行开具增值税发票的，可向建筑服务发生地主管国税机关按照其取得的全部价款和价外费用申请代开增值税发票。

（五）建立台账的要求

对跨县（市、区）提供的建筑服务，纳税人应自行建立预缴税款台账，区分不同县（市、区）和项目逐笔登记全部收入、支付的分包款、已扣除的分包款、扣除分包款的发票号码、已预缴税款以及预缴税款的完税凭证号码等相关内容，留存备查。

（六）纳税义务发生时间与期限

纳税人跨县（市、区）提供建筑服务预缴税款时间，按照《营业税改征增值税试点实施办法》规定的纳税义务发生时间和纳税期限执行。

 生活中的案例

例 7-17　某建筑企业（一般纳税人）在 2017 年 8 月跨县提供建筑服务取得了 100 万元收入，取得预收款 50 万元。纳税人应该如何进行申报？

答：纳税人应该在 9 月纳税申报期就 150 万（100+50=150）计算预缴税款并在建筑服务发生地进行预缴，同时，在 9 月纳税申报期核算进销项计算应纳税额后，向机构所在地主管国税税务机关申报缴纳增值税

（七）法律责任

纳税人跨县（市、区）提供建筑服务，按照《跨县（市、区）提供建筑服务增值税征收管理暂行办法》应向建筑服务发生地主管国税机关预缴税款而自应当预缴之月起超过 6 个月没有预缴税款的，由机构所在地主管国税机关按照《税收征收管理法》及相关规定进行处理。

纳税人跨县（市、区）提供建筑服务，未按照《跨县（市、区）提供建筑服务增值税征收管理暂行办法》缴纳税款的，由机构所在地主管国税机关

按照《税收征收管理法》及相关规定进行处理。

国税如何委托地税代开发票？

（一）分工安排

国税局是增值税的主管税务机关。营改增后，为方便纳税人，暂定由地税局办理纳税人销售其取得的不动产和其他个人出租不动产增值税的纳税申报受理、计税价格评估、税款征收、税收优惠备案、发票代开等有关事项。地税局办理征缴、退库业务，使用地税局税收票证，并负责收入对账、会计核算、汇总上报工作。本代征业务国税局和地税局不需签订委托代征协议。

纳税人销售其取得的不动产和其他个人出租不动产，申请代开发票的，由代征税款的地税局代开增值税专用发票或者增值税普通发票（以下简称增值税发票）。对于具备增值税发票安全保管条件、可连通网络、地税局可有效监控代征税款及代开发票情况的政府部门等单位，县（区）以上地税局经评估后认为风险可控的，可以同意其代征税款并代开增值税发票。

2016年4月25日前，国税局负责完成同级地税局代开增值税发票操作及相关政策培训工作。

（二）代开发票流程

在国税局代开增值税发票流程基础上，地税局按照纳税人销售其取得的不动产和其他个人出租不动产增值税征收管理办法有关规定，为纳税人代开增值税发票。原地税营业税发票停止使用。

1. 代开发票部门登记

比照国税局现有代开增值税发票模式，在国税综合征管软件或金税三期系统中登记维护地税局代开发票部门信息。地税局代开发票部门编码为15位，第11位为"D"，其他编码规则按照《国家税务总局关于增值税防伪税控代开专用发票系统设备及软件配备的通知》（国税发〔2004〕139号）规定编制。

2. 税控专用设备发行

地税局代开发票部门登记信息同步至增值税发票管理新系统，比照现有代开增值税发票税控专用设备发行流程，国税局为同级地税局代开发票部门发行税控专用设备并加载税务数字证书。

3. 发票提供

国税局向同级地税局提供六联增值税专用发票和五联增值税普通发票。

4. 发票开具

增值税小规模纳税人销售其取得的不动产以及其他个人出租不动产，购买方或承租方不属于其他个人的，纳税人缴纳增值税后可以向地税局申请代开增值税专用发票。不能自开增值税普通发票的小规模纳税人销售其取得的不动产，以及其他个人出租不动产，可以向地税局申请代开增值税普通发票。地税局代开发票部门通过增值税发票管理新系统代开增值税发票，系统自动在发票上打印"代开"字样。

 友情提示

> 地税局代开发票部门为纳税人代开的增值税发票，统一使用六联增值税专用发票和五联增值税普通发票。第四联由代开发票岗位留存，以备发票扫描补录；第五联交征收岗位留存，用于代开发票与征收税款的定期核对；其他联次交纳税人。

代开发票岗位应按下列要求填写增值税发票：

（1）"税率"栏填写增值税征收率。免税、其他个人出租其取得的不动产适用优惠政策减按1.5%征收、差额征税的，"税率"栏自动打印"***"；

（2）"销售方名称"栏填写代开地税局名称；

（3）"销售方纳税人识别号"栏填写代开发票地税局代码；

（4）"销售方开户行及账号"栏填写税收完税凭证字轨及号码（免税代开增值税普通发票可不填写）；

（5）备注栏填写销售或出租不动产纳税人的名称、纳税人识别号（或者组织机构代码）、不动产的详细地址；

（6）差额征税代开发票，通过系统中差额征税开票功能，录入含税销售额（或含税评估额）和扣除额，系统自动计算税额和金额，备注栏自动打印"差额征税"字样；

（7）纳税人销售其取得的不动产代开发票，"货物或应税劳务、服务名称"栏填写不动产名称及房屋产权证书号码，"单位"栏填写面积单位；

（8）按照核定计税价格征税的，"金额"栏填写不含税计税价格，备注栏注明"核定计税价格，实际成交含税金额×××元"。

其他项目按照增值税发票填开的有关规定填写。

地税局代开发票部门应在代开增值税发票的备注栏上，加盖地税代开发票专用章。

5. 开票数据传输

地税局代开发票部门通过网络实时或定期将已代开增值税发票信息传输至增值税发票管理新系统。

6. 发票再次领取

地税局代开发票部门需再次领取增值税发票的，发票抄报税后，国税局通过系统验旧缴销，再次提供发票。

（三）发票管理

1. 专用发票安全管理

按照国税局现有增值税发票管理有关规定，地税局应加强安全保卫，采取有效措施，保障增值税发票的安全。

2. 日常信息比对

地税局应加强内部管理，每周将代开发票岗代开发票信息与征收岗税款征收信息进行比对，发现问题的要按有关规定及时处理。

3. 事后信息比对

税务总局将根据有关工作安排，提取地税局征收税款信息与代开发票信息进行比对，防范不征税代开增值税专用发票和少征税多开票等风险。

（四）信息系统升级改造

2016年4月25日前，金税三期未上线省份应由各省地税局按照税务总局有关规定及时更新升级相关信息系统，调配征管资源，规范受理申报缴税工作。金税三期已上线省份由税务总局（征管科技司）负责统一调试相关信息系统。

（五）税控专用设备配备和维护

2016年4月5日前，各省地税局将代开增值税发票需要使用的税控专用设备数量告知省国税局。4月8日前，各省国税局将需要初始化的专用设备数量通过可控FTP报税务总局（货物劳务税司）。4月20日前，各省国税局向地税局提供税控专用设备。国税局负责协调增值税税控系统服务单位，做好地税局代开增值税发票系统的安装及维护工作。

国税局委托地税局代征和代开增值税发票是深化部门合作的重要内容，各地国税局、地税局要切实履行职责，加强协调配合，形成工作合力；要对纳税人做好政策宣传和纳税辅导工作，提供优质服务和便利条件，方便纳税人申报纳税；要认真做好应急预案，切实关注纳税人反映和动态舆情，确保税制转换平稳顺利。

 营改增税收征管的法律政策依据有哪些？

1.《财政部 国家税务总局关于全面推开营业税改征增值税试点的通知》

(财税〔2016〕36 号）

2.《营业税改征增值税试点实施办法》（财税〔2016〕36 号）

3.《营业税改征增值税试点有关事项的规定》（财税〔2016〕36 号）

4.《营业税改征增值税试点过渡政策的规定》（财税〔2016〕36 号）

5.《跨境应税行为适用增值税零税率和免税政策的规定》（财税〔2016〕36 号）

6.《纳税人转让不动产增值税征收管理暂行办法》（国家税务总局公告 2016 年第 14 号）

7.《不动产进项税额分期抵扣暂行办法》（国家税务总局公告 2016 年第 15 号）

8.《纳税人提供不动产经营租赁服务增值税征收管理暂行办法》（国家税务总局公告 2016 年第 16 号）

9.《跨县（市、区）提供建筑服务增值税征收管理暂行办法》（国家税务总局公告 2016 年第 17 号）

10.《房地产开发企业销售自行开发的房地产项目增值税征收管理暂行办法》（国家税务总局公告 2016 年第 18 号）

11.《关于进一步明确全面推开营改增试点有关劳务派遣服务、收费公路通行费抵扣等政策的通知》（财税〔2016〕47 号）

六、营改增税收优惠

 营改增税收优惠是否可以放弃？

纳税人发生应税行为适用免税、减税规定的，可以放弃免税、减税，依照《营业税改征增值税试点实施办法》的规定缴纳增值税。放弃免税、减税后，36 个月内不得再申请免税、减税。

纳税人发生应税行为同时适用免税和零税率规定的，纳税人可以选择适用免税或者零税率。

 营改增的起征点是多少？

个人发生应税行为的销售额未达到增值税起征点的，免征增值税；达到起征点的，全额计算缴纳增值税。增值税起征点不适用于登记为一般纳税人的个体工商户。

增值税起征点幅度如下：

（1）按期纳税的，为月销售额 5 000 ~ 20 000 元（含本数）；

（2）按次纳税的，为每次（日）销售额 300 ~ 500 元（含本数）。

起征点的调整由财政部和国家税务总局规定。省、自治区、直辖市财政厅（局）和国家税务局应当在规定的幅度内，根据实际情况确定本地区适用的起征点，并报财政部和国家税务总局备案。

 生活中的案例

例 7-18　纳税人提供应税服务的起征点为 20 000 元，某个体工商户（小规模纳税人）本月取得交通运输服务收入 20 000 元（含税），该个体工商户本月应缴纳多少增值税？

答：因为提供应税服务的起征点为 20 000 元，该个体工商户本月交通运输服务不含税收入为 20 000÷（1+3%）=19 417.48 元。交通运输服务取得的收入未达到起征点，因此对该部分收入无需缴纳增值税。

为了鼓励小微企业的发展，目前全国适用于个人（不含登记为一般纳税人的个体工商户）的增值税起征点如下：（1）销售货物的，为月应税销售额 20 000 元；（2）销售应税劳务的，为月应税销售额 20 000 元；（3）发生应税行为的，为月应税销售额 20 000 元；（4）按次纳税的，为每次（日）销售额 300 ~ 500 元。

 营改增中小微企业享受哪些税收优惠？

对增值税小规模纳税人中月销售额未达到 2 万元的企业或非企业性单位，免征增值税。2017 年 12 月 31 日前，对月销售额 2 万元（含本数）至 3 万元的增值税小规模纳税人，免征增值税。

 营改增试点期间免征增值税的项目有哪些？

（一）托儿所、幼儿园提供的保育和教育服务

托儿所、幼儿园，是指经县级以上教育部门审批成立、取得办园许可证的实施 0-6 岁学前教育的机构，包括公办和民办的托儿所、幼儿园、学前班、幼儿班、保育院、幼儿院。

公办托儿所、幼儿园免征增值税的收入是指，在省级财政部门和价格主管部门审核，报省级人民政府批准的收费标准以内收取的教育费、保育费。

民办托儿所、幼儿园免征增值税的收入是指，在报经当地有关部门备案并公示的收费标准范围内收取的教育费、保育费。

 **友情提示**

超过规定收费标准的收费，以开办实验班、特色班和兴趣班等为由另外收取的费用以及与幼儿入园挂钩的赞助费、支教费等超过规定范围的收入，不属于免征增值税的收入。

（二）养老机构提供的养老服务

养老机构，是指依照民政部《养老机构设立许可办法》（民政部令第48号）设立并依法办理登记的为老年人提供集中居住和照料服务的各类养老机构；养老服务，是指上述养老机构按照民政部《养老机构管理办法》（民政部令第49号）的规定，为收住的老年人提供的生活照料、康复护理、精神慰藉、文化娱乐等服务。

（三）残疾人福利机构提供的育养服务

这一规定延续了《营业税暂行条例》第八条第（一）款的规定："对残疾人福利机构提供的育养服务免征营业税。"

（四）婚姻介绍服务

这一规定延续了《营业税暂行条例》第八条第（一）款的规定："对婚姻介绍服务免征营业税。"

（五）殡葬服务

殡葬服务，是指收费标准由各地价格主管部门会同有关部门核定，或者实行政府指导价管理的遗体接运（含抬尸、消毒）、遗体整容、遗体防腐、存放（含冷藏）、火化、骨灰寄存、吊唁设施设备租赁、墓穴租赁及管理等服务。

（六）残疾人员本人为社会提供的服务

这一规定延续了下列原营业税优惠政策及执行口径的相关规定：

第一，《营业税暂行条例》第八条第（二）款规定："对残疾人员个人提供的劳务，免征营业税。"

第二，《营业税暂行条例实施细则》第二十二条第（一）款规定："条例第八条所称残疾人员个人提供的劳务，是指残疾人员本人为社会提供的劳务。"

（七）医疗机构提供的医疗服务

医疗机构，是指依据国务院《医疗机构管理条例》（国务院令第149号）

及卫生部《医疗机构管理条例实施细则》（卫生部令第35号）的规定，经登记取得《医疗机构执业许可证》的机构，以及军队、武警部队各级各类医疗机构。具体包括：各级各类医院、门诊部（所）、社区卫生服务中心（站）、急救中心（站）、城乡卫生院、护理院（所）、疗养院、临床检验中心，各级政府及有关部门举办的卫生防疫站（疾病控制中心），各种专科疾病防治站（所），各级政府举办的妇幼保健所（站）、母婴保健机构、儿童保健机构，各级政府举办的血站（血液中心）等医疗机构。

 友情提示

> 上述所称的医疗服务，是指医疗机构按照不高于地（市）级以上价格主管部门会同同级卫生主管部门及其他相关部门制定的医疗服务指导价格（包括政府指导价和按照规定由供需双方协商确定的价格等）为就医者提供《全国医疗服务价格项目规范》所列的各项服务，以及医疗机构向社会提供卫生防疫、卫生检疫的服务。

（八）从事学历教育的学校提供的教育服务

1. 学历教育，是指受教育者经过国家教育考试或者国家规定的其他入学方式，进入国家有关部门批准的学校或者其他教育机构学习，获得国家承认的学历证书的教育形式。具体包括：

（1）初等教育：普通小学、成人小学；

（2）初级中等教育：普通初中、职业初中、成人初中；

（3）高级中等教育：普通高中、成人高中和中等职业学校（包括普通中专、成人中专、职业高中、技工学校）；

（4）高等教育：普通本专科、成人本专科、网络本专科、研究生（博士、硕士）、高等教育自学考试、高等教育学历文凭考试。

2. 从事学历教育的学校，是指：

（1）普通学校；

（2）经地（市）级以上人民政府或者同级政府的教育行政部门批准成立、国家承认其学员学历的各类学校；

（3）经省级及以上人力资源社会保障行政部门批准成立的技工学校、高级技工学校；

（4）经省级人民政府批准成立的技师学院。

上述学校均包括符合规定的从事学历教育的民办学校，但不包括职业培训机构等国家不承认学历的教育机构。

3. 提供教育服务免征增值税的收入，是指对列入规定招生计划的在籍学生提供学历教育服务取得的收入，具体包括：经有关部门审核批准并按规定标准收取的学费、住宿费、课本费、作业本费、考试报名费收入，以及学校食堂提供餐饮服务取得的伙食费收入。除此之外的收入，包括学校以各种名义收取的赞助费、择校费等，不属于免征增值税的范围。

 友情提示

> 学校食堂是指依照《学校食堂与学生集体用餐卫生管理规定》（教育部令第14号）管理的学校食堂。

（九）学生勤工俭学提供的服务

这一规定延续了《营业税暂行条例》第八条第（四）款规定："对学生勤工俭学提供的劳务，免征营业税。"

（十）农业机耕、排灌、病虫害防治、植物保护、农牧保险以及相关技术培训业务，家禽、牲畜、水生动物的配种和疾病防治

农业机耕，是指在农业、林业、牧业中使用农业机械进行耕作（包括耕耘、种植、收割、脱粒、植物保护等）的业务；排灌，是指对农田进行灌溉或者排涝的业务；病虫害防治，是指从事农业、林业、牧业、渔业的病虫害测报和防治的业务；农牧保险，是指为种植业、养殖业、牧业种植和饲养的动植物提供保险的业务；相关技术培训，是指与农业机耕、排灌、病虫害防治、植物保护业务相关以及使农民获得农牧保险知识的技术培训业务；家禽、牲畜、水生动物的配种和疾病防治业务的免税范围，包括与该项服务有关的提供药品和医疗用具的业务。

（十一）纪念馆、博物馆、文化馆、文物保护单位管理机构、美术馆、展览馆、书画院、图书馆在自己的场所提供文化体育服务取得的第一道门票收入

这一规定延续了《营业税暂行条例》第八条第（六）款的规定："对纪念馆、博物馆、文化馆、文物保护单位管理机构、美术馆、展览馆、书画院、图书馆举办文化活动的门票收入。"以及《营业税暂行条例实施细则》第二十二条第四款的规定："纪念馆、博物馆、文化馆、文物保护单位管理机构、美术馆、展览馆、书画院、图书馆举办文化活动，是指这些单位在自己的场所举办的属于文化体育业税目征税范围的文化活动。其门票收入，是指销售第一道门

票的收入。"

（十二）寺院、宫观、清真寺和教堂举办文化、宗教活动的门票收入

这一规定延续了《营业税暂行条例》第八条第（六）款的规定："宗教场所举办文化、宗教活动的门票收入，免征营业税。"以及《营业税暂行条例实施细则》第二十二条第（四）款规定："宗教场所举办文化、宗教活动的门票收入，是指寺院、宫观、清真寺和教堂举办文化、宗教活动销售门票的收入。"

（十三）行政单位之外的其他单位收取的符合《营业税改征增值税试点实施办法》第十条规定条件的政府性基金和行政事业性收费

在此次营业税改征增值税试点的政策设计中，重新明确了政府性基金、行政事业性收费不征税的主体，仅指行政单位。除行政单位以外的非企业性单位应为增值税的纳税人，但是考虑到政府性基金和行政事业性收费纳入财政体系管理的特殊性，且行政单位之外的其他单位的收费行为是代行政府职能，因此给予了增值税免税政策。

（十四）个人转让著作权

这一规定平移了《财政部 国家税务总局关于将铁路运输和邮政业纳入营业税改征增值税试点的通知》（财税〔2013〕106号）附件3第一条第（一）款的相关政策规定。

（十五）个人销售自建自用住房

这一规定延续了《财政部 国家税务总局关于职业教育等营业税若干政策问题的通知》（财税〔2013〕62号）第二条规定："对个人销售自建自用住房，免征营业税。"

（十六）2018年12月31日前，公共租赁住房经营管理单位出租公共租赁住房

公共租赁住房，是指纳入省、自治区、直辖市、计划单列市人民政府及新疆生产建设兵团批准的公共租赁住房发展规划和年度计划，并按照《关于加快发展公共租赁住房的指导意见》（建保〔2010〕87号）和市、县人民政府制定的具体管理办法进行管理的公共租赁住房。

（十七）国家商品储备管理单位及其直属企业承担商品储备任务，从中央或者地方财政取得的利息补贴收入和价差补贴收入

国家商品储备管理单位及其直属企业，是指接受中央、省、市、县四级政府有关部门（或者政府指定管理单位）委托，承担粮（含大豆）、食用油、棉、糖、肉、盐（限于中央储备）等六种商品储备任务，并按有关政策收储、销售上述六种储备商品，取得财政储备经费或者补贴的商品储备企业。利息补贴收入，是指国家商品储备管理单位及其直属企业因承担上述商品储备任务从金融机构贷款，并从中央或者地方财政取得的用于偿还贷款利息的贴息收入。价差补贴收入包括销售价差补贴收入和轮换价差补贴收入。销售价差补贴收入，是指按照中央或者地方政府指令销售上述储备商品时，由于销售收入小于库存成本而从中央或者地方财政获得的全额价差补贴收入。轮换价差补贴收入，是指根据要求定期组织政策性储备商品轮换而从中央或者地方财政取得的商品新陈品质价差补贴收入。

（十八）纳税人提供技术转让、技术开发和与之相关的技术咨询、技术服务

1. 技术转让、技术开发，是指《销售服务、无形资产、不动产注释》中"转让技术"、"研发服务"范围内的业务活动。技术咨询，是指就特定技术项目提供可行性论证、技术预测、专题技术调查、分析评价报告等的业务活动。

与技术转让、技术开发相关的技术咨询、技术服务，是指转让方（或者受托方）根据技术转让或者开发合同的规定，为帮助受让方（或者委托方）掌握所转让（或者委托开发）的技术，而提供的技术咨询、技术服务业务，且这部分技术咨询、技术服务的价款与技术转让或者技术开发的价款应当在同一张发票上开具。

2. 备案程序。试点纳税人申请免征增值税时，须持技术转让、开发的书面合同，到纳税人所在地省级科技主管部门进行认定，并持有关的书面合同和科技主管部门审核意见证明文件报主管税务机关备查。

（十九）2017年12月31日前，科普单位的门票收入，以及县级及以上党政部门和科协开展科普活动的门票收入

科普单位，是指科技馆、自然博物馆，对公众开放的天文馆（站、台）、气象台（站）、地震台（站），以及高等院校、科研机构对公众开放的科普基地。

科普活动，是指利用各种传媒以浅显的、易于公众理解、接受和参与的方式，向普通大众介绍自然科学和社会科学知识，推广科学技术的应用，倡导科学方法，传播科学思想，弘扬科学精神的活动。

（二十）政府举办的从事学历教育的高等、中等和初等学校（不含下属单位）举办进修班、培训班取得的全部归该学校所有的收入

全部归该学校所有，是指举办进修班、培训班取得的全部收入进入该学校统一账户，并纳入预算全额上缴财政专户管理，同时由该学校对有关票据进行统一管理和开具。举办进修班、培训班取得的收入进入该学校下属部门自行开设账户的,不予免征增值税。

(二十一)政府举办的职业学校设立的主要为在校学生提供实习场所,并由学校出资自办,由学校负责经营管理,经营收入归学校所有的企业,从事《销售服务、无形资产或者不动产注释》中"现代服务"(不含融资租赁服务、广告服务和其他现代服务)、"生活服务"(不含文化体育服务、其他生活服务和桑拿、氧吧)业务活动取得的收入

这一规定是对《财政部 国家税务总局关于教育税收政策的通知》(财税〔2004〕39号)有关营业税政策的延续。

(二十二)福利彩票、体育彩票的发行收入

这一规定是《财政部 国家税务总局关于福利彩票代销手续费收入征收营业税问题的通知》(财税〔2005〕118号)、《财政部、国家税务总局关于营业税若干政策问题的通知》(财税〔2003〕16号)、《财政部 国家税务总局关于发行福利彩票有关税收问题的通知》(财税〔2002〕59号)、《财政部 国家税务总局关于体育彩票发行收入税收问题的通知》(财税字〔1996〕77号)原有营业税政策的延续。

(二十三)军队空余房产租赁收入

这一规定是对《财政部 国家税务总局关于暂免征收军队空余房产租赁收入营业税房产税的通知》(财税〔2004〕123号)有关营业税政策的延续。

(二十四)为了配合国家住房制度改革,企业、行政事业单位按房改成本价、标准价出售住房取得的收入

这一规定是对《财政部 国家税务总局关于职业教育等营业税若干政策问题的通知》(财税〔2013〕62号)有关营业税政策的延续。

(二十五)将土地使用权转让给农业生产者用于农业生产

这一规定是对《财政部 国家税务总局关于对若干项目免征营业税的通知》(财税字〔1994〕第2号)有关营业税政策的延续。

(二十六)涉及家庭财产分割的个人无偿转让不动产、土地使用权

家庭财产分割,包括下列情形:离婚财产分割;无偿赠与配偶、父母、子女、祖父母、外祖父母、孙子女、外孙子女、兄弟姐妹;无偿赠与对其承担直接抚养或者赡养义务的抚养人或者赡养人;房屋产权所有人死亡,法定继承人、遗嘱继承人或者受遗赠人依法取得房屋产权。

《国家税务总局关于进一步简化和规范个人无偿赠与或受赠不动产免征营

税、个人所得税所需证明资料的公告》(国家税务总局公告2015年第75号)规定:

第一,纳税人在办理个人无偿赠与或受赠不动产免征营业税、个人所得税手续时,应报送《个人无偿赠与不动产登记表》、双方当事人的身份证明原件及复印件(继承或接受遗赠的,只须提供继承人或接受遗赠人的身份证明原件及复印件)、房屋所有权证原件及复印件。属于以下四类情形之一的,还应分别提交相应证明资料:

(1)离婚分割财产的,应当提交:离婚协议或者人民法院判决书或者人民法院调解书的原件及复印件、离婚证原件及复印件。

(2)亲属之间无偿赠与的,应当提交:无偿赠与配偶的,提交结婚证原件及复印件;无偿赠与父母、子女、祖父母、外祖父母、孙子女、外孙子女、兄弟姐妹的,提交户口簿或者出生证明或者人民法院判决书或者人民法院调解书或者其他部门(有资质的机构)出具的能够证明双方亲属关系的证明资料原件及复印件。

(3)无偿赠与非亲属抚养或赡养关系人的,应当提交:人民法院判决书或者人民法院调解书或者乡镇政府或街道办事处出具的抚养(赡养)关系证明或者其他部门(有资质的机构)出具的能够证明双方抚养(赡养)关系的证明资料原件及复印件。

(4)继承或接受遗赠的,应当提交:房屋产权所有人死亡证明原件及复印件、经公证的能够证明有权继承或接受遗赠的证明资料原件及复印件。

第二,税务机关应当认真核对上述资料,资料齐全并且填写正确的,在《个人无偿赠与不动产登记表》上签字盖章,留存《个人无偿赠与不动产登记表》复印件和有关证明资料复印件,原件退还纳税人,同时办理免税手续。

(二十七)土地所有者出让土地使用权和土地使用者将土地使用权归还给土地所有者

这一规定是对《关于印发〈营业税税目注释(试行稿)〉的通知》(国税发〔1993〕149号)中无形资产税目注释的调整。

《营业税税目注释(试行稿)》中规定,对土地所有者出让土地使用权和土地使用者将土地使用权归还给土地所有者的行为,不征收营业税。在此次营业税改征增值税试点的政策设计中,考虑到土地所有者出让土地使用权和土地使用者将土地使用权归还给土地所有者的行为满足增值税的各个征税要素,不应排除在征税范围之外。但同时考虑到上述土地转让行为的特殊性,给予了增值税免税政策。

(二十八)县级以上地方人民政府或自然资源行政主管部门出让、转让或收回自然资源使用权(不含土地使用权)

这一规定是《财政部 国家税务总局关于转让自然资源使用权营业税政策的通知》（财税〔2012〕6 号）有关营业税政策的调整。

（二十九）随军家属就业

1. 为安置随军家属就业而新开办的企业，自领取税务登记证之日起，其提供的应税服务 3 年内免征增值税。

享受税收优惠政策的企业，随军家属必须占企业总人数的 60%（含）以上，并有军（含）以上政治和后勤机关出具的证明。

2. 从事个体经营的随军家属，自办理税务登记事项之日起，其提供的应税服务 3 年内免征增值税。

随军家属必须有师以上政治机关出具的可以表明其身份的证明。

（三十）军队转业干部就业

1. 从事个体经营的军队转业干部，自领取税务登记证之日起，其提供的应税服务 3 年内免征增值税。

2. 为安置自主择业的军队转业干部就业而新开办的企业，凡安置自主择业的军队转业干部占企业总人数 60%（含）以上的，自领取税务登记证之日起，其提供的应税服务 3 年内免征增值税。

享受上述优惠政策的自主择业的军队转业干部必须持有师以上部队颁发的转业证件。

 金融业营改增有哪些税收优惠？

（一）以下利息收入免税

1. 2016 年 12 月 31 日前，金融机构农户小额贷款

小额贷款，是指单笔且该农户贷款余额总额在 10 万元（含本数）以下的贷款。所称农户，是指长期（一年以上）居住在乡镇（不包括城关镇）行政管理区域内的住户，还包括长期居住在城关镇所辖行政村范围内的住户和户口不在本地而在本地居住一年以上的住户，国有农场的职工和农村个体工商户。位于乡镇（不包括城关镇）行政管理区域内和在城关镇所辖行政村范围内的国有经济的机关、团体、学校、企事业单位的集体户，有本地户口但举家外出谋生一年以上的住户，无论是否保留承包耕地均不属于农户。农户以户为统计单位，既可以从事农业生产经营，也可以从事非农业生产经营。农户贷款的判定应以贷款发放时的承贷主体是否属于农户为准。

2. 国家助学贷款

这一规定延续了《中国人民银行、财政部、教育部、国家税务总局关于

进一步推进国家助学贷款业务发展的通知（银发〔2001〕245号）的规定："经国务院批准，免征国家助学贷款利息收入营业税。"

3. 国债、地方政府债

这里关于国债利息免征增值税的规定，继续遵循《中华人民共和国国库券条例》第十二条"国库券的利息收入享受免税待遇"的原则。考虑到地方政府债与国债在性质和意义上具有一致性，因此也对地方政府债利息收入给予了增值税免税优惠。

4. 人民银行对金融机构的贷款

这一规定延续了《国家税务总局关于人民银行贷款业务不征收营业税的具体范围的通知》（国税发〔1994〕88号）的规定："对人民银行的贷款业务不征税，是指人民银行对金融机构的贷款业务。人民银行对企业贷款或委托金融机构贷款的业务应当征收营业税。"

5. 住房公积金管理中心用住房公积金在指定的委托银行发放的个人住房贷款

这一规定是对《财政部 国家税务总局关于住房公积金管理中心有关税收政策的通知》（财税〔2000〕94号）营业税政策的延续。《财政部 国家税务总局关于住房公积金管理中心有关税收政策的通知》（财税〔2000〕94号）规定："自2000年9月1日起，对住房公积金管理中心用住房公积金在指定的委托银行发放个人住房贷款取得的收入，免征营业税。"

6. 外汇管理部门在从事国家外汇储备经营过程中，委托金融机构发放的外汇贷款

这一规定是对《财政部 国家税务总局关于对外汇管理部门委托贷款利息收入免征营业税的通知》（财税〔2000〕78号）营业税政策的延续。《财政部 国家税务总局关于对外汇管理部门委托贷款利息收入免征营业税的通知》（财税〔2000〕78号）规定："自2000年7月1日起，对外汇管理部门在从事国家外汇储备经营过程中，委托金融机构发放的外汇贷款利息收入免征营业税。"

7. 统借统还业务中，企业集团或企业集团中的核心企业以及集团所属财务公司按不高于支付给金融机构的借款利率水平或者支付的债券票面利率水平，向企业集团或者集团内下属单位收取的利息

友情提示

> 统借方向资金使用单位收取的利息，高于支付给金融机构借款利率水平或者支付的债券票面利率水平的，应全额缴纳增值税。

统借统还业务,是指:

(1)企业集团或者企业集团中的核心企业向金融机构借款或对外发行债券取得资金后,将所借资金分拨给下属单位(包括独立核算单位和非独立核算单位,下同),并向下属单位收取用于归还金融机构或债券购买方的本息的业务。

(2)企业集团向金融机构借款或对外发行债券取得资金后,由集团所属财务公司与企业集团或者集团内下属单位签订统借统还贷款合同并分拨资金,并向企业集团或者集团内下属单位收取本息,再转付企业集团,由企业集团统一归还金融机构或债券购买方的业务。

(二)金融同业往来利息收入免税

1. 金融机构与人民银行所发生的资金往来业务。包括人民银行对一般金融机构贷款,以及人民银行对商业银行的再贴现等。

2. 银行联行往来业务。同一银行系统内部不同行、处之间所发生的资金账务往来业务。

3. 金融机构间的资金往来业务。是指经人民银行批准,进入全国银行间同业拆借市场的金融机构之间通过全国统一的同业拆借网络进行的短期(一年以下,含一年)无担保资金融通行为。

4. 金融机构之间开展的转贴现业务。

金融机构是指:

(1)银行:包括人民银行、商业银行、政策性银行;

(2)信用合作社;

(3)证券公司;

(4)金融租赁公司、证券基金管理公司、财务公司、信托投资公司、证券投资基金;

(5)保险公司;

(6)其他经人民银行、银监会、证监会、保监会批准成立且经营金融保险业务的机构等。

金融机构开展下列业务取得的利息收入,属于上述金融同业往来利息收入:

(1)质押式买入返售金融商品。质押式买入返售金融商品,是指交易双方进行的以债券等金融商品为权利质押的一种短期资金融通业务。

(2)持有政策性金融债券。政策性金融债券,是指开发性、政策性金融机构发行的债券。

(三)金融企业利息收入暂不缴纳增值税

金融企业发放贷款后,自结息日起90天内发生的应收未收利息按现行规定缴纳增值税，自结息日起 90 天后发生的应收未收利息暂不缴纳增值税，待实际收到利息时按规定缴纳增值税。

上述所称金融企业，是指银行（包括国有、集体、股份制、合资、外资银行以及其他所有制形式的银行）、城市信用社、农村信用社、信托投资公司、财务公司。

（四）保险公司开办的一年期以上人身保险产品取得的保费收入免税

一年期以上人身保险，是指保险期间为一年期及以上返还本利的人寿保险、养老年金保险，以及保险期间为一年期及以上的健康保险。享受免征增值税的一年期及以上返还本利的人身保险包括其他年金保险，其他年金保险是指养老年金以外的年金保险。

人寿保险，是指以人的寿命为保险标的的人身保险。

养老年金保险，是指以养老保障为目的，以被保险人生存为给付保险金条件，并按约定的时间间隔分期给付生存保险金的人身保险。养老年金保险应当同时符合下列条件：

（1）保险合同约定给付被保险人生存保险金的年龄不得小于国家规定的退休年龄；

（2）相邻两次给付的时间间隔不得超过一年。

健康保险，是指以因健康原因导致损失为给付保险金条件的人身保险。

（五）下列金融商品转让收入免税

这里将原营业税制度下对金融商品转让收入的免税政策进行了梳理归类，并分条列示。

（1）合格境外投资者（QFII）委托境内公司在我国从事证券买卖业务；

（2）香港市场投资者（包括单位和个人）通过沪港通买卖上海证券交易所上市 A 股；

（3）对香港市场投资者（包括单位和个人）通过基金互认买卖内地基金份额；

（4）证券投资基金（封闭式证券投资基金，开放式证券投资基金）管理人运用基金买卖股票、债券；

（5）个人从事金融商品转让业务。

（六）融资租赁服务超 3% 即征即退

经人民银行、银监会或者商务部批准从事融资租赁业务的试点纳税人中的一般纳税人，提供有形动产融资租赁服务和有形动产融资性售后回租服务，对其增值税实际税负超过 3% 的部分实行增值税即征即退政策。商务部授权的省级商务主管部门和国家经济技术开发区批准的从事融资租赁业务和融资性售后回租业务的试点纳税人中的一般纳税人，2016 年 5 月 1 日后实收资本达到 1.7 亿元的，从达到标准的当月起按照上述规定执行；2016 年 5 月 1 日后实收资本未达到 1.7 亿元但注册资本达到 1.7 亿元的，在 2016 年 7 月 31 日前仍可按照上述规定执行，2016 年 8 月 1 日后开展的有形动产融资租赁业务和有形动产融资性售后回租业务不得按照上述规定执行。增值税实际税负，是指纳税人当期提供应税服务实际缴纳的增值税额占纳税人当期提供应税服务取得的全部价款和价外费用的比例。

（七）被撤销金融机构以货物、不动产、无形资产、有价证券、票据等财产清偿债务

被撤销金融机构，是指经人民银行、银监会依法决定撤销的金融机构及其分设于各地的分支机构，包括被依法撤销的商业银行、信托投资公司、财务公司、金融租赁公司、城市信用社和农村信用社。除另有规定外，被撤销金融机构所属、附属企业，不享受被撤销金融机构增值税免税政策。

（八）同时符合下列条件的担保机构从事中小企业信用担保或者再担保业务取得的收入（不含信用评级、咨询、培训等收入）3 年内免征增值税

1. 已取得监管部门颁发的融资性担保机构经营许可证，依法登记注册为企（事）业法人，实收资本超过 2000 万元。

2. 平均年担保费率不超过银行同期贷款基准利率的 50%。平均年担保费率 = 本期担保费收入 /（期初担保余额 + 本期增加担保金额）× 100%。

3. 连续合规经营 2 年以上，资金主要用于担保业务，具备健全的内部管理制度和为中小企业提供担保的能力，经营业绩突出，对受保项目具有完善的事前评估、事中监控、事后追偿与处置机制。

4. 为中小企业提供的累计担保贷款额占其两年累计担保业务总额的 80% 以上，单笔 800 万元以下的累计担保贷款额占其累计担保业务总额的 50% 以上。

5. 对单个受保企业提供的担保余额不超过担保机构实收资本总额的 10%，且平均单笔担保责任金额不超过 3000 万元人民币。

6. 担保责任余额不低于其净资产的 3 倍，且代偿率不超过 2%。

担保机构免征增值税政策采取备案管理方式。符合条件的担保机构应到所在地县（市）主管税务机关和同级中小企业管理部门履行规定的备案手续，自完成备案手续之日起，享受 3 年免征增值税政策。3 年免税期满后，符合条件的担保机构可在按规定程序办理备案手续后继续享受该项政策。

 友情提示

> 具体备案管理办法按照《国家税务总局关于中小企业信用担保机构免征营业税审批事项取消后有关管理问题的公告》（国家税务总局公告2015年第69号）规定执行，其中税务机关的备案管理部门统一调整为县（市）级国家税务局。

（九）农村金融机构可选择3%的简易计税方法

农村信用社、村镇银行、农村资金互助社、由银行业机构全资发起设立的贷款公司、法人机构在县（县级市、区、旗）及县以下地区的农村合作银行和农村商业银行提供金融服务收入，可以选择适用简易计税方法按照3%的征收率计算缴纳增值税。

村镇银行，是指经中国银行业监督管理委员会依据有关法律、法规批准，由境内外金融机构、境内非金融机构企业法人、境内自然人出资，在农村地区设立的主要为当地农民、农业和农村经济发展提供金融服务的银行业金融机构。

农村资金互助社，是指经银行业监督管理机构批准，由乡（镇）、行政村农民和农村小企业自愿入股组成，为社员提供存款、贷款、结算等业务的社区互助性银行业金融机构。

由银行业机构全资发起设立的贷款公司，是指经中国银行业监督管理委员会依据有关法律、法规批准，由境内商业银行或农村合作银行在农村地区设立的专门为县域农民、农业和农村经济发展提供贷款服务的非银行业金融机构。

县（县级市、区、旗），不包括直辖市和地级市所辖城区。

（十）农行涉农贷款可选择3%的简易计税方法

中国农业银行纳入"三农金融事业部"改革试点的各省、自治区、直辖市、计划单列市分行下辖的县域支行和新疆生产建设兵团分行下辖的县域支行（也称县事业部），提供农户贷款、农村企业和农村各类组织贷款取得的利息收入，可以选择适用简易计税方法按照3%的征收率计算缴纳增值税。农户贷款，是指金融机构发放给农户的贷款，但不包括免征增值税的农户小额贷款。农

村企业和农村各类组织贷款,是指金融机构发放给注册在农村地区的企业及各类组织的贷款。

享受增值税优惠的涉农贷款业务清单包括:

(1)法人农业贷款;

(2)法人林业贷款;

(3)法人畜牧业贷款;

(4)法人渔业贷款;

(5)法人农林牧渔服务业贷款;

(6)法人其他涉农贷款(煤炭、烟草、采矿业、房地产业、城市基础设施建设和其他类的法人涉农贷款除外);

(7)小型农田水利设施贷款;

(8)大型灌区改造;

(9)中低产田改造;

(10)防涝抗旱减灾体系建设;

(11)农产品加工贷款;

(12)农业生产资料制造贷款;

(13)农业物资流通贷款;

(14)农副产品流通贷款;

(15)农产品出口贷款;

(16)农业科技贷款;

(17)农业综合生产能力建设;

(18)农田水利设施建设;

(19)农产品流通设施建设;

(20)其他农业生产性基础设施建设;

(21)农村饮水安全工程;

(22)农村公路建设;

(23)农村能源建设;

(24)农村沼气建设;

(25)其他农村生活基础设施建设;

(26)农村教育设施建设;

(27)农村卫生设施建设;

(28)农村文化体育设施建设;

(29)林业和生态环境建设;

(30)个人农业贷款;

(31)个人林业贷款;

(32)个人畜牧业贷款；
(33)个人渔业贷款；
(34)个人农林牧渔服务业贷款；
(35)农户其他生产经营贷款；
(36)农户助学贷款；
(37)农户医疗贷款；
(38)农户住房贷款；
(39)农户其他消费贷款。

(十一)支持农村金融发展税收优惠

自2017年1月1日至2019年12月31日，对金融机构农户小额贷款的利息收入，免征增值税。

小额贷款，是指单笔且该农户贷款余额总额在10万元(含本数)以下的贷款。

金融机构应对符合条件的农户小额贷款利息收入进行单独核算，不能单独核算的不得适用上述优惠政策。

交通运输业营改增有哪些税收优惠？

(一)台湾航运公司、航空公司从事海峡两岸海上直航、空中直航业务在大陆取得的运输收入免税

台湾航运公司，是指取得交通运输部颁发的"台湾海峡两岸间水路运输许可证"且该许可证上注明的公司登记地址在台湾的航运公司。

台湾航空公司，是指取得中国民用航空局颁发的"经营许可"或者依据《海峡两岸空运协议》和《海峡两岸空运补充协议》规定，批准经营两岸旅客、货物和邮件不定期(包机)运输业务，且公司登记地址在台湾的航空公司。

(二)纳税人提供的直接或者间接国际货物运输代理服务免税

1. 纳税人提供直接或者间接国际货物运输代理服务，向委托方收取的全部国际货物运输代理服务费用，以及向国际运输承运人支付的国际运输费用，必须通过金融机构进行结算。

2. 纳税人为大陆与香港、澳门、台湾地区之间的货物运输提供的货物运输代理服务参照国际货物运输代理服务有关规定执行。

3. 委托方索取发票的，纳税人应当就国际货物运输代理服务收入向委托

方全额开具增值税普通发票。

（三）管道运输服务超 3% 即征即退

一般纳税人提供管道运输服务，对其增值税实际税负超过 3% 的部分实行增值税即征即退政策。

增值税实际税负，是指纳税人当期提供应税服务实际缴纳的增值税额占纳税人当期提供应税服务取得的全部价款和价外费用的比例。

 服务业营改增有哪些税收优惠？

（一）同时符合下列条件的合同能源管理服务免税

1. 节能服务公司实施合同能源管理项目相关技术，应当符合国家质量监督检验检疫总局和国家标准化管理委员会发布的《合同能源管理技术通则》（GB/T24915-2010）规定的技术要求。

2. 节能服务公司与用能企业签订节能效益分享型合同，其合同格式和内容，符合《中华人民共和国合同法》和《合同能源管理技术通则》（GB/T24915-2010）等规定。

（二）家政服务企业由员工制家政服务员提供家政服务取得的收入免税

家政服务企业，是指在企业营业执照的规定经营范围中包括家政服务内容的企业。

员工制家政服务员，是指同时符合下列三个条件的家政服务员：

（1）依法与家政服务企业签订半年及半年以上的劳动合同或者服务协议，且在该企业实际上岗工作。

（2）家政服务企业为其按月足额缴纳了企业所在地人民政府根据国家政策规定的基本养老保险、基本医疗保险、工伤保险、失业保险等社会保险。对已享受新型农村养老保险和新型农村合作医疗等社会保险或者作为下岗职工但原单位继续为其缴纳社会保险的家政服务员，如果本人书面提出不再缴纳企业所在地人民政府根据国家政策规定的相应的社会保险，并出具其所在乡镇或者原单位开具的已缴纳相关保险的证明，可视同家政服务企业已为其按月足额缴纳了相应的社会保险。

（3）家政服务企业通过金融机构向其实际支付不低于企业所在地适用的经省级人民政府批准的最低工资标准的工资。

个人销售住房营改增有哪些税收优惠?

(一) 北上广深优惠政策

个人将购买不足 2 年的住房对外销售的,按照 5% 的征收率全额缴纳增值税;个人将购买 2 年以上(含 2 年)的非普通住房对外销售的,以销售收入减去购买住房价款后的差额按照 5% 的征收率缴纳增值税;个人将购买 2 年以上(含 2 年)的普通住房对外销售的,免征增值税。上述政策仅适用于北京市、上海市、广州市和深圳市。

(二) 其他地区优惠政策

个人将购买不足 2 年的住房对外销售的,按照 5% 的征收率全额缴纳增值税;个人将购买 2 年以上(含 2 年)的住房对外销售的,免征增值税。上述政策适用于北京市、上海市、广州市和深圳市之外的地区。

(三) 免税程序

办理免税的具体程序、购买房屋的时间、开具发票、非购买形式取得住房行为及其他相关税收管理,按照《国务院办公厅转发建设部等部门关于做好稳定住房价格工作意见的通知》(国办发〔2005〕26 号)、《国家税务总局 财政部 建设部关于加强房地产税收管理的通知》(国税发〔2005〕89 号)和《国家税务总局关于房地产税收政策执行中几个具体问题的通知》(国税发〔2005〕172 号)的有关规定执行。

享受优惠政策的住房原则上应同时满足以下条件:住宅小区建筑容积率在 1.0 以上,单套建筑面积在 120 平方米以下,实际成交价格低于同级别土地上住房平均交易价格的 1.2 倍。各省、自治区、直辖市要根据实际情况,制定本地区享受优惠政策普通住房的具体标准,允许单套建筑面积和价格标准适当浮动,但向上浮动的比例不得超过上述标准的 20%。各直辖市和省会城市的具体标准要报建设部、财政部、税务总局备案后,在 2005 年 5 月 31 日前公布。享受税收优惠政策普通住房的面积标准是指地方政府按国办发〔2005〕26 号文件规定确定并公布的普通住房建筑面积标准。对于以套内面积进行计量的,应换算成建筑面积,来判断该房屋是否符合普通住房标准。

个人购买住房以取得的房屋产权证或契税完税证明上注明的时间作为其购买房屋的时间。"契税完税证明上注明的时间"是指契税完税证明上注明的填发日期。纳税人申报时,同时出具房屋产权证和契税完税证明且二者所注明的时间不一致的,按照"孰先"的原则确定购买房屋的时间。即房屋产权证上注明的时间早于契税完税证明上注明的时间的,以房屋产权证注明的时间为购买房屋的时间;契税完税证明上注明的时间早于房屋产权证上注明的时间的,以契税完税证明上注明的时间为购买房屋的时间。根据国家房改政策购买的公有住房,以购房合同的生效时间、房款收据的开具日期或房屋产权证上注明的时间,按照"孰先"的原则确定购买房屋的时间。

个人将通过受赠、继承、离婚财产分割等非购买形式取得的住房对外销售的行为,也适用《国家税务总局 财政部 建设部关于加强房地产税收管理的通知》(国税发〔2005〕89号)的有关规定。其购房时间按发生受赠、继承、离婚财产分割行为前的购房时间确定,其购房价格按发生受赠、继承、离婚财产分割行为前的购房原价确定。个人需持其通过受赠、继承、离婚财产分割等非购买形式取得住房的合法、有效法律证明文书,到地方税务部门办理相关手续。

(四)营改增的适用

个人转让住房,在2016年4月30日前已签订转让合同,2016年5月1日以后办理产权变更事项的,应缴纳增值税,不缴纳营业税。

 退役士兵创业营改增有哪些税收优惠?

对自主就业退役士兵从事个体经营的,在3年内以每户每年8000元为限额依次扣减其当年实际应缴纳的增值税、城市维护建设税、教育费附加、地方教育附加和个人所得税。限额标准最高可上浮20%,各省、自治区、直辖市人民政府可根据本地区实际情况在此幅度内确定具体限额标准,并报财政部和税务总局备案。

纳税人年度应缴纳税款小于上述扣减限额的,以其实际缴纳的税款为限;大于上述扣减限额的,以上述扣减限额为限。纳税人的实际经营期不足一年的,应当以实际月份换算其减免税限额。换算公式为:

$$减免税限额 = 年度减免税限额 \div 12 \times 实际经营月数$$

纳税人在享受税收优惠政策的当月,持《中国人民解放军义务兵退出现役证》或《中国人民解放军士官退出现役证》以及税务机关要求的相关材料向主管税务机关备案。

对商贸企业、服务型企业、劳动就业服务企业中的加工型企业和街道社区具有加工性质的小型企业实体,在新增加的岗位中,当年新招用自主就业退役士兵,与其签订1年以上期限劳动合同并依法缴纳社会保险费的,在3年内按实际招用人数予以定额依次扣减增值税、城市维护建设税、教育费附加、地方教育附加和企业所得税优惠。定额标准为每人每年4000元，最高可上浮50%，各省、自治区、直辖市人民政府可根据本地区实际情况在此幅度内确定具体定额标准，并报财政部和税务总局备案。

所称服务型企业是指从事《销售服务、无形资产、不动产注释》(《财政部 国家税务总局关于全面推开营业税改征增值税试点的通知》——财税〔2016〕36号附件)中"不动产租赁服务"、"商务辅助服务"(不含货物运输代理和代理报关服务)、"生活服务"(不含文化体育服务)范围内业务活动的企业以及按照《民办非企业单位登记管理暂行条例》(国务院令第251号)登记成立的民办非企业单位。

纳税人按企业招用人数和签订的劳动合同时间核定企业减免税总额，在核定减免税总额内每月依次扣减增值税、城市维护建设税、教育费附加和地方教育附加。纳税人实际应缴纳的增值税、城市维护建设税、教育费附加和地方教育附加小于核定减免税总额的，以实际应缴纳的增值税、城市维护建设税、教育费附加和地方教育附加为限；实际应缴纳的增值税、城市维护建设税、教育费附加和地方教育附加大于核定减免税总额的，以核定减免税总额为限。

纳税年度终了，如果企业实际减免的增值税、城市维护建设税、教育费附加和地方教育附加小于核定的减免税总额，企业在企业所得税汇算清缴时扣减企业所得税。当年扣减不完的，不再结转以后年度扣减。

减免税总额计算公式为：

$$企业减免税总额 = \frac{\sum 每名自主就业退役士兵本年度在本企业工作月份}{12} \times 定额标准$$

企业自招用自主就业退役士兵的次月起享受税收优惠政策，并于享受税收优惠政策的当月，持下列材料向主管税务机关备案：

(1)新招用自主就业退役士兵的《中国人民解放军义务兵退出现役证》或《中国人民解放军士官退出现役证》；

(2)企业与新招用自主就业退役士兵签订的劳动合同(副本)，企业为职工缴纳的社会保险费记录；

(3)自主就业退役士兵本年度在企业工作时间表；

(4)主管税务机关要求的其他相关材料。

所称自主就业退役士兵是指依照《退役士兵安置条例》(国务院、中央军委令第608号)的规定退出现役并按自主就业方式安置的退役士兵。

上述规定的执行期限为2017年1月1日至2019年12月31日。上述规定的税收优惠政策按照备案减免税管理，纳税人应向主管税务机关备案。税收优惠政策在2019年12月31日未享受满3年的,可继续享受至3年期满为止。

对《财政部 国家税务总局关于全面推开营业税改征增值税试点的通知》(财税〔2016〕36号)附件3第三条第(一)项政策,纳税人在2016年12月31日未享受满3年的,可按现行政策继续享受至3年期满为止。

如果企业招用的自主就业退役士兵既适用本通知规定的税收优惠政策,又适用其他扶持就业的专项税收优惠政策,企业可选择适用最优惠的政策,但不能重复享受。各地财政、税务、民政部门要加强领导、周密部署,把扶持自主就业退役士兵创业就业工作作为一项重要任务,主动做好政策宣传和解释工作,加强部门间的协调配合,确保政策落实到位。同时,要密切关注税收政策的执行情况,将发现的问题及时逐级向财政部、税务总局、民政部反映。

 重点群体创业营改增有哪些税收优惠?

对持《就业创业证》(注明"自主创业税收政策"或"毕业年度内自主创业税收政策")或《就业失业登记证》(注明"自主创业税收政策"或附着《高校毕业生自主创业证》)的人员从事个体经营的,在3年内以每户每年8000元为限额依次扣减其当年实际应缴纳的增值税、城市维护建设税、教育费附加、地方教育附加和个人所得税。限额标准最高可上浮20%,各省、自治区、直辖市人民政府可根据本地区实际情况在此幅度内确定具体限额标准,并报财政部和税务总局备案。

纳税人年度应缴纳税款小于上述扣减限额的,以其实际缴纳的税款为限;大于上述扣减限额的,以上述扣减限额为限。

上述人员是指:

(1)在人力资源社会保障部门公共就业服务机构登记失业半年以上的人员;

(2)零就业家庭、享受城市居民最低生活保障家庭中劳动年龄内的登记失业人员;

(3)毕业年度内高校毕业生。高校毕业生是指实施高等学历教育的普通高等学校、成人高等学校应届毕业的学生;毕业年度是指毕业所在自然年,即1月1日至12月31日。

对商贸企业、服务型企业、劳动就业服务企业中的加工型企业和街道社区具有加工性质的小型企业实体,在新增加的岗位中,当年新招用在人力资源社会保障部门公共就业服务机构登记失业半年以上且持《就业创业证》或

《就业失业登记证》（注明"企业吸纳税收政策"）人员，与其签订1年以上期限劳动合同并依法缴纳社会保险费的，在3年内按实际招用人数予以定额依次扣减增值税、城市维护建设税、教育费附加、地方教育附加和企业所得税优惠。定额标准为每人每年4 000元，最高可上浮30%，各省、自治区、直辖市人民政府可根据本地区实际情况在此幅度内确定具体定额标准，并报财政部和税务总局备案。

按上述标准计算的税收扣减额应在企业当年实际应缴纳的增值税、城市维护建设税、教育费附加、地方教育附加和企业所得税税额中扣减，当年扣减不完的，不得结转下年使用。

所称服务型企业，是指从事《销售服务、无形资产、不动产注释》（《财政部 国家税务总局关于全面推开营业税改征增值税试点的通知》——财税〔2016〕36号附件）中"不动产租赁服务"、"商务辅助服务"（不含货物运输代理和代理报关服务）、"生活服务"（不含文化体育服务）范围内业务活动的企业以及按照《民办非企业单位登记管理暂行条例》（国务院令第251号）登记成立的民办非企业单位。

享受上述优惠政策的人员按以下规定申领《就业创业证》：

（1）按照《就业服务与就业管理规定》（人力资源社会保障部令第24号）第六十三条的规定，在法定劳动年龄内，有劳动能力，有就业要求，处于无业状态的城镇常住人员，在公共就业服务机构进行失业登记，申领《就业创业证》。对其中的零就业家庭、城市低保家庭的登记失业人员，公共就业服务机构应在其《就业创业证》上予以注明。

（2）毕业年度内高校毕业生在校期间凭学生证向公共就业服务机构按规定申领《就业创业证》，或委托所在高校就业指导中心向公共就业服务机构按规定代为其申领《就业创业证》；毕业年度内高校毕业生离校后直接向公共就业服务机构按规定申领《就业创业证》。

（3）上述人员申领相关凭证后，由就业和创业地人力资源社会保障部门对人员范围、就业失业状态、已享受政策情况进行核实，在《就业创业证》上注明"自主创业税收政策"、"毕业年度内自主创业税收政策"或"企业吸纳税收政策"字样，同时符合自主创业和企业吸纳税收政策条件的，可同时加注；主管税务机关在《就业创业证》上加盖戳记，注明减免税所属时间。

上述规定的执行期限为2017年1月1日至2019年12月31日。上述规定的税收优惠政策按照备案减免税管理，纳税人应向主管税务机关备案。税收优惠政策在2019年12月31日未享受满3年的，可继续享受至3年期满为止。

对《财政部 国家税务总局关于全面推开营业税改征增值税试点的通知》（财税〔2016〕36号）文件附件3第三条第（二）项政策，纳税人在2016年

12 月 31 日未享受满 3 年的,可按现行政策继续享受至 3 年期满为止。

上述人员不得重复享受税收优惠政策,以前年度已享受扶持就业的专项税收优惠政策的人员不得再享受上述规定的税收优惠政策。如果企业的就业人员既适用上述规定的税收优惠政策,又适用其他扶持就业的专项税收优惠政策,企业可选择适用最优惠的政策,但不能重复享受。

上述税收政策的具体实施办法由税务总局会同财政部、人力资源社会保障部、教育部、民政部另行制定。各地财政、税务、人力资源社会保障部门要加强领导、周密部署,把大力支持和促进重点群体创业就业工作作为一项重要任务,主动做好政策宣传和解释工作,加强部门间的协调配合,确保政策落实到位。同时,要密切关注税收政策的执行情况,将发现的问题及时逐级向财政部、税务总局、人力资源社会保障部反映。

营改增税收优惠的法律政策依据有哪些?

1.《财政部 国家税务总局关于全面推开营业税改征增值税试点的通知》(财税〔2016〕36 号)

2.《营业税改征增值税试点实施办法》(财税〔2016〕36 号)

3.《营业税改征增值税试点有关事项的规定》(财税〔2016〕36 号)

4.《营业税改征增值税试点过渡政策的规定》(财税〔2016〕36 号)

5.《跨境应税行为适用增值税零税率和免税政策的规定》(财税〔2016〕36 号)

6.《纳税人转让不动产增值税征收管理暂行办法》(国家税务总局公告 2016 年第 14 号)

7.《不动产进项税额分期抵扣暂行办法》(国家税务总局公告 2016 年第 15 号)

8.《纳税人提供不动产经营租赁服务增值税征收管理暂行办法》(国家税务总局公告 2016 年第 16 号)

9.《跨县(市、区)提供建筑服务增值税征收管理暂行办法》(国家税务总局公告 2016 年第 17 号)

10.《房地产开发企业销售自行开发的房地产项目增值税征收管理暂行办法》(国家税务总局公告 2016 年第 18 号)

11.《关于进一步明确全面推开营改增试点有关劳务派遣服务、收费公路通行费抵扣等政策的通知》(财税〔2016〕47 号)

12.《财政部 税务总局关于延续支持农村金融发展有关税收政策的通知》(财税〔2017〕44 号)

13.《财政部 税务总局 人力资源社会保障部关于继续实施扶持自主就业退役士兵创业就业有关税收政策的通知》(财税〔2017〕46号)

14.《财政部 税务总局 人力资源社会保障部关于继续实施支持和促进重点群体创业就业有关税收政策的通知》(财税〔2017〕49号)

七、营改增纳税筹划

 如何通过选择小规模身份进行纳税筹划?

营改增纳税人分为一般纳税人和小规模纳税人。应税行为的年应征增值税销售额(以下称应税销售额)超过500万元的纳税人为一般纳税人,未超过500万元的纳税人为小规模纳税人。年应税销售额超过规定标准的其他个人不属于一般纳税人。年应税销售额超过规定标准但不经常发生应税行为的单位和个体工商户可选择按照小规模纳税人身份纳税。

年应税销售额未超过规定标准的纳税人,会计核算健全,能够提供准确税务资料的,可以向主管税务机关办理一般纳税人资格登记,成为一般纳税人。会计核算健全,是指能够按照国家统一的会计制度规定设置账簿,根据合法、有效凭证核算。

以例7-19说明如何通过选择小规模身份进行纳税筹划。其中,一般纳税人提供交通运输服务,税率为11%;小规模纳税人适用的增值税征收率为3%。

 生活中的案例

例7-19 甲公司提供交通运输服务,年含税销售额为515万元,在营改增之后选择了一般纳税人身份,由于在营改增之前按照3%的税率缴纳营业税,而营改增之后按照11%的税率缴纳增值税,虽然可以抵扣一些进项税额,但整体税负仍然超过了营改增之前,请提出纳税筹划方案。

答: 筹划方案:甲公司的销售额为:5 150 000÷(1+3%)=5 000 000(元),由于并未超过500万元的标准,可以选择小规模纳税人的身份。在营改增之前,甲公司需要缴纳营业税:5 150 000×3%=154 500(元),税后营业收入为:5 150 000–154 500=4 995 500(元)。营改增之后,如果选择小规模纳税人身份,甲公司需要缴纳增值税:5 150 000÷(1+3%)×3%=150 000(元),销售收入为:5 150 000–150 000=5 000 000(元)。通过税收筹划,增加销售收入:5 000 000–4 995 500=4 500(元)。

由于营改增之前营业税的最低税率为 3%，营改增之后小规模纳税人的征税率为 3%，所以，只要选择小规模纳税人身份，营改增纳税人的税负就不会上升，由于增值税是价外税，在计算增值税时还需要将取得的价款换算为不含税销售额，因此，选择小规模纳税人身份的营改增纳税人，其税负一定会下降。

如果营改增之后，纳税人的销售额超过了 500 万元，就必须申请成为一般纳税人，不能为了保持小规模纳税人的身份而一直不申请成为一般纳税人。根据税法规定，有下列情形之一者，应当按照销售额和增值税税率计算应纳税额，不得抵扣进项税额，也不得使用增值税专用发票：一般纳税人会计核算不健全，或者不能够提供准确税务资料的；应当办理一般纳税人资格登记而未办理的。如果纳税人的销售额超过了 500 万元却不办理一般纳税人资格登记，应当按照 11% 的税率缴纳增值税，而且不允许抵扣进项税额，纳税人的税负将会大大增加。

 如何通过分立企业成为小规模纳税人进行纳税筹划？

应税行为的年应税销售额超过 500 万元的纳税人为一般纳税人，未超过 500 万元的纳税人为小规模纳税人。

以例 7-20 说明如何通过分立企业成为小规模纳税人进行纳税筹划。

 生活中的案例

例 7-20 甲公司为一家餐饮连锁企业，下设 100 家分公司，各家分公司的年销售额约 500 万元。甲公司属于营改增一般纳税人，适用 6% 的税率，由于允许抵扣的进项税额比较少，增值税税收负担率（即增值税应纳税额除以销售额）约为 5%，请提出纳税筹划方案。

答： 筹划方案：甲公司将各家分公司改制为独立的子公司，同时确保各家子公司年销售额不超过 500 万元，这样，甲公司集团中的每一个子公司都可以保持小规模纳税人的身份，按照 3% 的征收率缴纳增值税，增值税税收负担率从 5% 降低为 3%。

对于规模较大，年应税销售额超过 500 万元的营改增纳税人而言，如果其经营模式允许其分立，可以考虑通过分立企业，或者将分公司改制为子公司等形式保持小规模纳税人的身份，按照简易计税方法计算增值税，这样就可以将增值税税收负担率维持在 3% 的较低水平上。

 公共交通运输服务企业如何进行纳税筹划？

增值税的计税方法，包括一般计税方法和简易计税方法。简易计税方法

的应纳税额,是指按照销售额和增值税征收率计算的增值税额,不得抵扣进项税额。应纳税额计算公式:

$$应纳税额 = 销售额 \times 征收率$$

一般纳税人发生公共交通运输服务的应税行为可以选择适用简易计税方法计税。增值税征收率为3%。

 **生活中的案例**

例 7-21 甲市公交公司年销售额约 5 000 万元,由于营改增之后作为一般纳税人要适用 11% 的税率缴纳增值税,其税负有明显上升,请提出纳税筹划方案。

答: 筹划方案:甲公司由于提供的是公共交通运输服务,可以选择简易计税方法计税。在营改增之前,甲公司需要缴纳营业税:5 000×3%=150(万元),税后营业收入为:5 000-150=4 850(万元)。在营改增之后,甲公司需要缴纳增值税:5 000÷(1+3%)×3%=145.63(万元),销售收入为:5 000-145.63=4 854.37(万元)。通过税收筹划,增加销售收入:4 854.37-4 850=4.37(万元)。

根据前文所述,只要选择简易计税方法计税,营改增纳税人的税收负担都会有所降低,因此,对于交通运输服务中的公共交通运输服务而言,原则上一定要选择简易计税方法计税。当然,如果有些公共交通运输企业的进项税额比较多,按照一般计税方法税负更低,可以考虑选择一般计税方法。

 动漫企业如何进行纳税筹划?

一般纳税人发生下列应税行为可以选择适用简易计税方法计税:经认定的动漫企业为开发动漫产品提供的动漫脚本编撰、形象设计、背景设计、动画设计、分镜、动画制作、摄制、描线、上色、画面合成、配音、配乐、音效合成、剪辑、字幕制作、压缩转码(面向网络动漫、手机动漫的格式适配)服务,以及在境内转让动漫版权(包括动漫品牌、形象或者内容的授权及再授权)。

对属于增值税一般纳税人的动漫企业销售其自主开发生产的动漫软件,按 17% 的税率征收增值税后,对其增值税实际税负超过 3% 的部分,实行即征即退政策。

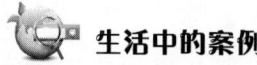 **生活中的案例**

例 7-22 甲公司为经过认定的动漫企业,除开发动漫产品以外,还为其他企业的动漫产品提供形象设计、动画设计等服务,偶尔也会转让动漫版权,

甲公司为营改增增值税一般纳税人，适用税率为6%，由于进项税额较少，增值税税收负担率为4.8%，请提出纳税筹划方案。

答：筹划方案：甲公司销售动漫产品可以享受实际税负超过3%的部分实行即征即退的优惠政策，实际税负为3%。动漫服务和转让动漫版权实际税负较高，可以就该部分进行单独核算并选择适用简易计税方法计税，这样，动漫服务和转让动漫版权部分的实际税负也为3%。甲公司的整体增值税负担率可以降低为3%。

属于增值税一般纳税人的动漫企业销售其自主开发生产的动漫软件，一直缴纳增值税，不属于营改增的范围，只有动漫企业提供动漫服务和转让动漫版权属于营改增。该类企业在营改增之后应当单独核算两类经营业务，前者按照《财政部 国家税务总局关于动漫产业增值税和营业税政策的通知》（财税〔2013〕98号）规定的政策执行，后者可以选择适用简易计税方法计税。

其他企业如何通过选用简易计税方法进行纳税筹划？

一般纳税人发生下列应税行为可以选择适用简易计税方法计税：①电影放映服务、仓储服务、装卸搬运服务、收派服务和文化体育服务；②以纳入营改增试点之日前取得的有形动产为标的物提供的经营租赁服务；③在纳入营改增试点之日前签订的合同但尚未执行完毕的有形动产租赁。

生活中的案例

例7-23 甲公司在营改增试点之日前签订了长达五年的挖掘机租赁合同，适用17%的税率，由于进项税额较少，增值税税收负担率达到了6%，请提出纳税筹划方案。

答：筹划方案：甲公司可以单独核算在纳入营改增试点之日前签订的尚未执行完毕的有形动产租赁合同，对该类合同取得的销售额选择适用简易计税方法计税，这样，该部分的增值税税收负担率可以降低为3%。

对于既有在纳入营改增试点之日前签订的尚未执行完毕的有形动产租赁合同，又有在纳入营改增试点之日后签订的尚未执行完毕的有形动产租赁合同的属于增值税一般纳税人的企业而言，如果选择适用简易计税方法计税，应当将上述两类合同分开核算，前者可以选择适用简易计税方法计税，后者不能选择适用简易计税方法计税。

住房赠与如何进行纳税筹划？

个人将住房无偿赠与配偶、父母、子女、祖父母、外祖父母、孙子女、外孙子女、兄弟姐妹,免征增值税、个人所得税。

房屋产权所有人将房屋产权无偿赠与配偶、父母、子女、祖父母、外祖父母、孙子女、外孙子女、兄弟姐妹以外的人,受赠人因无偿受赠房屋取得的受赠所得,按照"经国务院财政部门确定征税的其他所得"项目缴纳个人所得税,税率为20%。即无偿赠与的受赠人为近亲属以外的人时,受赠人须缴纳20%的个人所得税。

对受赠人无偿受赠房屋计征个人所得税时,其应纳税所得额为房地产赠与合同上标明的赠与房屋价值减除赠与过程中受赠人支付的相关税费后的余额。赠与合同标明的房屋价值明显低于市场价格或房地产赠与合同未标明赠与房屋价值的,税务机关可依据受赠房屋的市场评估价格或采取其他合理方式确定受赠人的应纳税所得额。

生活中的案例

例7-24 王女士想为自己的儿子在北京购买一套住房,由于他们均无北京户籍,而在北京缴纳社保和个人所得税的时间刚满四年,不具备在北京购买住房的资格。王女士便以其哥哥(具有北京户籍)的名义在北京购房,一年之后,等自己与儿子具备在北京买房资格后再过户到儿子名下。假设所涉住房购买时的价款为300万元,过户到王女士儿子名下时的市场价格为500万元,该套住房过户时,王女士的哥哥需要缴纳增值税:500÷(1+5%)×5%=23.81(万元),需要缴纳城市维护建设税、教育费附加和地方教育费附加:23.81×(7%+3%+2%)=2.86(万元);王女士的儿子需要缴纳契税:500×3%=15(万元),需要缴纳个人所得税:(500-15)×20%=97(万元),合计税收负担:23.81+2.86+15+97=138.67(万元)。请提出纳税筹划方案。

答: 筹划方案:王女士的哥哥可以将房产先赠与王女士,由于二者是兄妹关系,根据现行税收政策,可以免征增值税和个人所得税,在过户时,王女士需要缴纳契税:500×3%=15(万元)。随后,王女士可以再将住房赠与自己的儿子,由于二者是母子关系,根据现行税收政策,可以免征增值税和个人所得税,在过户时,王女士的儿子需要缴纳契税:500×3%=15(万元)。合计税收负担:15+15=30(万元)。通过纳税筹划,减轻税收负担:138.67-30=108.67(万元)。

根据我国现行税收政策,亲属之间住房赠与免税的范围仅限于配偶、父母、子女、祖父母、外祖父母、孙子女、外孙子女、兄弟姐妹,其他亲属之间赠与住房不能享受免税待遇,此时,如果一定要赠与上述亲属以外的亲属,可以通过上述亲属进行转赠。例如,赠与侄子、侄女、外甥、外甥女,可以通过兄弟姐妹转赠;赠与岳父母、公婆、弟妹、小叔子、小舅子等,可以通过配偶转赠。

 如何利用赡养关系赠与住房？

个人将住房无偿赠与对其承担直接抚养或者赡养义务的抚养人或者赡养人免征增值税、个人所得税。

 生活中的案例

例7-25 李先生准备将一套市场价格为200万的住房赠与侄子，原本希望通过自己的弟弟转赠，但自己的弟弟已经在一场车祸中去世，无法转赠。如果直接赠与，由于李先生持有该房产的时间不足2年，李先生需要缴纳增值税：200÷（1+5%）×5%=9.52（万元），需要缴纳城市维护建设税、教育费附加和地方教育费附加：9.52×（7%+3%+2%）=1.14（万元）；李先生的侄子需要缴纳契税：200×3%=6（万元），需要缴纳个人所得税：(200-6)×20%=38.8（万元），合计税收负担：9.52+1.14+6+38.8=55.46（万元）。

答： 筹划方案：李先生可以到当地乡镇政府或者街道办开具自己与侄子具有抚养或者赡养关系的证明，持该证明到税务机关办理免征增值税和个人所得税手续。在赠与过户时,李先生的侄子需要缴纳契税：200×3%=6(万元)。通过纳税筹划，减轻税收负担：55.46-6=49.46（万元）。

原则上，抚养和赡养关系并不要求具备亲属关系，但一般而言，亲属之间存在抚养和赡养关系的可能性较大一些。如果不具备亲属关系，双方可以签订赡养协议，以此来证明双方之间存在赡养关系。

 如何利用遗赠免税进行纳税筹划？

房屋产权所有人死亡，法定继承人、遗嘱继承人或者受遗赠人依法取得房屋产权免征增值税、个人所得税。

 生活中的案例

例7-26 赵先生夫妻感情不合，事实上已经分居多年，由于各种原因，赵先生暂时无法办理离婚手续。在分居期间,赵先生与李女士共同生活在一起，李女士在赵先生生病期间悉心照料赵先生，赵先生准备将属于自己个人的一套住房赠与李女士，如果直接赠与，赵先生需要缴纳增值税、城市维护建设税、教育费附加和地方教育费附加，李女士需要缴纳契税和个人所得税。请提出纳税筹划方案。

答：筹划方案：赵先生可以先将该套住房的永久使用权赠与李女士，并办理赠与公证，同时立下遗嘱，在自己去世以后将该套房产遗赠给李女士，也办理遗嘱公证。这样，在赵先生生前，李女士可以一直使用该套住房，在赵先生去世之后，可以持公证遗嘱办理过户手续，在过户时，李女士只需要缴纳契税。

对于通过遗赠的方式赠与住房而言，法律并不要求双方有任何特别的关系。当然，为了能够在生前就在事实上将住房赠与对方，可以通过公证赠与的方式先将住房的永久使用权赠与对方，同时制作公证遗嘱，保证未来通过遗赠的方式将住房赠与对方。由于公证赠与是不能反悔的，因此，赠与住房的使用权之后就无法收回了，但公证遗嘱是可以变更的，因此，受赠人未来是否一定可以取得住房的所有权尚有不确定因素。

如何通过持有住房满两年进行纳税筹划？

个人将购买不足 2 年的住房对外销售的，按照 5% 的征收率全额缴纳增值税；个人将购买 2 年以上（含 2 年）的非普通住房对外销售的，以销售收入减去购买住房价款后的差额按照 5% 的征收率缴纳增值税；个人将购买 2 年以上（含 2 年）的普通住房对外销售的，免征增值税。上述政策仅适用于北京市、上海市、广州市和深圳市。

个人将购买不足 2 年的住房对外销售的，按照 5% 的征收率全额缴纳增值税；个人将购买 2 年以上（含 2 年）的住房对外销售的，免征增值税。上述政策适用于北京市、上海市、广州市和深圳市之外的地区。

生活中的案例

例 7-27 吴先生 2015 年 1 月 10 日在上海市区购买了一套普通住房，总价款为 400 万元，2016 年 7 月 1 日，吴先生准备将该套住房以 500 万的价格转让给他人。如果此时转让，需要缴纳增值税：500÷（1+5%）×5%=23.81（万元），需要缴纳城市维护建设税、教育费附加和地方教育费附加：23.81×（7%+3%+2%）=2.86（万元），合计税收负担：23.81+2.86=26.67（万元）。

答：筹划方案：如果吴先生能够再持有房产一段时间，在 2017 年 1 月 10 日进行房产过户，此时，吴先生已经持有该套房产满 2 年，可以免征增值税。减轻税收负担 26.67 万元。（暂时不考虑个人所得税负担）

个人购买住房以取得的房屋产权证或契税完税证明上注明的时间作为其购买房屋的时间。"契税完税证明上注明的时间"是指契税完税证明上注明的填发日期。纳税人申报时，同时出具房屋产权证和契税完税证明且二者所注明的时间不一致的,按照"孰先"的原则确定购买房屋的时间。即房屋产权证上注明的时间早于契税完税证明上注明的时间的,以房屋产权证注明的时间为购买房屋的时间;契税完税证明上注明的时间早于房屋产权证上注明的时间的,以契税完税证明上注明的时间为购买房屋的时间。个人购买住房以后要及时缴纳契税并办理房产证,否则,未来出售时会因为持有时间不满2年而享受不了相关优惠政策。

 如何通过迟延过户进行纳税筹划?

迟延办理过户手续是常用的筹划方案,但应注意确保买卖双方的合法权益并预防道德风险。除了上文所阐述的抵押贷款的方式以外,还可以采取先租赁后销售的方式,但也应注意防止房产所有人"一房二卖"以及未来拒绝过户的风险。

 生活中的案例

例 7-28 刘先生 2015 年 1 月 10 日在北京市区购买了一套普通住房,总价款为 480 万元,2016 年 7 月 1 日,刘先生因急需用钱,准备将该套住房以 500 万的价格转让给他人。如果此时转让,需要缴纳增值税:500÷(1+5%)×5%=23.81(万元),需要缴纳城市维护建设税、教育费附加和地方教育费附加:23.81×(7%+3%+2%)=2.86(万元),合计税收负担:23.81+2.86=26.67(万元)。

答: 筹划方案:由于刘先生急需用钱,此时已经无法等到持有满 2 年再销售住房了,为了享受满 2 年免增值税的政策,刘先生可以先实际销售住房,等待满 2 年后再办理房产过户手续。为保证购房者的利益并预防刘先生未来再将住房销售给他人或者不办理房产过户手续,双方可以签订一个抵押借款协议。刘先生向购房者借款 500 万元,以该套住房作为抵押,并办理抵押登记。这样,不经过购房者同意,刘先生是不可能再将住房销售给他人的。其次,刘先生与购房者签订一个购买该套住房的协议,协议约定住房办理过户的日期为 2017 年 1 月 10 日,如果刘先生拖延办理住房过户手续,可以约定每拖延一日支付一定数额的违约金,如果刘先生拒绝办理住房过户手续,可以约定一个比较高的违约金,这样就可以预防刘先生再以高价将住房出售给他人。通过上述筹划,可以减轻税收负担 26.67 万元。(暂时不考虑个人所得税负担)

 亲子之间房产如何转让税费负担最轻?

个人将住房无偿赠与配偶、父母、子女、祖父母、外祖父母、孙子女、外孙子女、兄弟姐妹免征增值税、个人所得税。

对受赠人无偿受赠房屋计征个人所得税时，其应纳税所得额为房地产赠与合同上标明的赠与房屋价值减除赠与过程中受赠人支付的相关税费后的余额。赠与合同标明的房屋价值明显低于市场价格或房地产赠与合同未标明赠与房屋价值的，税务机关可依据受赠房屋的市场评估价格或采取其他合理方式确定受赠人的应纳税所得额。

受赠人转让受赠房屋的，以其转让受赠房屋的收入减除原捐赠人取得该房屋的实际购置成本以及赠与和转让过程中受赠人支付的相关税费后的余额，为受赠人的应纳税所得额，依法计征个人所得税。受赠人转让受赠房屋价格明显偏低且无正当理由的，税务机关可以依据该房屋的市场评估价格或其他合理方式确定的价格核定其转让收入。

个人将购买不足 2 年的住房对外销售的，按照 5% 的征收率全额缴纳增值税；个人将购买 2 年以上（含 2 年）的住房对外销售的，免征增值税。

对个人转让自用 5 年以上、并且是家庭唯一生活用房取得的所得，继续免征个人所得税。"家庭唯一生活用房"是指在同一省、自治区、直辖市范围内纳税人（有配偶的为夫妻双方）仅拥有一套住房。

 **生活中的案例**

例 7-29 陈女士准备将自己名下的唯一一套住房过户给儿子，由于儿子名下已经有多套住房，未来儿子还准备将该套住房再次出售。陈女士当初购买该套住房的价格为 100 万元，已经持有该套房产 15 年。目前，该套住房的市场价格为 400 万元。如果陈女士将房产赠与儿子，在赠与时，其儿子需要缴纳契税：400×3%=12（万元）。假设其儿子持有 2 年以后（如不足两年则需要缴纳增值税及其附加）再以 500 万的价格将该套住房出售，在出售时需要缴纳个人所得税：（500-100-12）×20%=77.6（万元）。合计税收负担：12+77.6=89.6（万元）。

答： 筹划方案：陈女士将该套住房以 400 万的价格出售给儿子，未来儿子再以 500 万的价格对外出售。出售时，陈女士持有该房产已满 2 年，不需要缴纳增值税，该套房产为陈女士唯一生活用房且持有时间超过 5 年，不需要缴纳个人所得税，陈女士的儿子需要缴纳契税：400×3%=12（万元）。陈女士的儿子持有该套住房满 2 年以后再出售，在出售时需要缴纳个人所得税：（500-400-12）×20%=17.6（万元）。合计税收负担：12+17.6=29.6（万元）。通过纳税筹划，减轻税收负担：89.6-29.6=60（万元）。

一般人认为亲子之间房产过户以赠与的形式税负最轻，这仅仅是一种表现现象。也就是说,如果仅仅考虑赠与本身,其税负的确是最轻的,但如果考虑到未来子女再将房产出售,其税负就比较高了。由于很多父母名下只有一套住房,而且持有时间也比较长,如果出售给子女,往往也是不需要缴纳增值税和个人所得税的,其税负与赠与的税负基本一致。由于是亲子之间的买卖,往往仅仅是形式的买卖,实际并不支付价款,因此,房屋买卖与房屋赠与相比并不会增加子女的负担。如果子女取得房产以后在较短的时间内就将其出售,就不如由父母直接将房产出售,再将出售房产的货币赠与子女更能降低税收负担。目前,亲子之间货币的赠与是没有任何税收负担的。

 如何利用资产重组进行纳税筹划?

在资产重组过程中,通过合并、分立、出售、置换等方式,将全部或者部分实物资产以及与其相关联的债权、负债和劳动力一并转让给其他单位和个人,对其中涉及的不动产、土地使用权转让行为不征收增值税。

纳税人在资产重组过程中,通过合并、分立、出售、置换等方式,将全部或者部分实物资产以及与其相关联的债权、负债和劳动力一并转让给其他单位和个人,不属于增值税的征税范围,对其中涉及的货物转让,不征收增值税。

 生活中的案例

例 7-30 甲公司准备与乙公司进行资产互换,其中涉及的不动产、土地使用权转让以及机器设备等转让的销售额约 1 亿元,大约需要缴纳增值税 400 万元,请提出纳税筹划方案。

答:筹划方案:甲公司和乙公司将简单的资产互换设计为资产置换,不仅将全部实物资产互换,其中所涉及的债权、负债和劳动力也一并互换,这样,对其中所涉及的货物转让、不动产转让和土地使用权转让均不征收增值税。通过纳税筹划,减轻增值税负担约 400 万元。

资产重组是指企业资产的拥有者、控制者与企业外部的经济主体进行的,对企业资产的分布状态进行重新组合、调整、配置的过程,或对设在企业资产上的权利进行重新配置的过程。只有在企业资产重组的大前提下,进行资产置换才有可能免征增值税。

 如何利用股权转让进行纳税筹划?

股权转让不征收增值税。

 **生活中的案例**

例 7-31 甲公司准备将一些无形资产、不动产和货物转让给乙公司，但该行为并不符合资产重组的定义，经初步核算，上述资产转让的应税销售额约 2 000 万元，需要缴纳增值税约 100 万元。请提出纳税筹划方案。

答：筹划方案：甲公司可以将这些准备转让的无形资产、不动产和货物出资设立 A 公司，然后将 A 公司的股权转让给乙公司，可以免纳增值税约 100 万元，未来，如果乙公司不想保留 A 公司，可以通过资产重组与 A 公司合并，此时发生的资产转让行为也不征收增值税。

通过股权转让进行纳税筹划应当提前规划，且具有合理的商业目的，不能单纯为了少纳税或者不纳税而设立公司并转让公司股权，否则，税务机关有可能对其股权转让行为进行反避税调查。

 清包工建筑服务如何进行纳税筹划？

一般纳税人以清包工方式提供的建筑服务，可以选择适用简易计税方法计税。以清包工方式提供建筑服务，是指施工方不采购建筑工程所需的材料或只采购辅助材料，并收取人工费、管理费或者其他费用的建筑服务。

 生活中的案例

例 7-32 甲装修公司主要以清包工方式提供装修服务，年含税销售额为 3 000 万元左右，属于营改增一般纳税人，适用 11% 的税率，全年进项税额约 50 万元，需要缴纳增值税：3 000÷（1+11%）×11%-50=247.30（万元），请提出纳税筹划方案。

答：筹划方案：甲装修公司独立核算以清包工方式提供的建筑服务，并选择适用简易计税方法计税。全年需要缴纳增值税：3 000÷（1+3%）×3%=87.38（元）。通过纳税筹划，少纳增值税：247.30-87.38=159.92（万元）。

一般纳税人只有以清包工方式提供的建筑服务才可以选择适用简易计税方法计税，以包工包料的形式提供的建筑服务不能选择适用简易计税方法计税。因此，广大装修公司可以通过核算建筑工程所需的材料能够抵扣的进项税额来比较哪种提供建筑服务的方式税负较轻，从而在签订装修合同时，与客户协商采取该种方式。

 甲供工程如何进行纳税筹划？

一般纳税人为甲供工程提供的建筑服务，可以选择适用简易计税方法计税。甲供工程，是指全部或部分设备、材料、动力由工程发包方自行采购的建筑工程。

 生活中的案例

例7-33 甲安装公司主要通过甲供工程的方式提供建筑服务，年销售额约2 000万元，属于营改增一般纳税人，适用11%的税率，全年进项税额约40万元，需要缴纳增值税：2 000÷（1+11%）×11%-40=158.20（万元），请提出纳税筹划方案。

答：筹划方案：甲安装公司独立核算以甲供工程的方式提供的建筑服务，并选择适用简易计税方法计税。全年需要缴纳增值税：2 000÷（1+3%）×3%=58.25（元）。通过纳税筹划，少纳增值税：158.20-58.25=99.95（万元）。

一般纳税人只有采取甲供工程的方式提供建筑服务才能选择适用简易计税方法计税，否则，应当按照一般计税方法计税。当然，具体哪种方式更加节税，应当综合考虑工程所使用的设备、材料、动力中能够抵扣的进项税额的多少。多数情形下，选择适用简易计税方法计税可以实现最低税负。

 为老项目提供建筑服务如何进行纳税筹划？

一般纳税人为建筑工程老项目提供的建筑服务，可以选择适用简易计税方法计税。

 生活中的案例

例7-34 甲建筑公司属于营改增一般纳税人，适用11%的税率，2016年6月，为一建筑工程老项目提供建筑服务，该项目销售额约1 000万元，预计能够取得进项税额约20万元，需要缴纳增值税：1 000÷（1+11%）×11%-20=79.10（万元），请提出纳税筹划方案。

答：筹划方案：甲建筑公司独立核算该项为建筑工程老项目提供的建筑服务，并选择适用简易计税方法计税。需要缴纳增值税：1 000÷（1+3%）×3%=29.13（元）。通过纳税筹划，少纳增值税：79.10-29.13=49.97（万元）。

建筑工程老项目是指：①《建筑工程施工许可证》注明的合同开工日期在2016年4月30日前的建筑工程项目；②未取得《建筑工程施工许可证》，建筑工程承包合同注明的开工日期在2016年4月30日前的建筑工程项目。2016年5月1日以后开工的项目不能选择适用简易计税方法计税。

家政服务企业如何进行纳税筹划？

对家政服务企业由员工制家政服务员提供家政服务取得的收入，免征增值税。家政服务企业，是指在企业营业执照的规定经营范围中包括家政服务内容的企业。

 生活中的案例

例 7-35 甲家政服务公司为营改增一般纳税人，年销售额为 1 060 万元，适用税率为 6%，可以抵扣的进项税额为 10 万元，实际缴纳增值税 1 060÷（1+6%）×6%-10=50（万元），请提出纳税筹划方案。

答： 筹划方案：甲家政服务公司转型为由员工制家政服务员提供家政服务，由此取得的收入可以享受免征增值税的优惠，每年可以少纳增值税 50 万元。

员工制家政服务员必须同时符合下列三个条件：①依法与家政服务企业签订半年及半年以上的劳动合同或者服务协议，且在该企业实际上岗工作；②家政服务企业为其按月足额缴纳了企业所在地人民政府根据国家政策规定的基本养老保险、基本医疗保险、工伤保险、失业保险等社会保险；③家政服务企业通过金融机构向其实际支付不低于企业所在地适用的经省级人民政府批准的最低工资标准的工资。

第八部分　消费税纳税实务与纳税筹划

> 您知道哪些主体需要缴纳消费税吗？您知道消费税是如何计算的吗？您知道消费税有哪些优惠政策吗？您知道就消费税如何进行纳税筹划吗？本部分将为您回答上述问题。

一、消费税的纳税人和税率

 哪些商品需要缴纳消费税？哪些人需要缴纳消费税？

在中华人民共和国境内生产、委托加工和进口《消费税暂行条例》规定的消费品的单位和个人，以及国务院确定的销售《消费税暂行条例》规定的消费品的其他单位和个人，为消费税的纳税人。单位，是指企业、行政单位、事业单位、军事单位、社会团体及其他单位。个人，是指个体工商户及其他个人。在中华人民共和国境内，是指生产、委托加工和进口属于应当缴纳消费税的消费品的起运地或者所在地在境内。

应税消费品包括十五个大的种类：烟、酒、高档化妆品、贵重首饰及珠宝玉石、鞭炮焰火、成品油、摩托车、小汽车、高尔夫球及球具、高档手表、游艇、木制一次性筷子、实木地板、电池、涂料。

1. 烟

凡是以烟叶为原料加工生产的产品，不论使用何种辅料，均属于本税目的征收范围。本税目下设甲类卷烟、乙类卷烟、雪茄烟、烟丝四个子目。卷烟是指将各种烟叶切成烟丝，按照配方要求均匀混合，加入糖、酒、香料等辅料，用白色盘纸、棕色盘纸、涂布纸或烟草薄片经机器或手工卷制的普通卷烟和雪茄型卷烟。

（1）甲类卷烟，是指每标准条（200支）调拨价格在70元（不含增值税）以上（含70元）的卷烟。不同包装规格卷烟的销售价格均按每标准条（200支）折算。

（2）乙类卷烟，是指每标准条（200支）调拨价格在70元（不含增值税）以下（不含70元）的卷烟。不同包装规格卷烟的销售价格均按每标准条（200支）折算。

（3）雪茄烟，是指以晾晒烟为原料或者以晾晒烟和烤烟为原料，用烟叶或卷烟纸、烟草薄片作为烟支内包皮，再用烟叶作为烟支外包皮，经机器或手工卷制而成的烟草制品。按内包皮所用材料的不同可分为全叶卷雪茄烟和半叶卷雪茄烟。征税的雪茄烟范围包括各种规格、型号的雪茄烟。

（4）烟丝，是指将烟叶切成丝状、粒状、片状、末状或其他形状，再加入辅料，经过发酵、储存，不经卷制即可供销售吸用的烟草制品。征税的烟丝范围包括以烟叶为原料加工生产的不经卷制的散装烟，如斗烟、莫合烟、烟末、水烟、黄红烟丝等等。

2. 酒

本税目下设白酒（包括粮食白酒和薯类白酒）、黄酒、啤酒、其他酒四个子目。

（1）粮食白酒，是指以高粱、玉米、大米、糯米、大麦、小麦、小米、青稞等各种粮食为原料，经过糖化、发酵后，采用蒸馏方法酿制的白酒。

（2）薯类白酒，是指以白薯（红薯、地瓜）、木薯、马铃薯（土豆）、芋头、山药等各种干鲜薯类为原料，经过糖化、发酵后，采用蒸馏方法酿制的白酒。用甜菜酿制的白酒，比照薯类白酒征税。

（3）黄酒，是指以糯米、粳米、籼米、大米、黄米、玉米、小麦、薯类等为原料，经加温、糖化、发酵、压榨酿制的酒。根据工艺、配料和含糖量的不同，黄酒分为干黄酒、半干黄酒、半甜黄酒、甜黄酒四类。征税的黄酒范围包括各种原料酿制的黄酒和酒度超过12度（含12度）的土甜酒。

（4）啤酒，是指以大麦或其他粮食为原料，加入啤酒花，经糖化、发酵、过滤酿制的含有二氧化碳的酒。啤酒按照杀菌方法的不同，可分为熟啤酒和生啤酒或鲜啤酒。征税的啤酒范围包括各种包装和散装的啤酒。无醇啤酒比照啤酒征税。

（5）其他酒，是指除粮食白酒、薯类白酒、黄酒、啤酒以外，酒度在1度以上的各种酒。其征税的范围包括糠麸白酒、其他原料白酒、土甜酒、复制酒、果木酒、汽酒、药酒等等。①糠麸白酒是指用各种粮食的糠麸酿制的白酒。用稗子酿制的白酒，比照糠麸酒征税。②其他原料白酒是指用醋糟、糖渣、糖漏水、甜菜渣、粉渣、薯皮等各种下脚料，葡萄、桑椹、橡子仁等各种果实、野生植物等代用品，以及甘蔗、糖等酿制的白酒。③土甜酒是指用糯米、大米、黄米等为原料，经加温、糖化、发酵（通过酒曲发酵），采用压榨方法酿制的酒度不超过12度的酒。酒度超过12度的应按黄酒征税。④果木酒是指以各种果品为主要原料,经发酵、过滤酿制的酒。⑤汽酒是指以果汁、香精、色素、酸料、酒(或酒精)、糖(或糖精)等调配,冲加二氧化碳制成的酒度在1度以上的酒。⑥药酒是指按照医药卫生部门的标准,以白酒、黄酒为酒基,加入各种药材泡制或配制的酒。

 友情提示

> 一些特殊规定包括:(1)对企业以白酒和酒精为酒基,加入果汁、香料、色素、药材、补品、糖、调料等配制或泡制的酒,不再按"其他酒"子目中的"复制酒"征税,一律按照酒基所用原料确定白酒的适用税率。(2)凡酒基所用原料无法确定的,一律按粮食白酒的税率征收消费税。(3)对以黄酒为酒基生产的配制或泡制酒,仍按"其他酒"的10%的税率征收消费税。(4)对饮食业、商业、娱乐业举办的啤酒屋(啤酒坊)利用啤酒生产设备生产的啤酒,应当征收消费税。

3. 高档化妆品

化妆品是日常生活中用于修饰美化人体表面的用品。化妆品品种较多,所用原料各异,按其类别划分,可分为美容和芳香两类。美容类有香粉、口红、指甲油、胭脂、眉笔、蓝眼油、眼睫毛及成套化妆品等;芳香类有香水、香水精等。

本税目征收范围包括高档美容、修饰类化妆品,高档护肤类化妆品和成套化妆品。美容、修饰类化妆品是指香水、香水精、香粉、口红、指甲油、胭脂、眉笔、唇笔、蓝眼油、眼睫毛以及成套化妆品。舞台、戏剧、影视演员化妆用的上妆油、卸装油、油彩不属于本税目的征收范围。

高档美容、修饰类化妆品和高档护肤类化妆品是指生产(进口)环节销售(完税)价格(不含增值税)在10元/毫升(克)或15元/片(张)及以上的美容、修饰类化妆品和护肤类化妆品。

(1)香水、香水精是指以酒精和香精为主要原料混合配制而成的液体芳香类化妆品。

(2)香粉是指用于粉饰面颊的化妆品。按其形态有粉状、块状和液状。高级香粉盒内附有的彩色丝绒粉扑,花色香粉粉盒内附有的小盒胭脂和胭脂扑,均应按"香粉"征税。

(3)口红又称唇膏,是涂饰于嘴唇的化妆品。口红的颜色一般以红色为主,也有白色的(俗称口白),还有一种变色口红,是用曙红酸等染料调制而成的。

（4）指甲油又名"美指油"，是用于修饰保护指甲的一种有色或无色的油性液态化妆品。

（5）胭脂是擦敷于面颊皮肤上的化妆品，有粉质块状胭脂、透明状胭脂膏及乳化状胭脂膏等。

（6）眉笔是修饰眉毛用的化妆品，有铅笔式和推管式两种。

（7）唇笔是修饰嘴唇用的化妆品。

（8）蓝眼油是涂抹于眼窝周围和眼皮的化妆品，它是以油脂、蜡和颜料为主要原材料制成，色彩有蓝色、绿色、棕色等等，因蓝色使用最为普遍，故俗称"蓝眼油"。眼影膏、眼影霜、眼影粉应按照蓝眼油征税。

（9）眼睫毛商品名称叫"眼毛膏"或"睫毛膏"，是用于修饰眼睫毛的化妆品。其产品形态有固体块状、乳化状。颜色以黑色及棕色为主。

（10）成套化妆品是指由各种用途的化妆品配套盒装而成的系列产品，一般采用精制的金属或塑料盒包装，盒内常备有镜子、梳子等化妆工具，具有多功能性和使用方便的特点。

舞台、戏剧、影视演员化妆用的上妆油、卸妆油、油彩、发胶和头发漂白剂等，不属于本税目征收范围。

4. **贵重首饰及珠宝玉石**

本税目征收范围包括：各种金银珠宝首饰和经采掘、打磨、加工的各种珠宝玉石。

（1）金银珠宝首饰包括：以金、银、白金、宝石、珍珠、钻石、翡翠、珊瑚、玛瑙等高贵稀有物质以及其他金属、人造宝石等制作的各种纯金银首饰及镶嵌首饰（含人造金银、合成金银首饰等）。

（2）珠宝玉石的种类包括：①钻石：钻石是完全由单一元素碳元素结晶而成的晶体矿物，也是宝石中唯一由单元素组成的宝石。钻石为八面体解理，即平面八面体晶面的四个方向，一般呈阶梯状。钻石的化学性质很稳定，不易溶于酸和碱。但在纯氧中,加热到1770度左右时,就会发生分解。在真空中，加热到1700度时，就会分解为石墨。钻石有透明的、半透明的，也有不透明的。宝石级的钻石，应该是无色透明的，无瑕疵或极少瑕疵，也可以略有淡黄色或极浅的褐色，最珍贵的颜色是天然粉色，其次是蓝色和绿色。②珍珠：海水或淡水中的贝类软体动物体内进入细小杂质时，外套膜受到刺激便分泌出一种珍珠质（主要是碳酸钙），将细小杂质层层包裹起来，逐渐成为一颗小圆珠，就是珍珠。珍珠颜色主要为白色、粉色及浅黄色，具珍珠光泽，其表面隐约闪烁着虹一样的晕彩珠光。颜色白润、皮光明亮、形状精圆、粒度硬大者价值最高。③松石：松石是一种自色宝石,是一种完全水化的铜铝磷酸盐。松石的透明度为不透明、薄片下部分呈半透明。抛光面为油脂玻璃光泽，断口为油脂暗淡光泽。松石种类包括波斯松石、美国松石和墨西哥松石、埃及松石和带铁线的绿松石。④青金石：青金石是方钠石族的一种矿物；青金石的种类包括波斯青金石、苏联青金石或西班牙青金石、智利青金石。⑤欧泊石：矿物质中属蛋白石类。由于蛋白石中 sio_2 小圆珠整齐排列像光栅一样，当白光射在上面后发生衍射，散成彩色光谱，所以欧泊石具有绚丽夺目的变幻色彩，尤以红色多者最为珍贵。欧泊石的种类包括白欧泊石、黑欧泊石、晶质欧泊石、火欧泊石、胶状欧泊石或玉滴欧泊石、漂砾欧泊石、脉石欧泊石或基质中欧泊石。⑥橄榄石：橄榄石是自色宝石，一般常见的颜色有纯绿色、黄绿色到棕绿色。橄榄石没有无色的。橄榄石的种类包括贵橄榄石、黄玉、镁橄榄石、铁橄榄石、"黄昏祖母绿"和硼铝镁石。⑦长石：按矿物学分类，长石分为两个主要类型：钾长石和斜长石。长石的种类包括月光石或冰长石、日光石或砂金石的长石、拉长石、天河石或亚马逊石。⑧玉：包括硬玉（也叫翡翠）、软玉。硬玉是一种钠和铝的硅酸盐。软玉是一种含水的钙镁硅酸盐。⑨石英：石英是一种它色的宝石，纯石英为无色透明。石英的种类包括水晶、晕彩或彩红石英、金红石斑点或网金红石石英、紫晶、黄晶、烟石英或烟晶、芙蓉石、东陵石、蓝线石石英、乳石英、蓝石英或蓝宝石石英、虎眼石、鹰眼或猎鹰眼、石英猫眼、带星的或星光石英。⑩玉髓：也叫隐晶质石英。玉髓的种类包括月光石、绿玉髓、红玛瑙、肉红玉髓、鸡血石、葱绿玉髓、玛瑙、缟玛瑙、碧玉、深绿玉髓、硅孔雀石玉髓、硅化木。⑪石榴石：因其晶体与石榴籽的形状、颜色十分相似而得名。石榴石的种类包括铁铝榴石、镁铝榴石、镁铁榴石、锰铝榴石、钙铁榴石、钙铬榴石。⑫锆石：颜色呈红、黄、蓝、紫色等。⑬尖晶石：颜色呈黄色、绿色和无色。尖晶石的种类包括红色尖晶石、红宝石色的尖晶石或红宝石尖晶石、紫色的或类似贵榴石色泽的尖晶石、粉或玫瑰色尖晶石、桔红色尖晶石、蓝色尖晶石、蓝宝石色尖晶石或蓝宝石尖晶石、象变石的尖晶石、黑色尖晶石、铁镁尖晶石或镁铁尖晶石。⑭黄玉：黄玉是铝的氟硅酸盐，属斜方晶系。黄玉的种类包括棕黄至黄棕、浅蓝至淡蓝、粉红、无色的、其他品种。⑮碧玺：极为复杂的硼铝硅酸盐，其中可含一种或数种以下成分：镁、钠、锂、铁、钾或其他金属。这些元素比例不同时，颜色也不同。碧玺的种类包括红色的、绿色的、蓝色的、黄和橙色、无色或白色、黑色、杂色宝石、猫眼碧玺、变色石似的碧玺。⑯金绿玉：属尖晶石族矿物，铝酸盐类。主要成分是氧化铝铍，属斜方晶系。金绿玉的种类包括变石、猫眼石、变石猫眼宝石及其他一些变种。⑰绿柱石：绿柱石在其纯净状态是无色的，不同的变种之所以有不同的颜色是由于微量金属氧化物的存在。在存在氧化铬或氧化钒时通常就成了祖母绿，而海蓝宝石则是由于氧化亚铁着色而成的，成为铯绿柱石是由于镁的存在，而金绿柱石则是因氧化铁着色而成的。

绿柱石的种类包括祖母绿、海蓝宝石、maxixe 型绿柱石、金绿柱石、艳绿柱石、其他透明的品种、猫眼绿柱石、星光绿柱石。⑱刚玉：刚玉是一种很普通的矿物，除了星光宝石外，只有半透明到透明的变种才能叫作宝石。其含氧化铬呈红色，含钛和氧化铁呈蓝色，含氧化铁呈黄色，含铬和氧化铁呈橙色，含铁和氧化钛呈绿色，含铬、钛和氧化铁呈紫色。刚玉的种类包括红宝石、星光红宝石、蓝宝石、艳色蓝宝石、星光蓝宝石。⑲琥珀：一种有机物质。它是一种含一些有关松脂的古代树木的石化松脂。琥珀的种类包括海珀、坑珀、洁珀、块珀、脂珀、浊珀、泡珀、骨珀。⑳珊瑚：是生物成因的另一种宝石原料。它是珊瑚虫的树枝状钙质骨架随着极细小的海生动物群体增生而形成。㉑煤玉：煤玉是褐煤的一个变种（成分主要是碳，并含氢和氧）。它是由漂木经压实作用而成。漂木沉降到海底，变成埋藏的细粒淤泥，然后转变为硬质页岩，称为"煤玉岩"。煤玉是生物成因的。煤玉为非晶质，在粗糙表面上呈暗淡光泽，在磨光面上为玻璃光泽。㉒龟甲：龟甲是非晶质的，具有油脂光泽至蜡状光泽，硬度 2.5。㉓合成刚玉：指与有关天然刚玉对比，具有基本相同的物理、光学及化学性能的人造材料。㉔合成宝石：指与有关天然宝石对比，具有基本相同的物理、光学及化学性能的人造宝石。合成宝石种类包括合成金红石、钛酸锶、钇铝榴石、轧镓榴石、合成立方锆石、合成蓝宝石、合成尖晶石、合成金红石、合成变石、合成钻石、合成祖母绿、合成欧泊、合成石英。㉕双合石：也称复合石，这是一种由两种不同的材料粘结而成的宝石。双合石的种类是根据粘合时所用的材料性质划分的。双合石的种类有石榴石与玻璃双合石、祖母绿的代用品、欧泊石代用品、星光蓝宝石代用品、钻石代用品、其他各种仿宝石复合石。㉖玻璃仿制品。

5. 鞭炮、焰火

鞭炮，又称爆竹。是用多层纸密裹火药，接以药引线而制成的一种爆炸品。焰火，指烟火剂，一般系包扎品，内装药剂，点燃后烟火喷射，呈各种颜色，有的还变幻成各种景象，分平地小焰火和空中大焰火两类。本税目征收范围包括各种鞭炮、焰火。通常分为 13 类，即喷花类、旋转类、旋转升空类、火箭类、吐珠类、线香类、小礼花类、烟雾类、造型玩具类、炮竹类、摩擦炮类、组合烟花类、礼花弹类。体育上用的发令纸、鞭炮药引线，不按本税目征收。

6. 成品油

本税目包括以下七个子税目：汽油、柴油、石脑油、溶剂油、润滑油、燃料油、航空煤油。

（1）汽油是轻质石油产品的一大类。由天然或人造原油经蒸馏所得的直馏汽油组分，二次加工汽油组分及其他高辛烷值组分按一定的比例调合而成。

按生产装置可分为直馏汽油和裂化汽油等类。经调合后制成的各种汽油，主要用作汽油发动机燃料。汽油的质量标准为辛烷值不小于66。本税目征收范围包括：辛烷不小于66的各种汽油。用其他原料、工艺生产的汽油，也属于本税目的征收范围。以汽油组分为主，辛烷值大于50，经调合可以用作汽油发动机燃料的非标油品，也属于汽油的征税范围。列入中国石油天然气集团公司、中国石油化工集团公司统一生产和供应计划的石脑油，以及列入中国石油天然气集团公司、中国石油化工集团公司生产计划的溶剂油不属于汽油的征税范围。

（2）柴油是轻质石油产品的一大类。由天然或人造原油经常减压蒸馏在一定温度下切割的馏分，或于二次加工柴油组分按一定比例调合而成。主要用作转速不低于960r/min的压燃式高速成柴油发动机燃料。柴油的质量标准为倾点–50号至30号。本税目征收范围包括：倾点在–50号至30号的各种柴油。以柴油组分为主，经调合精制可以用作柴油发动机的非标油品，也属于柴油的征税范围。以动植物油为原料，经提纯、精炼、合成等工艺生产的生物柴油，不属于消费税征税范围。

（3）石脑油，又叫轻汽油、化工轻油。是以石油加工生产的或二次加工汽油经加氢精制而得的用于化工原料的轻质油。石脑油的征税范围包括除汽油、柴油、煤油、溶剂油以外的各种轻质油。

（4）溶剂油，是以石油加工生产的用于涂料和油漆生产，食用油加工，印刷油墨、皮革、农药、橡胶、化妆品生产的轻质油。溶剂油的征税范围包括各种溶剂油。

（5）航空煤油，也叫喷气燃料，是以石油加工生产的在喷气发动机和喷气推进系统中作为能源的石油燃料。航空煤油的征税范围包括各种航空煤油。

（6）润滑油，是用于内燃机、机械加工过程的润滑产品。润滑油分为矿物性润滑油、植物性润滑油、动物性润滑油和化工原料合成润滑油。润滑油的征税范围包括以石油为原料加工的矿物性润滑油，矿物性润滑油基础油。植物性润滑油、动物性润滑油和化工原料合成润滑油不属于润滑油的征税范围。

（7）燃料油，也称重油、渣油。燃料油征税范围包括用于电厂发电、船舶锅炉燃料、加热炉燃料、冶金和其他工业炉燃料的各类燃料油。

7. 摩托车

本税目征收范围包括：排气量250毫升的摩托车和排气量超过250毫升的摩托车。

（1）两轮车：装有一个驱动轮与一个从动轮的摩托车。①普通车：骑式车架，双人座垫，轮辋基本直径不小于304毫米，适应在公路或城市道路上行驶的摩托车。②微型车：坐式或骑式车架，单人或双人座垫，轮辋基本直径不大于254毫米，适应在公路或城市道路上行驶的摩托车。③越野车：骑式车架，宽型方向把，越野型轮胎，剩余垂直轮隙及离地间隙大，适应在非公路地区行驶的摩托车。④普通赛车：骑式车架，狭型方向把，座垫偏后，装有大功率高转速发动机，在专用跑道上比赛车速的一种摩托车。⑤微型赛车：坐式或骑式车架，轮辋基本直径不大于254毫米，装有大功率高转速发动机，在专用跑道上比赛车速的一种摩托车。⑥越野赛车：具有越野性能，装有大功率发动机，用于非公路地区比赛车速的一种摩托车。⑦特种车：一种经过改装之后用于完成特定任务的两轮摩托车。如开道车。

（2）边三轮车：在两轮车的一侧装有边车的三轮摩托车。①普通边三轮车：具有边三轮车结构，用于载运乘员或货物的摩托车。②特种边三轮车：装有专用设备，用于完成特定任务的边三轮车。如警车、消防车。

（3）正三轮车：装有与前轮对称分布的两个后轮和固定车厢的三轮摩托车。①普通正三轮车：具有正三轮车结构，用于载运乘员或货物的摩托车。如客车、货车。②特种正三轮车：装有专用设备，用于完成特定任务的正三轮车。如容罐车、自卸车、冷藏车。

8．小汽车

本税目下设乘用车、中轻型商用客车、超豪华小汽车三个子目。

汽车是指由动力驱动，具有四个或四个以上车轮的非轨道承载的车辆。本税目征收范围包括含驾驶员座位在内不超过9个座位（含）的，在设计和技术特性上用于载运乘客和货物的各类乘用车和含驾驶员座位在内的座位数在10至23座（含23座）的在设计和技术特性上用于载运乘客和货物的各类中轻型商用客车。

"超豪华小汽车"的征税范围为每辆零售价格130万元（不含增值税）及以上的乘用车和中轻型商用客车，即乘用车和中轻型商用客车子税目中的超豪华小汽车。

用排气量小于1.5升（含）的乘用车底盘（车架）改装、改制的车辆属于乘用车征税范围。

用排气量大于1.5升的乘用车底盘（车架）或用中轻型商用客车底盘（车架）改装、改制的车辆属于中轻型商用客车征税范围。

含驾驶员人数（额定载客）为区间值的（如8-10人；17-26人）小汽车，按其区间值下限人数确定征收范围。

电动汽车不属于本税目征税范围。

车身长度大于7米（含)，并且座位在10至23座（含）以下的商用客车，不属于中轻型商用客车征税范围，不征收消费税。

9. 高尔夫球及球具

高尔夫球及球具是指从事高尔夫球运动所需的各种专用装备,包括高尔夫球、高尔夫球杆及高尔夫球包(袋)等。

高尔夫球是指重量不超过 45.93 克、直径不超过 42.67 毫米的高尔夫球运动比赛、练习用球;高尔夫球杆是指被设计用来打高尔夫球的工具,由杆头、杆身和握把三部分组成;高尔夫球包(袋)是指专用于盛装高尔夫球及球杆的包(袋)。

本税目征收范围包括高尔夫球、高尔夫球杆、高尔夫球包(袋)。

高尔夫球杆的杆头、杆身和握把属于本税目的征收范围。

10. 高档手表

高档手表是指销售价格(不含增值税)每只在 10 000 元(含)以上的各类手表。

本税目征收范围包括符合以上标准的各类手表。

11. 游艇

游艇是指长度大于 8 米小于 90 米,船体由玻璃钢、钢、铝合金、塑料等多种材料制作,可以在水上移动的水上浮载体。按照动力划分,游艇分为无动力艇、帆艇和机动艇。

本税目征收范围包括艇身长度大于 8 米(含)小于 90 米(含),内置发动机,可以在水上移动,一般为私人或团体购置,主要用于水上运动和休闲娱乐等非牟利活动的各类机动艇。

12. 木制一次性筷子

木制一次性筷子,又称卫生筷子,是指以木材为原料经过锯段、浸泡、旋切、刨切、烘干、筛选、打磨、倒角、包装等环节加工而成的各类一次性使用的筷子。

本税目征收范围包括各种规格的木制一次性筷子。

未经打磨、倒角的木制一次性筷子属于本税目征税范围。

13. 实木地板

实木地板是指以木材为原料,经锯割、干燥、刨光、截断、开榫、涂漆等工序加工而成的块状或条状的地面装饰材料。

实木地板按生产工艺的不同,可分为独板(块)实木地板、实木指接地板、实木复合地板三类;按表面处理状态的不同,可分为未涂饰地板(白坯板、素板)和漆饰地板两类。

本税目征收范围包括各类规格的实木地板、实木指接地板、实木复合地板及用于装饰墙壁、天棚的侧端面为榫、槽的实木装饰板。

未经涂饰的素板属于本税目征税范围。

实木复合地板是以木材为原料,通过一定的工艺将木材刨切加工成单板(刨切薄木)或旋切加工成单板,然后将多层单板经过胶压复合等工艺生产的实木地板。目前,实木复合地板主要为三层实木复合地板和多层实木复合地板。

14. 电池

电池,是一种将化学能、光能等直接转换为电能的装置,一般有由电极、电解质、容器、极端,通常还有隔离层组成的基本功能单元,以及用一个或多个基本功能单元装配成的电池组。范围包括:原电池、蓄电池、燃料电池、太阳能电池和其他电池。

(1) 原电池

原电池又称一次电池,是按不可以充电为特征设计的电池。按照电极所含的活性物质分类,原电池包括锌原电池、锂原电池和其他原电池。

锌原电池是以锌做负极的原电池,包括锌二氧化锰原电池、碱性锌二氧化锰原电池、锌氧原电池(又称"锌空气原电池")、锌氧化银原电池(又称"锌银原电池")、锌氧化汞原电池(又称"汞电池"、"氧化汞原电池")等。

锂原电池是以锂做负极的原电池,包括锂二氧化锰原电池、锂亚硫酰氯原电池、锂二硫化铁原电池、锂二氧化硫原电池、锂氧原电池(又称"锂空气原电池")、锂氟化碳原电池等。

其他原电池,指锌原电池、锂原电池以外的原电池。

原电池又可分为无汞原电池和含汞原电池。汞含量低于电池重量的0.0001%(扣式电池,则为0.0005%)的原电池为无汞原电池,其他原电池为含汞原电池。

(2) 蓄电池

蓄电池又称二次电池,是按可充电、重复使用的特征设计的电池;包括酸性蓄电池、碱性或其他非酸性蓄电池、氧化还原液流蓄电池和其他蓄电池。

酸性蓄电池是一种含酸性电解质的蓄电池,包括铅蓄电池(又称"铅酸蓄电池")等。

铅蓄电池,指含以稀硫酸为主的电解质、二氧化铅正极和铅负极的蓄电池。

碱性或其他非酸性蓄电池。一种含碱性或其他非酸性电解质的蓄电池,包括金属锂蓄电池、锂离子蓄电池、金属氢化物镍蓄电池(又称"氢镍蓄电池"或"镍氢蓄电池")、镉镍蓄电池、铁镍蓄电池、锌氧化银蓄电池(又称"锌银蓄电池")、碱性锌二氧化锰蓄电池(又称"可充碱性锌二氧化锰电池")、锌氧蓄电池(又称"锌空气蓄电池")、锂氧蓄电池(又称"锂空气蓄电池")等。

氧化还原液流电池是一种通过正负极电解液中不同价态离子的电化学反

应来实现电能和化学能互相转化的储能装置,目前主要包括全钒液流电池。全钒液流电池是通过正负极电解液中不同价态钒离子的电化学反应来实现电能和化学能互相转化的储能装置。

其他蓄电池指除上述三项外的蓄电池。

(3) 燃料电池

燃料电池,指通过一个电化学过程,将连续供应的反应物和氧化剂的化学能直接转换为电能的电化学发电装置。

(4) 太阳能电池

太阳能电池,是将太阳光能转换成电能的装置,包括晶体硅太阳能电池、薄膜太阳能电池、化合物半导体太阳能电池等,但不包括用于太阳能发电储能用的蓄电池。

(5) 其他电池

除原电池、蓄电池、燃料电池、太阳能电池以外的电池。

15. 涂料

涂料是指涂于物体表面能形成具有保护、装饰或特殊性能的固态涂膜的一类液体或固体材料之总称。

涂料由主要成膜物质、次要成膜物质等构成。按主要成膜物质,涂料可分为油脂类、天然树脂类、酚醛树脂类、沥青类、醇酸树脂类、氨基树脂类、硝基类、过滤乙烯树脂类、烯类树脂类、丙烯酸酯类树脂类、聚酯树脂类、环氧树脂类、聚氨酯树脂类、元素有机类、橡胶类、纤维素类、其他成膜物类等。

 消费税征税范围的法律政策依据有哪些?

1.《中华人民共和国消费税暂行条例》(1993年12月13日中华人民共和国国务院令第135号发布 2008年11月5日国务院第34次常务会议修订通过)

2.《中华人民共和国消费税暂行条例实施细则》(财政部 国家税务总局令第51号)

3.《消费税征收范围注释》(国家税务总局1993年12月27日发布,国税发〔1993〕153号)

4.《国家税务总局关于消费税若干征税问题的通知》(国家税务总局1997年5月21日发布,国税发〔1997〕第84号)

5.《汽油、柴油消费税征收范围注释》(国家税务总局1998年11月5日发布,国税发〔1998〕192号)

6.《消费税问题解答》(国家税务总局1997年5月21日发布,国税函发

〔1997〕306号）

7.《财政部 国家税务总局关于调整和完善消费税政策的通知》（财政部 国家税务总局2006年3月20日发布，财税〔2006〕33号）

8.《国家税务总局关于购进乙醇生产销售无水乙醇征收消费税问题的批复》（国家税务总局2006年10月9日发布，国税函〔2006〕768号）

9.《国家税务总局关于生物柴油征收消费税问题的批复》（国家税务总局2006年12月6日发布，国税函〔2006〕1183号）

10.《财政部 国家税务总局关于消费税若干具体政策的通知》（财政部 国家税务总局2006年8月30日发布，财税〔2006〕125号）

11.《财政部 国家税务总局关于对电池 涂料征收消费税的通知》（财税〔2015〕16号）

12.《财政部 国家税务总局关于调整化妆品消费税政策的通知》（财税〔2016〕103号）

13.《财政部 国家税务总局关于对超豪华小汽车加征消费税有关事项的通知》（财税〔2016〕129号）

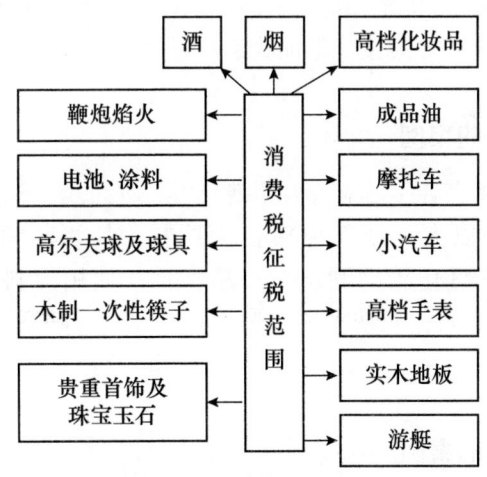

图8-1 消费税征税范围

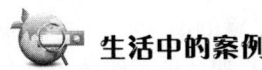 **生活中的案例**

例8-1 有人认为消费税就是对消费品征税，因此，所有的消费品都应当征收消费税，这种理解是否正确？

答：这种理解是错误的。我国消费税是对特定消费品征收的一种税，并非对所有的消费品都征税。我国所选择的消费品包括高能耗、污染环境、高档消费以及具有重要财政意义的消费品。具体来讲，我国消费税仅对以下15种消费品征税：烟、酒、高档化妆品、贵重首饰及珠宝玉石、鞭炮焰火、成品油、摩托车、小汽车、高尔夫球及球具、高档手表、游艇、木制一次性筷子、实木地板、电池、涂料。除此以外，都不属于消费税的征税范围，不征收消费税。

 生活中的案例

例8-2 对"金刚石"是否征收消费税？

答：金刚石又称钻石，属于贵重首饰及珠宝玉石的征税范围，应按规定征收消费税。

 生活中的案例

例8-3 对"宝石坯"是否征收消费税？

答：根据《消费税征收范围注释》规定，珠宝玉石的征税范围为经采掘、打磨、加工的各种珠宝玉石。宝石坯是经采掘、打磨、初级加工的珠宝玉石半成品，因此，对宝石坯应按规定征收消费税。

 生活中的案例

例8-4 对"啤酒源"是否征收消费税？

答：啤酒源是以大麦或其他粮食为原料，加入啤酒花，经糖化、发酵酿制而成的含二氧化碳的酒。在产品特性、使用原料和生产工艺流程上，啤酒源与啤酒一致，只缺少过滤过程。因此，对啤酒源应按啤酒征收消费税。

 生活中的案例

例8-5 对菠萝啤酒是否征收消费税？

答：菠萝啤酒是以大麦或其他粮食为原料，加入啤酒花，经糖化、发酵，并在过滤时加入菠萝精（汁）、糖酿制的含有二氧化碳的酒。其在产品特性、使用原料和生产工艺流程上与啤酒相同，只是在过滤时加上适量的菠萝精（汁）和糖，因此，对菠萝啤酒应按啤酒征收消费税。

 消费税的税率是多少？

消费税的税率如下：

表 8-1 消费税税目税率(税额)表

税　　目	税率(税额)
一、烟	
1. 甲类卷烟	56% 加每支 0.003 元
2. 乙类卷烟	36% 加每支 0.003 元
3. 卷烟批发	11% 加每支 0.005 元
4. 雪茄烟	36%
5. 烟丝	30%
二、酒及酒精	
1. 白酒	20% 加 0.5 元/斤或 500 毫升
2. 黄酒	240 元/吨
3. 甲类啤酒	250 元/吨
4. 乙类啤酒	220 元/吨
5. 其他酒	10%
三、高档化妆品	15%
四、贵重首饰及珠宝玉石	10%
1. 金、银首饰,钻石、钻石饰品	5%
2. 其他贵重首饰、珠宝玉石	10%
五、鞭炮、焰火	15%
六、成品油	
1. 汽油	1.52 元/升
2. 柴油	1.20 元/升
3. 石脑油	1.52 元/升
4. 溶剂油	1.52 元/升
5. 润滑油	1.52 元/升
6. 燃料油	1.20 元/升
7. 航空煤油	1.20 元/升
七、摩托车	
1. 排气量 250 毫升的	3%
2. 排气量超过 250 毫升的	10%
八、小汽车	

（续表）

税　　　目	税率（税额）
1. 乘用车	
排气量不超过1.0升的	1%
排气量超过1.0升，不超过1.5升的	3%
排气量超过1.5升，不超过2.0升的	5%
排气量超过2.0升，不超过2.5升的	9%
排气量超过2.5升，不超过3.0升的	12%
排气量超过3.0升，不超过4.0升的	25%
排气量超过4.0升的	40%
2. 中轻型商用客车	5%
3. 超豪华小汽车	零售环节加征10%
九、高尔夫球及球具	10%
十、高档手表	20%
十一、游艇	10%
十二、木制一次性筷子	5%
十三、实木地板	5%
十四、电池	4%
十五、涂料	4%

　　纳税人兼营不同税率的应当缴纳消费税的消费品（以下简称应税消费品），应当分别核算不同税率应税消费品的销售额、销售数量；未分别核算销售额、销售数量，或者将不同税率的应税消费品组成成套消费品销售的，从高适用税率。纳税人兼营不同税率的应当缴纳消费税的消费品，是指纳税人生产、销售两种税率以上的应税消费品。

 消费税税率的法律政策依据有哪些？

　　1.《中华人民共和国消费税暂行条例》（1993年12月13日中华人民共和国国务院令第135号发布 2008年11月5日国务院第34次常务会议修订通过）

　　2.《中华人民共和国消费税暂行条例实施细则》（财政部 国家税务总局令第51号）

　　3.《财政部 国家税务总局关于金银首饰消费税减按5%征收的通知》（财政部 国家税务总局1994年12月16日发布，财税〔1994〕91号）

4.《财政部 国家税务总局关于对电池 涂料征收消费税的通知》(财税〔2015〕16号）

5.《财政部 国家税务总局关于调整化妆品消费税政策的通知》(财税〔2016〕103号）

6.《财政部 国家税务总局关于对超豪华小汽车加征消费税有关事项的通知》(财税〔2016〕129号）

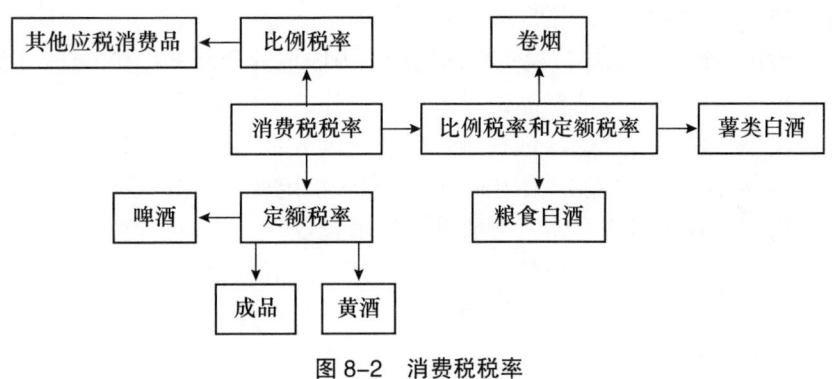

图 8-2 消费税税率

 生活中的案例

例 8-6 某啤酒厂 2016 年度生产甲类啤酒 20 000 吨，生产乙类啤酒 30 000 吨。甲类啤酒每吨销售价格为 3 500 元（不含增值税），乙类啤酒每吨销售价格为 2 800 元（不含增值税）。请计算该啤酒厂 2016 年度应当缴纳多少消费税。

答：啤酒消费税实行定额税率，每吨啤酒出厂价格（含包装物及包装物押金）在 3 000 元（含 3 000 元，不含增值税）以上的，单位税额 250 元/吨；每吨啤酒出厂价格在 3 000 元（不含 3 000 元，不含增值税）以下的，单位税额 220 元/吨。由此，该啤酒厂生产的甲类啤酒应当适用 250 元/吨的税率，而乙类啤酒则应当适用 220 元/吨的税率。该啤酒厂 2016 年应纳消费税额为：20 000×250+30 000×220=11 600 000（元）。

二、消费税应纳税额的计算

 消费税应纳税额应当如何计算？

消费税实行从价定率、从量定额，或者从价定率和从量定额复合计税（以下简称复合计税）的办法计算应纳税额。应纳税额计算公式：

实行从价定率办法计算的应纳税额 = 销售额 × 比例税率

实行从量定额办法计算的应纳税额 = 销售数量 × 定额税率

实行复合计税办法计算的应纳税额 = 销售额 × 比例税率 + 销售数量 × 定额税率

纳税人销售的应税消费品，以人民币计算销售额。纳税人以人民币以外的货币结算销售额的，应当折合成人民币计算。

销售额为纳税人销售应税消费品向购买方收取的全部价款和价外费用。

纳税人销售的应税消费品，以人民币以外的货币结算销售额的，其销售额的人民币折合率可以选择销售额发生的当天或者当月1日的人民币汇率中间价。纳税人应在事先确定采用何种折合率，确定后1年内不得变更。

销售额，不包括应向购货方收取的增值税税款。如果纳税人应税消费品的销售额中未扣除增值税税款或者因不得开具增值税专用发票而发生价款和增值税税款合并收取的，在计算消费税时，应当换算为不含增值税税款的销售额。其换算公式为：

$$应税消费品的销售额 = \frac{含增值税的销售额}{1 + 增值税税率或者征收率}$$

应税消费品连同包装物销售的，无论包装物是否单独计价以及在会计上如何核算，均应并入应税消费品的销售额中缴纳消费税。如果包装物不作价随同产品销售，而是收取押金，此项押金则不应并入应税消费品的销售额中征税。但因逾期未收回包装物而不再退还的或者已收取的时间超过12个月的押金，应并入应税消费品的销售额，按照应税消费品的适用税率缴纳消费税。

对既作价随同应税消费品销售，又另外收取押金的包装物的押金，凡纳税人在规定的期限内没有退还的，应并入应税消费品的销售额，按照应税消费品的适用税率缴纳消费税。

价外费用，是指价外向购买方收取的手续费、补贴、基金、集资费、返还利润、奖励费、违约金、滞纳金、延期付款利息、赔偿金、代收款项、代垫款项、包装费、包装物租金、储备费、优质费、运输装卸费以及其他各种性质的价外收费。但下列项目不包括在内：

第一，同时符合以下条件的代垫运输费用：

（1）发票开具给购买方的承运部门的运输费用；

（2）纳税人将该项发票转交给购买方的。

第二，同时符合以下条件代为收取的政府性基金或者行政事业性收费：

（1）由国务院或者财政部批准设立的政府性基金，由国务院或者省级人民政府及其财政、价格主管部门批准设立的行政事业性收费；

（2）收取时开具省级以上财政部门印制的财政票据；

（3）所收款项全额上缴财政。

销售数量，是指应税消费品的数量。具体为：

（1）销售应税消费品的，为应税消费品的销售数量；

（2）自产自用应税消费品的，为应税消费品的移送使用数量；

（3）委托加工应税消费品的，为纳税人收回的应税消费品数量；

（4）进口应税消费品的，为海关核定的应税消费品进口征税数量。

实行从量定额办法计算应纳税额的应税消费品，计量单位的换算标准如下：

（1）黄酒 1 吨 =962 升；

（2）啤酒 1 吨 =988 升；

（3）汽油 1 吨 =1 388 升；

（4）柴油 1 吨 =1 176 升；

（5）航空煤油 1 吨 =1 246 升；

（6）石脑油 1 吨 =1 385 升；

（7）溶剂油 1 吨 =1 282 升；

（8）润滑油 1 吨 =1 126 升；

（9）燃料油 1 吨 =1 015 升。

纳税人自产自用的应税消费品，按照纳税人生产的同类消费品的销售价格计算纳税；没有同类消费品销售价格的，按照组成计税价格计算纳税。

同类消费品的销售价格，是指纳税人或者代收代缴义务人当月销售的同类消费品的销售价格，如果当月同类消费品各期销售价格高低不同，应按销售数量加权平均计算。但销售的应税消费品有下列情况之一的，不得列入加权平均计算：

（1）销售价格明显偏低并无正当理由的；

（2）无销售价格的。

如果当月无销售或者当月未完结，应按照同类消费品上月或者最近月份的销售价格计算纳税。

实行从价定率办法计算纳税的组成计税价格计算公式：

$$组成计税价格 = \frac{成本 + 利润}{1 - 比例税率}$$

成本，是指应税消费品的产品生产成本。利润，是指根据应税消费品的全国平均成本利润率计算的利润。应税消费品全国平均成本利润率由国家税务总局确定。

实行复合计税办法计算纳税的组成计税价格计算公式：

$$组成计税价格 = \frac{成本 + 利润 + 自产自用数量 \times 定额税率}{1 - 比例税率}$$

委托加工的应税消费品,按照受托方的同类消费品的销售价格计算纳税;没有同类消费品销售价格的,按照组成计税价格计算纳税。

实行从价定率办法计算纳税的组成计税价格计算公式:

$$组成计税价格 = \frac{材料成本 + 加工费}{1 - 比例税率}$$

材料成本,是指委托方所提供加工材料的实际成本。委托加工应税消费品的纳税人,必须在委托加工合同上如实注明(或者以其他方式提供)材料成本,凡未提供材料成本的,受托方主管税务机关有权核定其材料成本。

加工费,是指受托方加工应税消费品向委托方所收取的全部费用(包括代垫辅助材料的实际成本)。

实行复合计税办法计算纳税的组成计税价格计算公式:

$$组成计税价格 = \frac{材料成本 + 加工费 + 委托加工数量 \times 定额税率}{1 - 比例税率}$$

进口的应税消费品,按照组成计税价格计算纳税。

实行从价定率办法计算纳税的组成计税价格计算公式:

$$组成计税价格 = \frac{关税完税价格 + 关税}{1 - 消费税比例税率}$$

关税完税价格,是指海关核定的关税计税价格。

实行复合计税办法计算纳税的组成计税价格计算公式:

$$组成计税价格 = \frac{关税完税价格 + 关税 + 进口数量 \times 消费税定额税率}{1 - 消费税比例税率}$$

纳税人应税消费品的计税价格明显偏低并无正当理由的,由主管税务机关核定其计税价格。

应税消费品的计税价格的核定权限规定如下:

(1)卷烟、白酒和小汽车的计税价格由国家税务总局核定,送财政部备案;

(2)其他应税消费品的计税价格由省、自治区和直辖市国家税务局核定;

(3)进口的应税消费品的计税价格由海关核定。

自2016年12月1日起,"小汽车"税目下增设"超豪华小汽车"子税目。征税范围为每辆零售价格130万元(不含增值税)及以上的乘用车和中轻型商用客车,即乘用车和中轻型商用客车子税目中的超豪华小汽车。对超豪华小汽车,在生产(进口)环节按现行税率征收消费税基础上,在零售环节加征消费税,税率为10%。

将超豪华小汽车销售给消费者的单位和个人为超豪华小汽车零售环节纳税人。

超豪华小汽车零售环节消费税应纳税额计算公式:

应纳税额=零售环节销售额(不含增值税,下同)×零售环节税率

国内汽车生产企业直接销售给消费者的超豪华小汽车,消费税税率按照生产环节税率和零售环节税率加总计算。消费税应纳税额计算公式:

应纳税额=销售额×(生产环节税率+零售环节税率)

对下列应税消费品,准予从应纳消费税税额中扣除原料已纳消费税税款:

(1)以委托加工收回的已税烟丝为原料生产的卷烟;

(2)以委托加工收回的已税酒和酒精为原料生产的酒;

(3)以委托加工收回的已税珠宝玉石为原料生产的贵重首饰及珠宝玉石;

(4)以委托加工收回的已税鞭炮焰火为原料生产的鞭炮焰火;

(5)以外购或委托加工收回的已税杆头、杆身和握把为原料生产的高尔夫球杆;

(6)以外购或委托加工收回的已税木制一次性筷子为原料生产的木制一次性筷子;

(7)以外购或委托加工收回的已税实木地板为原料生产的实木地板;

(8)以外购或委托加工收回的已税石脑油为原料生产的应税消费品;

(9)以外购或委托加工收回的已税润滑油为原料生产的润滑油。

自2016年10月1日起,高档化妆品消费税纳税人(以下简称"纳税人")以外购、进口和委托加工收回的高档化妆品为原料继续生产高档化妆品,准予从高档化妆品消费税应纳税额中扣除外购、进口和委托加工收回的高档化妆品已纳消费税税款。

已纳消费税税款是指委托加工的应税消费品由受托方代收代缴的消费税。

 计算消费税的法律政策依据有哪些?

1.《中华人民共和国消费税暂行条例》(1993年12月13日中华人民共和国国务院令第135号发布 2008年11月5日国务院第34次常务会议修订通过)

2.《中华人民共和国消费税暂行条例实施细则》(财政部 国家税务总局令第51号)

3.《消费税若干具体问题的规定》国家税务总局1993年12月28日发布,国税发〔1993〕156号

4.《财政部 国家税务总局关于调整和完善消费税政策的通知》(财税〔2006〕33号)

5.《财政部 国家税务总局关于调整化妆品消费税政策的通知》(财税〔2016〕103号)

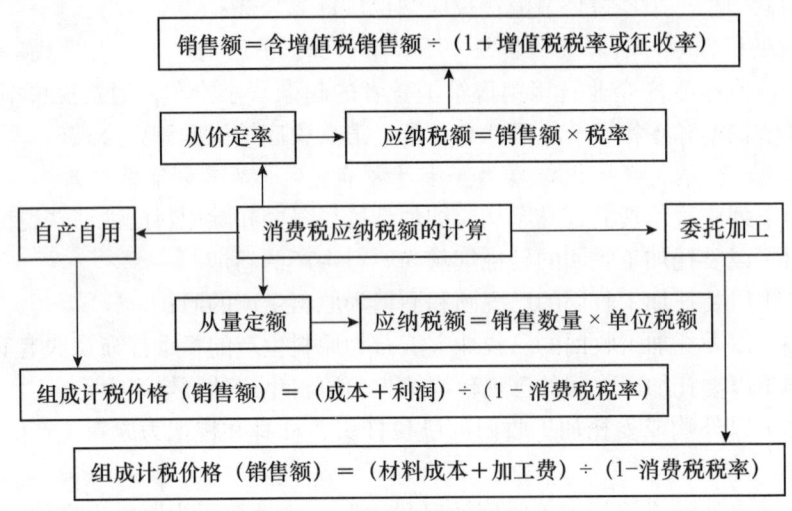

图8-3 消费税的计算

 生活中的案例

例8-7 某企业专门从事化妆品加工和销售,2017年9月,某公司委托该企业加工一批高档化妆品,加工所需材料总成本为100 000元,加工费为50 000元,假设受托方不存在同类消费品的销售价格,请计算该企业应当代扣代缴多少消费税。假设受托方同类消费品的销售价格为200 000元(不含增值税),请计算该企业应当代扣代缴多少消费税。(化妆品消费税税率为15%)

答:委托加工的应税消费品,按照受托方的同类消费品的销售价格计算纳税;没有同类消费品销售价格的,按照组成计税价格计算纳税。组成计税价格计算公式为:组成计税价格=(材料成本+加工费)÷(1-消费税税率)。在不存在同类消费品的销售价格的情况下,应当使用组成计税价格来计算。组成计税价格为:(100 000+50 000)÷(1-15%)=176 470.59(元)。该企业应当代扣代缴的消费税税额为:176 470.59×15%=26 470.06(元)。如果同类消费品的销售价格为200 000元(不含增值税),应当使用同类消费品的销售价格来计算消费税。该企业应当代扣代缴的消费税税额为:200 000×15%=30 000(元)。

三、消费税税收优惠政策与征管

 消费税有哪些税收优惠政策？

对纳税人出口应税消费品，免征消费税；国务院另有规定的除外。出口应税消费品的免税办法，由国务院财政、税务主管部门规定。"国务院另有规定的"，是指国家限制出口的应税消费品。

出口的应税消费品办理退税后，发生退关或者国外退货，进口时予以免税的，报关出口者必须及时向其机构所在地或者居住地主管税务机关申报补缴已退的消费税税款。纳税人直接出口的应税消费品办理免税后，发生退关或者国外退货，进口时已予以免税的，经机构所在地或者居住地主管税务机关批准，可暂不办理补税，待其转为国内销售时，再申报补缴消费税。

纳税人销售的应税消费品，如因质量等原因由购买者退回时，经机构所在地或者居住地主管税务机关审核批准后，可退还已缴纳的消费税税款。

航空煤油暂缓征收消费税。

子午线轮胎免征消费税。

对无汞原电池、金属氢化物镍蓄电池（又称"氢镍蓄电池"或"镍氢蓄电池"）、锂原电池、锂离子蓄电池、太阳能电池、燃料电池和全钒液流电池免征消费税。

自 2013 年 11 月 1 日至 2018 年 10 月 31 日，对以回收的废矿物油为原料生产的润滑油基础油、汽油、柴油等工业油料免征消费税。废矿物油，是指工业生产领域机械设备及汽车、船舶等交通运输设备使用后失去或降低功效更换下来的废润滑油。

纳税人利用废矿物油生产的润滑油基础油、汽油、柴油等工业油料免征消费税，应同时符合下列条件：

（1）纳税人必须取得省级以上（含省级）环境保护部门颁发的《危险废物（综合）经营许可证》，且该证件上核准生产经营范围应包括"利用"或"综合经营"字样。生产经营范围为"综合经营"的纳税人，还应同时提供颁发《危险废物（综合）经营许可证》的环境保护部门出具的能证明其生产经营范围包括"利用"的材料。

纳税人在申请办理免征消费税备案时，应同时提交污染物排放地环境保护部门确定的该纳税人应予执行的污染物排放标准，以及污染物排放地环境保护部门在此前 6 个月以内出具的该纳税人的污染物排放符合上述标准的证明材料。

纳税人回收的废矿物油应具备能显示其名称、特性、数量、接受日期等项目的《危险废物转移联单》。

（2）生产原料中废矿物油重量必须占到90%以上。产成品中必须包括润滑油基础油，且每吨废矿物油生产的润滑油基础油应不少于0.65吨。

（3）利用废矿物油生产的产品与利用其他原料生产的产品应分别核算。

自2016年10月1日起，取消对普通美容、修饰类化妆品征收消费税。

 消费税优惠政策的法律政策依据有哪些？

1.《中华人民共和国消费税暂行条例》（1993年12月13日中华人民共和国国务院令第135号发布 2008年11月5日国务院第34次常务会议修订通过）

2.《中华人民共和国消费税暂行条例实施细则》（财政部 国家税务总局令第51号）

3.《财政部 国家税务总局关于对废矿物油再生油品免征消费税的通知》（财税〔2013〕105号）

4.《财政部 国家税务总局关于对电池 涂料征收消费税的通知》（财税〔2015〕16号）

5.《财政部 国家税务总局关于调整化妆品消费税政策的通知》（财税〔2016〕103号）

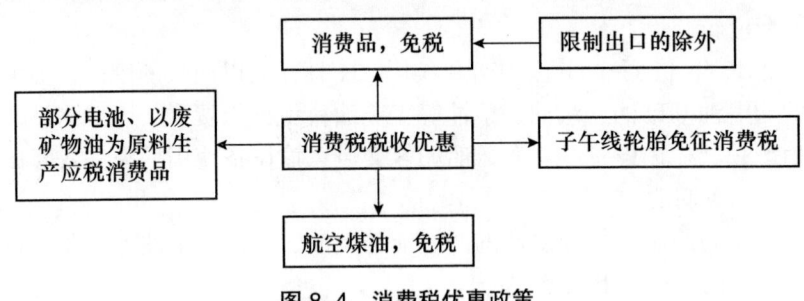

图8-4　消费税优惠政策

 消费税是如何缴纳的？

消费税由税务机关征收，进口的应税消费品的消费税由海关代征。

个人携带或者邮寄进境的应税消费品的消费税，连同关税一并计征。具体办法由国务院关税税则委员会会同有关部门制定。

纳税人销售的应税消费品，以及自产自用的应税消费品，除国务院财政、税务主管部门另有规定外，应当向纳税人机构所在地或者居住地的主管税务机关申报纳税。委托加工的应税消费品，除受托方为个人外，由受托方向机构所在地或者居住地的主管税务机关解缴消费税税款。进口的应税消费品，应当向报关地海关申报纳税。

纳税人到外县（市）销售或者委托外县（市）代销自产应税消费品的，于应税消费品销售后，向机构所在地或者居住地主管税务机关申报纳税。纳税人的总机构与分支机构不在同一县（市）的，应当分别向各自机构所在地的主管税务机关申报纳税；经财政部、国家税务总局或者其授权的财政、税务机关批准，可以由总机构汇总向总机构所在地的主管税务机关申报纳税。委托个人加工的应税消费品，由委托方向其机构所在地或者居住地主管税务机关申报纳税。进口的应税消费品，由进口人或者其代理人向报关地海关申报纳税。

纳税人生产的应税消费品，于纳税人销售时纳税。销售，是指有偿转让应税消费品的所有权。有偿，是指从购买方取得货币、货物或者其他经济利益。

纳税人自产自用的应税消费品，用于连续生产应税消费品的，不纳税；用于其他方面的，于移送使用时纳税。用于连续生产应税消费品，是指纳税人将自产自用的应税消费品作为直接材料生产最终应税消费品，自产自用应税消费品构成最终应税消费品的实体。用于其他方面，是指纳税人将自产自用应税消费品用于生产非应税消费品、在建工程、管理部门、非生产机构、提供劳务、馈赠、赞助、集资、广告、样品、职工福利、奖励等方面。

委托加工的应税消费品，除受托方为个人外，由受托方在向委托方交货时代收代缴税款。委托加工的应税消费品，委托方用于连续生产应税消费品的，所纳税款准予按规定抵扣。

委托加工的应税消费品，是指由委托方提供原料和主要材料，受托方只收取加工费和代垫部分辅助材料加工的应税消费品。对于由受托方提供原材料生产的应税消费品，或者受托方先将原材料卖给委托方，然后再接受加工的应税消费品，以及由受托方以委托方名义购进原材料生产的应税消费品，不论在财务上是否作销售处理，都不得作为委托加工应税消费品，而应当作为销售自制应税消费品缴纳消费税。

委托加工的应税消费品直接出售的，不再缴纳消费税。委托方将收回的应税消费品，以不高于受托方的计税价格出售的，为直接出售，不再缴纳消费税；委托方以高于受托方的计税价格出售的，不属于直接出售，需按照规定申报缴纳消费税，在计税时准予扣除受托方已代收代缴的消费税。委托个人加工的应税消费品，由委托方收回后缴纳消费税。

进口的应税消费品，于报关进口时纳税。

消费税纳税义务发生时间，分列如下：

第一，纳税人销售应税消费品的，按不同的销售结算方式分别为：

（1）采取赊销和分期收款结算方式的，为书面合同约定的收款日期的当天，书面合同没有约定收款日期或者无书面合同的，为发出应税消费品的当天；

（2）采取预收货款结算方式的，为发出应税消费品的当天；

（3）采取托收承付和委托银行收款方式的，为发出应税消费品并办妥托收手续的当天；

（4）采取其他结算方式的，为收讫销售款或者取得索取销售款凭据的当天。

第二，纳税人自产自用应税消费品的，为移送使用的当天。

第三，纳税人委托加工应税消费品的，为纳税人提货的当天。

第四，纳税人进口应税消费品的，为报关进口的当天。

消费税的纳税期限分别为1日、3日、5日、10日、15日、1个月或者1个季度。纳税人的具体纳税期限，由主管税务机关根据纳税人应纳税额的大小分别核定；不能按照固定期限纳税的，可以按次纳税。

纳税人以1个月或者1个季度为一个纳税期的，在自期满之日起15日内申报纳税；以1日、3日、5日、10日或者15日为一个纳税期的，在自期满之日起5日内预缴税款，于次月1日起15日内申报纳税并结清上月应纳税款。

纳税人进口应税消费品，应当在自海关填发海关进口消费税专用缴款书之日起15日内缴纳税款。

 缴纳消费税的法律政策依据有哪些？

1.《中华人民共和国消费税暂行条例》（1993年12月13日中华人民共和国国务院令第135号发布 2008年11月5日国务院第34次常务会议修订通过）

2.《中华人民共和国消费税暂行条例实施细则》（财政部 国家税务总局令第51号）

3.《财政部 国家税务总局关于〈中华人民共和国消费税暂行条例实施细则〉有关条款解释的通知》（财税〔2012〕8号）

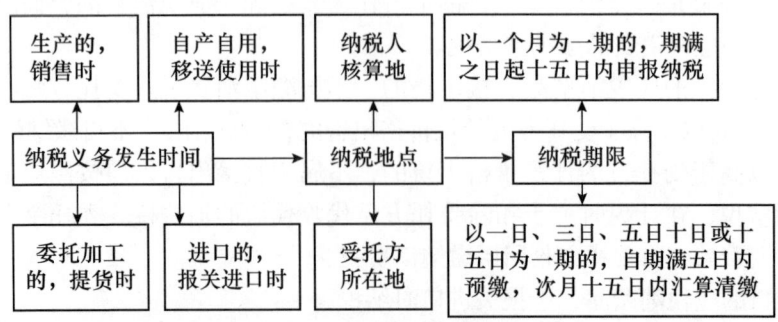

图8-5 消费税的缴纳

四、消费税纳税筹划

 如何运用消费税征收范围进行纳税筹划？

根据《消费税暂行条例》附录"消费税税目税率表"中规定的征收范围，我国目前消费税的征收范围仅局限于15类商品，分别是烟、酒、高档化妆品、贵重首饰及珠宝玉石、鞭炮及烟火、成品油、摩托车、小汽车、高尔夫球及球具、高档手表、游艇、木制一次性筷子、实木地板税目、电池和涂料。即使在上述15类消费品的范围内，也有一些免税的消费品。如无汞原电池、金属氢化物镍蓄电池（又称"氢镍蓄电池"或"镍氢蓄电池"）、锂原电池、锂离子蓄电池、太阳能电池、燃料电池和全钒液流电池免征消费税，电动汽车不征消费税等。

如果企业希望从源头上节税，不妨在投资决策的时候就避开上述消费品，而选择其他符合国家产业政策、在流转税及所得税方面有优惠措施的产品进行投资，如高档摄像机、高档组合音响、裘皮制品、移动电话、装饰材料。在市场前景看好的情况下，企业选择这类项目投资，也可以达到减轻消费税税收负担的目的。

 如何巧用计税依据进行纳税筹划？

由于增值税属于价外税，增值税税款不应作为消费税的计税依据。根据《消费税暂行条例实施细则》第十二条的规定，销售额不包括应向购货方收取的增值税税款。如果纳税人应税消费品的销售额中未扣除增值税税款或者因不得开具增值税专用发票而发生价款和增值税税款合并收取的，在计算消费税时，应当换算为不含增值税税款的销售额。其换算公式为：

$$应税消费品的销售额 = \frac{含增值税的销售额}{1+增值税税率或者征收率}$$

因此，在现实经济生活中，应该深刻理解增值税价外税的属性，如果直接将含增值税的销售额作为消费税的计税依据，显然增大了消费税的计税依据，增加了纳税人的税收负担。

这种情况属于正确计算消费税额的问题，在西方发达国家，纳税人计算出现错误，税务机关会给予指出，多缴纳的税款也可以退回或者抵扣以后月份的消费税额。在我国虽然也有这种规定，但是在具体实践中并不如此完善，因此，纳税人因计算错误而多缴纳的税款并不总是能够退回的，即使能够退回，其中所涉及的资金占用成本、与税务机关交涉成本、举证成本等都是巨大的，因此，在计算阶段就按照税法规定合理计算，不多缴纳税款也是一种纳税筹划的方法。

 如何巧用纳税环节进行纳税筹划？

我国税法规定，生产应税消费品的，于销售时纳税，但企业可以通过降低商品价值，通过"物物交换"进行纳税筹划，也可以改变和选择某种对企业有利的结算方式推迟纳税时间，获得资金使用利益。

我国的消费税除金银首饰改在零售环节课税，烟在批发环节额外征收一道消费税以外，其他应税消费品都在生产制作环节或者委托加工环节课税。这样的规定主要是从方便征管的角度考虑的，因为在生产制作环节纳税人数量较少，征管对象明确，便于控制税源，降低征管成本。由于生产制作环节不是商品实现消费以前的最后一个流转环节，在这个环节之后还存在批发、零售等若干个流转环节，这就为纳税人进行纳税筹划提供了空间。纳税人可以分设独立核算的经销部、销售公司，以较低的价格向它们供货，再以正常价格对外销售，由于消费税主要在生产制作环节征收，纳税人的税收负担会因此减轻许多。

以较低的销售价格将应税消费品销售给其独立核算的销售分公司，由于在销售环节只缴纳增值税不缴纳消费税，可使纳税人的整体消费税税负下降，但这种方法并不影响纳税人的增值税税负。目前，这种在纳税环节进行的纳税筹划在生产化妆品、烟、酒、摩托车、小汽车的行业里得到了较为普遍的应用。但是，应当指出的是：首先，根据《消费税暂行条例》第十条的规定，纳税人应税消费品的计税价格明显偏低并无正当理由的，由主管税务机关核定其计税价格。因此，生产厂家向销售分公司出售应税消费品时，只能适度压低价格，如果压低的幅度过大，就构成了《消费税暂行条例》所称"计税价格明显偏低"的情况，税务机关可以行使价格调整权。其次，这种行为有纳税筹划的嫌疑，国家有可能出台相关的税收法规来防止纳税人采用这种方式进行纳税筹划。例如，国家税务总局对中国第一汽车集团公司及上海大众汽车有限公司等大型汽车生产企业的消费税征收环节进行了调整，由在生产环节对纳税人征税，改为推延至经销环节征税。这样，该纳税人就无法采取这种方式进行纳税筹划了，但是对于广大中小纳税人而言，这种纳税筹划方法仍然具有广泛的适用价值。

另外还需要注意的是，2009年7月17日，国家税务总局发布了《关于加强白酒消费税征收管理的通知》(国税函〔2009〕380号)，规定了白酒消费税最低计税价格核定管理的最新政策。白酒生产企业销售给销售单位的白酒，生产企业消费税计税价格低于销售单位对外销售价格（不含增值税，下同）70%的，税务机关应核定其消费税最低计税价格。因此，白酒生产企业采取这种方式节税应当注意节税的空间。

 生活中的案例

例8-8 某化妆品生产厂家生产的化妆品，假设正常生产环节的不含税售价为每套400元，适用消费税税率为30%，则该厂应纳消费税：400×30%=120（元）。假设生产成本为X，则该企业税前利润为：400-120-X=280-X。根据以上信息，请提出该厂的纳税筹划方案。

答：筹划方案：倘若该厂经过纳税筹划，设立一个独立核算的子公司，负责对外销售，向该子公司供货时，不含税价格定为每套200元，则该厂在转移产品时须缴纳消费税：200×30%=60（元）。该子公司对外零售商品时不需要缴纳消费税，没有消费税负担。假设生产成本为X，则该企业（包括子公司）税前利润：400-60-X=340-X。通过这种纳税筹划，该企业每套商品可少纳消费税60元。

可见，以较低的销售价格将应税消费品销售给其独立核算的销售子公司，由于在销售环节只缴纳增值税不缴纳消费税，可使纳税人的整体消费税税负下降，但这种方法并不影响纳税人的增值税税负。

 兼营行为如何进行纳税筹划？

根据《消费税暂行条例》第三条的规定，纳税人兼营不同税率的应当缴纳消费税的消费品（简称应税消费品），应当分别核算不同税率应税消费品的销售额、销售数量；未分别核算销售额、销售数量，或者将不同税率的应税消费品组成成套消费品销售的，从高适用税率。税法的上述规定要求纳税人必须注意分别核算不同税率的应税消费品的，这一纳税筹划方法看似简单，但如果纳税人不了解税法的这一规定，而没有分别核算的话，在缴纳消费税的时候就会吃亏。因此，纳税人在进行纳税申报的时候，必须要注意消费品的组合问题，没有必要成套销售的，就不宜采用这种销售方式。

 生活中的案例

例8-9 某公司既生产经营普通化妆品，又生产经营高档化妆品，高档化妆品的消费税税率为15%，普通化妆品不征收消费税。2017年度，该公司高档化妆品的不含税销售额为200万元，普通化妆品的不含税销售额为100万元，该公司没有分别核算，或者将高档化妆品与普通化妆品组成成套商品销售。请计算该公司应当缴纳的消费税,并提出纳税筹划方案。

答:由于该公司不分别核算销售额,应当一律按高档化妆品的税率15%征收消费税。如果该公司将高档化妆品与普通化妆品组成成套消费品销售,全部销售额也要适用15%的税率,这两种做法显然都会加重普通化妆品的税收负担。2017年度该公司应纳消费税额为:(200+100)×15%=45(万元)。

筹划方案:如果该公司事先进行纳税筹划,分别核算两种经营项目,则该公司2017年度应纳消费税额为:200×15%=30(万元)。减轻税收负担:45-30=15(万元)。同时,纳税人在进行纳税申报的时候,必须注意消费品的组合问题,没有必要成套销售的,就不宜采用这种销售方式。

 白酒生产如何进行纳税筹划?

根据《国家税务总局关于加强白酒消费税征收管理通知》(国税函〔2009〕380号),白酒生产企业销售给销售单位的白酒,生产企业消费税计税价格低于销售单位对外销售价格(不含增值税,下同)70%的,税务机关应核定其消费税最低计税价格。

销售单位是指销售公司、购销公司及委托境内其他单位或个人包销本企业生产白酒的商业机构。销售公司、购销公司是指专门购进并销售白酒生产企业生产的白酒,并与该白酒生产企业存在关联性质的公司。包销是指销售单位依据协定价格从白酒生产企业购进白酒,同时承担大部分包装材料等成本费用,并负责销售白酒。

白酒生产企业应将各种白酒的消费税计税价格和销售单位销售价格,在主管税务机关规定的时限内填报。白酒消费税最低计税价格由白酒生产企业自行申报,由税务机关核定。

主管税务机关应将白酒生产企业申报的销售给销售单位的消费税计税价格低于销售单位对外销售价格70%、年销售额1 000万元以上的各种白酒,在规定的时限内逐级上报至国家税务总局。税务总局选择其中部分白酒核定其消费税最低计税价格。除税务总局已核定消费税最低计税价格的白酒外,其他需要核定消费税最低计税价格的白酒,消费税最低计税价格由各省、自治区、直辖市和计划单列市国家税务局核定。

白酒消费税最低计税价格核定标准如下:

(1)白酒生产企业销售给销售单位的白酒,生产企业消费税计税价格高于销售单位对外销售价格70%(含70%)的,税务机关暂不核定其消费税最低计税价格。

(2)白酒生产企业销售给销售单位的白酒,生产企业消费税计税价格低于销售单位对外销售价格70%的,其消费税最低计税价格由税务机关根据生产规模、白酒品牌、利润水平等情况在销售单位对外销售价格50%至70%范围内自行核定。其中生产规模较大，利润水平较高的企业生产的需要核定消费税最低计税价格的白酒，税务机关核价幅度原则上应选择在销售单位对外销售价格60%至70%范围内。

已核定最低计税价格的白酒，生产企业实际销售价格高于消费税最低计税价格的，按实际销售价格申报纳税；实际销售价格低于消费税最低计税价格的，按最低计税价格申报纳税。

已核定最低计税价格的白酒，销售单位对外销售价格持续上涨或下降，时间达到3个月以上，累计上涨或下降幅度在20%（含）以上的，税务机关重新核定其最低计税价格。

对于已经核定白酒最低计税价格的企业而言，尽量按照白酒最低计税价格来确定自己的实际销售价格，这样可以按照最低的计税价格来纳税。

 生活中的案例

例8-10 某白酒生产企业所生产的A类白酒经过税务机关核定的最低计税价格为每斤50元，该企业批发给自己设立的销售公司的价格为每斤49元，批发给其他商贸公司的价格为每斤55元。2017年度该企业向其他商贸公司销售白酒10 000斤。请针对该情况提出纳税筹划方案。

答：筹划方案：根据上述情况，10 000斤A类白酒应当缴纳消费税：10 000×0.5+55×10 000×20%=115 000（元）。如果该企业将A类白酒统一批发给其设立的销售公司，再由销售公司统一对外批发和零售，则应当缴纳消费税：10 000×0.5+50×10 000×20%=105 000（元）。通过纳税筹划，该企业少缴消费税：115 000－105 000=10 000（元）。

 如何利用临界点进行纳税筹划？

根据《财政部 国家税务总局关于调整酒类产品消费税政策的通知》（财税〔2001〕84号）的规定，每吨啤酒出厂价格（含包装物及包装物押金）在3 000元（含3 000元，不含增值税）以上的，单位税额250元/吨；每吨啤酒出厂价格在3 000元（不含3 000元，不含增值税）以下的，单位税额220元/吨。娱乐业、饮食业自制啤酒，单位税额250元/吨。啤酒消费税的税率为从量定额税率，同时根据啤酒的单位价格实行全额累进。全额累进税率的一个特点是：在临界点，税收负担变化比较大，会出现税收负担的增加大于计税依据的增加的情况。在这种情况下，巧妙运用临界点的规定适当降低产品价格反而能够增加税后利润。

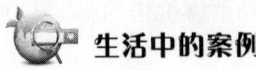 **生活中的案例**

例8-11 某啤酒厂生产销售某品牌啤酒，每吨出厂价格为2 990元（不含增值税，下同）。近期，该厂对该品牌啤酒的生产工艺进行了改进，使该种啤酒的质量得到了较大提高。该厂准备将价格提到3 010元。根据以上信息，请提出该厂的纳税筹划方案。

答：筹划方案：如果将啤酒的价格提高到3 010元，每吨啤酒需要缴纳消费税250元，每吨啤酒扣除消费税后的利润为：3 010-250=2 760（元）。

该厂经过纳税筹划，认为适当降低产品的价格不仅能够获得更大的税后利润，而且可以增加产品在市场上的竞争力，于是该厂将工艺改进后啤酒的出厂价格仍然定为2 990元，这样，每吨啤酒需要缴纳消费税220元，每吨啤酒扣除消费税后的利润为：2 990-220=2 770（元）。

由此可见，这种纳税筹划方法实现了"一箭双雕"，既增加了企业的利润，又增强了本厂产品在价格上的竞争力。

 对包装物如何进行纳税筹划？

根据《消费税暂行条例实施细则》第13条的规定，应税消费品连同包装物销售的，无论包装物是否单独计价及在会计上如何核算，均应并入应税消费品的销售额中缴纳消费税。如果包装物不作价随同产品销售，而是收取押金，此项押金则不应并入应税消费品的销售额中征税。但因逾期未收回包装物而不再退还的或者已收取的时间超过12个月的押金，应并入应税消费品的销售额，按照应税消费品的适用税率缴纳消费税。对既作价随同应税消费品销售，又另外收取押金的包装物的押金，凡纳税人在规定的期限内没有退还的，应并入应税消费品的销售额，按照应税消费品的适用税率缴纳消费税。因此，企业如果想在包装物上节省消费税，关键是包装物不能作价随同产品出售，而应采取收取"押金"的形式，这样"押金"就不并入销售额计算消费税额。即使在经过1年以后，需要将押金并入应税消费品的销售额，按照应税消费品的适用税率征收消费税，也使企业获得了该笔消费税的1年的免费使用权。

这种纳税筹划在会计上的处理方法，根据《财政部关于消费税会计处理的规定》（财会〔1993〕83号），随同产品出售但单独计价的包装物，按规定应缴纳的消费税，借记"其他业务支出"科目，贷记"应交税费——应交消费税"科目。企业逾期未退还的包装物押金，按规定应缴纳的消费税，借记"其他业务支出"、"其他应付款"等科目，贷记"应交税费——应交消费税"科目。

值得注意的是，根据《财政部 国家税务总局关于酒类产品包装物押金征税问题的通知》(财税〔1995〕53 号) 及《国家税务总局关于印发〈消费税问题解答〉的通知》(国税函发〔1997〕306 号) 的规定，从 1995 年 6 月 1 日起，对销售除啤酒、黄酒外的其他酒类产品而收取的包装物押金，无论是否返还以及会计上如何核算，均应并入当期销售额征税（之所以将啤酒和黄酒除外，是因为对酒类包装物押金征税的规定只适用于实行从价定率办法征收消费税的酒类，而啤酒和黄酒产品是实行从量定额办法征收消费税的，因此，无法适用这一规定）。这在一定程度上限制了经营酒类产品的企业利用包装物纳税筹划的可能性。同时，财政部和税务总局的上述规定也从反面说明了企业大量使用这种纳税筹划方法，导致企业节约了大量税款，相应导致了国家税款流失。

根据《财政部 国家税务总局关于调整金银首饰消费税纳税环节有关问题的通知》（财税〔1994〕95 号）的规定，金银首饰连同包装物销售的，无论包装是否单独计价，也无论会计上如何核算，均应并入金银首饰的销售额，计征消费税。根据这一规定，金银首饰生产企业仍然可以通过对包装物收取押金的方式进行纳税筹划。在会计处理上，根据《财政部关于调整金银首饰消费税纳税环节后有关会计处理规定的通知》（财会字〔1995〕9 号）的规定，随同金银首饰出售但单独计价的包装物，按规定应缴纳的消费税，借记"其他业务支出"科目，贷记"应交税费——应交消费税"科目。

生活中的案例

例 8-12 某焰火厂生产一批焰火共 10 000 箱，每箱价值 200 元，其中包含包装物价值 15 元，该月销售额为：200×10 000=2 000 000（元）。焰火的消费税税率为 15%。请计算该厂该月应当缴纳的消费税，并提出纳税筹划方案。

答： 根据《消费税暂行条例实施细则》第 13 条的规定，该月应纳消费税税额为：200×15%=30（万元）。

筹划方案： 根据《消费税暂行条例实施细则》第 13 条的规定，如果包装物不作价随同产品销售，而是收取押金，此项押金则不应并入应税消费品的销售额中征税。但因逾期未收回包装物而不再退还的和已收取一年以上的押金，应并入应税消费品的销售额，按照应税消费品的适用税率征收消费税。

通过纳税筹划，该焰火厂以每箱 185 元的价格销售，并收取 15 元押金，并规定，包装物如有损坏则从押金中扣除相应修理费用直至全部扣除押金（这种规定与直接销售包装物大体相当），这样，该厂应纳消费税降低为：10 000×185×15%=277 500（元）。一年以后，如果该批包装物的押金没有退回，则该企业应当补缴消费税：10 000×15×15%=22 500（元）。对于企业来讲，相当于获得了 22 500 元的一年无息贷款。

对自产自用消费品如何进行纳税筹划？

根据《消费税暂行条例》第七条的规定，纳税人自产自用的应税消费品，按照纳税人生产的同类消费品的销售价格计算纳税；没有同类消费品销售价格的，按照组成计税价格计算纳税。实行从价定率办法计算纳税的组成计税价格计算公式为：

$$组成计税价格 = （成本 + 利润） \div （1 - 比例税率）$$

实行复合计税办法计算纳税的组成计税价格计算公式为：

$$组成计税价格 = \frac{成本 + 利润 + 自产自用数量 \times 定额税率}{1 - 比例税率}$$

应税消费品的全国平均成本利润率如下：

（1）甲类卷烟为10%；

（2）乙类卷烟为5%；

（3）雪茄烟为5%；

（4）烟丝为5%；

（5）粮食白酒为10%；

（6）薯类白酒为5%；

（7）其他酒为5%；

（8）化妆品为5%；

（9）鞭炮、焰火为5%；

（10）贵重首饰及珠宝玉石为6%；

（11）摩托车为6%；

（12）高尔夫球及球具为10%；

（13）高档手表为20%；

（14）游艇为10%；

（15）木制一次性筷子为5%；

（16）实木地板为5%；

（17）乘用车为8%；

（18）中轻型商用客车为5%。

根据《消费税暂行条例实施细则》第十五条的规定，同类消费品的销售价格，是指纳税人或者代收代缴义务人当月销售的同类消费品的销售价格，如果当月同类消费品各期销售价格高低不同，应按销售数量加权平均计算。但销售的应税消费品有下列情况之一的，不得列入加权平均计算：

（1）销售价格明显偏低并无正当理由的；

（2）无销售价格的。

如果当月无销售或者当月未完结，应按照同类消费品上月或最近月份的销售价格计算纳税。纳税人可以根据自产自用消费品计价方式的不同来选择税负最轻的纳税方式。

 生活中的案例

例8-13 某摩托车生产企业只生产一种品牌的摩托车，某月将100辆摩托车作为职工年终奖发放给职工，当月生产的摩托车的销售价格为5 000元/辆，当月，该企业按照5 000元的价格销售了400辆，按照5 500元的价格销售了400辆，生产摩托车的成本为4 500元/辆，成本利润率为6%，消费税税率为10%。请计算100辆摩托车应当缴纳多少消费税，并给出纳税筹划方案。

答： 如果该企业能够准确提供该批摩托车的销售价格，则按照销售价格确定消费税的税基。应纳消费税：5 000×100×10%=50 000（元）。如果不能准确提供该批摩托车的销售价格，即该批摩托车有两种销售价格，则应按销售数量加权平均计算。应纳消费税：（400×5 000+400×5 500）÷800×100×10%=52 500（元）。如果没有"同类消费品的销售价格"，则应当按照组成计税价格计算纳税。应纳消费税：4 500×（1+6%）÷（1-10%）×100×10%=53 000（元）。

筹划方案： 由此可以看出，按照同类商品的销售价格计算税负最轻，这就要求该企业健全会计核算制度，可以准确计算该批摩托车的销售价格。

 如何巧用包装方式进行纳税筹划？

根据《消费税暂行条例》第三条的规定，纳税人兼营不同税率的应税消费品，应当分别核算不同税率应税消费品的销售额、销售数量。未分别核算销售额、销售数量，或者将不同税率的应税消费品组成成套消费品销售的，从高适用税率。如果纳税人需要将不同税率的商品组成套装进行销售，应当尽量采取先销售后包装的方式进行核算，而不要采取先包装后销售的方式进行核算。

 生活中的案例

例8-14 某酒厂生产各种类型的酒，以适应不同消费者需求。春节来临，大部分消费者都以酒作为馈赠亲朋好友的礼品，针对这种市场情况，公司于一月初推出"组合装礼品酒"的促销活动，将白酒、白兰地酒和葡萄酒各一瓶组成价值115元的成套礼品酒进行销售，三种酒的出厂价分别为50元/瓶、40元/瓶、25元/瓶，白酒消费税税率是0.5元/斤+出厂价的20%，白兰地酒和葡萄酒消费税税率是销售额的10%。假设这三种酒每瓶均为一斤装,该月共销售一万套礼品酒。该企业采取先包装后销售的方式促销。请计算该企业应当缴纳的消费税,并提出纳税筹划方案。

答: 由于该企业采取先包装后销售的方式促销,属于混合销售行为,应当按照较高的税率计算消费税额,应纳消费税额为:10 000×(3×0.5+115×20%)=245 000(元)。

筹划方案:由于三种酒的税率不同,因此,采取混合销售的方式增加了企业的税收负担。该企业可以采取先销售后包装的方式进行促销,应纳消费税额为:10 000×(1×0.5+50×20%)+40×10 000×10%+25×10 000×10%=170 000(元)。减轻企业税收负担:245 000−170 000=75 000(元)。

 消费税纳税筹划的法律政策依据有哪些?

1.《中华人民共和国消费税暂行条例》(国务院1993年12月13日颁布,国务院令〔1993〕第135号,2008年11月5日国务院第34次常务会议修订通过)

2.《中华人民共和国消费税暂行条例实施细则》(财政部 国家税务总局第51号令)

3.《财政部关于消费税会计处理的规定》(财政部1993年12月30日发布,财会〔1993〕83号)

4.《财政部 国家税务总局关于调整金银首饰消费税纳税环节有关问题的通知》(财政部 国家税务总局1994年12月24日发布,财税〔1994〕95号)

5.《财政部关于调整金银首饰消费税纳税环节后有关会计处理规定的通知》(财政部1995年2月14日发布,财会字〔1995〕9号)

6.《财政部 国家税务总局关于酒类产品包装物押金征税问题的通知》(财政部 国家税务总局1995年6月9日发布,财税〔1995〕53号)

7.《国家税务总局关于印发〈消费税问题解答〉的通知》(国家税务总局1997年5月21日发布,国税函发〔1997〕306号)

8.《国家税务总局关于加强白酒消费税征收管理的通知》(国家税务总局2009年7月17日发布,国税函〔2009〕380号)

9.《财政部 国家税务总局关于调整酒类产品消费税政策的通知》(财政部 国家税务总局2001年5月11日发布,财税〔2001〕84号)

10.《财政部 国家税务总局关于调整和完善消费税政策的通知》(财政部 国家税务总局2006年3月20日发布,财税〔2006〕33号)

第九部分　土地税纳税实务与纳税筹划

> 您知道土地增值税如何计算和缴纳吗？您知道就土地增值税如何进行纳税筹划吗？您知道耕地占用税如何计算和缴纳吗？您知道城镇土地使用税如何计算和缴纳吗？本部分将为您回答上述问题。

一、土地增值税纳税实务

 土地增值税的征税对象是什么？

转让国有土地使用权、地上的建筑物及其附着物（以下简称转让房地产）并取得收入的单位和个人，为土地增值税的纳税义务人。

转让国有土地使用权、地上的建筑物及其附着物并取得收入，是指以出售或者其他方式有偿转让房地产的行为。不包括以继承、赠与方式无偿转让房地产的行为。

上述所称的"赠与"是指如下情况：

（1）房产所有人、土地使用权所有人将房屋产权、土地使用权赠与直系亲属或承担直接赡养义务人。

（2）房产所有人、土地使用权所有人通过中国境内非营利的社会团体、国家机关将房屋产权、土地使用权赠与教育、民政和其他社会福利、公益事业。上述社会团体是指中国青少年发展基金会、希望工程基金会、宋庆龄基金会、减灾委员会、中国红十字会、中国残疾人联合会、全国老年基金会、老区促进会以及经民政部门批准成立的其他非营利的公益性组织。

国有土地，是指按国家法律规定属于国家所有的土地。

地上的建筑物，是指建于土地上的一切建筑物，包括地上地下的各种附属设施。

附着物，是指附着于土地上的不能移动，一经移动即遭损坏的物品。

收入，包括转让房地产的全部价款及有关的经济收益。

单位，是指各类企业单位、事业单位、国家机关和社会团体及其他组织。

个人，包括个体经营者。

纳税人将开发产品用于职工福利、奖励、对外投资、分配给股东或投资人、抵偿债务、换取其他单位和个人的非货币性资产等，发生所有权转移时应视同销售房地产，其收入应按照《国家税务总局关于房地产开发企业土地增值税清算管理有关问题的通知》（国税发〔2006〕187号）第三条规定执行。

纳税人安置回迁户，其拆迁安置用房应税收入和扣除项目的确认，应按照《国家税务总局关于土地增值税清算有关问题的通知》（国税函〔2010〕220号）第六条规定执行。

 如何计算土地增值税的应纳税额？

土地增值税按照纳税人转让房地产所取得的增值额和《土地增值税暂行条例》第七条规定的税率计算征收。

纳税人转让房地产所取得的收入减除《土地增值税暂行条例》第六条规定扣除项目金额后的余额，为增值额。

纳税人转让房地产所取得的收入，包括货币收入、实物收入和其他收入。

营改增后，纳税人转让房地产的土地增值税应税收入不含增值税。适用增值税一般计税方法的纳税人，其转让房地产的土地增值税应税收入不含增值税销项税额；适用简易计税方法的纳税人，其转让房地产的土地增值税应税收入不含增值税应纳税额。

为方便纳税人，简化土地增值税预征税款计算，房地产开发企业采取预收款方式销售自行开发的房地产项目的，可按照以下方法计算土地增值税预征计征依据：

土地增值税预征的计征依据 = 预收款 − 应预缴增值税税款

计算增值额的扣除项目包括：

（1）取得土地使用权所支付的金额，指纳税人为取得土地使用权所支付的地价款和按国家统一规定交纳的有关费用。

（2）开发土地和新建房及配套设施（以下简称房增开发）的成本，指纳税人房地产开发项目实际发生的成本（以下简称房增开发成本），包括土地征用及拆迁补偿费、前期工程费、建筑安装工程费、基础设施费、公共配套设施费、开发间接费用。土地征用及拆迁补偿费，包括土地征用费，耕地占用税，劳动力安置费及有关地上、地下附着物拆迁补偿的净支出，安置动迁用房支出等。前期工程费，包括规划、设计、项目可行性研究和水文、地质、勘察、测绘、"三通一平"等支出。建筑安装工程费，是指以出包方式支付给承包单位的建筑安装工程费，以自营方式发生的建筑安装工程费。基础设施费，包括开发小区内道路、供水、供电、供气、排污、排洪、通讯、照明、环卫、绿化等工程发生的支出。公共配套设施费，包括不能有偿转让的开发小区内公共配套设施发生的支出。开发间接费用，是指直接组织、管理开发项目发生的费用，包括工资、职工福利费、折旧费、修理费、办公费、水电费、劳动保护费、周转房摊销等。

（3）开发土地和新建房及配套设施的费用（以下简称房地产开发费用），指与房地产开发项目有关的销售费用、管理费用、财务费用。财务费用中的利息支出，凡能够按转让房地产项目计算分摊并提供金融机构证明的，允许据实扣除，但最高不能超过按商业银行同类同期贷款利率计算的金额。其他房地产开发费用，按上述（1）、（2）项规定计算的金额之和的5%以内计算扣除。凡不能按转让房地产项目计算分摊利息支出或不能提供金融机构证明的，房地产开发费用按上述（1）、（2）项规定计算的金额之和的10%以内计算扣除。上述计算扣除的具体比例，由各省、自治区、直辖市人民政府规定。

（4）旧房及建筑物的评估价格，指在转让已使用的房屋及建筑物时，由政府批准设立的房地产评估机构评定的重置成本价乘以成新度折扣率后的价格。评估价格须经当地税务机关确认。营改增后，纳税人转让旧房及建筑物，凡不能取得评估价格，但能提供购房发票的，按《中华人民共和国土地增值税暂行条例》第六条第一、三项规定的扣除项目的金额按照下列方法计算：①提供的购房凭据为营改增前取得的营业税发票的，按照发票所载金额（不扣减营业税）从购买年度起至转让年度止每年加计5%计算。②提供的购房凭据为营改增后取得的增值税普通发票的，按照发票所载价税合计金额从购买年度起至转让年度止每年加计5%计算。③提供的购房发票为营改增后取得的增值税专用发票的，按照发票所载不含增值税金额加上不允许抵扣的增值税进项税额之和，并从购买年度起至转让年度止每年加计5%计算。

（5）与转让房地产有关的税金，指在转让房地产时缴纳的营业税、城市维护建设税、印花税。因转让房地产交纳的教育费附加，也可视同税金予以扣除。营改增后，计算土地增值税增值额的扣除项目中"与转让房地产有关的税金"不包括增值税。营改增后，房地产开发企业实际缴纳的城市维护建设税（以下简称"城建税"）、教育费附加，凡能够按清算项目准确计算的，允许据实扣除。凡不能按清算项目准确计算的，则按该清算项目预缴增值税时实际缴纳的城建税、教育费附加扣除。其他转让房地产行为的城建税、教育费附加扣除比照上述规定执行。

（6）根据《土地增值税暂行条例》第六条第（五）项规定，对从事房地产开发的纳税人可按上述（1）、（2）项规定计算的金额之和,加计20%的扣除。

土地增值税以纳税人房地产成本核算的最基本的核算项目或核算对象为单位计算。纳税人成片受让土地使用权后,分期分批开发、转让房地产的,其扣除项目金额的确定,可按转让土地使用权的面积占总面积的比例计算分摊,或按建筑面积计算分摊,也可按税务机关确认的其他方式计算分摊。

土地增值税实行四级超率累进税率:

(1) 增值额未超过扣除项目金额50%的部分,税率为30%;

(2) 增值额超过扣除项目金额50%、未超过扣除项目金额100%的部分,税率为40%;

(3) 增值额超过扣除项目金额100%、未超过扣除项目金额200%的部分,税率为50%;

(4) 增值额超过扣除项目金额200%的部分,税率为60%。

上述四级超率累进税率,每级"增值额未超过扣除项目金额"的比例,均包括本比例数。计算土地增值税税额,可按增值额乘以适用的税率减去扣除项目金额乘以速算扣除系数的简便方法计算,具体公式如下:

(1) 增值额未超过扣除项目金额50%:

$$土地增值税税额 = 增值额 \times 30\%$$

(2) 增值额超过扣除项目金额50%,未超过100%的:

$$土地增值税税额 = 增值额 \times 40\% - 扣除项目金额 \times 5\%$$

(3) 增值额超过扣除项目金额100%,未超过200%的:

$$土地增值税税额 = 增值额 \times 50\% - 扣除项目金额 \times 15\%$$

(4) 增值额超过扣除项目金额200%:

$$土地增值税税额 = 增值额 \times 60\% - 扣除项目金额 \times 35\%$$

公式中的5%,15%,35%为速算扣除系数。

对于县级及县级以上人民政府要求房地产开发企业在售房时代收的各项费用,如果代收费用是计入房价中向购买方一并收取的,可作为转让房地产所取得的收入计税;如果代收费用未计入房价中,而是在房价之外单独收取的,可以不作为转让房地产的收入。对于代收费用作为转让收入计税的,在计算扣除项目金额时,可予以扣除,但不允许作为加计20%扣除的基数;对于代收费用未作为转让房地产的收入计税的,在计算增值额时不允许扣除代收费用。

转让旧房的,应按房屋及建筑物的评估价格、取得土地使用权所支付的地价款和按国家统一规定交纳的有关费用以及在转让环节缴纳的税金作为扣除项目金额计征土地增值税。对取得土地使用权时未支付地价款或不能提供已支付的地价款凭据的,不允许扣除取得土地使用权所支付的金额。对于个人购入房地产再转让的,其在购入时已缴纳的契税,在旧房及建筑物的评估价中已包括了此项因素,在计征土地增值税时,不另作为"与转让房地产有关的税金"予以扣除。

纳税人转让旧房及建筑物时因计算纳税的需要而对房地产进行评估,其支付的评估费用允许在计算增值额时予以扣除。对《土地增值税暂行条例》第九条规定的纳税人隐瞒、虚报房地产成交价格等情形而按房地产评估价格计算征收土地增值税所发生的评估费用,不允许在计算土地增值税时予以扣除。

 土地增值税有哪些优惠政策?

有下列情形之一的,免征土地增值税:
(1)纳税人建造普通标准住宅出售,增值额未超过扣除项目金额20%的;
(2)因国家建设需要依法征用、收回的房地产。

普通标准住宅,是指按所在地一般民用住宅标准建造的居住用住宅。高级公寓、别墅、度假村等不属于普通标准住宅。"普通标准住宅"的认定,可在各省、自治区、直辖市人民政府根据《国务院办公厅转发建设部等部门关于做好稳定住房价格工作意见的通知》(国办发〔2005〕26号)制定的"普通住房标准"的范围内从严掌握。纳税人建造普通标准住宅出售,增值额未超过《土地增值税暂行条例》第七条第(一)、(二)、(三)、(五)、(六)项扣除项目金额之和20%的,免征土地增值税;增值额超过扣除项目金额之和20%的,应就其全部增值额按规定计税。因国家建设需要依法征用、收回的房地产,是指因城市实施规划、国家建设的需要而被政府批准征用的房产或收回的土地使用权。因城市实施规划、国家建设的需要而搬迁,由纳税人自行转让原房地产的,比照本规定免征土地增值税。符合上述免税规定的单位和个人,须向房地产所在地税务机关提出免税申请,经税务机关审核后,免予征收土地增值税。

 友情提示

纳税人既建普通标准住宅又搞其他房地产开发的,应分别核算增值额。不分别核算增值额或不能准确核算增值额的,其建造的普通标准住宅不能适用《土地增值税暂行条例》第八条第(一)项的免税规定。

土地增值税的优惠政策还包括:
(1)个人因工作调动或改善居住条件而转让原自用住房,经向税务机关申报核准,凡居住满5年或5年以上的,免予征收土地增值税;居住满3年未满5年的，减半征收土地增值税。居住未满3年的，按规定计征土地增值税。

（2）对于以房地产进行投资、联营的，投资、联营的一方以土地（房地产）作价入股进行投资或作为联营条件，将房地产转让到所投资、联营的企业中时，暂免征收土地增值税。对投资、联营企业将上述房地产再转让的，应征收土地增值税。

（3）对于一方出地，一方出资金，双方合作建房，建成后按比例分房自用的，暂免征收土地增值税；建成后转让的，应征收土地增值税。

（4）在企业兼并中，对被兼并企业将房地产转让到兼并企业中的，暂免征收土地增值税。

（5）对个人之间互换自有居住用房地产的，经当地税务机关核实，可以免征土地增值税。

（6）对居民个人拥有的普通住宅，在其转让时暂免征收土地增值税。

 企业兼并重组的土地增值税优惠有哪些？

按照《中华人民共和国公司法》的规定，非公司制企业整体改建为有限责任公司或者股份有限公司，有限责任公司（股份有限公司）整体改建为股份有限公司（有限责任公司），对改建前的企业将国有土地、房屋权属转移、变更到改建后的企业，暂不征土地增值税。

 友情提示

> 所称整体改建是指不改变原企业的投资主体，并承继原企业权利、义务的行为。

按照法律规定或者合同约定，两个或两个以上企业合并为一个企业，且原企业投资主体存续的，对原企业将国有土地、房屋权属转移、变更到合并后的企业，暂不征土地增值税。

按照法律规定或者合同约定，企业分设为两个或两个以上与原企业投资主体相同的企业，对原企业将国有土地、房屋权属转移、变更到分立后的企业，暂不征土地增值税。

单位、个人在改制重组时以国有土地、房屋进行投资，对其将国有土地、房屋权属转移、变更到被投资的企业，暂不征土地增值税。

上述改制重组有关土地增值税政策不适用于房地产开发企业。

企业改制重组后再转让国有土地使用权并申报缴纳土地增值税时，应以改制前取得该宗国有土地使用权所支付的地价款和按国家统一规定缴纳的有关费用，作为该企业"取得土地使用权所支付的金额"扣除。企业在重组改制过程中经省级以上（含省级）国土管理部门批准，国家以国有土地使用权作价出资入股的，再转让该宗国有土地使用权并申报缴纳土地增值税时，应以该宗土地作价入股时省级以上（含省级）国土管理部门批准的评估价格，作为该企业"取得土地使用权所支付的金额"扣除。办理纳税申报时，企业应提供该宗土地作价入股时省级以上（含省级）国土管理部门的批准文件和批准的评估价格，不能提供批准文件和批准的评估价格的，不得扣除。

企业按上述有关规定享受相关土地增值税优惠政策的，应及时向主管税务机关提交相关房产、国有土地权证，价值证明等书面材料。

上述规定执行期限为 2015 年 1 月 1 日至 2017 年 12 月 31 日。《财政部 国家税务总局关于土地增值税一些具体问题规定的通知》（财税字〔1995〕48 号）第一条、第三条，《财政部 国家税务总局关于土地增值税若干问题的通知》（财税〔2006〕21 号）第五条同时废止。

 土地增值税如何征管？

纳税人有下列情形之一的，按照房地产评估价格计算征收：
（1）隐瞒、虚报房地产成交价格的；
（2）提供扣除项目金额不实的；
（3）转让房地产的成交价格低于房地产评估价格，又无正当理由的。

房地产评估价格，是指由政府批准设立的房地产评估机构根据相同地段、同类房地产进行综合评定的价格。评估价格须经当地税务机关确认。

隐瞒、虚报房地产成交价格，是指纳税人不报或有意低报转让土地使用权、地上建筑物及其附着物价款的行为。隐瞒、虚报房地产成交价格，应由评估机构参照同类房地产的市场交易价格进行评估。税务机关根据评估价格确定转让房地产的收入。

提供扣除项目金额不实的，是指纳税人在纳税申报时不据实提供扣除项目金额的行为。提供扣除项目金额不实的，应由评估机构按照房屋重置成本价乘以成新度折扣率计算的房屋成本价和取得土地使用权时的基准地价进行评估。税务机关根据评估价格确定扣除项目金额。

转让房地产的成交价格低于房地产评估价格，又无正当理由，是指纳税人申报的转让房地产的实际成交价低于房地产评估机构评定的交易价，纳税人又不能提供凭据或无正当理由的行为。转让房地产的成交价格低于房地产评估价格，又无正当理由的，由税务机关参照房地产评估价格确定转让房地产的收入。

营改增后，土地增值税纳税人接受建筑安装服务取得的增值税发票，应按照《国家税务总局关于全面推开营业税改征增值税试点有关税收征收管理事项的公告》（国家税务总局公告2016年第23号）规定，在发票的备注栏注明建筑服务发生地县（市、区）名称及项目名称，否则不得计入土地增值税扣除项目金额。

纳税人应当在自转让房地产合同签订之日起7日内向房地产所在地主管税务机关办理纳税申报，并在税务机关核定的期限内缴纳土地增值税。纳税人应按照下列程序办理纳税手续：

（1）纳税人应在转让房地产合同签订后的7日内，到房地产所在地主管税务机关办理纳税申报，并向税务机关提交房屋及建筑物产权、土地使用权证书，土地转让、房产买卖合同，房地产评估报告及其他与转让房地产有关的资料。纳税人因经常发生房地产转让而难以在每次转让后申报的，经税务机关审核同意后，可以定期进行纳税申报，具体期限由税务机关根据情况确定。

（2）纳税人按照税务机关核定的税额及规定的期限缴纳土地增值税。纳税人在项目全部竣工结算前转让房地产取得的收入，由于涉及成本确定或其他原因，而无法据以计算土地增值税的，可以预缴土地增值税，待该项目全部竣工、办理结算后再进行清算，多退少补。具体办法由各省、自治区、直辖市地方税务局根据当地情况制定。

 友情提示

房地产所在地，是指房地产的座落地。纳税人转让房地产座落在两个或两个以上地区的，应按房地产所在地分别申报纳税。

土地增值税由税务机关征收。土地管理部门、房产管理部门应当向税务机关提供有关资料，并协助税务机关依法征收土地增值税。土地管理部门、房产管理部门应当向税务机关提供有关资料，是指向房地产所在地主管税务机关提供有关房屋及建筑物产权、土地使用权、土地出让金数额、土地基准地价、房地产市场交易价格及权属变更等方面的资料。

纳税人未按照《土地增值税暂行条例》缴纳土地增值税的，土地管理部门、房产管理部门不得办理有关的权属变更手续。

土地增值税以人民币为计算单位。转让房地产所取得的收入为外国货币的，以取得收入当天或当月1日国家公布的市场汇价折合成人民币，据以计算应纳土地增值税税额。

 如何进行土地增值税清算？

（一）土地增值税的清算单位

土地增值税以国家有关部门审批的房地产开发项目为单位进行清算，对于分期开发的项目，以分期项目为单位清算。开发项目中同时包含普通住宅和非普通住宅的，应分别计算增值额。

（二）土地增值税的清算条件

1. 符合下列情形之一的，纳税人应进行土地增值税的清算：
（1）房地产开发项目全部竣工、完成销售的；
（2）整体转让未竣工决算房地产开发项目的；
（3）直接转让土地使用权的。
上述纳税人，须在满足清算条件之日起90日内到主管税务机关办理清算手续。

2. 符合下列情形之一的，主管税务机关可要求纳税人进行土地增值税清算：
（1）已竣工验收的房地产开发项目，已转让的房地产建筑面积占整个项目可售建筑面积的比例在85%以上，或该比例虽未超过85%，但剩余的可售建筑面积已经出租或自用的；
（2）取得销售（预售）许可证满三年仍未销售完毕的；
（3）纳税人申请注销税务登记但未办理土地增值税清算手续的；
（4）省税务机关规定的其他情况。
上述纳税人，须在主管税务机关限定的期限内办理清算手续。

（三）非直接销售和自用房地产的收入确定

1. 房地产开发企业将开发产品用于职工福利、奖励、对外投资、分配给股东或投资人、抵偿债务、换取其他单位和个人的非货币性资产等，发生所有权转移时应视同销售房地产，其收入按下列方法和顺序确认：
（1）按本企业在同一地区、同一年度销售的同类房地产的平均价格确定；

（2）由主管税务机关参照当地当年同类房地产的市场价格或评估价值确定。

2. 房地产开发企业将开发的部分房地产转为企业自用或用于出租等商业用途时，如果产权未发生转移，不征收土地增值税，在税款清算时不列收入，不扣除相应的成本和费用。

（四）土地增值税的扣除项目

1. 房地产开发企业办理土地增值税清算时计算与清算项目有关的扣除项目金额，应根据《土地增值税暂行条例》第六条及其实施细则第七条的规定执行。除另有规定外，扣除取得土地使用权所支付的金额，房地产开发成本、费用及与转让房地产有关税金，须提供合法有效凭证；不能提供合法有效凭证的，不予扣除。

2. 房地产开发企业办理土地增值税清算所附送的前期工程费、建筑安装工程费、基础设施费、开发间接费用的凭证或资料不符合清算要求或不实的，地方税务机关可参照当地建设工程造价管理部门公布的建安造价定额资料，结合房屋结构、用途、区位等因素，核定上述四项开发成本的单位面积金额标准，并据以计算扣除。具体核定方法由省税务机关确定。

3. 房地产开发企业开发建造的与清算项目配套的居委会和派出所用房、会所、停车场（库）、物业管理场所、变电站、热力站、水厂、文体场馆、学校、幼儿园、托儿所、医院、邮电通讯等公共设施，按以下原则处理：

（1）建成后产权属于全体业主所有的，其成本、费用可以扣除；

（2）建成后无偿移交给政府、公用事业单位用于非营利性社会公共事业的，其成本、费用可以扣除；

（3）建成后有偿转让的，应计算收入，并准予扣除成本、费用。

4. 房地产开发企业销售已装修的房屋，其装修费用可以计入房地产开发成本。房地产开发企业的预提费用，除另有规定外，不得扣除。

5. 属于多个房地产项目共同的成本费用，应按清算项目可售建筑面积占多个项目可售总建筑面积的比例或其他合理的方法，计算确定清算项目的扣除金额。

（五）土地增值税清算应报送的资料

纳税人办理土地增值税清算应报送以下资料：

（1）房地产开发企业清算土地增值税书面申请、土地增值税纳税申报表；

（2）项目竣工决算报表、取得土地使用权所支付的地价款凭证、国有土地使用权出让合同、银行贷款利息结算通知单、项目工程合同结算单、商品房购销合同统计表等与转让房地产的收入、成本和费用有关的证明资料；

（3）主管税务机关要求报送的其他与土地增值税清算有关的证明资料等。纳税人委托税务中介机构审核鉴证的清算项目，还应报送中介机构出具的《土地增值税清算税款鉴证报告》。

（六）土地增值税清算项目的审核鉴证

税务中介机构受托对清算项目审核鉴证时，应按税务机关规定的格式对审核鉴证情况出具鉴证报告。对符合要求的鉴证报告，税务机关可以采信。税务机关要对从事土地增值税清算鉴证工作的税务中介机构在准入条件、工作程序、鉴证内容、法律责任等方面提出明确要求，并做好必要的指导和管理工作。

（七）土地增值税的核定征收

房地产开发企业有下列情形之一的，税务机关可以参照与其开发规模和收入水平相近的当地企业的土地增值税税负情况，按不低于预征率的征收率核定征收土地增值税：

（1）依照法律、行政法规的规定应当设置但未设置账簿的；

（2）擅自销毁账簿或者拒不提供纳税资料的；

（3）虽设置账簿，但账目混乱或者成本资料、收入凭证、费用凭证残缺不全，难以确定转让收入或扣除项目金额的；

（4）符合土地增值税清算条件，未按照规定的期限办理清算手续，经税务机关责令限期清算，逾期仍不清算的；

（5）申报的计税依据明显偏低，又无正当理由的。

（八）清算后再转让房地产的处理

在土地增值税清算时未转让的房地产，清算后销售或有偿转让的，纳税人应按规定进行土地增值税的纳税申报，扣除项目金额按清算时的单位建筑面积成本费用乘以销售或转让面积计算。单位建筑面积成本费用的计算公式如下：

单位建筑面积成本费用＝清算时的扣除项目总金额÷清算的总建筑面积

房地产开发企业在营改增后进行房地产开发项目土地增值税清算时，按以下公式确定相关金额：

$$土地增值税应税收入 = 营改增前转让房地产取得的收入 + 营改增后转让房地产取得的不含增值税收入$$

$$\begin{aligned}\text{与转让房地产}\\ \text{有关的税金}\end{aligned} = \begin{aligned}\text{营改增前实际缴纳的营业}\\ \text{税、城建税、教育费附加}\end{aligned} + \begin{aligned}\text{营改增后允许扣除的}\\ \text{城建税、教育费附加}\end{aligned}$$

 缴纳土地增值税的法律政策依据有哪些？

1.《中华人民共和国土地增值税暂行条例》(国务院1993年12月13日发布，国务院令〔1993〕138号)

2.《中华人民共和国土地增值税暂行条例实施细则》(财政部1995年1月27日发布，财法〔1995〕6号)

3.《财政部 国家税务总局关于土地增值税一些具体问题规定的通知》(财政部 国家税务总局1995年5月25日发布，财税〔1995〕48号)

4.《财政部 国家税务总局关于调整房地产市场若干税收政策的通知》(财政部 国家税务总局1999年7月29日发布，财税〔1999〕210号)

5.《国家税务总局关于房地产开发企业土地增值税清算管理有关问题的通知》(国家税务总局2006年12月28日发布，国税发〔2006〕187号)

6.《财政部 国家税务总局关于土地增值税普通标准住宅有关政策的通知》(财政部 国家税务总局2006年10月20日发布，财税〔2006〕141号)

7.《财政部 国家税务总局关于企业改制重组有关土地增值税政策的通知》(财税〔2015〕5号)

8.《财政部 国家税务总局关于营改增后契税 房产税 土地增值税 个人所得税计税依据问题的通知》(财税〔2016〕43号)

9.《国家税务总局关于营改增后土地增值税若干征管规定的公告》(国家税务总局公告2016年第70号)

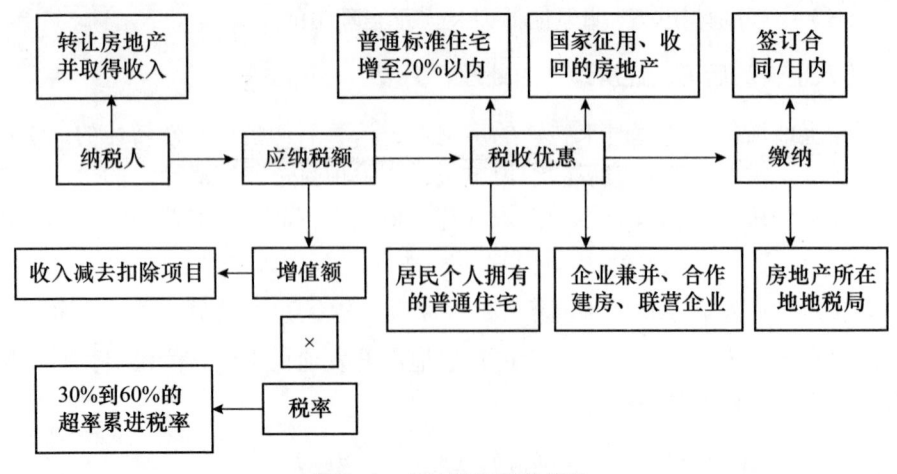

图9-1 土地增值税的缴纳

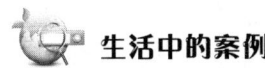 **生活中的案例**

例 9-1 某房地产开发公司出售一幢写字楼,不含增值税收入总额为 10 000 万元。开发该写字楼有关支出为:支付地价款及各种费用 1 000 万元;房地产开发成本 3 000 万元;财务费用中的利息支出 500 万元(可按转让项目计算分摊并提供金融机构证明),但其中有 50 万元属加罚的利息;转让环节缴纳的有关税费共计 555 万元。该单位所在地政府规定的其他房地产开发费用计算扣除比例为 5%。试计算该房地产开发公司应纳的土地增值税。

答:取得土地使用权支付的地价款及有关费用为 1 000 万元;房地产开发成本为 3 000 万元;房地产开发费用为:500−50+(1 000+3 000)×5%=650(万元);允许扣除的税费为 555 万元;从事房地产开发的纳税人加计扣除 20%。加计扣除额为:(1 000+3 000)×20%=800(万元)。允许扣除的项目金额合计为:1 000+3 000+650+555+800=6 005(万元)。增值额为:10 000−6 005=3 995(万元)。增值率为:3 995÷6 005×100%=66.53%。应纳土地增值税额为:3 995×40%−6 005×5%=1 297.75(万元)。

二、土地增值税纳税筹划

 企业如何进行土地增值税纳税筹划?

企业可以采取如下方式进行土地增值税的纳税筹划:

1. 利用临界点进行纳税筹划

根据《土地增值税暂行条例》第八条的规定,有下列情形之一的,免征土地增值税:

(1)纳税人建造普通标准住宅出售,增值额未超过扣除项目金额 20% 的;

(2)因国家建设需要依法征用、收回的房地产。

如果企业建造的普通标准住宅出售的增值率在 20% 这个临界点上,可以通过适当控制出售价格而避免缴纳土地增值税。

2. 利息支付过程中的纳税筹划

房地产开发企业往往需要利用大量贷款,其中涉及利息的支出,关于利息支出的扣除,我国税法规定了一些限制。《土地增值税暂行条例实施细则》第七条规定:"财务费用中的利息支出,凡能够按转让房地产项目计算分摊并提供金融机构证明的,允许据实扣除,但最高不能超过按商业银行同类同期贷款利率计算的金额。其他房地产开发费用，按本条（一）、（二）项规定计算的金额之和的 5% 以内计算扣除。凡不能按转让房地产项目计算分摊利息支出或不能提供金融机构证明的，房地产开发费用按本条（一）、（二）项规定计算的金额之和的 10% 以内计算扣除。上述计算扣除的具体比例，由各省、自治区、直辖市人民政府规定。"这里所说的（一）为取得土地使用权所支付的金额，是指纳税人为取得土地使用权所支付的地价款和按国家统一规定缴纳的有关费用。这里的（二）为开发土地和新建房及配套设施的成本，是指纳税人房地产开发项目实际发生的成本，包括土地征用及拆迁补偿费、前期工程费、建筑安装工程费、基础设施费、公共配套设施费、开发间接费用。

房地产企业贷款利息扣除的限额分为两种情况，一种是在商业银行同类同期贷款利率的限度内据实扣除，另一种是与其他费用一起按税法规定的房地产开发成本的 10% 以内的比例扣除。这样两种扣除方式就为企业进行纳税筹划提供了空间，企业可以根据两种计算方法所能扣除的费用的不同而决定具体采用哪种扣除方法。

3. 代收费用处理过程中的纳税筹划

根据《财政部 国家税务总局关于土地增值税一些具体问题规定的通知》（财税〔1995〕48 号）的规定，对于县级及县级以上人民政府要求房地产开发企业在售房时代收的各项费用，如果代收费用是计入房价中向购买方一并收取的，可作为转让房地产所取得的收入计税；如果代收费用未计入房价中，而是在房价之外单独收取的，可以不作为转让房地产的收入。对于代收费用作为转让收入计税的，在计算扣除项目金额时，可予以扣除，但不允许作为加计 20% 扣除的基数；对于代收费用未作为转让房地产的收入计税的，在计算增值额时不允许扣除代收费用。

企业是否将该代收费用计入房价对于企业的增值额不会产生影响，但是会影响房地产开发的总成本，也就会影响房地产的增值率，进而影响土地增值税的数额。企业利用这一规定可以进行纳税筹划。

4. 通过增加扣除项目进行纳税筹划

土地增值税是房地产开发的主要成本之一，而土地增值税在建造普通标准住宅增值率不超过 20% 的情况下可以免征，企业可以通过增加扣除项目使得房地产的增值率不超过 20%，从而享受免税待遇。

5. 利用土地增值税的优惠政策进行纳税筹划

我国土地增值税法规定了很多税收优惠政策，房地产开发企业可以充分利用条件，通过享受税法规定的优惠政策进行纳税筹划。

根据《土地增值税暂行条例》第八条的规定，有下列情形之一的，免征土地增值税：

（1）纳税人建造普通标准住宅出售，增值额未超过扣除项目金额20%的；
（2）因国家建设需要依法征用、收回的房地产。

根据《土地增值税暂行条例实施细则》第十一条的规定，因城市实施规划、国家建设的需要而搬迁，由纳税人自行转让原房地产的，比照该细则的上述规定免征土地增值税。根据《土地增值税暂行条例实施细则》第十二条的规定，个人因工作调动或改善居住条件而转让原自用住房，经向税务机关申报核准，凡居住满5年或5年以上的，免予征收土地增值税；居住满3年未满5年的，减半征收土地增值税。居住未满3年的，按规定计征土地增值税。

非公司制企业整体改建为有限责任公司或者股份有限公司，有限责任公司（股份有限公司）整体改建为股份有限公司（有限责任公司），对改建前的企业将国有土地、房屋权属转移、变更到改建后的企业，暂不征土地增值税。按照法律规定或者合同约定，两个或两个以上企业合并为一个企业，且原企业投资主体存续的，对原企业将国有土地、房屋权属转移、变更到合并后的企业，暂不征土地增值税。按照法律规定或者合同约定，企业分设为两个或两个以上与原企业投资主体相同的企业，对原企业将国有土地、房屋权属转移、变更到分立后的企业，暂不征土地增值税。单位、个人在改制重组时以国有土地、房屋进行投资，对其将国有土地、房屋权属转移、变更到被投资的企业，暂不征土地增值税。

6. 开发多处房地产的纳税筹划

房地产公司在同时开发多处房地产时，可以分别核算，也可以合并核算，两种方式所缴纳的税收是不同的，可以选择不同的核算方式就为纳税筹划提供了空间。一般来讲，合并核算的税收利益大一些，但是也存在分别核算更有利的情况，具体如何核算，需要企业根据具体情况予以分析比较。

7. 通过两次销售房地产进行纳税筹划

房地产销售所负担的税收主要是土地增值税和营业税，而土地增值税是超率累进税率，即房地产的增值率越高，所适用的税率也越高，因此，如果有可能分解房地产销售的价格，从而降低房地产的增值率，则房地产销售所承担的土地增值税就可以大大降低。由于很多房地产在出售时已经进行了简单装修，因此，可以从简单装修上做文章，将其作为单独的业务独立核算，这样就可以通过两次销售房地产进行纳税筹划。

 土地增值税纳税筹划的法律政策依据有哪些？

1.《中华人民共和国土地增值税暂行条例》（国务院1993年12月13日发

布,国务院令〔1993〕138号)

2.《中华人民共和国土地增值税暂行条例实施细则》(财政部1995年1月27日发布,财法〔1995〕6号)

3.《财政部 国家税务总局关于土地增值税一些具体问题规定的通知》(财政部 国家税务总局1995年5月25日发布,财税〔1995〕48号)

4.《财政部 国家税务总局关于企业改制重组有关土地增值税政策的通知》(财税〔2015〕5号)

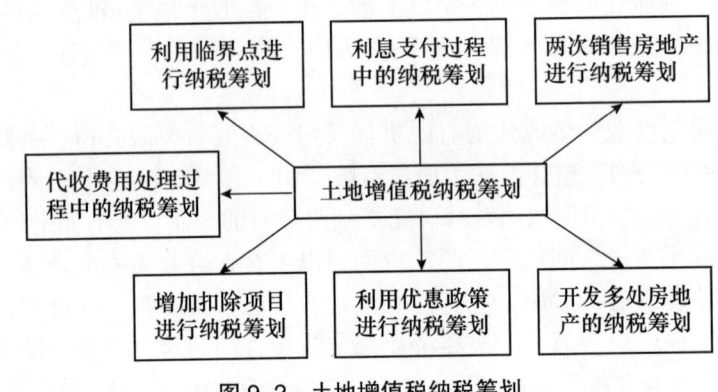

图9-2 土地增值税纳税筹划

 生活中的案例

例9-2 某房地产开发企业建造一批普通标准住宅,取得土地使用权所支付的金额为500万元,开发土地的费用为100万元,新建房及配套设施的成本为1 000万元,与转让房地产有关的税金为80万元,该批住宅以2 410万元的不含增值税价格出售。根据税法的规定,该房地产企业可以扣除的费用除了上述费用以外,还可以加扣:(500+100+1 000)×20%=320(万元)。该房地产企业的增值率为:(2 410-500-100-1 000-80-320)÷(500+100+1 000+80+320)=20.5%。根据税法规定,应该按照30%的税率缴纳土地增值税:(2410-500-100-1 000-80-320)×30%=123(万元)。企业税后利润为:2 410-500-100-1 000-80-320-123=287(万元)。请针对该企业的情况提出纳税筹划方案。

答: 筹划方案:如果该企业进行纳税筹划,将该批住宅的出售价格降低为2 400万元,则该房地产企业的增值率为:(24 00-500-100-1 000-80-3 20)÷(500+100+1 000+80+320)=20%。根据税法的规定,该企业不用缴纳土地增值税。企业税后利润为:2 400-500-100-1 000-80-320=400(万元)。该纳税筹划使企业减轻税收负担:400-287=113(万元)。

生活中的案例

例 9-3 某房地产企业开发一处房地产,为取得土地使用权支付 1 000 万元,为开发土地和新建房及配套设施花费 1 200 万元,财务费用中可以按转让房地产项目计算分摊的利息支出为 200 万元,不超过商业银行同类同期贷款利率。请确定该企业是否要提供金融机构证明?

答:筹划方案:如果不提供金融机构证明,则该企业所能扣除费用的最高额为:(1 000+1 200)×10%=220(万元),如果提供金融机构证明,该企业所能扣除费用的最高额为:200+(1 000+1 200)×5%=310(万元)。可见,在这种情况下,提供金融机构证明是有利的选择。

 生活中的案例

例 9-4 某房地产企业开发一处房地产,为取得土地使用权支付 1 000 万元,为开发土地和新建房及配套设施花费 1 200 万元,财务费用中可以按转让房地产项目计算分摊的利息支出为 80 万元,不超过商业银行同类同期贷款利率。现在企业需要决定是否提供金融机构证明。请给出相关建议。

答:筹划方案:如果不提供金融机构证明,则该企业所能扣除费用的最高额为:(1 000+1 200)×10%=220(万元),如果提供金融机构证明,该企业所能扣除费用的最高额为:80+(1 000+1 200)×5%=190(万元)。可见,在这种情况下,不提供金融机构证明是有利的选择。企业判断是否提供金融机构证明,关键在于看所发生的能够扣除的利息支出占税法规定的开发成本的比例,如果超过 5%,则提供证明比较有利,如果没有超过 5%,则不提供证明比较有利。

 生活中的案例

例 9-5 某房地产开发企业开发一套房地产,取得土地使用权支付费用 300 万元,土地和房产开发成本为 800 万元,转让房地产税费为 140 万元,房地产出售价格为 2 500 万元。为当地县级人民政府代收各种费用 100 万元。现在该企业需要确定是单独收取该项费用,还是并入房价收取该费用。

答:筹划方案:如果将该费用单独收取,该房地产可扣除费用为:300+800+(300+800)×20%+140=1 460(万元)。增值额为:2 500-1 460=1 040(万元)。增值率为:1 040÷1 460=71.2%。应纳土地增值税:1 040×40%-1 460×5%=343(万元)。如果将该费用计入房价,该房地产可扣除费用为:300+800+(300+800)×20%+140+100=1 560(万元)。增值额为:2 500+100-

1 560=1 040（万元）。增值率为：1 040÷15 60=66.7%。应纳土地增值税：1 040×40%－1 560×5%=360.5（万元）。应将该费用计入房价，这样可减轻税收负担：343－360.5=17.5（万元）。

 生活中的案例

例 9-6 某房地产公司开发一栋普通标准住宅，房屋不含增值税售价为1 000万元，按照税法规定可扣除费用为800万元。增值额为200万元，增值率为：200÷800=25%。该房地产公司需要缴纳土地增值税：200×30%=60（万元）。请提出该企业的纳税筹划方案。

答：筹划方案：如果该房地产公司进行纳税筹划，将该房屋进行简单装修，费用为200万元，房屋售价增加至1 200万元。则按照税法规定可扣除项目增加为1 000万元，增值额为200万元，增值率为：200÷1 000=20%。不需要缴纳土地增值税。该纳税筹划降低企业税收负担60万元。

 生活中的案例

例 9-7 某商贸公司需要购置一栋房屋，由某房地产公司承建。该房地产公司预计建成该房屋的不含增值税售价为1 000万元，按照税法规定可扣除费用为600万元。土地增值率为：400÷600=66.7%。该房地产公司需要缴纳土地增值税：400×40%－600×5%=130（万元）。请提出该企业的纳税筹划方案。

答：筹划方案：如果进行纳税筹划，该商贸公司与该房地产公司合作建房，房地产公司出地,商贸公司出资900万元,建成以后商贸公司分得95%的房屋，房地产公司分得5%的房屋作为办公之用（以后可以出租给商贸公司）。节省土地增值税130万元。

 生活中的案例

例 9-8 某房地产公司同时开发两处位于城区的房地产，第一处房地产不含增值税出售价格为1 000万元，根据税法规定可扣除的费用为400万元，第二处房地产不含增值税出售价格为1 500万元，根据税法规定，可以扣除的费用为1 000万元。该企业选择分别核算，请计算该企业应当缴纳的土地增值税、营业税及其附加并提出该企业的纳税筹划方案。

答：第一处房地产的增值率为：600÷400=150%，应该缴纳土地增值税：600×50%－400×15%=240（万元）。第二处房地产增值率为：500÷1 000=50%，应该缴纳土地增值税：500×30%=150（万元）。

筹划方案：如若合并核算，两处房地产的出售价格为2 500万元，根据税法规定可扣除费用为1 400万元,增值额为1 100万元,增值率为:1 100÷1 400=78.5%。应该缴纳土地增值税:1 100×40%–1 400×5%=370(万元)。该纳税筹划减轻税收负担:240+150–370=20(万元)。

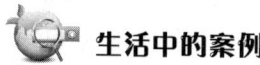

生活中的案例

例9-9 某房地产公司出售一栋房屋,房屋不含增值税总售价为1 000万元,该房屋进行了简单装修并安装了简单必备设施。根据相关税法的规定,该房地产开发业务允许扣除的费用为400万元,增值额为600万元。土地增值率为:600÷400=150%。应当缴纳土地增值税:600×50%–400×15%=240(万元)。请提出该企业的纳税筹划方案。

答:筹划方案:如果进行纳税筹划,将该房屋的出售分为两个合同,第一个合同为房屋出售合同,不包括装修费用,房租出售价格为700万元,允许扣除的成本为300万元。第二个合同为房屋装修合同,装修费用为300万元,允许扣除的成本为100万元。则土地增值率为400÷300=133%。应该缴纳土地增值税:400×50%–300×15%=155(万元)。经过纳税筹划,减轻企业税收负担:240–155=85(万元)。

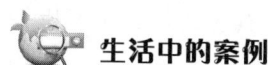

生活中的案例

例9-10 某房地产开发公司与某酒店投资公司签订协议,建造一处五星级酒店。工程由该房地产开发公司按照该酒店投资公司的要求进行施工、建造。工程决算后,该酒店投资公司购买该酒店,需要支付土地出让金20 000万元,房地产开发成本70 000万元,房地产开发费用4 500万元,利息支出500万元,不含增值税销售价格为140 000万元。当地政府允许扣除的房地产开发费用,按照取得土地使用权和开发成本金额之和的5%以内计算扣除。请计算该房地产开发公司应当缴纳的土地增值税,并提出纳税筹划方案。

答:该房地产开发企业转让房地产,不含增值税收入为140 000万元。该企业取得土地使用权支付成本20 000万元、房地产开发成本70 000万元。房地产开发费用合计为:(20 000+70 000)×5%+5 000=9 500(万元)。房地产加计扣除费用为:(20 000+70 000)×20%=18 000(万元)。允许扣除项目合计为:20 000+70 000+9 500+18 000+7 000+700=125 200(万元)。增值额为:140 000–125 200=14 800(万元)。增值率为:14 800÷125 200×100%=11.82%。应当缴纳土地增值税:14 800×30%=4 440(万元)。

筹划方案:该房地产开发企业可以根据该酒店投资企业的要求自行开发建设该五星级酒店,该酒店投资企业可以将本来应当按期支付的工程款以借款的方式借给该房地产开发企业。酒店建成以后，该房地产开发企业可以与该酒店投资企业合资成立一家酒店公司，房地产开发企业以该酒店投资入股，占相应的股份。酒店公司成立以后，该房地产开发企业再将其所拥有的股份全部转让给该酒店投资企业。假设该酒店的各项建设成本不变，为了与酒店开发企业共享纳税筹划的收益，该房地产开发企业转让股份所得为135 000万元。这样，酒店投资企业少支付价款5 000万元。该房地产开发企业投资入股可以免征土地增值税，而其转让股权的行为也不需要缴纳土地增值税。不考虑其他税费，该纳税筹划减轻税收负担4 440万元。

三、耕地占用税纳税实务

 哪些情形下需要缴纳耕地占用税？如何缴纳？

占用耕地建房或者从事非农业建设的单位或者个人，都是耕地占用税的纳税义务人。单位，包括国有企业、集体企业、私营企业、股份制企业、外商投资企业、外国企业以及其他企业和事业单位、社会团体、国家机关、部队以及其他单位。个人，包括个体工商户以及其他个人。

耕地，是指用于种植农作物的土地（包括耕地、园林）。占用前三年内曾用于种植农作物的土地，亦视为耕地。菜地属于征税范围，占用菜地应照章纳税。对菜地开征耕地占用税以后，部分城市对国家建设征用郊县菜地，已开征新菜地建设基金的，可以保留基金。为保证国家税收，菜地建设基金征收标准偏高的，应进行适当调整。乡镇集体单位和农民建房占用菜地，只征耕地占用税。占用鱼塘及其他农用土地建房或从事其他非农业建设，也视同占用耕地，必须依法征收耕地占用税。园地包括苗圃、花圃、茶园、果园、桑园和其他种植经济林木的土地。

用于农业生产并已由相关行政主管部门发放使用权证的草地，以及用于种植芦苇并定期进行人工养护管理的苇田，属于耕地占用税的征税范围。对占用上述草地、苇田建房或从事非农业建设的单位和个人，应照章征收耕地占用税。

耕地占用税以纳税人实际占用的耕地面积为计税依据，按照规定的适用税额一次性征收。

耕地占用税的税额规定如下：

（1）人均耕地不超过1亩的地区（以县级行政区域为单位，下同），每平方米为 10 元至 50 元；

（2）人均耕地超过 1 亩但不超过 2 亩的地区，每平方米为 8 元至 40 元；

（3）人均耕地超过 2 亩但不超过 3 亩的地区，每平方米为 6 元至 30 元；

（4）人均耕地超过 3 亩的地区，每平方米为 5 元至 25 元。

国务院财政、税务主管部门根据人均耕地面积和经济发展情况确定各省、自治区、直辖市的平均税额。各地适用税额，由省、自治区、直辖市人民政府在上述税额幅度内，根据本地区情况核定。各省、自治区、直辖市人民政府核定的适用税额的平均水平，不得低于上述平均税额。

农村居民占用耕地新建住宅，按上述规定税额减半征收。农村居民减半征收，是指农业户口居民（包括渔民、牧民）占用耕地建设自用的住宅，按规定税额减半征收。城镇居民（非农业户口）占用耕地新建住宅，农村居民或联户占用耕地从事非农业生产经营，都应全额征收。

对水库移民、灾民、难民建房占用耕地，免征耕地占用税。

经济特区、经济技术开发区和经济发达且人均耕地特别少的地区，适用税额可以适当提高，但是提高的部分最高不得超过《耕地占用税暂行条例》第五条第三款规定的当地适用税额的 50%。占用基本农田的，适用税额应当在《耕地占用税暂行条例》第五条第三款、第六条规定的当地适用税额的基础上提高 50%。

 友情提示

> 纳税人必须在经土地管理部门批准占用耕地之日起 30 日内缴纳耕地占用税。纳税人按有关规定向土地管理部门办理退还耕地的，已纳税款不予退还。

耕地占用税的税收优惠如下：

（1）军事设施占用耕地，免征耕地占用税。军事设施用地，应限于部队（包括武警部队，下同）省、自治区、直辖市以上指挥防护工程，配置武器、装备的作战（情报）阵地，尖端武器作战、试验基地，军用机场、港口（码头），设防工程，军事通信台站、线路，导航设施，军用仓库，输油管线，靶场、训练场，营区，师（含师级）以下军事机关办公用房，专用修械所和通往军事设施的铁路、公路支线。部队非军事用途和从事非农业生产经营占用耕地，不予免税。

（2）学校、幼儿园、养老院、医院占用耕地，免征耕地占用税。学校，是指全日制大、中、小学校（包括部门、企业办的学校）的教学用房、实验室、操场、图书馆、办公室及师生员工食堂宿舍用地。学校从事非农业生产经营占用耕地，不予减税。职工夜校、学习班、培训中心、函授学校等不在减税之列。免税的学校范围，包括由国务院人力资源社会保障行政部门，省、自治区、直辖市人民政府或其人力资源社会保障行政部门批准成立的技工院校。医院，包括部队和部门、企业职工医院，卫生院，医疗站，诊所用地，给予免税。疗养院等不在免税之列。

（3）铁路线路、公路线路、飞机场跑道、停机坪、港口、航道占用耕地，减按每平方米2元的税额征收耕地占用税。铁路线路，是指铁路线路以及按规定的两侧留地和沿线的车站、装卸用货场仓库用地。铁路系统其他堆货场、仓库、招待所、职工宿舍等用地均不在免税之列。

（4）农村居民占用耕地新建住宅，按照当地适用税额减半征收耕地占用税。

（5）农村烈士家属、残疾军人、鳏寡孤独，以及革命老根据地、少数民族聚居区和边远贫困山区生活困难的农村居民，在规定用地标准以内新建住宅缴纳耕地占用税确有困难的，经所在地乡（镇）人民政府审核，报经县级人民政府批准后，可以免征或者减征耕地占用税。

耕地占用税的征管有哪些制度？

（一）一般制度

耕地占用税依法由地税机关负责征收管理。省、自治区、直辖市和计划单列市地方税务机关（以下简称省地税机关）应遵循属地管理原则，合理划分各级地税机关的管理权限，做到权责一致、易于监管、便利纳税。

耕地占用税管理应坚持依法治税原则，按照法定权限与程序，严格执行税法以及相关法律法规，维护税法权威性和严肃性，保护纳税人合法权益。

耕地占用税管理应遵循及时征收原则，按照法定的纳税环节和纳税期限征收税款。

各级地税机关应积极与土地管理部门建立部门协作机制，定期开展耕地占用税涉税信息交换，建立健全"先税后证"源头控管模式，充分利用"以地控税、以税节地"管理模式和土地管理部门的"地理信息管理系统（GIS）"，探索对未经批准占地的联合执法工作机制。上述"先税后证"的"证"指"建设用地批准书"。

省地税机关应根据当地实际情况和耕地占用税征税对象、征收地域及征管机制等方面的特殊性，按照国家税务总局关于税源专业化管理的相关意见和要求，提高本地区耕地占用税专业化管理能力和水平。

（二）涉税信息管理

地税机关与土地管理部门交换的耕地占用税涉税信息分为换入信息和换出信息两大类。换入信息包括：农用地转用信息、城市和村庄集镇按批次建设用地转而未供信息、经批准临时占地信息、未批先占农用地查处信息、卫星测量占地信息等。换出信息包括：耕地占用税征税信息、减免税信息、不征税信息等。换出信息仅用于向土地管理部门确认纳税人耕地占用税的征免税情况，如土地管理部门无相关需求可不提供。

农用地转用信息应包括申请农用地单位、批次（项目）名称、所在市县、地块名称、批准占地总面积、建设用地及其分类面积、农用地及其分类面积、未利用地及其分类面积、批准占地日期、四至范围、批准占地文号、申请单位联系电话、征地补偿标准、安置途径、拟开发用途等。

城市和村庄、集镇按批次建设用地转而未供信息应包括批次名称、批准面积、已供地面积、供地项目名称、所在市县、供地批准时间、批次供地面积、未供地面积、四至范围、批次批准日期、供地批复文号等。

经批准临时占地信息应包括项目名称、批准用地对象、批准用地文号、项目规划用途、批准时间、用地位置、用地类型及分类面积等。

未批先占农用地查处信息应包括农用地占用单位（个人）名称、证件类型、证照号码、占用农用土地类型及分类面积、日期、农用地坐落地址（四至范围）等。

卫星测量占地信息应包括占地单位（个人）名称、占地面积、取得土地使用权证面积、土地坐落位置等。

各级地税机关应注重耕地占用税涉税情报收集工作，充分利用互联网、新闻媒体登载的土地招拍挂、农用地租赁、大型项目建设等耕地占用税涉税信息，跟踪管理，及时采取措施。

各级地税机关应广泛宣传耕地占用税税收政策和举报税收违法行为奖励办法，鼓励公众检举涉税违法行为。涉税违法行为查实的，按照国家税务总局、财政部《检举纳税人税收违法行为奖励暂行办法》（国家税务总局 财政部令第18号公布）规定给予检举人奖励。

各级地税机关及其工作人员应当依法为耕地占用纳税人、检举人的情况保密。

（三）纳税认定管理

属于耕地占用税征税范围的土地（以下简称应税土地）包括：
（1）耕地。指用于种植农作物的土地。
（2）园地。指果园、茶园、其他园地。

（3）林地、牧草地、农田水利用地、养殖水面以及渔业水域滩涂等其他农用地。林地，包括有林地、灌木林地、疏林地、未成林地、迹地、苗圃等，不包括居民点内部的绿化林木用地，铁路、公路征地范围内的林木用地，以及河流、沟渠的护堤林用地。牧草地，包括天然牧草地、人工牧草地。农田水利用地，包括农田排灌沟渠及相应附属设施用地。养殖水面，包括人工开挖或者天然形成的用于水产养殖的河流水面、湖泊水面、水库水面、坑塘水面及相应附属设施用地。渔业水域滩涂，包括专门用于种植或者养殖水生动植物的海水潮浸地带和滩地。

（4）草地、苇田。草地，是指用于农业生产并已由相关行政主管部门发放使用权证的草地。苇田，是指用于种植芦苇并定期进行人工养护管理的苇田。

凡在中华人民共和国境内占用应税土地建房或者从事非农业建设的单位和个人，为耕地占用税的纳税人，应当依照《耕地占用税暂行条例》及其实施细则的规定缴纳耕地占用税。

经申请批准占用应税土地的，纳税人为农用地转用审批文件中标明的建设用地人；农用地转用审批文件中未标明建设用地人的，纳税人为用地申请人。未经批准占用应税土地的，纳税人为实际用地人。城市和村庄、集镇建设用地审批中，按土地利用年度计划分批次批准的农用地转用审批，批准文件中未标明建设用地人且用地申请人为各级人民政府的，由同级土地储备中心履行耕地占用税申报纳税义务；没有设立土地储备中心的，由国土资源管理部门或政府委托的其他部门履行耕地占用税申报纳税义务。

纳税人临时占用应税土地，应当依照《耕地占用税暂行条例》及其实施细则的规定缴纳耕地占用税。临时占用应税土地，是指纳税人因建设项目施工、地质勘查等需要，在一般不超过2年的时间内临时使用应税土地并且没有修建永久性建筑物的行为。

因污染、取土、采矿塌陷等损毁应税土地的，由造成损毁的单位或者个人缴纳耕地占用税。超过2年未恢复土地原状的，已征税款不予退还。

以下占用土地行为不征收耕地占用税：

（1）农田水利占用耕地的；

（2）建设直接为农业生产服务的生产设施而占用林地、牧草地、农田水利用地、养殖水面以及渔业水域滩涂等其他农用地的；

（3）农村居民经批准搬迁，原宅基地恢复耕种，新建住宅占用耕地不超过原宅基地面积的。

符合上述规定的单位或者个人，应当在收到土地管理部门办理占地手续通知之日起30日内，将相关资料报备主管地税机关，主管地税机关查验相关资料后出具相关证明材料。报备的具体资料由省地税机关按照精简、便民的原则确定，证明材料的具体样式由省地税机关商同级土地管理部门确定。

（四）申报征收管理

耕地占用税原则上在应税土地所在地进行申报纳税。涉及集中征收、跨地区占地需要调整纳税地点的，由省地税机关确定。

经批准占用应税土地的，耕地占用税纳税义务发生时间为纳税人收到土地管理部门办理占用农用地手续通知的当天；未经批准占用应税土地的，耕地占用税纳税义务发生时间为纳税人实际占地的当天。已享受减免税的应税土地改变用途，不再属于减免税范围的，耕地占用税纳税义务发生时间为纳税人改变土地用途的当天。

耕地占用税纳税人依照税收法律法规及相关规定，应在获准占用应税土地，收到土地管理部门的通知之日起30日内向主管地税机关申报缴纳耕地占用税；未经批准占用应税土地的纳税人，应在实际占地之日起30日内申报缴纳耕地占用税。

对超过规定期限缴纳耕地占用税的，应按照《税收征管法》的有关规定加收滞纳金。

耕地占用税实行全国统一申报表，各地不得自行减少项目。

耕地占用税纳税申报应报送以下资料：

（1）《耕地占用税纳税申报表》；

（2）纳税人身份证明原件及复印件；

（3）农用地转用审批文件原件及复印件；

（4）享受耕地占用税优惠的，应提供减免耕地占用税证明材料原件及复印件；

（5）未经批准占用应税土地的，应提供实际占地的相关证明材料原件及复印件。

主管地税机关接收纳税人申报资料后，审核资料是否齐全、是否符合法定形式、填写内容是否完整、项目间逻辑关系是否相符，审核无误的即时受理；审核发现问题的当场一次性告知应补正资料或不予受理原因。

纳税人确有困难，不能按期办理耕地占用税纳税申报的，依法应当在规定的期限内提出书面延期申请，经主管地税机关核准，可以在核准的期限内延期申报。经核准延期办理申报的，应当在纳税期内按照主管地税机关核定的税额预缴耕地占用税税款，并在核准的延期内办理税款结算。纳税人因不可抗力，不能按期办理耕地占用税纳税申报的，依法可以延期办理；但是，应当在不可抗力情形消除后立即向主管地税机关报告。主管地税机关应当查明事实，予以核准。

耕地占用税以纳税人实际占用的应税土地面积（包括经批准占用面积和未经批准占用面积）为计税依据，以平方米为单位，按所占土地当地适用税额计税，实行一次性征收。耕地占用税计算公式为：

$$应纳税额 = 应税土地面积 \times 适用税额$$

各地适用税额，由省、自治区、直辖市人民政府在《耕地占用税暂行条例》规定的税额幅度内，根据本地区情况核定。各省、自治区、直辖市人民政府核定的适用税额的平均水平，不得低于国务院财政、税务主管部门确定的各省、自治区、直辖市平均税额。

《耕地占用税暂行条例》规定的税额幅度如下：

（1）人均耕地不超过1亩的地区（以县级行政区域为单位，下同），每平方米为10元至50元；

（2）人均耕地超过1亩但不超过2亩的地区，每平方米为8元至40元；

（3）人均耕地超过2亩但不超过3亩的地区，每平方米为6元至30元；

（4）人均耕地超过3亩的地区，每平方米为5元至25元。

经济特区、经济技术开发区和经济发达且人均耕地特别少的地区，适用税额可以适当提高，但是提高的部分最高不得超过《耕地占用税暂行条例》第五条第三款规定的当地适用税额的50%。

占用基本农田的，适用税额应当在《耕地占用税暂行条例》第五条第三款、第六条规定的当地适用税额的基础上提高50%。

占用林地、牧草地、农田水利用地、养殖水面以及渔业水域滩涂等其他农用地建房或者从事非农业建设的，适用税额可以适当低于当地占用耕地的适用税额，具体适用税额按照各省、自治区、直辖市人民政府的规定执行。

纳税人未经批准占用应税土地，应税面积不能及时准确确定的，主管地税机关可根据实际占地情况核定征收耕地占用税，待应税面积准确确定后结清税款，结算补税不加收滞纳金。

纳税人因有特殊困难，不能按期缴纳耕地占用税税款的，按照《税收征管法》及其实施细则的规定，经省地税机关批准，可以延期缴纳税款，但是期限不得超过三个月。

特殊困难是指以下情形之一：

（1）因不可抗力，导致纳税人发生较大损失，正常生产经营活动受到较大影响的；

（2）当期货币资金在扣除应付职工工资、社会保险费后，不足以缴纳税款的。

涉及耕地占用税的税收违法行为，由主管地税机关按照《税收征管法》及其实施细则的有关规定处理。

(五)减免退税管理

按照《耕地占用税暂行条例》及其实施细则的规定,以下情形免征、减征耕地占用税:

(1)军事设施占用应税土地免征耕地占用税。

免税的军事设施,具体范围包括:①地上、地下的军事指挥、作战工程;②军用机场、港口、码头;③营区、训练场、试验场;④军用洞库、仓库;⑤军用通信、侦察、导航、观测台站和测量、导航、助航标志;⑥军用公路、铁路专用线,军用通讯、输电线路,军用输油、输水管道;⑦其他直接用于军事用途的设施。

(2)学校、幼儿园、养老院、医院占用应税土地免征耕地占用税。

免税的学校,具体范围包括县级以上人民政府教育行政部门批准成立的大学、中学、小学、学历性职业教育学校以及特殊教育学校;由国务院人力资源社会保障行政部门,省、自治区、直辖市人民政府或其人力资源社会保障行政部门批准成立的技工院校。学校内经营性场所和教职工住房占用应税土地的,按照当地适用税额缴纳耕地占用税。

免税的幼儿园,具体范围限于在县级以上人民政府教育行政部门登记注册或者备案的幼儿园内专门用于幼儿保育、教育的场所。

免税的养老院,具体范围限于经批准设立的养老机构内专门为老年人提供生活照顾的场所。

免税的医院,具体范围限于县级以上人民政府卫生行政部门批准设立的医院内专门用于提供医护服务的场所及其配套设施。医院内职工住房占用应税土地的,按照当地适用税额缴纳耕地占用税。

(3)铁路线路、公路线路、飞机场跑道、停机坪、港口、航道占用应税土地,减按每平方米2元的税额征收耕地占用税。

根据实际需要,国务院财政、税务主管部门商国务院有关部门并报国务院批准后,可以对前款规定的情形免征或者减征耕地占用税。

减税的铁路线路,具体范围限于铁路路基、桥梁、涵洞、隧道及其按照规定的两侧留地。专用铁路和铁路专用线占用应税土地的,按照当地适用税额缴纳耕地占用税。

减税的公路线路,具体范围限于经批准建设的国道、省道、县道、乡道和属于农村公路的村道的主体工程以及两侧边沟或者截水沟。专用公路和城区内机动车道占用应税土地的,按照当地适用税额缴纳耕地占用税。

减税的飞机场跑道、停机坪,具体范围限于经批准建设的民用机场专门用于民用航空器起降、滑行、停放的场所。

减税的港口，具体范围限于经批准建设的港口内供船舶进出、停靠以及旅客上下、货物装卸的场所。

减税的航道，具体范围限于在江、河、湖泊、港湾等水域内供船舶安全航行的通道。

（4）农村居民占用应税土地新建住宅，按照当地适用税额减半征收耕地占用税。

减税的农村居民占用应税土地新建住宅，是指农村居民经批准在户口所在地按照规定标准占用应税土地建设自用住宅。

农村居民经批准搬迁，原宅基地恢复耕种，新建住宅占用应税土地超过原宅基地面积的，对超过部分按照当地适用税额减半征收耕地占用税。

（5）农村烈士家属、残疾军人、鳏寡孤独，以及革命老根据地、少数民族聚居区和边远贫困山区生活困难的农村居民，在规定用地标准以内新建住宅缴纳耕地占用税确有困难的，经所在地乡（镇）人民政府审核，报经县级人民政府批准后，可以免征或者减征耕地占用税。

农村烈士家属，包括农村烈士的父母、配偶和子女。

革命老根据地、少数民族聚居地区和边远贫困山区生活困难的农村居民，其标准按照各省、自治区、直辖市人民政府有关规定执行。

（6）财政部、国家税务总局规定的其他减免耕地占用税的情形。

耕地占用税减免实行备案管理。

符合耕地占用税减免条件的纳税人应在收到土地管理部门办理占用农用地手续通知之日起30日内，向主管地税机关办理减免税备案。主管地税机关应在办理完毕之日起30日内，向省地税机关或者省地税机关授权的地税机关备案。

符合耕地占用税减免条件的纳税人根据不同情况报送《纳税人减免税备案登记表》及下列材料之一：

（1）军事设施占用应税土地的证明材料；

（2）学校、幼儿园、养老院、医院占用应税土地的证明材料；

（3）铁路线路、公路线路、飞机场跑道、停机坪、港口、航道占用应税土地的证明材料；

（4）农村居民占用应税土地新建住宅的证明材料；

（5）县级人民政府批准的农村居民困难减免批复文件原件及复印件，申请人身份证明原件及复印件；

（6）财政部、国家税务总局规定的其他减免耕地占用税情形的证明材料。

各级地税机关应进一步加强耕地占用税减免税的后续管理，定期开展对下级地税机关的监督检查和对减免税纳税人的实地随机抽查。对属于不征税情形占地的后续管理比照上述规定执行。

依法免征或者减征耕地占用税后,纳税人改变原占地用途,不再属于免征或者减征耕地占用税情形的,应当按照当地适用税额补缴耕地占用税。

耕地占用税减免实施备案管理的其他相关事项按照《税收减免管理办法》(国家税务总局公告 2015 年第 43 号发布)的有关规定执行。

符合以下情形,纳税人可以申请退还已缴纳的耕地占用税:

(1)纳税人在批准临时占地的期限内恢复所占用土地原状的;

(2)损毁土地的单位或者个人,在 2 年内恢复土地原状的;

(3)依照税收法律、法规规定的其他情形。

恢复土地原状需按照《土地复垦条例》(国务院令第 592 号公布)的规定,由土地管理部门会同有关行业管理部门认定并出具验收合格确认书。

耕地占用税退税的有关程序性要求按照退税管理的相关规定执行。

(六)税收风险管理

各级地税机关应当加强耕地占用税风险管理,构建耕地占用税风险管理指标体系,依托现代化信息技术,对耕地占用税管理的风险点进行识别、监控、预警,做好风险应对处置工作。

友情提示

各级地税机关应当根据国家税务总局关于税收风险管理的总体要求以及财产行为税风险管理工作的具体要求开展耕地占用税风险管理工作。

各级地税机关可以利用与土地管理部门交换的涉税信息、主动收集的涉税情报、受理的涉税举报信息和申报征收信息、减免税信息,将其进行分析比对,查找耕地占用税纳税人的以下风险点:

第一,未纳税的风险。

(1)实际占用或经批准占用应税土地未纳税;

(2)虚报免税未纳税;

(3)享受免税优惠后,变更占地用途未纳税;

(4)其他造成未纳税的情形。

第二,延迟纳税的风险。

(1)延迟纳税未缴纳或者少缴纳滞纳金;

(2)其他延迟纳税带来的风险。

第三,少纳税的风险。

(1)应加成 50% 征收未加成征收;

（2）扩大减免税适用范围少纳税；

（3）虚报减税少纳税；

（4）享受减税优惠后，变更占地用途少纳税；

（5）其他造成少纳税的情形。

第四，未结清税款的风险。

未经批准占用应税土地，应税面积准确确定后未结清税款的。

第五，退税的风险。

（1）恢复土地原状未经土地管理部门会同有关行业管理部门认定的；

（2）误适用高税率征收；

（3）虚假申报退税；

（4）其他涉及退税的风险。

第六，其他风险。

 缴纳耕地占用税的法律政策依据有哪些？

1.《中华人民共和国耕地占用税暂行条例》（1987年4月1日国务院颁布，2007年12月1日国务院修正，国务院令〔2007〕第511号）

2.《关于耕地占用税具体政策的规定》（财政部1987年7月12日发布，财农字〔1987〕206号）

3.《财政部 国家税务总局关于技工院校占用耕地免征耕地占用税的通知》（财税〔2012〕22号）

4.《财政部 国家税务总局关于占用草地苇田征收耕地占用税政策的通知》（财税〔2014〕20号）

5.《耕地占用税管理规程（试行）》（国家税务总局公告2016年第2号）

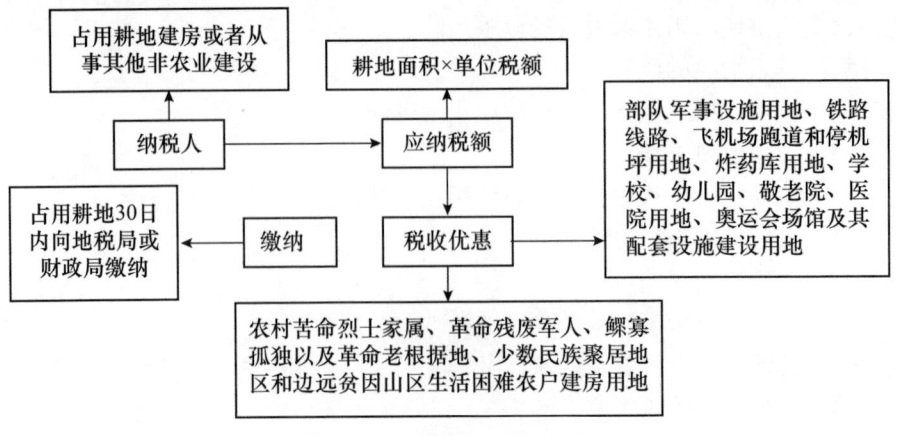

图9-3 耕地占用税的缴纳

> **生活中的案例**

例 9-11 某企业占用农村的耕地 10 000 平方米建设厂房,该省耕地占用税的税额为每平方米 6 元。请计算该企业需要缴纳多少耕地占用税。如何缴纳。

答:该企业应当缴纳的耕地占用税额为:10 000×6=60 000(元)。该企业应当在经土地管理部门批准占用耕地之日起 30 日内向当地税务局缴纳耕地占用税。

四、城镇土地使用税纳税实务

 哪些情况下需要缴纳城镇土地使用税?如何缴纳?

在城市、县城、建制镇、工矿区范围内使用土地的单位和个人,为城镇土地使用税(以下简称土地使用税)的纳税人,应当依法缴纳土地使用税。所称单位,包括国有企业、集体企业、私营企业、股份制企业、外商投资企业、外国企业以及其他企业和事业单位、社会团体、国家机关、军队以及其他单位;所称个人,包括个体工商户以及其他个人。

土地使用税以纳税人实际占用的土地面积为计税依据,依照规定税额计算征收。土地使用税每平方米年税额如下:

(1)大城市 1.5 元至 30 元;
(2)中等城市 1.2 元至 24 元;
(3)小城市 0.9 元至 18 元;
(4)县城、建制镇、工矿区 0.6 元至 12 元。

省、自治区、直辖市人民政府,应当在上述税额幅度内,根据市政建设状况、经济繁荣程度等条件,确定所辖地区的适用税额幅度。市、县人民政府应当根据实际情况,将本地区土地划分为若干等级,在省、自治区、直辖市人民政府确定的税额幅度内,制定相应的适用税额标准,报省、自治区、直辖市人民政府批准执行。经省、自治区、直辖市人民政府批准,经济落后地区土地使用税的适用税额标准可以适当降低,但降低额不得超过上述最低税额的 30%。经济发达地区土地使用税的适用税额标准可以适当提高,但须报经财政部批准。

下列土地免缴土地使用税:

(1)国家机关、人民团体、军队自用的土地;

（2）由国家财政部门拨付事业经费的单位自用的土地；

（3）宗教寺庙、公园、名胜古迹自用的土地；

（4）市政街道、广场、绿化地带等公共用地；

（5）直接用于农、林、牧、渔业的生产用地；

（6）经批准开山填海整治的土地和改造的废弃土地，从使用的月份起免缴土地使用税5年至10年；

（7）由财政部另行规定免税的能源、交通、水利设施用地和其他用地。

除此以外，纳税人缴纳土地使用税确有困难需要定期减免的，由省、自治区、直辖市税务机关审核后，报国家税务局批准。

在城镇土地使用税征收范围内经营采摘、观光农业的单位和个人，其直接用于采摘、观光的种植、养殖、饲养的土地，免征城镇土地使用税。

在城镇土地使用税征收范围内，利用林场土地兴建度假村等休闲娱乐场所的，其经营、办公和生活用地，应按规定征收城镇土地使用税。

自2007年9月10日起，对核电站的核岛、常规岛、辅助厂房和通讯设施用地（不包括地下线路用地），生活、办公用地按规定征收城镇土地使用税，其他用地免征城镇土地使用税。对核电站应税土地在基建期内减半征收城镇土地使用税。

自2016年1月1日至2018年12月31日，对专门经营农产品的农产品批发市场、农贸市场使用（包括自有和承租，下同）的房产、土地，暂免征收房产税和城镇土地使用税。对同时经营其他产品的农产品批发市场和农贸市场使用的房产、土地，按其他产品与农产品交易场地面积的比例确定征免房产税和城镇土地使用税。农产品批发市场和农贸市场，是指经工商登记注册，供买卖双方进行农产品及其初加工品现货批发或零售交易的场所。农产品包括粮油、肉禽蛋、蔬菜、干鲜果品、水产品、调味品、棉麻、活畜、可食用的林产品以及由省、自治区、直辖市财税部门确定的其他可食用的农产品。享受上述税收优惠的房产、土地，是指农产品批发市场、农贸市场直接为农产品交易提供服务的房产、土地。农产品批发市场、农贸市场的行政办公区、生活区，以及商业餐饮娱乐等非直接为农产品交易提供服务的房产、土地，不属于上述规定的优惠范围，应按规定对其征收房产税和城镇土地使用税。符合上述免税条件的企业需持相关材料向主管税务机关办理备案手续。

土地使用税按年计算，分期缴纳。缴纳期限由省、自治区、直辖市人民政府确定。新征用的土地，依照下列规定缴纳土地使用税：

（1）征用的耕地，自批准征用之日起满1年时开始缴纳土地使用税；

（2）征用的非耕地，自批准征用次月起缴纳土地使用税。

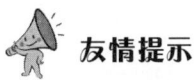 **友情提示**

以出让或转让方式有偿取得土地使用权的,应由受让方从合同约定交付土地时间的次月起缴纳城镇土地使用税;合同未约定交付土地时间的,由受让方从合同签订的次月起缴纳城镇土地使用税。

土地使用税由土地所在地的税务机关征收。土地管理机关应当向土地所在地的税务机关提供土地使用权属资料。

 缴纳城镇土地使用税的法律政策依据有哪些?

1.《中华人民共和国城镇土地使用税暂行条例》(1988年9月27日中华人民共和国国务院令第17号发布,2006年12月31日修订)

2.《财政部 国家税务总局关于房产税城镇土地使用税有关政策的通知》(财政部 国家税务总局2006年12月25日发布,财税〔2006〕186号)

3.《北京市实施〈中华人民共和国城镇土地使用税暂行条例〉办法》(1988年12月30日北京市人民政府京政发〔1988〕115号文件发布,根据1998年6月12日北京市人民政府第6号令第一次修改,根据2007年4月27日北京市人民政府第188号令第二次修改)

4.《财政部 国家税务总局关于核电站用地征免城镇土地使用税的通知》(财政部 国家税务总局2007年9月10日发布,财税〔2007〕124号)

5.《财政部 国家税务总局关于继续实行农产品批发市场 农贸市场房产税城镇土地使用税优惠政策的通知》(财税〔2016〕1号)

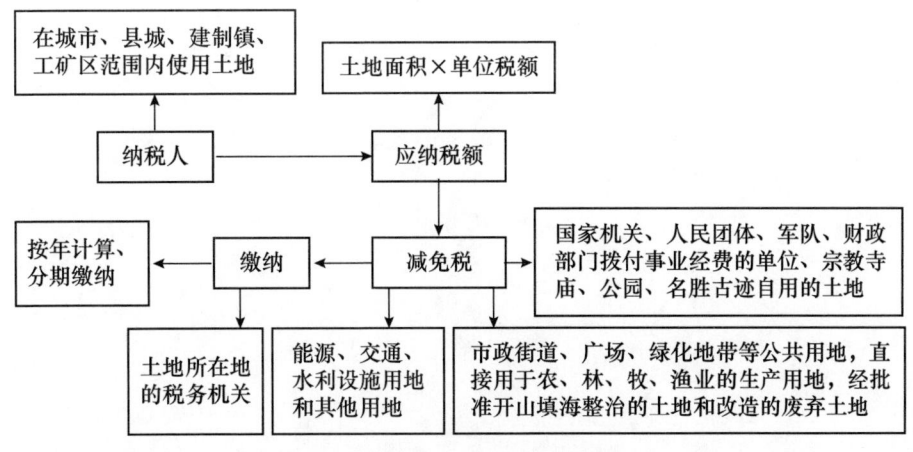

图9-4 城镇土地使用税的缴纳

生活中的案例

例 9-12 某企业在北京市开发商品房，占用城镇土地 80 000 平方米，北京市规定该企业所占用的土地为一级，城镇土地使用税的税率为每平方米 30 元。请计算该企业每年应当缴纳的城镇土地使用税，应当如何缴纳？

答： 该企业应当每年缴纳的城镇土地使用税额为：80 000×30=2 400 000（元）。北京市土地使用税全年税额分两次申报缴纳，申报纳税期限为每年 4 月 1 日至 4 月 15 日和 10 月 1 日至 10 月 15 日。该企业应在地方税务机关规定的期限内向地方税务机关提交使用土地面积数量的依据，办理土地情况登记手续。该企业使用土地情况变动的，应当自变动之日起 30 日内，到登记地的地方税务机关办理土地情况变更税务登记手续。该企业应当向土地所在地的地方税务机关缴纳土地使用税。土地所在地与纳税人登记地不一致的，由市地方税务机关按照国家有关规定确定纳税地点。

第十部分 车船税纳税实务与纳税筹划

> 您知道车辆购置税如何计算和缴纳吗？您知道车船税如何计算和缴纳吗？您知道就车辆购置税如何进行纳税筹划吗？本部分将为您回答上述问题。

一、车辆购置税纳税实务

 哪些情况下需要缴纳车辆购置税？如何缴纳？

在中华人民共和国境内购置应税车辆的单位和个人，为车辆购置税的纳税人，应当依法缴纳车辆购置税。所称购置，包括购买、进口、自产、受赠、获奖或者以其他方式取得并自用应税车辆的行为。所称单位，包括国有企业、集体企业、私营企业、股份制企业、外商投资企业、外国企业以及其他企业和事业单位、社会团体、国家机关、部队以及其他单位；所称个人，包括个体工商户以及其他个人。

车辆购置税的征收范围包括汽车、摩托车、电车、挂车、农用运输车。具体征收范围依照《车辆购置税暂行条例》所附《车辆购置税征收范围表》执行。车辆购置税征收范围的调整，由国务院决定并公布。

车辆购置税实行从价定率的办法计算应纳税额。应纳税额的计算公式为：

$$应纳税额 = 计税价格 \times 税率$$

车辆购置税的税率为10%。

自2017年1月1日起至12月31日止，对购置1.6升及以下排量的乘用车减按7.5%的税率征收车辆购置税。自2018年1月1日起，恢复按10%的法定税率征收车辆购置税。

车辆购置税的计税价格根据不同情况，按照下列规定确定：

（1）纳税人购买自用的应税车辆，计税价格为纳税人为购买应税车辆而支付给销售者的全部价款和价外费用，不包括增值税税款。主管税务机关在计征车辆购置税确定计税依据时，计算车辆不含增值税价格的计算方法与计算增值税是相同的：

不含税价＝（全部价款＋价外费用）÷（1+增值税税率或征收率）

"价外费用"是指销售方价外向购买方收取的基金、集资费、返还利润、补贴、违约金（延期付款利息）和手续费、包装费、储存费、优质费、运输装卸费、保管费、代收款项、代垫款项以及其他各种性质的价外收费。但不包括销售方代办保险等而向购买方收取的保险费，以及向购买方收取的代购买方缴纳的车辆购置税、车辆牌照费。

（2）纳税人进口自用的应税车辆，计税价格的计算公式为：

计税价格＝关税完税价格＋关税＋消费税

（3）纳税人自产、受赠、获奖或者以其他方式取得并自用的应税车辆的计税价格，由主管税务机关参照最低计税价格核定。

国家税务总局依据车辆生产企业提供的车辆价格信息，参照应税车辆市场平均交易价格，规定不同类型应税车辆的最低计税价格。纳税人购买自用或者进口自用应税车辆，申报的计税价格低于同类型应税车辆的最低计税价格，又无正当理由的，按照最低计税价格征收车辆购置税。对国家税务总局未核定最低计税价格的车辆，纳税人申报的计税价格低于同类型应税车辆最低计税价格，又无正当理由的，主管税务机关可比照已核定的同类型车辆最低计税价格征收。同类型车辆是指同国别、同排量、同车长、同吨位、配置近似等（下同）。同类型车辆由主管税务机关确定，并报上级税务机关备案。各省、自治区、直辖市和计划单列市国家税务局应制定具体办法及时将备案的价格在本地区统一。"申报的计税价格低于同类型应税车辆的最低计税价格，又无正当理由的"，是指纳税人申报的计税依据低于出厂价格或进口自用车辆的计税价格。进口旧车、因不可抗力因素受损的车辆、库存超过3年的车辆、行驶8万公里以上的试验车辆、国家税务总局规定的其他车辆，凡纳税人能出具有效证明的，计税依据为其提供的统一发票或有效凭证注明的价格。

车辆购置税实行一次征收制度。购置已征车辆购置税的车辆，不再征收车辆购置税。车辆购置税的免税、减税，按照下列规定执行：

（1）外国驻华使馆、领事馆和国际组织驻华机构及其外交人员自用的车辆，免税；

（2）中国人民解放军和中国人民武装警察部队列入军队武器装备订货计划的车辆，免税；

（3）设有固定装置的非运输车辆，免税；

（4）有国务院规定予以免税或者减税的其他情形的，按照规定免税或者减税。

在外留学人员（含香港、澳门地区）回国服务的（以下简称留学人员），购买1辆国产小汽车免税。来华定居专家（以下简称来华专家）进口自用的1辆小汽车免税。留学人员购置的、来华专家进口自用的符合免税条件的车辆，主管税务机关可直接办理免税事宜。留学人员、来华专家在办理免税申报时，应分别根据下列情况提供资料：

（1）留学人员提供中华人民共和国驻留学生学习所在国的大使馆或领事馆（中央人民政府驻香港联络办公室教育科技部、中央人民政府驻澳门联络办公室宣传文化部）出具的留学证明，公安部门出具的境内居住证明、个人护照，海关核发的《回国人员购买国产小汽车准购单》；

（2）来华专家提供国家外国专家局或其授权单位核发的专家证、公安部门出具的境内居住证明。

防汛和森林消防部门购置的由指定厂家生产的指定型号的用于指挥、检查、调度、防汛（警）、联络的专用车辆（以下简称防汛专用车和森林消防专用车）免税。

对防汛专用车和森林消防专用车，主管税务机关依据国务院税务主管部门批准文件审核办理免税。具体程序如下：

（1）主管部门每年向国务院税务主管部门提出免税申请；

（2）国务院税务主管部门将审核后的车辆型号、数量、流向、照片及有关证单式样通知纳税人所在地主管税务机关；

（3）主管税务机关依据国务院税务主管部门批准文件审核办理免税。

自2004年10月1日起对农用三轮车免征车辆购置税。农用三轮车是指：使用柴油发动机，功率不大于7.4kw，载重量不大于500kg，最高车速不大于40km/h的三个车轮的机动车。纳税人购置的农用三轮车，主管税务机关可直接办理免税事宜。

纳税人以外汇结算应税车辆价款的，按照申报纳税之日中国人民银行公布的人民币基准汇价，折合成人民币计算应纳税额。

车辆购置税由国家税务局征收。纳税人购置应税车辆，应当向车辆登记注册地的主管税务机关申报纳税；购置不需要办理车辆登记注册手续的应税车辆，应当向纳税人所在地的主管税务机关申报纳税。车辆购置税实行一车一申报制度。已经办理纳税申报的车辆发生下列情形之一的，纳税人应重新办理纳税申报：

（1）底盘发生更换的；

（2）免税条件消失的。

底盘发生更换的车辆，计税依据为最新核发的同类型车辆最低计税价格的70%。免税条件消失的车辆，自初次办理纳税申报之日起，使用年限未满

10年的，计税依据为最新核发的同类型车辆最低计税价格按每满1年扣减10%；未满1年的计税依据为最新核发的同类型车辆最低计税价格；使用年限10年（含）以上的，计税依据为0。

 友情提示

> 纳税人购买自用应税车辆的，应当在自购买之日起60日内申报纳税；进口自用应税车辆的，应当在自进口之日起60日内申报纳税；自产、受赠、获奖或者以其他方式取得并自用应税车辆的，应当在自取得之日起60日内申报纳税。车辆购置税税款应当一次缴清。

纳税人应当在向公安机关车辆管理机构办理车辆登记注册前，缴纳车辆购置税。纳税人应当持主管税务机关出具的完税证明或者免税证明，向公安机关车辆管理机构办理车辆登记注册手续；没有完税证明或者免税证明的，公安机关车辆管理机构不得办理车辆登记注册手续。税务机关应当及时向公安机关车辆管理机构通报纳税人缴纳车辆购置税的情况。公安机关车辆管理机构应当定期向税务机关通报车辆登记注册的情况。税务机关发现纳税人未按照规定缴纳车辆购置税的，有权责令其补缴；纳税人拒绝缴纳的，税务机关可以通知公安机关车辆管理机构暂扣纳税人的车辆牌照。

 车辆购置税的征管制度有哪些内容？

纳税人应到下列地点办理车辆购置税纳税申报：

（1）需要办理车辆登记注册手续的纳税人，向车辆登记注册地的主管税务机关办理纳税申报；

（2）不需要办理车辆登记注册手续的纳税人，向纳税人所在地的主管税务机关办理纳税申报。

车辆购置税实行一车一申报制度。

免税车辆因转让、改变用途等原因，其免税条件消失的，纳税人应在免税条件消失之日起60日内到主管税务机关重新申报纳税。免税车辆发生转让，但仍属于免税范围的，受让方应当在自购买或取得车辆之日起60日内到主管税务机关重新申报免税。

纳税人办理纳税申报时应如实填写《车辆购置税纳税申报表》（以下简称纳税申报表），同时提供以下资料：

（1）纳税人身份证明；

（2）车辆价格证明；

（3）车辆合格证明；
（4）税务机关要求提供的其他资料。

免税条件消失的车辆，纳税人在办理纳税申报时，应如实填写纳税申报表，同时提供以下资料：

（1）发生二手车交易行为的，提供纳税人身份证明、《二手车销售统一发票》和《车辆购置税完税证明》（以下简称完税证明）正本原件；

（2）未发生二手车交易行为的，提供纳税人身份证明、完税证明正本原件及有效证明资料。

主管税务机关应对纳税申报资料进行审核，确定计税价格，征收税款，核发完税证明。

主管税务机关对已经办理纳税申报车辆的征管资料及电子信息按规定保存。

已缴纳车辆购置税的车辆，发生下列情形之一的，准予纳税人申请退税：

（1）车辆退回生产企业或者经销商的；
（2）符合免税条件的设有固定装置的非运输车辆但已征税的；
（3）其他依据法律法规规定应予退税的情形。

纳税人申请退税时，应如实填写《车辆购置税退税申请表》（以下简称退税申请表），由本人、单位授权人员到主管税务机关办理退税手续，按下列情况分别提供资料：

（1）车辆退回生产企业或者经销商的，提供生产企业或经销商开具的退车证明和退车发票。

未办理车辆登记注册的，提供原完税凭证、完税证明正本和副本；已办理车辆登记注册的，提供原完税凭证、完税证明正本、公安机关车辆管理机构出具的机动车注销证明。

（2）符合免税条件的设有固定装置的非运输车辆但已征税的，未办理车辆登记注册的，提供原完税凭证、完税证明正本和副本；已办理车辆登记注册的，提供原完税凭证、完税证明正本。

（3）其他依据法律法规规定应予退税的情形，未办理车辆登记注册的，提供原完税凭证、完税证明正本和副本；已办理车辆登记注册的，提供原完税凭证、完税证明正本、公安机关车辆管理机构出具的机动车注销证明或者税务机关要求的其他资料。

车辆退回生产企业或者经销商的，纳税人申请退税时，主管税务机关自纳税人办理纳税申报之日起，按已缴纳税款每满1年扣减10%计算退税额；未满1年的，按已缴纳税款全额退税。其他退税情形，纳税人申请退税时，主管税务机关依据有关规定计算退税额。

纳税人在办理车辆购置税免（减）税手续时，应如实填写纳税申报表和

《车辆购置税免（减）税申报表》（以下简称免税申报表），除按相关规定提供资料外，还应根据不同情况，分别提供下列资料：

（1）外国驻华使馆、领事馆和国际组织驻华机构及其外交人员自用的车辆，分别提供机构证明和外交部门出具的身份证明；

（2）中国人民解放军和中国人民武装警察部队列入军队武器装备订货计划的车辆，提供订货计划的证明；

（3）设有固定装置的非运输车辆，提供车辆内、外观彩色5寸照片；

（4）其他车辆，提供国务院或者国务院授权的主管部门的批准文件。

车辆购置税条例第九条"设有固定装置的非运输车辆"，是指列入国家税务总局下发的《设有固定装置非运输车辆免税图册》（以下简称免税图册）的车辆。

纳税人在办理设有固定装置的非运输车辆免税申报时，主管税务机关应当依据免税图册对车辆固定装置进行核实，核实无误后，办理免税手续。

需要列入免税图册的车辆，机动车生产企业或者纳税人按照规定填写《设有固定装置非运输车辆信息表》（以下简称车辆信息表）向主管税务机关报送车辆有关资料及信息，国家税务总局定期审核下发免税图册。

主管税务机关要加强完税证明管理，不得交由税务机关以外的单位核发。主管税务机关在税款足额入库后发放完税证明。完税证明不得转借、涂改、买卖或者伪造。

完税证明分正本和副本，按车核发，每车一证。正本由车主保管，副本用于办理车辆登记注册。税务机关积极推行与车辆登记管理部门共享车辆购置税完税情况电子信息。

购买二手车时，购买者应当向原车主索要完税证明。

完税证明发生损毁丢失的，车主在补办完税证明时，填写《车辆购置税完税证明补办表》（以下简称补办表），分别按照以下情形予以补办：

（1）车辆登记注册前完税证明发生损毁丢失的，主管税务机关应依据纳税人提供的车辆购置税完税凭证联次或者主管税务机关车辆购置税完税凭证留存联次或者其电子信息、车辆合格证明补办；

（2）车辆登记注册后完税证明发生损毁丢失的，主管税务机关应依据车主提供的《机动车行驶证》或者《机动车登记证书》，核发完税证明正本（副本留存）。

 友情提示

完税证明内容与原申报资料不一致时，纳税人可以到发证税务机关办理完税证明的更正。

主管税务机关应加强税源管理。发现纳税人不按规定进行纳税申报，造成不缴或者少缴应纳税款的，按税收征管法有关规定处理。

 缴纳车辆购置税的法律政策依据有哪些？

1.《中华人民共和国车辆购置税暂行条例》（国务院2000年10月22日颁布，国务院令〔2000〕294号）

2.《财政部 国家税务总局关于农用三轮车免征车辆购置税的通知》（财政部 国家税务总局2004年9月7日发布，财税〔2004〕66号）

3.《车辆购置税征收管理办法》（国家税务总局2014年12月2日发布，国家税务总局令第33号）

4.《国家税务总局关于确定车辆购置税计税依据的通知》（国家税务总局2006年11月30日发布，国税函〔2006〕1139号）

5.《财政部 国家税务总局关于减征1.6升及以下排量乘用车车辆购置税的通知》（财税〔2016〕136号）

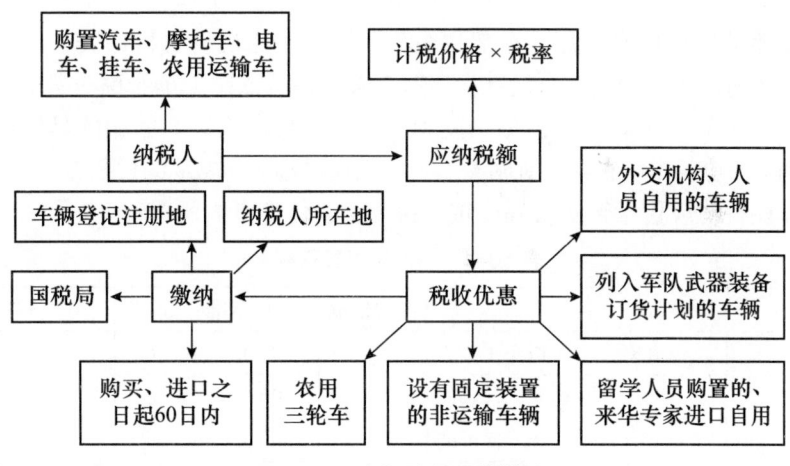

图 10-1 车辆购置税的缴纳

 生活中的案例

例10-1 刘先生从增值税一般纳税人那里购置一辆汽车，购置价格为200 000元，国家税务总局公布的该类车辆的最低计税价格为172 000元。请计算刘先生应当缴纳的车辆购置税，应当如何缴纳？

答：首先计算该汽车的不含增值税的价格：200 000÷（1+17%）=170 940（元）。由于该价格小于国家税务总局公布的最低计税价格，因此，应当用最低计税价格来计算车辆购置税。应纳税额为：172 000×10%=17 200

（元）。刘先生应当在购车以后的 60 天内到车辆登记注册地的国家税务局缴纳车辆购置税。

二、车船税纳税实务

 哪些情况下需要缴纳车船税？如何缴纳？

在中华人民共和国境内属于《车船税法》所附《车船税税目税额表》规定的车辆、船舶（以下简称车船）的所有人或者管理人，为车船税的纳税人，应当依法缴纳车船税。

上述车辆、船舶，是指：

（1）依法应当在车船登记管理部门登记的机动车辆和船舶；

（2）依法不需要在车船登记管理部门登记的在单位内部场所行驶或者作业的机动车辆和船舶。

车船的适用税额依照《车船税法》所附《车船税税目税额表》执行。车辆的具体适用税额由省、自治区、直辖市人民政府依照《车船税法》所附《车船税税目税额表》规定的税额幅度和国务院的规定确定。船舶的具体适用税额由国务院在《车船税法》所附《车船税税目税额表》规定的税额幅度内确定。

车船税对应税车辆实行幅度定额税率，具体如下表所示：

表 10-1　车船税税目税额表

税　　目		计税依据	年基准税额	备注
乘用车〔按发动机汽缸容量（排气量）分档〕	1.0 升（含）以下的	每辆	60 元—360 元	核定载客人数 9 人（含）以下
	1.0 升以上—1.6 升（含）的		300 元—540 元	
	1.6 升以上—2.0 升（含）的		360 元—660 元	
	2.0 升以上—2.5 升（含）的		660 元—1200 元	
	2.5 升以上—3.0 升（含）的		1200 元—2400 元	
	3.0 升以上—4.0 升（含）的		2400 元—3600 元	
	4.0 升以上的		3600 元—5400 元	
商用车	客车	每辆	480 元—1440 元	核定载客人数 9 人以上，包括电车
	货车	整备质量每吨	16 元—120 元	包括半挂牵引车、三轮汽车和低速载货汽车等

（续表）

税　　目		计税依据	年基准税额	备注
挂车		整备质量每吨	按照货车税额的50%计算	
其他车辆	专用作业车	整备质量每吨	16元—120元	不包括拖拉机
	轮式专用机械车		16元—120元	
摩托车		每辆	36元—180元	
船舶	机动船舶	净吨位每吨	3元—6元	拖船、非机动驳船分别按照机动船舶税额的50%计算
	游艇	艇身长度每米	600元—2000元	

《车船税税目税额表》中车辆、船舶的含义如下：

（1）乘用车，是指在设计和技术特性上主要用于载运乘客及随身行李，核定载客人数包括驾驶员在内不超过9人的汽车。

（2）商用车，是指除乘用车外，在设计和技术特性上用于载运乘客、货物的汽车，划分为客车和货车。

（3）半挂牵引车，是指装备有特殊装置用于牵引半挂车的商用车。

（4）三轮汽车，是指最高设计车速不超过每小时50公里，具有三个车轮的货车。

（5）低速载货汽车，是指以柴油机为动力，最高设计车速不超过每小时70公里，具有四个车轮的货车。

（6）挂车，是指就其设计和技术特性需由汽车或者拖拉机牵引，才能正常使用的一种无动力的道路车辆。

（7）专用作业车，是指在设计和技术特性上用于特殊工作的车辆。

（8）轮式专用机械车，是指有特殊结构和专门功能，装有橡胶车轮可以自行行驶，最高设计车速大于每小时20公里的轮式工程机械车。

（9）摩托车，是指无论采用何种驱动方式，最高设计车速大于每小时50公里，或者使用内燃机，其排量大于50毫升的两轮或者三轮车辆。

（10）船舶，是指各类机动、非机动船舶以及其他水上移动装置，但是船舶上装备的救生艇筏和长度小于5米的艇筏除外。其中，机动船舶是指用机器推进的船舶；拖船是指专门用于拖（推）动运输船舶的专业作业船舶；非机动驳船，是指在船舶登记管理部门登记为驳船的非机动船舶；游艇是指具备内置机械推进动力装置，长度在90米以下，主要用于游览观光、休闲娱乐、水上体育运动等活动,并应当具有船舶检验证书和适航证书的船舶。

省、自治区、直辖市人民政府根据车船税法所附《车船税税目税额表》确定车辆具体适用税额,应当遵循以下原则:

(1)乘用车依排气量从小到大递增税额;

(2)客车按照核定载客人数20人以下和20人(含)以上两档划分,递增税额。

省、自治区、直辖市人民政府确定的车辆具体适用税额,应当报国务院备案。

机动船舶具体适用税额为:

(1)净吨位不超过200吨的,每吨3元;

(2)净吨位超过200吨但不超过2 000吨的,每吨4元;

(3)净吨位超过2 000吨但不超过10 000吨的,每吨5元;

(4)净吨位超过10 000吨的,每吨6元。

拖船按照发动机功率每1千瓦折合净吨位0.67吨计算征收车船税。

游艇具体适用税额为:

(1)艇身长度不超过10米的,每米600元;

(2)艇身长度超过10米但不超过18米的,每米900元;

(3)艇身长度超过18米但不超过30米的,每米1 300元;

(4)艇身长度超过30米的,每米2 000元;

(5)辅助动力帆艇,每米600元。

上述排气量、整备质量、核定载客人数、净吨位、千瓦、艇身长度,以车船登记管理部门核发的车船登记证书或者行驶证所载数据为准。依法不需要办理登记的车船和依法应当登记而未办理登记或者不能提供车船登记证书、行驶证的车船,以车船出厂合格证明或者进口凭证标注的技术参数、数据为准;不能提供车船出厂合格证明或者进口凭证的,由主管税务机关参照国家相关标准核定,没有国家相关标准的参照同类车船核定。

下列车船免征车船税:

(1)捕捞、养殖渔船。捕捞、养殖渔船,是指在渔业船舶登记管理部门登记为捕捞船或者养殖船的船舶。

(2)军队、武装警察部队专用的车船。军队、武装警察部队专用的车船,是指按照规定在军队、武装警察部队车船登记管理部门登记,并领取军队、武警牌照的车船。

(3)警用车船。警用车船,是指公安机关、国家安全机关、监狱、劳动教养管理机关和人民法院、人民检察院领取警用牌照的车辆和执行警务的专用船舶。

(4)依照法律规定应当予以免税的外国驻华使领馆、国际组织驻华代表机构及其有关人员的车船。

对节约能源、使用新能源的车船可以减征或者免征车船税;对受严重自然灾害影响纳税困难以及有其他特殊原因确需减税、免税的,可以减征或者免征车船税。具体办法由国务院规定,并报全国人民代表大会常务委员会备案。

节约能源、使用新能源的车船可以免征或者减半征收车船税。免征或者减半征收车船税的车船的范围,由国务院财政、税务主管部门商国务院有关部门制订,报国务院批准。

对受地震、洪涝等严重自然灾害影响纳税困难以及其他特殊原因确需减免税的车船,可以在一定期限内减征或者免征车船税。具体减免期限和数额由省、自治区、直辖市人民政府确定,报国务院备案。

省、自治区、直辖市人民政府根据当地实际情况,可以对公共交通车船,农村居民拥有并主要在农村地区使用的摩托车、三轮汽车和低速载货汽车定期减征或者免征车船税。

从事机动车第三者责任强制保险业务的保险机构为机动车车船税的扣缴义务人,应当在收取保险费时依法代收车船税,并出具代收税款凭证。

车船税的纳税地点为车船的登记地或者车船税扣缴义务人所在地。依法不需要办理登记的车船,车船税的纳税地点为车船的所有人或者管理人所在地。

 友情提示

车船税纳税义务发生时间为取得车船所有权或者管理权的当月。

车船税按年申报缴纳。具体申报纳税期限由省、自治区、直辖市人民政府规定。

公安、交通运输、农业、渔业等车船登记管理部门,船舶检验机构和车船税扣缴义务人的行业主管部门应当在提供车船有关信息等方面,协助税务机关加强车船税的征收管理。车辆所有人或者管理人在申请办理车辆相关登记、定期检验手续时,应当向公安机关交通管理部门提交依法纳税或者免税证明。公安机关交通管理部门核查后办理相关手续。

车船税由地方税务机关负责征收。

机动车车船税扣缴义务人在代收车船税时,应当将机动车交通事故责任强制保险的保险单以及保费发票上注明已收税款的信息,作为代收税款凭证。

已完税或者依法减免税的车辆,纳税人应当向扣缴义务人提供登记地的主管税务机关出具的完税凭证或者减免税证明。

纳税人没有按照规定期限缴纳车船税的，扣缴义务人在代收代缴税款时，可以一并代收代缴欠缴税款的滞纳金。

扣缴义务人已代收代缴车船税的，纳税人不再向车辆登记地的主管税务机关申报缴纳车船税。没有扣缴义务人的，纳税人应当向主管税务机关自行申报缴纳车船税。

纳税人缴纳车船税时，应当提供反映排气量、整备质量、核定载客人数、净吨位、千瓦、艇身长度等与纳税相关的信息的相应凭证以及税务机关根据实际需要要求提供的其他资料。纳税人以前年度已经提供前款所列资料信息的，可以不再提供。

车辆车船税的纳税人按照纳税地点所在的省、自治区、直辖市人民政府确定的具体适用税额缴纳车船税。

扣缴义务人应当及时解缴代收代缴的税款和滞纳金，并向主管税务机关申报。扣缴义务人向税务机关解缴税款和滞纳金时，应当同时报送明细的税款和滞纳金扣缴报告。扣缴义务人解缴税款和滞纳金的具体期限，由省、自治区、直辖市地方税务机关依照法律、行政法规的规定确定。

购置的新车船，购置当年的应纳税额自纳税义务发生的当月起按月计算。应纳税额为年应纳税额除以 12 再乘以应纳税月份数。在一个纳税年度内，已完税的车船被盗抢、报废、灭失的，纳税人可以凭有关管理机关出具的证明和完税凭证，向纳税所在地的主管税务机关申请退还自被盗抢、报废、灭失月份起至该纳税年度终了期间的税款。已办理退税的被盗抢车船失而复得的，纳税人应当从公安机关出具相关证明的当月起计算缴纳车船税。

已缴纳车船税的车船在同一纳税年度内办理转让过户的，不另纳税，也不退税。

车船税法第八条所称取得车船所有权或者管理权的当月，应当以购买车船的发票或者其他证明文件所载日期的当月为准。

税务机关可以在车船登记管理部门、车船检验机构的办公场所集中办理车船税征收事宜。公安机关交通管理部门在办理车辆相关登记和定期检验手续时，经核查，对没有提供依法纳税或者免税证明的，不予办理相关手续。

车船税按年申报，分月计算，一次性缴纳。纳税年度为公历 1 月 1 日至 12 月 31 日。

 友情提示

临时入境的外国车船和香港特别行政区、澳门特别行政区、台湾地区的车船，不征收车船税。

按照规定缴纳船舶吨税的机动船舶,自车船税法实施之日起 5 年内免征车船税。依法不需要在车船登记管理部门登记的机场、港口、铁路站场内部行驶或者作业的车船,自车船税法实施之日起 5 年内免征车船税。

 车船税征管有哪些具体制度?

车船税管理应当坚持依法治税原则,按照法定权限与程序,严格执行相关法律法规和税收政策,坚决维护税法的权威性和严肃性,切实保护纳税人合法权益。税务机关应当根据车船税法和相关法律法规要求,提高税收征管质效,减轻纳税人办税负担,优化纳税服务,加强部门协作,实现信息管税。

税务机关应当按照车船税统一申报表数据指标建立车船税税源数据库。税务机关、保险机构和代征单位应当在受理纳税人申报或者代收代征车船税时,根据相关法律法规及委托代征协议要求,整理《车船税纳税申报表》《车船税代收代缴报告表》的涉税信息,并及时共享。税务机关应当将自行征收车船税信息和获取的车船税第三方信息充实到车船税税源数据库中。同时要定期进行税源数据库数据的更新、校验、清洗等工作,保障车船税税源数据库的完整性和准确性。税务机关应当积极同相关部门建立联席会议、合作框架等制度,采集以下第三方信息:

(1)保险机构代收车船税车辆的涉税信息;
(2)公安交通管理部门车辆登记信息;
(3)海事部门船舶登记信息;
(4)公共交通管理部门车辆登记信息;
(5)渔业船舶登记管理部门船舶登记信息;
(6)其他相关部门车船涉税信息。

纳税人向税务机关申报车船税,税务机关应当受理,并向纳税人开具含有车船信息的完税凭证。

税务机关按上述规定征收车船税的,应当严格依据车船登记地确定征管范围。依法不需要办理登记的车船,应当依据车船的所有人或管理人所在地确定征管范围。车船登记地或车船所有人或管理人所在地以外的车船税,税务机关不应征收。

保险机构应当在收取机动车第三者责任强制保险费时依法代收车船税,并将注明已收税款信息的机动车第三者责任强制保险单及保费发票作为代收税款凭证。

保险机构应当按照本地区车船税代收代缴管理办法规定的期限和方式,及时向保险机构所在地的税务机关办理申报、结报手续,报送代收代缴税款报告表和投保机动车缴税的明细信息。

对已经向主管税务机关申报缴纳车船税的纳税人，保险机构在销售机动车第三者责任强制保险时，不再代收车船税，但应当根据纳税人的完税凭证原件，将车辆的完税凭证号和出具该凭证的税务机关名称录入交强险业务系统。对出具税务机关减免税证明的车辆，保险机构在销售机动车第三者责任强制保险时，不代收车船税，保险机构应当将减免税证明号和出具该证明的税务机关名称录入交强险业务系统。纳税人对保险机构代收代缴税款数额有异议的，可以直接向税务机关申报缴纳，也可以在保险机构代收代缴税款后向税务机关提出申诉，税务机关应在接到纳税人申诉后按照本地区代收代缴管理办法规定的受理程序和期限进行处理。

车船税联网征收系统已上线地区税务机关应当及时将征收信息、减免税信息、保险机构和代征单位汇总解缴信息等传递至车船税联网征收系统，与税源数据库历史信息进行比对核验，实现税源数据库数据的实时更新、校验、清洗，以确保车船税足额收缴。

税务机关可以根据有利于税收管理和方便纳税的原则，委托交通运输部门的海事管理机构等单位在办理车船登记手续或受理车船年度检验信息报告时代征车船税，同时向纳税人出具代征税款凭证。

代征单位应当根据委托代征协议约定的方式、期限及时将代征税款解缴入库，并向税务机关提供代征车船明细信息。

代征单位对出具税务机关减免税证明或完税凭证的车船，不再代征车船税。代征单位应当记录上述凭证的凭证号和出具该凭证的税务机关名称，并将上述凭证的复印件存档备查。代征单位依法履行委托代征税款职责时，纳税人不得拒绝。纳税人拒绝的，代征单位应当及时报告税务机关。

税务机关应当依法减免车船税。保险机构、代征单位对已经办理减免税手续的车船不再代收代征车船税。税务机关、保险机构、代征单位应当严格执行财政部、国家税务总局、工业和信息化部公布的节约能源、使用新能源车船减免税政策。对不属于车船税征税范围的纯电动乘用车和燃料电池乘用车，应当积极获取车辆的相关信息予以判断，对其征收了车船税的应当及时予以退税。

税务机关应当将本地区车船税减免涉及的具体车船明细信息和相关减免税额存档备查。

车船税退税管理应当按照税款缴库退库有关规定执行。

已经缴纳车船税的车船，因质量原因，被退回生产企业或者经销商的，纳税人可以向纳税所在地的主管税务机关申请退还自退货月份起至该纳税年度终了期间的税款，退货月份以退货发票所载日期的当月为准。地方税务机关与国家税务机关应当积极协作，落实国地税合作规范，在纳税人因质量原因发生车辆退货时，国家税务机关应当向地方税务机关提供车辆退货发票信息，减轻纳税人办税负担。

 友情提示

> 已完税车辆被盗抢、报废、灭失而申请车船税退税的，由纳税人纳税所在地的主管税务机关按照有关规定办理。

纳税人在车辆登记地之外购买机动车第三者责任强制保险，由保险机构代收代缴车船税的，车辆登记地的主管税务机关凭注明已收税款信息的机动车第三者责任强制保险单或保费发票，不再征收该纳税年度的车船税，已经征收的应予退还。

税务机关应当加强车船税风险管理，构建车船税风险管理指标体系，依托现代化信息技术，对车船税管理的风险点进行识别、监控、预警，做好风险应对处置工作。税务机关应当根据国家税务总局关于财产行为税风险管理工作的要求开展车船税风险管理工作。

税务机关重点可以通过以下方式加强车船税风险管理：

（1）将申报已缴纳车船税车船的排量、整备质量、载客人数、吨位、艇身长度等信息与税源数据库中对应的信息进行比对，防范少征、错征税款风险；

（2）将保险机构、代征单位申报解缴税款与实际入库税款进行比对，防范少征、漏征风险；

（3）将备案减免税车船与实际减免税车船数量、涉及税款进行比对，防范减免税优惠政策落实不到位风险；

（4）将车船税联网征收系统车辆完税信息与本地区车辆完税信息进行比对，防范少征、漏征、重复征税风险等。

税务机关应当根据本地区车船税征管实际情况，设计适应本地区征管实际的车船税风险指标。

 缴纳车船税的法律政策依据有哪些？

1.《中华人民共和国车船税法》（2011年2月25日第十一届全国人民代表大会常务委员会第十九次会议通过）

2.《中华人民共和国车船税法实施条例》（国务院令第611号）

3.《车船税管理规程（试行）》（国家税务总局公告2015年第83号）

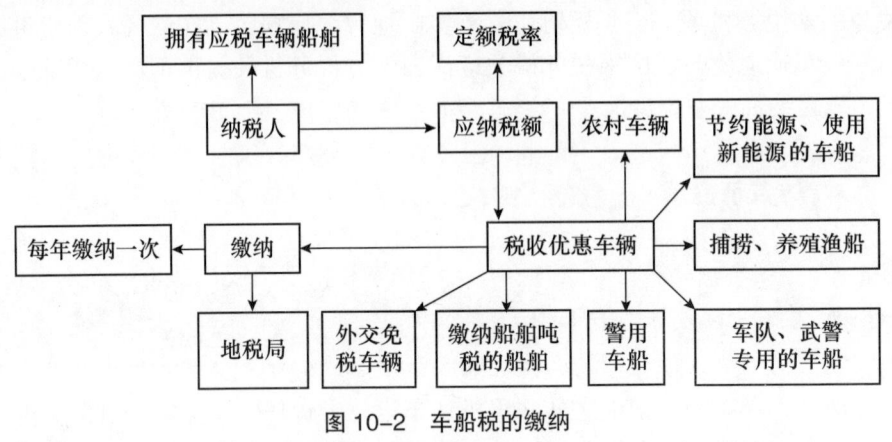

图 10-2 车船税的缴纳

三、车辆购置税纳税筹划

 车辆购置税如何进行纳税筹划？

车辆购置税可以采取如下两种方法进行纳税筹划：

1. 运用最低计税价格进行纳税筹划

根据《车辆购置税暂行条例》的规定，车辆购置税实行从价定率的办法计算应纳税额。应纳税额的计算公式为：

$$应纳税额 = 计税价格 \times 税率$$

车辆购置税的税率为10%。国家税务总局参照应税车辆市场平均交易价格，规定不同类型应税车辆的最低计税价格。对纳税人购买自用或者进口自用应税车辆，申报的计税价格低于同类型应税车辆的最低计税价格，又无正当理由的，按照最低计税价格征收车辆购置税。车辆购置税的计税价格根据不同情况，按照下列规定确定：

（1）纳税人购买自用的应税车辆，计税价格为纳税人为购买应税车辆而支付给销售者的全部价款和价外费用，不包括增值税税款；

（2）纳税人进口自用的应税车辆，计税价格的计算公式为：

$$计税价格 = 关税完税价格 + 关税 + 消费税$$

（3）纳税人自产、受赠、获奖或者以其他方式取得并自用的应税车辆的计税价格，由主管税务机关参照最低计税价格核定。

纳税人购买车辆时，其价格一般均高于最低计税价格，而只要不低于最低计税价格，在税务局看来都属于合理价格的范围，因此，纳税人可以按照最低计税价格纳税，这样可以最大限度地减轻自己的税收负担。

2. 运用免税车辆进行纳税筹划

物流企业购置运输工具，需要缴纳车辆购置税，如果物流企业经常在农村运输，可以使用一些农用车辆的话，就可以利用我国对于部分农用车辆的优惠政策进行纳税筹划。根据《财政部 国家税务总局关于农用三轮车免征车辆购置税的通知》（财税〔2004〕66号）的规定，自2004年10月1日起对农用三轮车免征车辆购置税。农用三轮车是指：使用柴油发动机，功率不大于7.4kW，载重量不大于500kg，最高车速不大于40km/h的三个车轮的机动车。在农用三轮车与其他车辆的运输能力大体相当的情况下，物流企业可以考虑购置农用三轮车作为运输工具。

 车辆购置税纳税筹划的法律政策依据有哪些？

1.《中华人民共和国车辆购置税暂行条例》（国务院2000年10月22日颁布，国务院令〔2000〕294号）

2.《财政部 国家税务总局关于农用三轮车免征车辆购置税的通知》（财政部 国家税务总局2004年9月7日发布，财税〔2004〕66号）

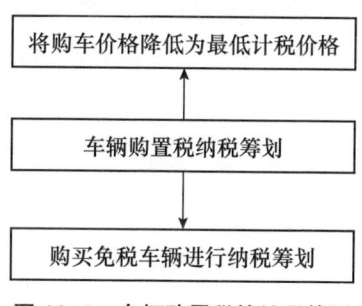

图10-3 车辆购置税的纳税筹划

 生活中的案例

例10-2 某品牌型号的车辆，其最低计税价格为200 000元，张先生购置了一辆该品牌该型号的车辆，售价为250 000元（包含增值税）。请计算张先生应当缴纳的车辆购置税，并提出纳税筹划方案。

答：根据《车辆购置税暂行条例》的规定，车辆购置税的计税价格不包括增值税税款，而纳税人购买的车辆是包括增值税税款的，因此，应当首先将包括增值税税款的价款换算为不含增值税的价款，然后才能计算车辆购置税。该车辆的增值税前价款为：250 000÷（1+17%）=213 675.2（元）。应当缴纳车辆购置税：213 675.2×10%=21 367.5（元）。

筹划方案：由于该型号车辆的最低计税价格为 200 000 元，该价格加上增值税以后的价格为：200 000×（1+17%）=234 000（元）。因此，张先生购买车辆时在发票上可以写 234 000 元，这样，张先生在按照发票缴纳车辆购置税时就只需要缴纳：234 000÷（1+17%）×10%=20 000（元）。通过纳税筹划，少纳税款：21 367.5-20 000=1 367.5（元）。

 生活中的案例

例 10-3 某物流企业准备添置 10 辆运输工具，该运输工具主要在农村使用，而且每次所需载重量在 1 吨以下，而且不需要太高的车速。该企业最初计划购买某四轮载货车，单价为 40 000 元，10 辆运输工具的成本为：40 000×10=400 000（元），需要缴纳车辆购置税：400 000×10%=40 000（元）。总成本为 440 000 元。请对此提出纳税筹划方案。

答： 筹划方案：经过纳税筹划，该企业认为农用三轮车足够满足本企业的运输任务，因此改为购置农用三轮车，单价为 30 000 元，总成本为 300 000 元。根据《财政部 国家税务总局关于农用三轮车免征车辆购置税的通知》（财税〔2004〕66 号）的规定，自 2004 年 10 月 1 日起对农用三轮车免征车辆购置税。不考虑节省的购车费用，仅就车辆购置税而言，该企业就节约税款 30 000 元（在没有该项税收优惠政策时，需要缴纳 30 000 元车辆购置税）。

第十一部分 房产税、印花税和环保税纳税实务与纳税筹划

> 您知道房产税如何计算和缴纳吗？您知道印花税如何计算和缴纳吗？您知道就房产税和印花税如何进行纳税筹划吗？您知道环境保护税如何计算和缴纳吗？本部分将为您回答上述问题。

一、房产税纳税实务

 哪些情况下应当缴纳房产税？如何缴纳？

房产税在城市、县城、建制镇和工矿区征收。房产税由产权所有人缴纳。产权属于全民所有的，由经营管理的单位缴纳。产权出典的，由承典人缴纳。产权所有人、承典人不在房产所在地的，或者产权未确定及租典纠纷未解决的，由房产代管人或者使用人缴纳。前面列举的产权所有人、经营管理单位、承典人、房产代管人或者使用人，统称为纳税义务人（以下简称纳税人）。

房产税依照房产原值一次减除10%至30%后的余值计算缴纳。具体减除幅度，由省、自治区、直辖市人民政府规定。目前各省一般减除30%。没有房产原值作为依据的，由房产所在地税务机关参考同类房产核定。房产出租的，以房产租金收入为房产税的计税依据。房产税的税率，依照房产余值计算缴纳的，税率为1.2%；依照房产租金收入计算缴纳的，税率为12%。

下列房产免纳房产税：

（1）国家机关、人民团体、军队自用的房产。上述房产是指这些单位本身的办公用房和公务用房。

（2）由国家财政部门拨付事业经费的单位自用的房产。事业单位自用的房产，是指这些单位本身的业务用房。

（3）宗教寺庙、公园、名胜古迹自用的房产。宗教寺庙自用的房产，是指举行宗教仪式等的房屋和宗教人员使用的生活用房屋。公园、名胜古迹自

用的房产，是指供公共参观游览的房屋及其管理单位的办公用房屋。

（4）个人所有非营业用的房产；

（5）经财政部批准免税的其他房产。

下列房产享受政策性免纳房产税优惠：

（1）企业办的各类学校、医院、托儿所、幼儿园自用的房产，可以比照由国家财政部门拨付事业经费的单位自用的房产，免征房产税。

（2）对个人所有的居住用房，不论面积多少，均免征房产税。

（3）凡是在基建工地为基建工地服务的各种工棚、材料棚、休息棚和办公室、食堂、茶炉房、汽车房等临时性房屋，不论是施工企业自行建造还是由基建单位出资建造交施工企业使用的，在施工期间，一律免征房产税。但是，如果在基建工程结束以后，施工企业将这种临时性房屋交还或者估价转让给基建单位的，应当从基建单位接收的次月起，依照规定征收房产税。

（4）房屋大修停用在半年以上的，经纳税人申请，税务机关审核，在大修期间可免征房产税。

（5）对防排水抢救站使用的房产和车辆，凡产权属于煤炭工业部所有并专门用于抢险救灾工作的，免征房产税和车船使用税。

（6）对少年犯管教所的房产，免征房产税。

（7）对劳改工厂、劳改农场等单位，凡作为管教或生活用的房产，例如：办公室、警卫室、职工宿舍、犯人宿舍、储藏室、食堂、礼堂、图书室、阅览室、浴室、理发室、医务室等，均免征房产税；凡作为生产经营用的房产，例如：厂房、仓库、门市部等，应征收房产税。

（8）对监狱的房产，若主要用于关押犯人，只有极少部分用于生产经营的，可从宽掌握，免征房产税。但对设在监狱外部的门市部、营业部等生产经营用房产，应征收房产税。

（9）铁道部所属的国营运输、工业、供销以及多种经营企业，凡是铁路实行经济承包责任制以前在地方缴纳所得税的，均按规定征收房产税和车船使用税；对铁路实行经济承包责任制以前汇总上缴利润，不在地方缴纳所得税的，可免征房产税和车船使用税。

（10）对铁道部所属的国营建筑施工企业（不包括中国土木工程公司），免征房产税和车船使用税。

（11）对由国家财政拨付事业经费的劳教单位，免征房产税。

（12）对高等学校用于教学及科研等本身业务用的房产和土地免征房产税和土地使用税。高等学校用于举办校办工厂、商店、招待所等的房产及土地以及出租的房产及用地，均不属于自用房产和土地的范围，应按规定对其征收房产税、土地使用税。

（13）对由主管工会拨付或差额补贴工会经费的全额预算或差额预算单位，可以比照财政部门拨付事业经费的单位办理，即：对这些单位自用的房产、车船、土地，免征房产税、车船使用税和土地使用税；从事生产、经营活动等非自用的房产、车船、土地，则应按税法有关规定照章纳税。

（14）鉴于血站是采集和提供临床用血，不以营利为目的的公益性组织，又属于财政拨补事业费的单位，因此，对血站自用的房产和土地免征房产税和城镇土地使用税。

（15）对非营利性医疗机构自用的房产、土地、车船，免征房产税、城镇土地使用税和车船使用税。

（16）对政府部门和企事业单位、社会团体以及个人等社会力量投资兴办的福利性、非营利性的老年服务机构，暂免征收企业所得税，以及老年服务机构自用房产、土地、车船的房产税、城镇土地使用税、车船使用税。

（17）非营利性科研机构自用的房产、土地，免征房产税、城镇土地使用税。

（18）对行使国家行政管理职能的中国人民银行总行（含国家外汇管理局）所属分支机构自用的房产、土地，免征房产税、城镇土地使用税。

（19）对被撤销金融机构清算期间自有的或从债务方接收的房地产、车辆，免征房产税、城镇土地使用税和车船使用税。

（20）铁道部所属铁路运输企业自用的房产、土地继续免征房产税和城镇土地使用税。继续免征房产税和城镇土地使用税的铁道部所属铁路运输企业的范围包括：铁路局、铁路分局（包括客货站、编组站、车务、机务、工务、电务、水电、车辆、供电、列车、客运段）、中铁集装箱运输有限责任公司、中铁特货运输有限责任公司、中铁行包快递有限责任公司、中铁快运有限公司。

（21）对国家拨付事业经费和企业办的各类学校、托儿所、幼儿园自用的房产、土地，免征房产税。

（22）由于国家实行天然林资源保护工程造成森工企业的房产、土地闲置一年以上不用的，对该房产、土地暂免征收房产税；对闲置房产和土地用于出租或企业重新用于天然林资源保护工程之外的其他生产经营的，应依照规定征收房产税。

（23）对青藏铁路公司及其所属单位自用的房产、土地免征房产税；对其非自用的房产、土地照章征收房产税。

（24）对廉租住房经营管理单位按照政府规定价格向规定保障对象出租廉租住房取得的租金收入，免征房产税。

（25）自2004年8月1日起，对军队空余房产租赁收入暂免征收房产税。

（26）自2008年3月1日起，对个人出租住房，不区分用途，按4%的税率征收房产税。

（27）自2008年3月1日起，对企事业单位、社会团体以及其他组织按市场价格向个人出租用于居住的住房，减按4%的税率征收房产税。

（28）自2011年1月1日至2020年12月31日，对长江上游、黄河中上游地区，东北、内蒙古等国有林区天然林二期工程实施企业和单位专门用于天然林保护工程的房产免征房产税。对上述企业和单位用于其他生产经营活动的房产按规定征收房产税。由于实施天然林二期工程造成森工企业房产、土地闲置一年以上不用的，对该土地、房产暂免征收房产税；对闲置房产用于出租或重新用于天然林二期工程之外其他生产经营的，按规定征收房产税。用于天然林二期工程的免税房产应单独划分，与其他应税房产划分不清的，按规定对其征收房产税。

（29）自2015年1月1日至2018年12月31日，对在中国境内从事大型客机、大型客机发动机整机设计制造的企业及其全资子公司自用的科研、生产、办公房产及土地，免征房产税。大型客机，是指空载重量大于45吨的民用客机；大型客机发动机，是指起飞推力大于14000公斤的民用客机发动机。

（30）自2016年1月1日起，对国家机关、军队、人民团体、财政补助事业单位、居民委员会、村民委员会拥有的体育场馆和用于体育活动的房产，免征房产税。经费自理事业单位、体育社会团体、体育基金会、体育类民办非企业单位拥有并运营管理的体育场馆，同时符合下列条件的，其用于体育活动的房产、土地，免征房产税和城镇土地使用税：①向社会开放，用于满足公众体育活动需要；②体育场馆取得的收入主要用于场馆的维护、管理和事业发展；③拥有体育场馆的体育社会团体、体育基金会及体育类民办非企业单位，除当年新设立或登记的以外，前一年度登记管理机关的检查结论为"合格"。企业拥有并运营管理的大型体育场馆，其用于体育活动的房产，减半征收房产税。体育场馆，是指用于运动训练、运动竞赛及身体锻炼的专业性场所。大型体育场馆，是指由各级人民政府或社会力量投资建设、向公众开放、达到《体育建筑设计规范》（JGJ31-2003）有关规模规定的体育场（观众座位数在20 000座及以上）、体育馆（观众座位数在3 000座及以上）、游泳馆、跳水馆（观众座位数1 500座及以上）等体育建筑。用于体育活动的房产、土地，是指运动场地、看台、辅助用房（包括观众用房、运动员用房、竞赛管理用房、新闻媒介用房、广播电视用房、技术设备用房和场馆运营用房等）及占地，以及场馆配套设施（包括通道、道路、广场、绿化等）。享受上述税收优惠体育场馆的运动场地用于体育活动的天数不得低于全年自然天数的70%。体育场馆辅助用房及配套设施用于非体育活动的部分，不得享受上述税收优惠。高尔夫球、马术、汽车、卡丁车、摩托车的比赛场、训练场、练习场，除另有规定外，不得享受房产税优惠政策。各省、自治区、直辖市财政、税务部门可根据本地区情况适时增加不得享受优惠体育场馆的类型。符合上述减免税条件的纳税人，应当按照税收减免管理规定，持相关材料向主管税务机关办理减免税备案手续。

（31）自2016年1月1日至2018年12月31日，对公共租赁住房免征房产税。享受上述税收优惠政策的公共租赁住房是指纳入省、自治区、直辖市、计划单列市人民政府及新疆生产建设兵团批准的公共租赁住房发展规划和年度计划，并按照《关于加快发展公共租赁住房的指导意见》(建保〔2010〕87号)和市、县人民政府制定的具体管理办法进行管理的公共租赁住房。

（32）自2016年1月1日至2018年12月31日，对饮水工程运营管理单位自用的生产、办公用房产，免征房产税。饮水工程，是指为农村居民提供生活用水而建设的供水工程设施。本文所称饮水工程运营管理单位，是指负责饮水工程运营管理的自来水公司，供水公司，供水（总）站（厂、中心），村集体、农民用水合作组织等单位。对于既向城镇居民供水，又向农村居民供水的饮水工程运营管理单位，依据向农村居民供水量占总供水量的比例免征房产税。无法提供具体比例或所提供数据不实的，不得享受上述税收优惠政策。符合上述减免税条件的饮水工程运营管理单位需持相关材料向主管税务机关办理备案手续。

（33）自2016年1月1日至2018年12月31日，对符合条件的孵化器自用以及无偿或通过出租等方式提供给孵化企业使用的房产，免征房产税。享受房产税优惠政策的孵化器，应同时符合以下条件：①孵化器需符合国家级科技企业孵化器条件。国务院科技行政主管部门负责发布国家级科技企业孵化器名单。②孵化器应将面向孵化企业出租场地、房屋以及提供孵化服务的业务收入在财务上单独核算。③孵化器提供给孵化企业使用的场地面积（含公共服务场地）应占孵化器可自主支配场地面积的75%以上（含75%）。孵化企业数量应占孵化器内企业总数量的75%以上（含75%）。公共服务场地是指孵化器提供给孵化企业共享的活动场所，包括公共餐厅、接待室、会议室、展示室、活动室、技术检测室和图书馆等非盈利性配套服务场地。"孵化企业"应当同时符合以下条件：①企业注册地和主要研发、办公场所必须在孵化器的孵化场地内。②为新注册企业或申请进入孵化器前企业成立时间不超过2年。③企业在孵化器内孵化的时间不超过48个月。纳入"创新人才推进计划"及"海外高层次人才引进计划"的人才或从事生物医药、集成电路设计、现代农业等特殊领域的创业企业，孵化时间不超过60个月。④符合《中小企业划型标准规定》所规定的小型、微型企业划型标准。⑤单一在孵企业入驻时使用的孵化场地面积不大于1 000平方米。从事航空航天等特殊领域的在孵企业，不大于3 000平方米。⑥企业产品（服务）属于科学技术部、财政部、国家税务总局印发的《国家重点支持的高新技术领域》规定的范围。省级科技行政主管部门负责定期核实孵化器是否符合上述规定的各项条件，并报国务院科技行政主管部门审核确认。国务院科技行政主管部门审核确认后向纳税人出具证明材料，列明用于孵化的房产和土地的地址、范围、面积等具体信息，并发送给国务院税务主管部门。纳税人持相应证明材料向主管税务机关备案，主管税务机关按照《税收减免管理办法》等有关规定，以及国务院科技行政主管部门发布的符合上述规定条件的孵化器名单信息，办理税收减免。

（34）自2016年1月1日至2018年12月31日，对向居民供热而收取采暖费的"三北"地区供热企业，为居民供热所使用的厂房免征房产税；对供热企业其他厂房，应当按规定征收房产税。对专业供热企业，按其向居民供热取得的采暖费收入占全部采暖费收入的比例计算免征的房产税。对兼营供热企业，根据其供热所使用的厂房与其他生产经营活动所使用的厂房是否可以区分，按照不同方法计算免征的房产税。可以区分的，对其供热所使用厂房，按向居民供热取得的采暖费收入占全部采暖费收入的比例计算减免税。难以区分的，对其全部厂房，按向居民供热取得的采暖费收入占其营业收入的比例计算减免税。对自供热单位，按向居民供热建筑面积占总供热建筑面积的比例计算免征供热所使用的厂房的房产税。供热企业，是指热力产品生产企业和热力产品经营企业。热力产品生产企业包括专业供热企业、兼营供热企业和自供热单位。"三北"地区，是指北京市、天津市、河北省、山西省、内蒙古自治区、辽宁省、大连市、吉林省、黑龙江省、山东省、青岛市、河南省、陕西省、甘肃省、青海省、宁夏回族自治区和新疆维吾尔自治区。

（35）自2016年1月1日至2018年12月31日，对符合条件的科技园自用以及无偿或通过出租等方式提供给孵化企业使用的房产，免征房产税。享受房产税优惠政策的科技园，应当同时符合以下条件：①科技园符合国家大学科技园条件。国务院科技和教育行政主管部门负责发布国家大学科技园名单。②科技园将面向孵化企业出租场地、房屋以及提供孵化服务的业务收入在财务上单独核算。③科技园提供给孵化企业使用的场地面积（含公共服务场地）占科技园可自主支配场地面积的60%以上（含60%），孵化企业数量占科技园内企业总数量的75%以上（含75%）。公共服务场地是指科技园提供给孵化企业共享的活动场所，包括公共餐厅、接待室、会议室、展示室、活动室、技术检测室和图书馆等非营利性配套服务场地。"孵化企业"应当同时符合以下条件：①企业注册地及主要研发、办公场所在科技园的工作场地内。②为新注册企业或申请进入科技园前企业成立时间不超过3年。③企业在科技园内孵化的时间不超过48个月。海外高层次创业人才或从事生物医药、集成电路设计等特殊领域的创业企业,孵化时间不超过60个月。④符合《中小企业划型标准规定》所规定的小型、微型企业划型标准。⑤单一在孵企业使用的孵化场地面积不超过1 000平方米。从事航空航天、现代农业等特殊领域的单一在孵企业,不超过3 000平方米。⑥企业产品(服务)属于科学技术部、财政部、国家税务总局印发的《国家重点支持的高新技术领域》规定的范围。国务院科技和教育行政主管部门负责组织对科技园是否符合规定的各项条件定期进行审核确认,并向纳税人出具证明材料,列明纳税人用于孵化的房产和土地的地址、范围、面积等具体信息,并发送给国务院税务主管部门。纳税人持相应证明材料向主管税务机关备案,主管税务机关按照《税收减免管理办法》等有关规定,以及国务院科技和教育行政主管部门发布的符合规定条件的科技园名单信息,办理税收减免。

 友情提示

> 房产税按年征收、分期缴纳。纳税期限由省、自治区、直辖市人民政府规定。房产税由房产所在地的税务机关征收。

对居民住宅区内业主共有的经营性房产,由实际经营(包括自营和出租)的代管人或使用人缴纳房产税。其中自营的,依照房产原值减除10%至30%后的余值计征,没有房产原值或不能将业主共有房产与其他房产的原值准确划分开的,由房产所在地地方税务机关参照同类房产核定房产原值;出租的,依照租金收入计征。

 缴纳房产税的法律政策依据有哪些?

1.《中华人民共和国房产税暂行条例》(国务院1986年9月15日颁布,国发〔1986〕90号)

2.《财政部 国家税务总局关于房产税城镇土地使用税有关政策的通知》(财政部 国家税务总局2006年12月25日发布,财税〔2006〕186号)

3.《财政部 国家税务总局关于青藏铁路公司运营期间有关税收等政策问题的通知》(财政部 国家税务总局2007年1月11日发布,财税〔2007〕11号)

4.《财政部 国家税务总局关于中国华粮物流集团公司有关税收政策的通知》(财政部 国家税务总局2006年12月14日发布,财税〔2006〕157号)

5.《财政部 国家税务总局关于非营利性科研机构税收政策的通知》(财政部 国家税务总局2001年2月9日发布,财税〔2001〕5号)

6.《财政部 国家税务总局关于部分国家储财税〔2006〕105号备商品有关税收政策的通知》(财政部 国家税务总局2006年8月16日发布,)

7.《财政部 国家税务总局关于调整住房租赁市场税收政策的通知》(财政部 国家税务总局2000年12月7日发布,财税〔2000〕125号)

8.《财政部 国家税务总局关于继续实行农村饮水安全工程建设运营税收优惠政策的通知》(财税〔2016〕19号)

9.《财政部 国家税务总局关于继续执行高校学生公寓和食堂有关税收政策的通知》(财税〔2016〕82号)

10.《财政部 国家税务总局关于科技企业孵化器税收政策的通知》(财税〔2016〕89号)

11.《财政部 国家税务总局关于供热企业增值税 房产税 城镇土地使用税优惠政策的通知》(财税〔2016〕94号)

12.《财政部 国家税务总局关于国家大学科技园税收政策的通知》(财税〔2016〕98号)

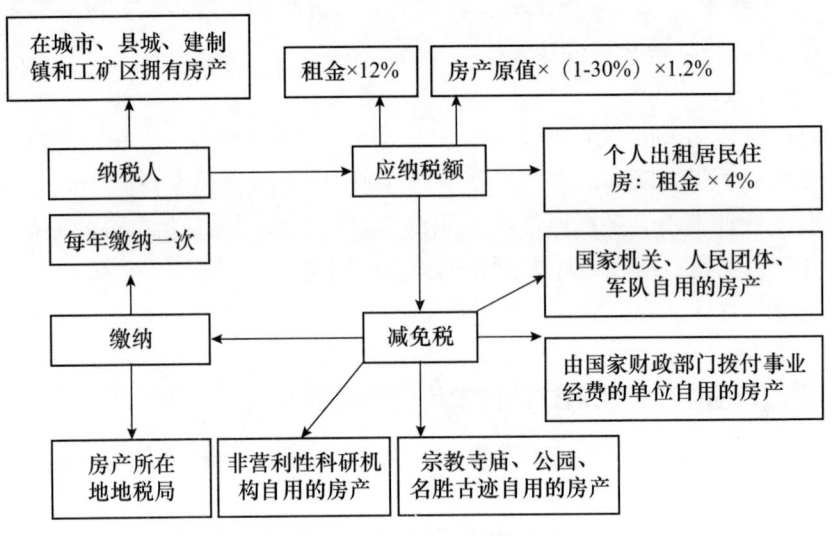

图11-1 房产税的缴纳

 生活中的案例

例11-1 某企业拥有一套房产,房产原值为5 000 000元,2016年该房产闲置一年,2017年该企业决定将该房产出租,租金为每年800 000元。请计算该企业2016年和2017年需要缴纳多少房产税。

答:2016年该企业拥有的房产没有出租,应当按照房产原值来计算应纳税额,税额为:5 000 000×(1-30%)×1.2%=42 000(元)。2017年,该企业将该房产出租,应当按照租金来计算应纳税额,税额为:800 000×12%=96 000(元)。

二、印花税纳税实务

 在哪些情况下需要缴纳印花税?如何缴纳?

在中华人民共和国境内书立、领受《印花税暂行条例》所列举凭证的单位和个人,都是印花税的纳税义务人(以下简称纳税人),应当依法缴纳印花税。在中华人民共和国境内书立、领受《印花税暂行条例》所列举凭证,是指在中国境内具有法律效力,受中国法律保护的凭证。上述凭证无论在中国境内或者境外书立,均应依照《印花税暂行条例》规定贴花。单位和个人,是指国内各类企业、事业、机关、团体、部队以及中外合资企业、合作企业、外资企业、外国公司企业和其他经济组织及其在华机构等单位和个人。

下列凭证为应纳税凭证:

(1)购销、加工承揽、建设工程承包、财产租赁、货物运输、仓储保管、借款、财产保险、技术合同或者具有合同性质的凭证。建设工程承包合同,是指建设工程勘察设计合同和建筑安装工程承包合同。建设工程承包合同包括总包合同、分包合同和转包合同。合同,是指根据《合同法》和其他有关合同法规订立的合同。具有合同性质的凭证,是指具有合同效力的协议、契约、合约、单据、确认书及其他各种名称的凭证。

(2)产权转移书据。产权转移书据,是指单位和个人为产权的买卖、继承、赠与、交换、分割等所立的书据。

(3)营业账簿。营业账簿,是指单位或者个人记载生产经营活动的财务会计核算账簿。税目税率表中的记载资金的账簿,是指载有固定资产原值和自有流动资金的总分类账簿,或者专门设置的记载固定资产原值和自有流动资金的账簿。其他账簿,是指除上述账簿以外的账簿,包括日记账簿和各明细分类账簿。记载资金的账簿按固定资产原值和自有流动资金总额贴花后,以后年度资金总额比已贴花资金总额有所增加的,增加部分应按规定贴花。税目税率表中自有流动资金的确定,按有关财务会计制度的规定执行。

(4)权利、许可证照。

(5)经财政部确定征税的其他凭证。

印花税只对税目税率表中列举的凭证和经财政部确定征税的其他凭证征税。对纳税人以电子形式签订的各类应税凭证按规定征收印花税。

纳税人根据应纳税凭证的性质，分别按比例税率或者按件定额计算应纳税额。具体税率、税额的确定，依照《印花税暂行条例》所附《印花税税目税率表》执行。应纳税额不足一角的，免纳印花税。应纳税额在一角以上的，其税额尾数不满五分的不计，满五分的按一角计算缴纳。

对发电厂与电网之间、电网与电网之间（国家电网公司系统、南方电网公司系统内部各级电网互供电量除外）签订的购售电合同按购销合同征收印花税。

电网与用户之间签订的供用电合同不属于印花税列举征税的凭证，不对其征收印花税。

对土地使用权出让合同、土地使用权转让合同按产权转移书据征收印花税。

对商品房销售合同按照产权转移书据征收印花税。

下列凭证免纳印花税：

（1）已缴纳印花税的凭证的副本或者抄本。已缴纳印花税的凭证的副本或者抄本免纳印花税，是指凭证的正式签署本已按规定缴纳了印花税，其副本或者抄本对外不发生权利义务关系，仅备存查的免贴印花。以副本或者抄本视同正本使用的，应另贴印花。

（2）财产所有人将财产赠给政府、社会福利单位、学校所立的书据。社会福利单位，是指抚养孤老伤残的社会福利单位。

（3）国家指定的收购部门与村民委员会、农民个人书立的农副产品收购合同。

（4）无息、贴息贷款合同。

（5）外国政府或者国际金融组织向我国政府及国家金融机构提供优惠贷款所书立的合同。

自2017年1月1日起，对因农村集体经济组织以及代行集体经济组织职能的村民委员会、村民小组进行清产核资收回集体资产而签订的产权转移书据，免征印花税。

印花税实行由纳税人根据规定自行计算应纳税额，购买并一次贴足印花税票（以下简称贴花）的缴纳办法。为简化贴花手续，应纳税额较大或者贴花次数频繁的，纳税人可向税务机关提出申请，采取以缴款书代替贴花或者按期汇总缴纳的办法。印花税票应当粘贴在应纳税凭证上，并由纳税人在每枚税票的骑缝处盖戳注销或者画销。已贴用的印花税票不得重用。应纳税凭证应当于书立或者领受时贴花。同一凭证，由两方或者两方以上当事人签订并各执一份的，应当由各方就所执的一份各自全额贴花。已贴花的凭证，修改后所载金额增加的，其增加部分应当补贴印花税票。书立或者领受时贴花，是指在合同的签订时、书据的立据时、账簿的启用时和证照的领受时贴花。如果合同在国外签订的,应在国内使用时贴花。当事人,是指对凭证有直接权利义务关系的单位和个人,不包括保人、证人、鉴定人。税目税率表中的立合同人,是指合同的当事人。当事人的代理人有代理纳税的义务。产权转移书据由立据人贴花,如未贴或者少贴印花,书据的持有人应负责补贴印花。所立书据以合同方式签订的,应由持有书据的各方分别按全额贴花。同一凭证,因载有两个或者两个以上经济事项而适用不同税目税率,如分别记载金额的,应分别计算应纳税额,相加后按合计税额贴花;如未分别记载金额的,按税率高的计税贴花。

按金额比例贴花的应税凭证,未标明金额的,应按照凭证所载数量及国家牌价计算金额;没有国家牌价的,按市场价格计算金额,然后按规定税率计算应纳税额。应纳税凭证所载金额为外国货币的,纳税人应按照凭证书立当日的中华人民共和国国家外汇管理局公布的外汇牌价折合人民币,计算应纳税额。

应纳税凭证粘贴印花税票后应即注销。纳税人有印章的,加盖印章注销;纳税人没有印章的,可用钢笔(圆珠笔)画几条横线注销。注销标记应与骑缝处相交。骑缝处是指粘贴的印花税票与凭证及印花税票之间的交接处。一份凭证应纳税额超过五百元的,应向当地税务机关申请填写缴款书或者完税证,将其中一联粘贴在凭证上或者由税务机关在凭证上加注完税标记以代替贴花。

同一种类应纳税凭证,需频繁贴花的,应向当地税务机关申请按期汇总缴纳印花税。税务机关对核准汇总缴纳印花税的单位,应发给汇缴许可证。汇总缴纳的限期限额由当地税务机关确定,但期限不得超过一个月。凡汇总缴纳印花税的凭证,应在加注税务机关指定的汇缴戳记、编号并装订成册后,将已贴印花或者缴款书的一联粘附册后,盖章注销,保存备查。凡多贴印花税票者,不得申请退税或者抵用。纳税人对纳税凭证应妥善保存。凭证的保存期限,凡国家已有明确规定的,按规定办;其余凭证均应在履行完毕后保存一年。

 友情提示

> 印花税票的票面金额以人民币为单位,分为壹角、贰角、伍角、壹元、贰元、伍元、拾元、伍拾元、壹百元九种。

印花税由地方税务机关负责征收管理。纳税人不能确定凭证是否应当纳税的,应及时携带凭证,到当地税务机关鉴别。纳税人同税务机关对凭证的性质发生争议的,应检附该凭证报请上一级税务机关核定。

表 11–1 印花税税目税率表

税 目	范 围	税 率	纳税义务人	说 明
1.购销合同	包括供应、预购、采购、购销结合及协作、调剂、补偿、易货等合同	按购销金额万分之三贴花	立合同人	
2.加工承揽合同	包括加工、定作、修缮、修理、印刷、广告、测绘、测试等合同	按加工或承揽收入万分之五贴花	立合同人	
3.建设工程勘察设计合同	包括勘察、设计合同	按收取费用万分之五贴花	立合同人	
4.建筑安装工程承包合同	包括建筑、安装工程承包合同	按承包金额万分之三贴花	立合同人	
5.财产租赁合同	包括租赁房屋、船舶、飞机、机动车辆、机械、器具、设备等	按租赁金额千分之一贴花。税额不足一元的按一元贴花	立合同人	
6.货物运输合同	包括民用航空、铁路运输、海上运输、内河运输、公路运输和联运合同	按运输费用万分之五贴花	立合同人	单据作为合同使用的,按合同贴花
7.仓储保管合同	包括仓储、保管合同	按仓储保管费用千分之一贴花	立合同人	仓单或栈单作为合同使用的,按合同贴花
8.借款合同	银行及其他金融组织和借款人(不包括银行同业拆借)所签订的借款合同	按借款金额万分之零点五贴花	立合同人	单据作为合同使用的,按合同贴花
9.财产保险合同	包括财产、责任、保证、信用等保险合同	按投保金额万分之零点三贴花	立合同人	单据作为合同使用的,按合同贴花
10.技术合同	包括技术开发、转让、咨询、服务等合同	按所载金额万分之三贴花	立合同人	
11.产权转移书据	包括财产所有权和版权、商标专用权、专利权、专有技术使用权等转移书据	按所载金额万分之五贴花	立据人	
12.营业账簿	生产经营用账册	记载资金的账簿,按固定资产原值与自有流动资金总额万分之五贴花。其他账簿按件贴花五元	立账簿人	
13.权利、许可证照	包括政府部门发给的房屋产权证、工商营业执照、商标注册证、专利证、土地使用证	按件贴花五元	领受人	

外国银行分行改制为外商独资银行（或其分行）后，其在外国银行分行已经贴花的资金账簿、应税合同，在改制后的外商独资银行（或其分行）不再重新贴花。

对中国证监会批准设立的开放式证券投资基金实行如下政策：基金管理人运用基金买卖股票按照2‰的税率征收印花税。对投资者申购和赎回基金单位，暂不征收印花税。

对证券投资者保护基金有限责任公司（以下简称保护基金公司）及其管理的证券投资者保护基金（以下简称保护基金）的印花税政策如下：

（1）对保护基金公司新设立的资金账簿免征印花税；

（2）对保护基金公司与中国人民银行签订的再贷款合同、与证券公司行政清算机构签订的借款合同，免征印花税；

（3）对保护基金公司接收被处置证券公司财产签订的产权转移书据，免征印花税；

（4）对保护基金公司以保护基金自有财产和接收的受偿资产与保险公司签订的财产保险合同，免征印花税；

（5）对与保护基金公司签订上述应税合同或产权转移书据的其他当事人照章征收印花税。

关于证券交易印花税的政策如下：

（1）从1997年5月10日起，对买卖、继承、赠与所书立的股权转让书据，均依照按书立时证券市场当日实际成交价格计算的金额，由立据双方当事人分别按5‰的税率交纳证券（股票）交易印花税。

（2）从1998年6月12日起，对买卖、继承、赠与所书立的股权转让书据，均依照按书立时证券市场当日实际成交价格计算的金额，由立据双方当事人分别按4‰的税率缴纳证券（股票）交易印花税。

（3）从2005年1月24日起，调整证券（股票）交易印花税税率，对买卖、继承、赠与所书立的A股、B股股权转让书据，由立据双方当事人分别按1‰的税率缴纳证券（股票）交易印花税。

（4）从2007年5月30日起，调整证券（股票）交易印花税税率，对买卖、继承、赠与所书立的A股、B股股权转让书据，由立据双方当事人分别按3‰的税率缴纳证券（股票）交易印花税。

（5）从2008年4月24日起，调整证券（股票）交易印花税税率，对买卖、继承、赠与所书立的A股、B股股权转让书据，由立据双方当事人分别按1‰的税率缴纳证券（股票）交易印花税。

（6）从2008年9月19日起，对证券交易印花税政策进行调整，由现行双边征收改为单边征收，税率保持1‰，即由出让方按1‰的税率缴纳股票交易印花税，对授让方不再征收。

（7）自2014年6月1日起，在上海证券交易所、深圳证券交易所、全国中小企业股份转让系统买卖、继承、赠与优先股所书立的股权转让书据，均依书立时实际成交金额，由出让方按1‰的税率计算缴纳证券（股票）交易印花税。在全国中小企业股份转让系统买卖、继承、赠与股票所书立的股权转让书据，依书立时实际成交金额，由出让方按1‰的税率计算缴纳证券（股票）交易印花税。

 缴纳印花税的法律政策依据有哪些？

1.《中华人民共和国印花税暂行条例》（国务院1988年8月6日颁布，国务院令〔1988〕11号）

2.《中华人民共和国印花税暂行条例施行细则》（财政部1988年9月29日发布，财税〔1988〕255号）

3.《财政部 国家税务总局关于外国银行分行改制为外商独资银行有关税收问题的通知》（财政部 国家税务总局2007年3月26日发布，财税〔2007〕45号）

4.《财政部 国家税务总局关于印花税若干政策的通知》（财政部 国家税务总局2006年11月27日发布，财税〔2006〕162号）

5.《财政部 国家税务总局关于证券投资者保护基金有关印花税政策的通知》（财政部 国家税务总局2006年7月27日发布，财税〔2006〕104号）

6.《财政部 国家税务总局关于开放式证券投资基金有关税收问题的通知》（财政部 国家税务总局2002年8月22日发布，财税〔2002〕128号）

7.《国务院关于调整证券（股票）交易印花税税率的通知》（国务院1997年5月9日发布，国发明电〔1997〕3号）

8.《国务院关于调整证券（股票）交易印花税税率的通知》（国务院1998年6月11日发布，国发明电〔1998〕5号）

9.《财政部 国家税务总局关于调整证券（股票）交易印花税税率的通知》（财政部 国家税务总局2005年1月24日发布，财税〔2005〕11号）

10.《财政部 国家税务总局关于调整证券（股票）交易印花税税率的通知》（财政部 国家税务总局2007年5月30日发布，财税〔2007〕84号）

11.《财政部 国家税务总局关于在全国中小企业股份转让系统转让股票有关证券（股票）交易印花税政策的通知》（财税〔2014〕47号）

12.《财政部 国家税务总局关于支持农村集体产权制度改革有关税收政策的通知》（财税〔2017〕55号）

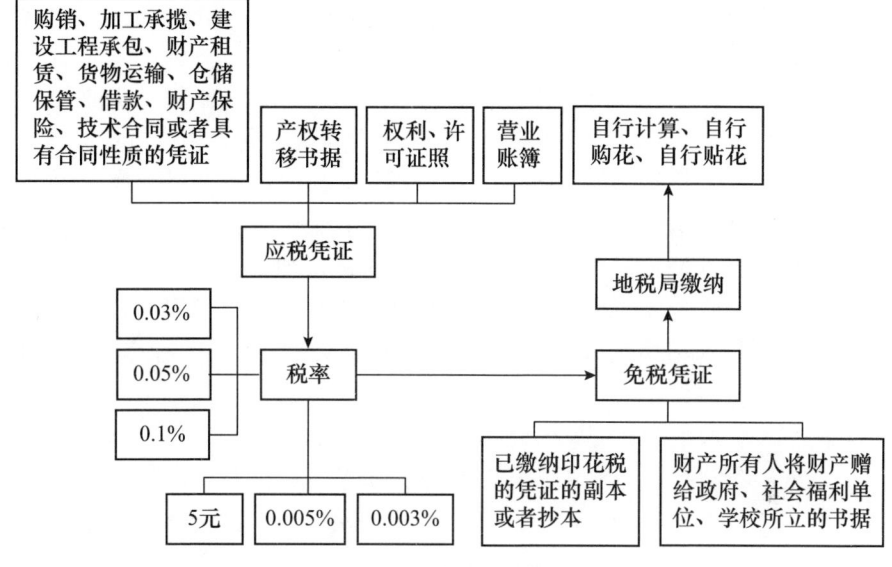

图 11-2 印花税的缴纳

 **生活中的案例**

例 11-2 某企业 2017 年度签订了三份购销合同，合同金额分别为 1 000 000 元、2 000 000 元和 800 000 元，签订了一份房产转让合同，合同金额为 5 000 000 元。请计算该企业 2017 年度度的四份合同应当缴纳多少印花税。

答：购销合同按购销金额万分之三贴花，应纳税额为：（1 000 000+2 000 000+800 000）×0.03%=1 140（元）。房产转让合同属于产权转移书据，按所载金额万分之五贴花，应纳税额为：5 000 000×0.05%=2 500（元）。该企业 2017 年度应纳印花税额为：1 140+2 500=3 640（元）。

三、房产税和印花税纳税筹划

 房产税、印花税如何进行纳税筹划？

房产税纳税筹划方法如下：

根据《房产税暂行条例》第三条、第四条的规定，房产税依照房产原值一次减除 10%—30% 后的余值计算缴纳。房产出租的，以房产租金收入为房产税的计税依据。房产税的税率，依照房产余值计算缴纳的，税率为1.2%；依照房产租金收入计算缴纳的，税率为12%。两种方式计算出来的应纳税额有时候存在很大差异，在这种情况下，就存在纳税筹划的空间。企业可以适当将出租业务转变为承包业务而避免采用依照租金计算房产税的方式。

很多出租的房屋都附带很多家具，租金相对比较高，而缴纳房产税时是按照收取的租金的全额来征收的，而实际上，租金中的很大一部分是家具的租金，而出租家具是不需要缴纳房产税的，这样，纳税人无形之中就增加了自己的房产税税收负担。因此，出租人可以通过减少出租房屋的附属设施来降低租金。如果出租房屋内的家具无法处理或者承租人希望有充分的家具，此时，可以通过与承租人之间的一个买卖协议来解决，即先将家具出售给承租人，出租人收取的仅仅是房屋的租金，租赁期满以后，出租人再将这些家具以比较低的价格购买回来，这样，通过买卖差价，出租人就收回了出租这些家具的租金，而这些租金是不需要缴纳房产税的，这样就降低了出租人的房产税税收负担。

印花税纳税筹划方法如下：

根据《印花税暂行条例》的规定，在中华人民共和国境内书立、领受本条例所列举凭证的单位和个人，都是印花税的纳税义务人，应当按照该条例规定缴纳印花税。纳税人根据应纳税凭证的性质，分别按比例税率或者按件定额计算应纳税额。具体税率、税额的确定，依照该条例所附《印花税税目税率表》执行。根据《印花税暂行条例施行细则》第十七条的规定，同一凭证，因载有两个或者两个以上经济事项而适用不同税目税率，如分别记载金额的，应分别计算应纳税额，相加后按合计税额贴花；如未分别记载金额的，按税率高的计税贴花。当纳税人的一份合同涉及若干经济业务时，应当分别计载金额，这样可以减轻税收负担。

当企业欠银行的贷款逾期不能偿还时，企业经常会以不动产或者其他固定资产抵偿债务，在用不动产抵偿债务时，由于银行并不会直接使用该不动产，也不能利用该不动产进行经营，因此，银行最终还将处置该不动产。由于不动产每转让一次都要影响缴纳印花税和契税，有时还要缴纳营业税。转让次数越多，税收负担越重。因此，银行应当尽量减少不动产转让的次数，如有可能，应尽量由欠账企业直接将不动产转让给买家，然后用销售不动产的价款抵偿债务。这样可以最大限度地降低不动产转让过程中的税收负担。

房产税印花税纳税筹划的法律政策依据有哪些？

1.《中华人民共和国房产税暂行条例》（国务院1986年9月15日颁布，国发〔1986〕90号）

2.《中华人民共和国印花税暂行条例》(国务院 1988 年 8 月 6 日颁布，国务院令〔1988〕11 号）

3.《中华人民共和国印花税暂行条例施行细则》(财政部 1988 年 9 月 29 日发布，财税〔1988〕255 号）

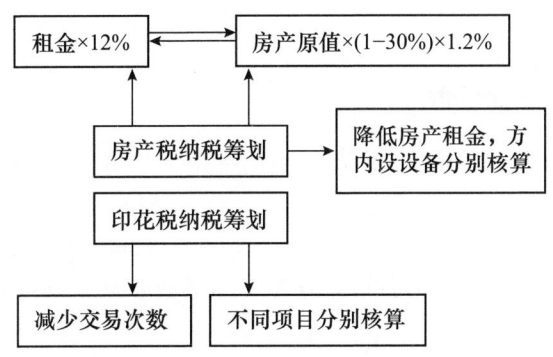

图 11-3　房产税印花税纳税筹划的图表

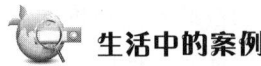 生活中的案例

例 11-3　某房地产公司将其所拥有的一处位于市中心的房屋出租，租金为 200 000 元/年，该房屋的原值为 1 000 000 元。该房地产公司应该缴纳房产税：200 000×12%=24 000（元），营业税：200 000×5%=10 000（元），城市维护建设税和教育费附加：10 000×10%=1 000（元）。不考虑企业所得税，该房地产公司的利润为：200 000−24 000−10 000−1 000=165 000（元）。请提出该企业的纳税筹划方案。

答：筹划方案：如果进行纳税筹划，该房地产公司将该房屋变成自己的一个分支机构，并且将该分支机构承包给某商贸企业，承包费为 200 000 元/年。由于该房屋没有进行出租，不能按照租金计算房产税，应该按照房产原值计算房产税。应纳房产税：1 000 000×（1−30%）×1.2%=8 400（元）。该房地产公司不需要缴纳营业税、城市维护建设税和教育费附加，不考虑企业所得税，该房地产公司的利润为：200 000−8 400=191 600（元）。该纳税筹划减轻企业税收负担：191 600−165 000=26 600（元）。

 生活中的案例

例 11-4　某房产公司有若干套办公楼出租，每套租金为每年 2 000 000 元，出租的办公楼中办公用品和设备齐全。为此，每年需缴纳房产税：2 000 000×12%=240 000（元）。请提出该企业的纳税筹划方案。

答：筹划方案：如果该企业将办公楼出租协议改成两份协议，一份是办公楼出租协议，每年租金为 1 000 000 元，一份是办公用品和设备出租协议，每年租金为 1 000 000 元。为此，该企业每年需缴纳房产税 120 000 元，须缴纳营业税及其附加：1 000 000×5.5%=55 000（元），合计 175 000 元。少纳税 65 000 元。

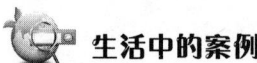
生活中的案例

例 11–5 甲公司和乙公司是长年业务合作单位，2017 年 2 月，甲公司的一批货物租用乙公司的仓库保管一年，约定仓储保管费为 1 200 000 元；另约定甲公司购买乙公司的包装箱 1 000 个，每个 1 000 元，合计 1 000 000 元。在签订合同时，甲公司和乙公司签署了一份保管合同，其中约定了上述保管和购买包装箱的事项，但未分别计载相应金额，仅规定甲公司向乙公司支付款项 2 200 000 元。请计算甲公司和乙公司应当缴纳的印花税，并提出纳税筹划方案。

答：由于上述两项交易没有分别计载金额，应当按照较高的税率合并缴纳印花税。购销合同的印花税税率为万分之三，仓储保管合同的印花税税率为千分之一。甲公司和乙公司应当分别按照千分之一的税率缴纳印花税，分别缴纳的税额为：2 200 000×1‰=2 200（元）。合计缴纳印花税 4 400 元。

筹划方案：根据税法的规定，如果上述两项交易分别计载金额或者签订两个合同，则可以分别适用各自税率计算印花税。两个公司分别缴纳印花税：1 200 000×1‰+1 000 000×0.3‰=1 500（元）。合计缴纳印花税 3 000 元。减轻税收负担：4 400–3 000=1 400（元）。

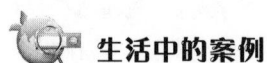
生活中的案例

例 11–6 某经贸公司欠某商业银行贷款本息共计 25 000 000 元，逾期无力偿还。经过与银行的协商，该经贸公司以自己的一处营业大楼抵偿债务。该大楼原购置成本为 10 000 000 元，账面价值为 8 000 000 元。该银行在收到该营业大楼以后，又以 20 000 000 元的价格转让给某公司。请计算在转让过程中的税收负担，并提出纳税筹划方案。

答：根据我国相关税法的规定，该经贸公司将不动产转移给该银行，经贸公司和银行都应当按照"产权转让书"税目缴纳万分之五的印花税，银行需要按照 3% 的税率缴纳契税，该商贸公司销售不动产，应当按照 5% 的征收率按照简易计税方法缴纳增值税及其附加。银行再将该不动产销售，同样应当缴纳万分之五的印花税，还需要按照一般计税方法缴纳 11% 的增值税及其附加。

在第一次转让中,经贸公司需要缴纳印花税:25 000 000×0.05%=12 500(元),需要缴纳增值税及其附加:(25 000 000-10 000 000)÷(1+5%)×5%×(1+7%+3%+2%)=800 000(元)。银行需要缴纳印花税:25 000 000×0.05%=12 500(元),需要缴纳契税:25 000 000÷(1+5%)×3%=714 286(元)。

在第二次转让中,银行需要缴纳增值税及其附加:20 000 000÷(1+11%)×11%×(1+7%+3%+2%)=2 219 820(元)(不考虑进项税额抵扣),需要缴纳印花税:20 000 000×0.05%=10 000(元)。被转让公司需缴纳印花税:20 000 000×0.05%=10 000(元),需要缴纳契税:20 000 000×3%=600 000(元)。整个过程需缴纳税款:12 500+800 000+12 500+714 286+2 219 820+10 000+10 000+600 000=3 839 106(元)。对于银行而言,实际收款金额为:20 000 000-12 500-714 286-2 219 820-10 000=17 043 394(元)。

筹划方案:该银行可以考虑由经贸公司直接将该营业大楼销售给某公司,然后将销售后的金额归还银行债务。当然,仍然可以由银行来寻找该大楼的买家。这样,该经贸公司可以直接按照20 000 000的价格销售给某公司。经贸公司需缴纳增值税及其附加:(20 000 000-10 000 000)÷(1+5%)×5%×(1+7%+3%+2%)=533 333(元)。需缴纳印花税:20 000 000×0.05%=10 000(元)。其税负与其将不动产转让给银行是类似的。某公司需要缴纳印花税:20 000 000×0.05%=10 000(元)。需要缴纳契税:20 000 000×3%=600 000(元)。其税负与其从银行那里购买该大楼也是类似的。经贸公司将获得的20 000 000元直接归还给银行,整个交易减轻税收负担:3 839 106-533 333-10 000-10 000-600 000=3 225 773(元)。

四、环境保护税纳税实务

 环境保护税的纳税人有哪些?

在中华人民共和国领域和中华人民共和国管辖的其他海域,直接向环境排放应税污染物的企业事业单位和其他生产经营者为环境保护税的纳税人,应当依照《环境保护税法》规定缴纳环境保护税。

应税污染物,是指《环境保护税法》所附《环境保护税税目税额表》、《应税污染物和当量值表》规定的大气污染物、水污染物、固体废物和噪声。

有下列情形之一的,不属于直接向环境排放污染物,不缴纳相应污染物的环境保护税:

（1）企业事业单位和其他生产经营者向依法设立的污水集中处理、生活垃圾集中处理场所排放应税污染物的；

（2）企业事业单位和其他生产经营者在符合国家和地方环境保护标准的设施、场所贮存或者处置固体废物的。

依法设立的城乡污水集中处理、生活垃圾集中处理场所超过国家和地方规定的排放标准向环境排放应税污染物的，应当缴纳环境保护税。

企业事业单位和其他生产经营者贮存或者处置固体废物不符合国家和地方环境保护标准的，应当缴纳环境保护税。

环境保护税的税目、税额，依照《环境保护税法》所附《环境保护税税目税额表》执行。应税大气污染物和水污染物的具体适用税额的确定和调整，由省、自治区、直辖市人民政府统筹考虑本地区环境承载能力、污染物排放现状和经济社会生态发展目标要求，在《环境保护税法》所附《环境保护税税目税额表》规定的税额幅度内提出，报同级人民代表大会常务委员会决定，并报全国人民代表大会常务委员会和国务院备案。

表11-2　环境保护税税目税额表

税目		计税单位	税额
大气污染物		每污染当量	1.2元至12元
水污染物		每污染当量	1.4元至14元
固体废物	煤矸石	每吨	5元
	尾矿	每吨	15元
	危险废物	每吨	1 000元
	冶炼渣、粉煤灰、炉渣、其他固体废物（含半固态、液态废物）	每吨	25元
噪声	工业噪声	超标1-3分贝	每月350元
		超标4-6分贝	每月700元
		超标7-9分贝	每月1 400元
		超标10-12分贝	每月2 800元
		超标13-15分贝	每月5 600元
		超标16分贝以上	每月11 200元

自《环境保护税法》施行之日起，依照《环境保护税法》规定征收环境保护税，不再征收排污费。

《环境保护税法》自2018年1月1日起施行。

直接向环境排放应税污染物的企业事业单位和其他生产经营者，除依照本法规定缴纳环境保护税外，应当对所造成的损害依法承担责任。

《环境保护税法》下列用语的含义：

（1）污染当量，是指根据污染物或者污染排放活动对环境的有害程度以及处理的技术经济性，衡量不同污染物对环境污染的综合性指标或者计量单位。同一介质相同污染当量的不同污染物，其污染程度基本相当。

（2）排污系数，是指在正常技术经济和管理条件下，生产单位产品所应排放的污染物量的统计平均值。

（3）物料衡算，是指根据物质质量守恒原理对生产过程中使用的原料、生产的产品和产生的废物等进行测算的一种方法。

 如何计算环境保护税？

应税污染物的计税依据，按照下列方法确定：

（1）应税大气污染物按照污染物排放量折合的污染当量数确定；

（2）应税水污染物按照污染物排放量折合的污染当量数确定；

（3）应税固体废物按照固体废物的排放量确定；

（4）应税噪声按照超过国家规定标准的分贝数确定。

应税大气污染物、水污染物的污染当量数，以该污染物的排放量除以该污染物的污染当量值计算。每种应税大气污染物、水污染物的具体污染当量值，依照《环境保护税法》所附《应税污染物和当量值表》执行。

每一排放口或者没有排放口的应税大气污染物，按照污染当量数从大到小排序，对前三项污染物征收环境保护税。

每一排放口的应税水污染物，按照《环境保护税法》所附《应税污染物和当量值表》，区分第一类水污染物和其他类水污染物，按照污染当量数从大到小排序，对第一类水污染物按照前五项征收环境保护税，对其他类水污染物按照前三项征收环境保护税。

 友情提示

省、自治区、直辖市人民政府根据本地区污染物减排的特殊需要，可以增加对同一排放口征收环境保护税的应税污染物项目数，报同级人民代表大会常务委员会决定，并报全国人民代表大会常务委员会和国务院备案。

应税大气污染物、水污染物、固体废物的排放量和噪声的分贝数，按照下列方法和顺序计算：

（1）纳税人安装使用符合国家规定和监测规范的污染物自动监测设备的，按照污染物自动监测数据计算；

（2）纳税人未安装使用污染物自动监测设备的，按照监测机构出具的符合国家有关规定和监测规范的监测数据计算；

（3）因排放污染物种类多等原因不具备监测条件的，按照国务院环境保护主管部门规定的排污系数、物料衡算方法计算；

（4）不能按照上述第一项至第三项规定的方法计算的，按照省、自治区、直辖市人民政府环境保护主管部门规定的抽样测算的方法核定计算。

环境保护税应纳税额按照下列方法计算：

（1）应税大气污染物的应纳税额为污染当量数乘以具体适用税额；

（2）应税水污染物的应纳税额为污染当量数乘以具体适用税额；

（3）应税固体废物的应纳税额为固体废物排放量乘以具体适用税额；

（4）应税噪声的应纳税额为超过国家规定标准的分贝数对应的具体适用税额。

 环境保护税有哪些税收优惠？

对下列情形，暂予免征环境保护税：

（1）农业生产（不包括规模化养殖）排放应税污染物的；

（2）机动车、铁路机车、非道路移动机械、船舶和航空器等流动污染源排放应税污染物的；

（3）依法设立的城乡污水集中处理、生活垃圾集中处理场所排放相应应税污染物，不超过国家和地方规定的排放标准的；

（4）纳税人综合利用的固体废物，符合国家和地方环境保护标准的；

（5）国务院批准免税的其他情形。

上述第五项免税规定，由国务院报全国人民代表大会常务委员会备案。

纳税人排放应税大气污染物或者水污染物的浓度值低于国家和地方规定的污染物排放标准百分之三十的，减按百分之七十五征收环境保护税。纳税人排放应税大气污染物或者水污染物的浓度值低于国家和地方规定的污染物排放标准百分之五十的，减按百分之五十征收环境保护税。

 环境保护税如何征管？

环境保护税由税务机关依照《税收征收管理法》和《环境保护税法》的

有关规定征收管理。环境保护主管部门依照《环境保护税法》和有关环境保护法律法规的规定负责对污染物的监测管理。县级以上地方人民政府应当建立税务机关、环境保护主管部门和其他相关单位分工协作工作机制,加强环境保护税征收管理,保障税款及时足额入库。

环境保护主管部门和税务机关应当建立涉税信息共享平台和工作配合机制。环境保护主管部门应当将排污单位的排污许可、污染物排放数据、环境违法和受行政处罚情况等环境保护相关信息,定期交送税务机关。税务机关应当将纳税人的纳税申报、税款入库、减免税额、欠缴税款以及风险疑点等环境保护税涉税信息,定期交送环境保护主管部门。

纳税义务发生时间为纳税人排放应税污染物的当日。

纳税人应当向应税污染物排放地的税务机关申报缴纳环境保护税。

环境保护税按月计算,按季申报缴纳。不能按固定期限计算缴纳的,可以按次申报缴纳。纳税人申报缴纳时,应当向税务机关报送所排放应税污染物的种类、数量,大气污染物、水污染物的浓度值,以及税务机关根据实际需要要求纳税人报送的其他纳税资料。

纳税人按季申报缴纳的,应当在自季度终了之日起十五日内,向税务机关办理纳税申报并缴纳税款。纳税人按次申报缴纳的,应当在自纳税义务发生之日起十五日内,向税务机关办理纳税申报并缴纳税款。纳税人应当依法如实办理纳税申报,对申报的真实性和完整性承担责任。

税务机关应当将纳税人的纳税申报数据资料与环境保护主管部门交送的相关数据资料进行比对。税务机关发现纳税人的纳税申报数据资料异常或者纳税人未按照规定期限办理纳税申报的,可以提请环境保护主管部门进行复核,环境保护主管部门应当在自收到税务机关的数据资料之日起十五日内向税务机关出具复核意见。税务机关应当按照环境保护主管部门复核的数据资料调整纳税人的应纳税额。

依照《环境保护税法》的规定核定计算污染物排放量的,由税务机关会同环境保护主管部门核定污染物排放种类、数量和应纳税额。

友情提示

纳税人从事海洋工程,向中华人民共和国管辖海域排放应税大气污染物、水污染物或者固体废物,申报缴纳环境保护税的具体办法,由国务院税务主管部门会同国务院海洋主管部门规定。

纳税人和税务机关、环境保护主管部门及其工作人员违反本法规定的，依照《税收征收管理法》、《环境保护法》和有关法律法规的规定追究法律责任。

各级人民政府应当鼓励纳税人加大环境保护建设投入，对纳税人用于污染物自动监测设备的投资予以资金和政策支持。

 环境保护税的法律政策依据有哪些？

《中华人民共和国环境保护税法》（2016年12月25日第十二届全国人民代表大会常务委员会第二十五次会议通过）